Schriftenreihe des
ZENTRUMS FÜR EUROPÄISCHE RECHTSPOLITIK
der Universität Bremen (ZERP)

Band 65

Julia Spiekermann

Die Folgen des Beitritts der EU zur EMRK für das Verhältnis des EuGH zum EGMR und den damit einhergehenden Individualrechtsschutz

Nomos

Die Deutsche Nationalbibliothek verzeichnet diese Publikation in der Deutschen Nationalbibliografie; detaillierte bibliografische Daten sind im Internet über http://dnb.d-nb.de abrufbar.

Zugl.: Bremen, Univ., Diss., 2012

ISBN 978-3-8487-0650-1

1. Auflage 2013

Editorial

Das Zentrum für Europäische Rechtspolitik der Universität Bremen (ZERP – www.zerp.eu), als Stiftung gegründet 1982 vom Senat der Freien Hansestadt Bremen, ist ein interdisziplinäres Forschungsinstitut zu Recht und Politik der Europäischen Union. Seit Januar 2009 ist es ein inneruniversitäres Institut am Fachbereich Rechtswissenschaft der Universität Bremen. Das Spezifikum der Forschungsarbeit des ZERP liegt in der Verbindung von rechts- und politikwissenschaftlicher Forschung, die die Disziplinen der politischen Theorie, der Rechtstheorie und -soziologie sowie des europäischen und internationalen Verfassungs-, Wirtschafts- und Privatrechts einbezieht.

Die Forschungsaktivitäten des ZERP werden im Rahmen der Fachbereiche Rechts-, Sozial- und Politikwissenschaften der Universität Bremen durchgeführt. Das ZERP ist eines der Trägerinstitute der Bremen International Graduate School of Social Sciences und des Sonderforschungsbereichs „Staatlichkeit im Wandel". Daneben arbeitet das ZERP mit prominenten ausländischen Partnerinstitutionen zusammen, so dem Europäischen Hochschulinstitut Florenz, der Universität Helsinki, dem Institute of European and Comparative Law der Universität Oxford, der Universität in Sassari und der Scuola S. Anna in Pisa.

Die Schriftenreihe des ZERP wählt einen disziplinenübergreifenden Zugang zu den Fragen Europäischer Rechtspolitik in der postnationalen Konstellation. Die Arbeiten, die in der Schriftenreihe des ZERP erscheinen, haben diese Perspektive auf transnationale Rechts- und Politikverhältnisse gemeinsam. Sie sind bestrebt, interdisziplinäre Verbindungslinien wieder einzuziehen und eine gesellschaftstheoretisch informierte Perspektive auf transnationale Ordnungsbildungsprozesse zu gewinnen. Als normative Betrachtungsfolie dient das Ideal eines sozial gerechten, auf Menschenrechte und Schutz der ökologischen Grundlagen verpflichteten und Grundfragen demokratischer und friedlicher Governance adressierenden transnationalen Verfassungsrechts.

Vorwort

Die vorliegende Arbeit wurde im Wintersemester 2011/2012 von der Juristischen Fakultät der Universität Bremen als Dissertation angenommen. In der Veröffentlichung konnten Rechtsprechung und Literatur bis September 2012 berücksichtigt werden.

Mein Dank gilt an erster Stelle meinem Doktorvater, Prof. Dr. Josef Falke, welcher nicht nur das Thema der Arbeit angeregt und ihr Entstehen stets interessiert und motivierend gefördert hat, sondern auch das Erstgutachten besonders zügig erstellt hat. Herzlich bedanken möchte ich mich auch bei Prof. Dr. Sabine Schlacke für die Erstellung des Zweitgutachtens sowie für die hilfreichen weiterführenden Hinweise.

Der Universität Bremen danke ich in besonderem Maße für die gewährte Unterstützung, die ich als Stipendiatin der Graduiertenförderung genießen durfte.

Meiner Mutter, Helga Cassebohm, danke ich für den liebevollen Beistand, auf den ich mich in schwierigen Zeiten stets verlassen konnte. Auch bei meiner Oma, Gerda Michaelis, möchte ich mich für ihre mannigfaltige Unterstützung herzlich bedanken.

Für die wertvolle Beratung und zeitintensiven Korrekturarbeiten möchte ich meinem Schwiegervater, Dr. Klaus Spiekermann, meinen Dank aussprechen.

Mein ganz besonderer und persönlicher Dank gilt aber meinem Ehemann, John Spiekermann, für die unzähligen Gespräche und Diskussionen, ohne die eine Fertigstellung der Arbeit nicht möglich gewesen wäre. Meinem Sohn, Johan Spiekermann, gebührt schließlich der Dank, für dessen nähere Ausgestaltung mir die Ausdrucksfähigkeit fehlt. Ihm ist diese Arbeit gewidmet.

Duisburg, im Oktober 2012 — Julia Spiekermann

Inhaltsübersicht

4. Kapitel:
Komplementarität von Charta und Beitritt der Union zur EMRK

5. Kapitel:
Das Verhältnis der europäischen Gerichtshöfe vor dem Beitritt der EU zur EMRK

6. Kapitel:
Die Beziehung von EuGH und EGMR nach dem Beitritt der EU zur EMRK

Inhaltsverzeichnis

5. Kapitel:
Das Verhältnis der europäischen Gerichtshöfe vor dem Beitritt der EU zur EMRK

7. Kapitel: Schlussbetrachtung

Abkürzungsverzeichnis

a.A.	anderer Ansicht
a.E.	am Ende
a.F.	alte Fassung
ABl.	Amtsblatt
Abs.	Absatz
AEUV	Vertrag über die Arbeitsweise der Europäischen Union
AG	Aktiengesellschaft
AJIL	American Journal of International Law
AöR	Archiv des öffentlichen Rechts
ArA	Arbeidsrechtelijke Annotaties
Art.	Artikel
AuR	Arbeit und Recht
AVR	Archiv des Völkerrechts
AWG	Außenwirtschaftsgesetz
BB	Betriebsberater
Bd.	Band
BGBl.	Bundesgesetzblatt
Blg. z. d. Sten. Prot. d. NR	Beilage(n) zu den Stenographischen Protokollen des Nationalrats
BRD	Bundesrepublik Deutschland
BR-Drs.	Bundesratsdrucksache
bspw.	beispielsweise
BT-Drs.	Bundestagsdrucksache
BVerfG	Bundesverfassungsgericht
BVerfGE	Entscheidung des Bundesverfassungsgerichts
BVerfGG	Bundesverfassungsgerichtsgesetz
bzgl.	bezüglich
bzw.	beziehungsweise
CDDH	Steering Committee for Human Rights
CDDH-GDR	Reflection Group on the Reinforcement of the Human Rights Protection Mechanism
CDDH-UE	Informal Working Group on the Accession of the European Union to the European Convention on Human Rights
CDE	Cahiers de droit européen
CDL	(European) Commission for Democracy trough law (Venice Commission)
CDU	Christlich Demokratische Union Deutschlands

CEDH	Convention européenne des droits de l'homme
CETS	Council of Europe Treaty Series
chap.	chapter
CHARTE	Teil der Dokumentenbezeichnung von Konvents- und Ratsdokumenten, die sich auf die Grundrechtecharta, ihre Entwürfe und Erläuterungen beziehen
CM	Committee of Ministers of the Council of Europe
CML Rev.	Common Market Law Review
COHOM	Working Party on Human Rights
COM/KOM	Legislativvorschläge und sonstige Mitteilungen der Kommission an den Rat und/oder an die anderen Organe sowie die entsprechenden vorbereitenden Dokumente. Dokumente der Kommission für die anderen Organe (Legislativvorschläge, Mitteilungen, Berichte usw.)
CONV	Dokumente des Europäischen Konvents
COSCE	EU Working Group for the OSCE and the Council of Europe
CSU	Christlich Soziale Union
d.h.	das heißt
DDr.	eine Person mit einem theologischen (Ehrendoktortitel) und einem weiteren Doktortitel
ders.	derselbe
DG	Directorate General
Dick. J. Int'l L.	Dickinson Journal of International Law
dies.	dieselbe(n)
Doc./Dok.	Document/Dokument
DÖV	Die Öffentliche Verwaltung
DR	Decisions and Reports, Sammlung der Entscheidungen der EKMR (1975-1998)
DRiZ	Deutsche Richterzeitung
DSU	Dispute Settlement Understanding
DVBl.	Deutsches Verwaltungsblatt
EAGV	Vertrag zur Gründung der Europäische Atomgemeinschaft
EC	European Community; European Communities
ECHR	European Convention on Human Rights; European Court of Human Rights
ECJ	European Court of Justice
ECLR	European Competition Law Review
ed./eds./éds.	editor/editors/éditeurs
EG	Europäische Gemeinschaft(en)

EGKSV	Vertrag über die Gründung der Europäischen Gemeinschaft für Kohle und Stahl
EGMR	Europäischer Gerichtshof für Menschenrechte
EGV	Vertrag zur Gründung der Europäischen Gemeinschaft
EHRL Rev.	European Human Rights Law Review
EKMR	Europäische Kommission für Menschenrechte
ELJ	European Law Journal
EL Rev.	European Law Review
em.	emeritus; emerita
EMRK	Europäische Konvention zum Schutz der Menschenrechte und Grundfreiheiten
endg.	endgültig
EO	European Ombudsman
EPL	European Public Law
ERPL	European Review of Public Law
ESA	European Space Agency
et al.	und andere
EU	Europäische Union
EuG	Gericht erster Instanz
EuGH	Europäischer Gerichtshof
EuGH-Satzg.	Satzung des Europäischen Gerichtshofs
EuGRZ	Europäische Grundrechte-Zeitschrift
EuR	Europarecht
EUV	Vertrag über die Europäische Union
EuZW	Europäische Zeitschrift für Wirtschaftsrecht
EVRM	Europees Verdrag voor de Rechten van de Mens
EWG	Europäische Wirtschaftsgemeinschaft
EWGV	Vertrag zur Gründung der Europäischen Wirtschaftsgemeinschaft
EWS	Europäisches Wirtschafts- und Steuerrecht
f./ff.	folgende Seite(n)
FAZ	Frankfurter Allgemeine Zeitung
FDP	Freie Demokratische Partei
Fn.	Fußnote
FREMP	Working Party on Fundamental Rights, Citizens' Rights and Free Movement of Persons
GA	Generalanwalt
gem.	gemäß
GG	Grundgesetz

Ggs.	Gegensatz
GP	Gesetzgebungsperiode
GRCh	Grundrechtecharta
GRUR	Gewerblicher Rechtsschutz und Urheberrecht
GRUR Int.	Gewerblicher Rechtsschutz und Urheberrecht, Internationaler Teil
GT-DH-EU	Working group on the legal and technical issues of possible EC/EU accession to the European Convention on human rights
Harv. Int'l L.J.	Harvard International Law Journal
HFR	Humboldt Forum Recht
HL	House of Lords
HRLJ	Human Rights Law Journal
Hrsg.	Herausgeber
HS	Halbsatz
i.d.S.	in diesem Sinne
i.E.	im Erscheinen
i.S.d.	im Sinne des
i.S.v.	im Sinne von
i.Ü.	im Übrigen
i.V.m.	in Verbindung mit
ICJ	International Court of Justice
insbes.	insbesondere
IPbpR	Internationaler Pakt über bürgerliche und politische Rechte
JAI	Rat für Justiz und Inneres
JBl.	Juristische Blätter
JURA	Juristische Ausbildung
JuS	Juristische Schulung
JZ	Juristenzeitung
Kap.	Kapitel
KFOR	Kosovo Force
KJ	Kritische Justiz
lit.	Buchstabe
Ltd	Limited
McGill L.J.	McGill Law Journal

MJ	Maastricht Journal of European and Comparative Law
MRM	MenschenRechtsMagazin
n.F.	neue Fassung
NATO	North Atlantic Treaty Organization
NJW	Neue Juristische Wochenschrift
NJW-RR	Neue Juristische Wochenschrift – Rechtsprechungsreport
no.	Numero
Nr.	Nummer(n)
NVwZ	Neue Zeitschrift für Verwaltungsrecht
NZA	Neue Zeitschrift für Arbeitsrecht
NZWehrR	Neue Zeitschrift für Wehrrecht
o. Univ.-Prof.	ordentlicher Universitätsprofessor (nur in Österreich und der Schweiz; teilweise veraltet)
ODS	Občanská demokratická strana
ÖJZ	Österreichische Juristenzeitung
p./pp.	page/pages
PG	Patentgericht
Pkt.	Punkt
RabelsZ	Rabels Zeitschrift für ausländisches und internationales Privatrecht
RdA	Recht der Arbeit
RdA-Beil.	Recht der Arbeit – Beilage
Rechtspr.	Rechtsprechung
REG	Regulation
RJD	Reports of Judgments and Decisions, Entscheidungssammlung des EGMR (seit 1996)
RL	Richtlinie
Rn.	Randnummer
Rs.	Rechtssache
RTDE	Revue trimestrielle de droit européen
RTDH	Revue trimestrielle des droits de l'homme
RUDH	Revue universelle des droits de l'homme
S.	Seite
s.o.	siehe oben
Schlussantr.	Schlussantrag
Sect.	Section

Slg.	Sammlung der Rechtsprechung des Europäischen Gerichtshofes und des Gerichts erster Instanz
sog.	sogenannte(r, s)
SPD	Sozialdemokratische Partei Deutschlands
SR	Sicherheitsrat
SR-Res.	Resolution des Sicherheitsrats
st.	ständige
str.	strittig
SWP	Stiftung Wissenschaft und Politik
SZ	Süddeutsche Zeitung
ThürVBl.	Thüringer Verwaltungsblätter
u.a.	und andere/unter anderem
UAbs.	Unterabsatz
UK	United Kingdom
UN	United Nations
UNFCYP	United Nations Peacekeeping Forces in Cyprus
UNMIK	United Nations Mission in Kosovo
UNO	United Nations Organization
v.	vom/versus
v.a.	vor allem
Var.	Variante
verb.	verbundene
VerwArch	Verwaltungsarchiv
vgl.	vergleiche
VO	Verordnung
vs.	versus
VVDStRL	Veröffentlichungen der Vereinigung Deutscher Staatsrechtslehrer
VVE	Vertrag über eine Verfassung für Europa
VwGO	Verwaltungsgerichtsordnung
WD	Working Document
WG	Working Group
WHI	Walter Hallstein-Institut für Europäisches Verfassungsrecht
WTO	World Trade Organization
WVK	Wiener Vertragsrechtskonvention

ZaöRV	Zeitschrift für ausländisches öffentliches Recht und Völkerrecht
z.B.	zum Beispiel
ZEuS	Zeitschrift für Europarechtliche Studien
ZfRV	Zeitschrift für Europarecht, Internationales Privatrecht und Rechtsvergleichung
ZfV	Zeitschrift für Verwaltung
Ziff.	Ziffer
ZIS	Zeitschrift für Internationale Strafrechtsdogmatik
ZP	Zusatzprotokoll
ZPO	Zivilprozessordnung
ZRP	Zeitschrift für Rechtspolitik
ZStW	Zeitschrift für die gesamte Strafrechtswissenschaft
ZVglRWiss	Zeitschrift für Vergleichende Rechtswissenschaft

1. Kapitel: Einführung in das Thema im Kontext der politischen Diskussion

A. Gegenstand der Untersuchung

Die Diskussion über den Beitritt der Europäischen Union (EU) bzw. (vor Inkrafttreten des Vertrages von Lissabon am 1. Dezember 2009) der Europäischen Gemeinschaften (EG) zur Europäischen Menschenrechtskonvention (EMRK) hat eine lange Tradition; sie begann bereits vor etwa 30 Jahren und ist nun – mit Verbindlichwerden des Lissabonner Vertrages – an ihrem Höhepunkt angelangt. Grund dafür ist die explizite Einbeziehung eines solchen Beitritts in den sogenannten Reformvertrag.

Da mit dieser – in Art. 6 Abs. 2 EUV geregelten – Beitrittsbestimmung wesentliche Änderungen im Gefüge des europäischen Grundrechtsschutzes verbunden sind, soll es Thema der vorliegenden Arbeit sein, insbesondere die Folgen eines Beitritts der EU zur EMRK auf das zukünftige Verhältnis des Europäischen Gerichtshofs (EuGH) in Luxemburg zum Europäischen Gerichtshof für Menschenrechte (EGMR) in Straßburg zu analysieren. Besonderes Augenmerk verdienen in diesem Zusammenhang die mit dem Beitritt einhergehenden Auswirkungen auf den Rechtsschutz für die Bürger, dem im Zuge der fortschreitenden europäischen Integration wachsende Bedeutung zukommt. So ergeben sich aus der jeweiligen Beziehung zwischen EuGH und EGMR unterschiedliche Konsequenzen für den Individualrechtsschutz und es stellt sich die Frage nach einer Abstimmungsbedürftigkeit zwischen den beiden europäischen Gerichtshöfen – anders ausgedrückt: Wer soll wann was entscheiden? Es muss eine Antwort auf die Frage geben, vor welchem Gericht sich der Einzelne zukünftig gegen welche Rechtsakte zur Wehr setzen kann bzw. welches Gericht in welcher Situation letztlich zu judizieren hat.

B. Politischer Hintergrund der Untersuchung

Der am 13. Dezember 2007 von den Staats- und Regierungschefs der 27 Mitgliedstaaten der EU unterzeichnete Lissabonner Vertrag, welcher der Europäischen Union eine einheitliche Struktur und Rechtspersönlichkeit gibt, ist an die Stelle des am 29. Oktober 2004 in Rom paraphierten Vertrags über eine Verfassung für Europa getreten.[1] Nachdem letzterer aufgrund der negativen Voten in den Referenden Frankreichs[2] und der Niederlande[3] abgelehnt wurde, konnte der institutionelle Reformprozess der Union –

1 Vgl. *Schiffauer*, Zum Verfassungszustand der Europäischen Union nach Unterzeichnung des Vertrags von Lissabon, EuGRZ 2008, 1 (1).

2 In dem französischen Referendum vom 29.05.2005 mit einer relativ hohen Beteiligung der Abstimmungsberechtigten von 69,34 %, sprachen sich 54,68 % gegen den Verfassungsvertrag aus.

3 Am 01.06.2005 votierten die Niederländer (bei einer Beteiligung von 62,8 %) mit 61,6 % „Nein“.

eingeleitet von den bevollmächtigten Vertretern mit der Erklärung von Laeken[4] am 15. Dezember 2001 – mit dem Vertrag von Lissabon abgeschlossen werden.[5] Voraussetzung dafür war allerdings – wie bei allen Verträgen zur Fortentwicklung des Primärrechts der Union – die Ratifikation des Reformvertrages durch alle Mitgliedstaaten, deren Beendigung rechtzeitig vor den Wahlen zum Europäischen Parlament im Juni 2009 geplant war,[6] durch das „Nein" der Iren in deren Referendum vom 12. Juni 2008 jedoch zunächst ins Stocken geriet.[7] Die negative Abstimmung Irlands war indes nicht die einzige Hürde, welche das dringende Reformwerk nehmen musste. Bevor die EU am 1. Dezember 2009 nach einem Jahrzehnt „Post-Nizza-Prozess" endlich ihre reformierte und verbindliche Grundordnung finden konnte,[8] hatte der Lissabonner Vertag bereits einen langen und beschwerlichen Weg zurückgelegt.

Die Union hatte es sich trotz der Enttäuschung über die negative Abstimmung Irlands zum Vertrag von Lissabon zum Ziel gemacht, an der Realisierung des Reformwerkes festzuhalten und möglichst schnell einen Weg aus der Krise zu finden.[9] Der Europäische Rat diskutierte in diesem Sinne eingehend über das negative Ergebnis des irischen Referendums, wobei die europäischen Staats- und Regierungschefs entschieden, den Ratifizierungsprozess in den Mitgliedstaaten, die den Vertrag noch nicht angenommen haben, fortzusetzen. Schließlich wurde vereinbart, dass Irland – unter der Prämisse

4 Europäischer Rat, Die Zukunft der Europäischen Union – Erklärung von Laeken vom 15.12.2001 = EuGRZ 2001, 662 ff.

5 Vgl. *Pernice*, Der Vertrag von Lissabon – Ende des Verfassungsprozesses der EU?, EuZW 2008, 65 (65).

6 Vgl. *Rabe*, Zur Metamorphose des Europäischen Verfassungsvertrags, NJW 2007, 3153 (3153).

7 53,4 % der irischen Wähler lehnten den Reformvertrag ab.

8 Vgl. *Oppermann*, Den Musterknaben ins Bremserhäuschen! – Bundesverfassungsgericht und Lissabon-Vertrag, EuZW 2009, 473.

9 Es gab mehrere Varianten Irlands „Nein" zu umgehen: Vorgeschlagen (und mittlerweile auch durchgeführt) wurde ein zweites Referendum (bereits 2001, als die Iren den Vertrag von Nizza scheitern ließen, wurde eine erneute Abstimmung mit Erfolg angesetzt); es bestand auch die Möglichkeit sog. *Opting-out*-Regeln für Irland einzuführen, die den Iren den Ausstieg aus bestimmten Vertragsbestimmungen erlauben, falls es zu einem zweiten Referendum kommen sollte; in der Debatte um den Vertrag von Lissabon wurde außerdem das Konzept „Kerneuropa" angeführt, welches Irland – als weniger integrationswilligen Staat – ausschließen sollte; im Unterschied zum Konzept „Kerneuropa" gab es auch das Konzept des „Europa der zwei Geschwindigkeiten", das die gleiche Integrationstiefe anstrebte – allerdings unterschiedlich schnell; letztlich gab es noch die Alternative eines neuen Vertrages, welche aber als sehr unwahrscheinlich galt, da der Lissabonner Vertrag bereits der Kompromiss für den gescheiterten Verfassungsvertrag darstellt (ausführlich dazu *Haimerl*, Wege aus der Krise, sueddeutsche.de vom 18.06.2008). *Habermas* sprach sich überdies für ein demokratischeres, bürgernäheres und sozialeres Europa aus, indem er vorschlug, Europa neu zu gründen, um es dann in einem EU-weiten Referendum zur Abstimmung zu stellen (vgl. *Habermas*, Ein Lob den Iren, sueddeutsche.de vom 16.06.2008).

leichter Abänderungen im Vertrag[10] – ein zweites Referendum abhält,[11] welches am 2. Oktober 2009 erfolgreich durchgeführt wurde.[12]

Auch von deutscher und polnischer Seite herrschten aber Streitigkeiten bezüglich des Reformvertrages:[13] In Deutschland konnten diese allerdings, im Nachklang der Verfassungsbeschwerden *Peter Gauweilers* (CSU) und einiger Politiker der „Linken", mit Urteil vom 30. Juni 2009 ausgeräumt werden,[14] indem das Bundesverfassungsgericht entschied, dass das Zustimmungsgesetz zum Vertrag von Lissabon mit dem Grundgesetz vereinbar sei. Nach dem positiven Referendum Irlands hat außerdem der – diesbezüglich zunächst sehr zögerliche – Präsident *Lech Kaczynski* in Polen seinen Widerstand aufgegeben und das Reformwerk am 10. Oktober 2009 unterzeichnet.

Der lange Streit um den Vertrag von Lissabon hat mit dessen Inkrafttreten am 1. Dezember 2009 letztlich ein Ende gefunden und die EU kann sich seither in ihrem ‚erneuerten Gewand' zeigen, das mit Art. 6 Abs. 2 EUV auch eine neue Bestimmung für den Beitritt der Union zur Konvention beinhaltet.[15]

C. Gang der Untersuchung

Nachdem der Untersuchungsgegenstand dieser Arbeit sowie der politische Prozess in Bezug auf die Ratifizierung des Vertrages von Lissabon dargestellt wurden (1. Kapitel),

---

10 Insbesondere gaben die Staats- und Regierungschefs der EU der irischen Forderung nach, dass jedes Land einen eigenen Kommissar behält. Außerdem werden in einem Zusatzprotokoll bestimmte Bedenken der irischen Bevölkerung ausgeräumt; etwa bezüglich der nationalen Souveränität in Steuerfragen, die durch den Vertrag nicht eingeschränkt wird.

11 Vgl. *Brüning*, Referendum: Irland will zweite Volksabstimmung, Die Zeit online vom 11.12.2008.

12 In der erneuten Volksabstimmung segneten die Iren den Vertrag mit 67,1 Prozent der Stimmen ab, während das Nein-Lager nur noch auf 32,9 Prozent kam. Mit der Zustimmung der Iren ist die EU auf dem Weg zu einer umfassenden Reform einen großen Schritt vorangekommen, denn zuvor kam Angst um eine erneute Blockierung der nötigen Vertragsreform aufgrund der Prager Regierungskrise – ausgelöst durch das erfolgreiche Misstrauensvotum des tschechischen Parlaments gegenüber dem Regierungschef und EU-Ratspräsidenten *Mirek Topolanek* – auf. Der als äußerst EU-kritisch bekannte tschechische Staatspräsident *Václav Klaus* hatte durch den Sturz der Regierung *Topolanek* in seinen Bestrebungen, eine Ablehnung des Vertrages von Lissabon zu erreichen, neuen Aufwind bekommen. Aufatmen konnte Europa aber, nachdem der tschechische Senat am 06.05.2009 das Reformwerk doch billigte, und als aus den Wahlen zum Europäischen Parlament vom 07.06.2009 in Tschechien die bürgerlich-demokratische Partei ODS, welche die Reformierung der EU unterstützt, als Sieger hervorging, während die europaskeptischen Parteien einen Dämpfer erhielten. Mit der positiven Abstimmung der Iren wurde auch Staatschef *Klaus* zunehmend unter Zugzwang gesetzt, was ihn schließlich dazu bewog, den Reformvertrag am 03.11.2009 nach langem Zögern doch noch zu ratifizieren.

13 Hier soll nur auf den Ratifizierungsprozess in den Mitgliedstaaten eingegangen werden, in denen es Probleme gab. Bezüglich der Chronik ist auf folgende Seite zu verweisen: <http://europa.eu/lisbon_treaty/countries/index_de.htm#> (abgerufen am 26.10.2009).

14 BVerfGE 123, 267 – *Lissabon*.

15 Art. 6 II 1 EUV enthält folgenden Wortlaut: „Die Union tritt der Europäischen Konvention zum Schutz der Menschenrechte und Grundfreiheiten bei."

soll die historische Entwicklung der Forderung nach einem Beitritt der EG bzw. der EU zur EMRK aufgezeigt werden, um seiner angedeuteten Relevanz Nachdruck zu verleihen (2. Kapitel). Dabei werden sowohl die formellen Modalitäten auf Unionsebene als auch die auf der Ebene des Europarates erörtert.

Da das Vertragswerk von Lissabon neben dem Beitritt der Union zur EMRK i.S.v. Art. 6 Abs. 2 EUV das Verbindlichwerden der Charta der Grundrechte (GRCh) beinhaltet, sollen sodann die differenten Grundrechtsverbürgungen samt ihrer Vor- und Nachteile behandelt werden, um daraus Schlüsse im Hinblick auf den Sinngehalt einer Parallelität beider Vorhaben ziehen zu können (3. Kapitel). Darauf aufbauend wird die eigens zur Kompatibilität von rechtsverbindlicher Charta und Beitritt der EU zur EMRK geschaffene Harmonisierungsklausel des Art. 52 Abs. 3 S. 1 GRCh detailliert auf ihre Eignung hin untersucht und in diesem Rahmen auch festgestellt werden, ob das „Komplementaritätsmodell" als gelungene Lösung anzusehen ist (4. Kapitel). Möglicherweise gibt es über den Art. 52 Abs. 3 S. 1 GRCh hinaus Optionen zur Verbesserung des europäischen Grundrechtsschutzsystems – wie eine „Modernisierung" der Konvention –, die sich sogar auf die noch nicht abschließend geklärte Kontroverse zwischen Grundfreiheiten und Grundrechten positiv auswirken könnten. Bezüglich derartiger Kollisionen in mehrpoligen Grundrechtsverhältnissen soll auf die Jurisdiktion des Luxemburger Gerichtshofes in den Rechtssachen *Viking*[16] und *Laval*[17] Bezug genommen werden, welche nach der hier vorgeschlagenen Lösung auf ein anders lautendes Ergebnis hinauslaufen würden.

Im nächsten Schritt wird das Verhältnis ‚Luxemburgs' zu ‚Straßburg' *vor* dem Beitritt der Union zur EMRK behandelt (5. Kapitel), das zunächst die Darstellung der unterschiedlichen Rechtsschutzmöglichkeiten vor den jeweiligen europäischen Gerichtshöfen und der dazugehörigen Erfolgsaussichten beinhaltet. Da insbesondere das Vorabentscheidungsverfahren vor dem EuGH gemäß Art. 267 AEUV für den Individualrechtsschutz von besonderer Bedeutung ist, sollte dieses einer (teilweisen) Reform unterzogen werden. Ebenfalls reformbedürftig – aufgrund der immensen Arbeitsbelastung des Straßburger Gerichtshofes – ist das System der EMRK. Entsprechende Neuerungen wurden durch das Inkrafttreten des 14. Zusatzprotokolls zur EMRK am 1. Juni 2010 aber eingeleitet und fortlaufend vorangetrieben.

Dass die Beziehung von EuGH und EGMR nicht vollkommen frei von Konflikten ist, soll in einem weiteren Punkt der vorliegenden Arbeit erläutert werden, wobei die bisher aufgetretenen formellen sowie materiellen Redundanzen in der Judikatur ‚Straßburgs' und ‚Luxemburgs' als nicht besorgniserregend einzustufen sind. Wie aufzuzeigen sein wird, können die „vermeintlichen" Rechtsprechungsdivergenzen größtenteils durch Kooperationsmaßnahmen der beiden Gerichtshöfe aufgefangen werden, wodurch sie indes nicht ganz und gar vermieden werden können. Aus diesem Grunde und trotz des zu attestierenden überwiegend harmonischen Umgangs der Gerichtshöfe miteinander, gibt es zahlreiche Vorschläge zur Umgehung eventueller Kontroversen, die im 6. Kapitel – in dem das Verhältnis des Luxemburger Gerichtshofes zum Straßburger Gerichtshof *nach* dem Beitritt der Union zur EMRK beleuchtet wird – wiedergegeben und bewertet wer-

16 EuGH, Urteil vom 11.12.2007, Rs. C-438/05, Slg. 2007, I-10779 – *International Transport Workers' Federation u.a./Viking Line ABP u.a.*

17 EuGH, Urteil vom 18.12.2007, Rs. C-341/05, Slg. 2007, I-11767 – *Laval un Partneri Ltd/Svenska Byggnadsarbetareförbundet.*

den. Dabei wird sich eine Präferenz zu einem bestimmten Konfliktlösungsmodell herauskristallisieren, welches indessen *de lege ferenda* ausgeweitet werden sollte. Diesbezüglich wird im Besonderen die Rechtsprechung von EuG und EuGH, die *targeted sanctions* des UN-Sicherheitsrates betreffend, ins Blickfeld genommen, da die entsprechende Judikatur einen Lösungsansatz beinhaltet, der Auswirkungen auf das Verhältnis von EuGH und EGMR insofern haben könnte, dass die Antwort auf die Frage nach dem „quis iudicabit?" und somit auf ein optimal ausgestaltetes europäisches Grundrechtsschutzsystem gefunden wurde.

2. Kapitel: Forderung und Voraussetzungen eines Beitritts der EU zur EMRK

A. Geschichtlicher Hintergrund und Entwicklung der politischen Diskussion

Die Idee eines Beitritts der Europäischen Gemeinschaften bzw. (seit Inkrafttreten des Vertrages von Lissabon) der Europäischen Union zu der am 4. November 1950 in Rom unterzeichneten Europäischen Menschenrechtskonvention wird seit Jahrzehnten sowohl in der Literatur als auch von den Organen der EG[1] lebhaft diskutiert und gefordert.[2]

Im Jahre 1978 – als der Beitritt noch als Alternative zu einem eigenen Grundrechtekatalog der EG galt – sprach sich *Heribert Golsong*, ehemaliger Kanzler des EGMR, wohl als erster für einen solchen aus und schlug diesbezüglich ein Protokoll vor.[3] Am 4. April 1979 verabschiedete die Europäische Kommission sodann ein „Memorandum betreffend den Beitritt der Europäischen Gemeinschaften zur Konvention über den Schutz der Menschenrechte und Grundfreiheiten." Nach Abwägung allen Für und Widers erklärte sie den formellen Beitritt der Gemeinschaften zur EMRK für „wünschenswert"[4], weil dieser das Straßburger System stärken würde und außerdem der „erste Schritt zu einem eigenen Grundrechtskatalog" sei.[5] Wesentlich inspiriert wurden die entsprechenden Überlegungen der Europäischen Kommission durch die Aufforderung des Europäischen Parlaments in dessen Entschließung vom 16. November 1977, sich für ein „Abkommen zwischen den Mitgliedstaaten auf der Grundlage von Artikel 235 oder

---

1 Nunmehr EU.

2 *Papisca* spricht bzgl. des Beitritts der EU zur EMRK insofern von einer „fruit mer" (*ders.* im Rahmen der Anhörung des Ausschusses für konstitutionelle Fragen des Europäischen Parlaments am 18.03.2010 (Accession of the European Union to the European Convention on Human Rights), Ziff. 3).

3 Siehe *Golsong*, Grundrechtsschutz im Rahmen der Europäischen Gemeinschaften/Ist der Katalog der in der EMRK enthaltenen Grundrechte für die EG verwendbar?, EuGRZ 1978, 346 (350 ff.); *ders.*, Nochmals: zur Frage des Beitritts der Europäischen Gemeinschaften zur Europäischen Menschenrechtskonvention, EuGRZ 1979, 70 (Protokollentwurf S. 73 ff.). Das von *Golsong* vorgeschlagene Beitrittsprotokoll zur EMRK sah hinsichtlich des Verhältnisses der beiden Gerichtshöfe in Straßburg und Luxemburg noch keine besondere Bestimmung vor.

4 Vgl. *Ehlermann/Nöel*, Der Beitritt der EG zur EMRK, Schwierigkeiten – Rechtfertigung, in: Bieber/Bleckmann/Capotorti u.a. (Hrsg.), Das Europa der zweiten Generation, Gedächtnisschrift für Christoph Sasse, Bd. II, S. 685 (689).

5 Memorandum zum Beitritt der Europäischen Gemeinschaften zur Konvention zum Schutze der Menschenrechte und Grundfreiheiten (04.04.1979), Bulletin der Europäischen Gemeinschaften, Beilage 2/79; vgl. *Bieber*, Bemerkungen zum „Memorandum der Kommission betreffend den Beitritt der EG zur Konvention über den Schutz der Menschenrechte und Grundfreiheiten" vom 10.04.1979, EuGRZ 1979, 338 ff. Die Europäische Kommission hat in ihrem Memorandum nicht verschwiegen, dass die Art. 2 bis 14 der Konvention in ihrer gegenwärtigen Formulierung sicherlich keinen optimalen Grundrechtskatalog für die Gemeinschaft darstellen (vgl. dazu *Ehlermann/Nöel*, Der Beitritt der EG zur EMRK, Schwierigkeiten – Rechtfertigung, in: Bieber/Bleckmann/Capotorti u.a. (Hrsg.), Das Europa der zweiten Generation, Gedächtnisschrift für Christoph Sasse, Bd. II, S. 685 (693)).

gegebenenfalls von Artikel 236 des EWG-Vertrags einzusetzen",[6] mit dem Ziel, die EMRK – im Lichte der allgemeinen Erklärung der Menschenrechte der Vereinten Nationen vom 10. Dezember 1948 – als „integrierenden Bestandteil" der EG-Verträge anzusehen. Während das Europäische Parlament in dieser Entschließung noch der Auffassung war, „dass zur Gewährleistung einer einheitlichen Anwendung der bürgerlichen und politischen Rechte die Intervention des Gerichtshofes (...) ausreicht", verlangte es in seiner Entschließung vom 27. April 1979[7] „unverzüglich den Beitritt der Europäischen Gemeinschaft zur Europäischen Menschenrechtskonvention vorzubereiten".[8] Diesen ausdrücklichen Willen manifestierte das Europäische Parlament daraufhin wiederholt in seinen Entschließungen zur Achtung der Menschenrechte in der Europäischen Union. Ebenso äußerten sich der Ministerausschuss und die Parlamentarische Versammlung des Europarates[9] sowie 1980 der Wirtschafts- und Sozialausschuss der Europäischen Gemeinschaften positiv zu dieser Initiative.[10] Jedoch erst am 19. November 1990 ersuchte die Kommission in ihrer Mitteilung „Über den Beitritt der Gemeinschaft zur Europäischen Konvention zum Schutz der Menschenrechte und Grundfreiheiten sowie zu bestimmten Zusatzprotokollen dieser Konvention"[11] den Ministerrat, ihr ein Mandat zu erteilen, um über die Beitrittsbedingungen zu verhandeln. Schon zuvor – 1984 im Rahmen eines Verfassungsentwurfs für die Europäischen Gemeinschaften, der unter der Federführung des italienischen Abgeordneten *Altiero Spinelli* erarbeitet wurde,[12] und 1989 in der „Entschließung zur Erklärung der Grundrechte und Grundfreihei-

---

6 Bezüglich einer Rechtsgrundlage für den Beitritt der EG zur EMRK hat sich auch in Großbritannien das „Select Committee on the European Communities" für die Anwendbarkeit von Art. 235 EWG-Vertrag ausgesprochen (siehe House of Lords, Select Committee on the European Communities, Human Rights re-examined (23.06.1992), HL 10 1992/93, S. 36, Nr. 85 ff. und S. 42, Nr. 114); vgl. auch bereits *Deringer/Sedemund*, Europäisches Gemeinschaftsrecht, NJW 1979, 2435 f. (2436). Nach der früheren Auffassung des „Select Committee on the European Communities" wurde dagegen Art. 236 EWG-Vertrag als Rechtsgrundlage in Erwägung gezogen (siehe House of Lords, Select Committee on the European Communities, Human Rights (21.10.1980), S. XV, Nr. 31, S. XXVIII, Nr. 29 und S. XXIX, Nr. 31).

7 Vgl. Entschließung zum Beitritt der Europäischen Gemeinschaften zur Europäischen Menschenrechtskonvention des Europäischen Parlaments vom 27.04.1979 (ABl. C 127 vom 21.05.1979, 69-70 = EuGRZ 1979, 257).

8 Ebenda, Nr. 3 a.

9 Die Parlamentarische Versammlung sprach sich bereits mehrmals für einen Beitritt der EG zur EMRK aus; vgl. Report on the Accession of the European Community to the European Convention on Human Rights, Doc. 7383 (14.09.1995); Resolution 1068 on the Accession of the European Community to the European Convention on Human Rights (27.09.1995); Empfehlung 1439 (2000) vom 25.01.2000 = RUDH 2000, 187, Doc. 8611, Report of the Committee on Legal Affairs and Human Rights (rapporteur Mr. Magnusson); Empfehlung 1479 (2000) vom 29.09.2000 = RUDH 2000, 191, Doc. 8819, Report of the Committee on Legal Affairs and Human Rights (rapporteur Mr. Magnusson).

10 Vgl. *Iliopoulos-Strangas*, Der Beitritt der Europäischen Gemeinschaft zur Europäischen Menschenrechtskonvention aus der Sicht der Mitgliedstaaten, in: dies. (Hrsg.), Grundrechtsschutz im europäischen Raum. Der Beitritt der Europäischen Gemeinschaften zur Europäischen Menschenrechtskonvention, 1993, S. 343 (343).

11 SEK (90) 2087 endg.

12 Der Verfassungsentwurf des Europäischen Parlaments für eine Europäische Union ist abgedruckt in: Europa-Archiv 39, 8 (1984), D209-D230.

ten"[13] – hatte das Europäische Parlament Entwürfe für Grundrechtskataloge vorgelegt, die aber rein politische Erklärungen blieben.[14] Die Beitrittserwägung der Kommission in deren Memorandum aus dem Jahre 1979 mündete am 18. Januar 1994 schließlich in einer diesbezüglichen Entschließung.[15] Streitig war dabei jedoch, ob die Gemeinschaften überhaupt die für einen Beitritt zur EMRK notwendige Kompetenz besaßen.

I. Gutachten 2/94 des EuGH

Um die Beitrittsfrage endlich zu klären, stellte der Rat am 26. April 1994 gemäß Art. 300 Abs. 6 EGV einen Antrag auf Abgabe eines Gutachtens an den EuGH mit der Frage, ob der Beitritt der EG zur EMRK mit dem EG-Vertrag vereinbar sei:

> „L'adhésion de la Communauté européenne à la Convention de sauvegarde des droits de l'homme et des libertés fondamentales du novembre 1950 serait-elle compatible avec le traité instituant la Communauté européenne?"[16]

In diesem Zusammenhang schlug der Rat vor, einen entsprechenden Beitritt auf Art. 308 EGV (Art. 352 AEUV) zu stützen, da eine besondere Kompetenzregel fehle. Der EuGH, der das Gutachten 2/94[17] am 28. März 1996 vorlegte, verneinte jedoch eine Zuständigkeit der EG für den Beitritt zur Konvention.[18] Dies begründete er – ausgehend vom Prinzip der begrenzten Einzelermächtigung nach Art. 5 Abs. 1 EGV (Art. 5 Abs. EUV) – damit, dass es in den Gründungsverträgen weder eine ausdrückliche noch eine implizite tragfähige Rechtsgrundlage für einen Beitritt gebe.[19] Die Wahrung der Menschenrechte sei zwar „eine Voraussetzung für die Rechtmäßigkeit der Handlungen der Gemeinschaft, doch hätte der Beitritt zur Konvention eine wesentliche Änderung des gegenwärtigen Gemeinschaftssystems des Schutzes der Menschenrechte zur Folge, da er die Einbindung der Gemeinschaft in ein völkerrechtliches, andersartiges System und die Übernahme sämtlicher Bestimmungen der EMRK in die Gemeinschaftsrechtsordnung mit sich brächte."[20] Eine Änderung des Systems dieser Art wäre von „verfassungsrechtlicher Dimension" und könne aufgrund der systemsprengenden Kraft nur im Wege einer Vertragsänderung gemäß Art. 48 EUV (Art. 48 EUV) vorgenommen werden.

Das Gutachten 2/94 des Luxemburger Gerichtshofes gab Anlass zur Kritik. So kam *Strasser* nach eigener Prüfung der aufgeworfenen Frage nach der Beitrittskompetenz der Gemeinschaft zur Konvention auf Grundlage von Art. 308 EGV (Art. 352 AEUV) zu

---

13 ABl. C 120 vom 16.05.1989, 51.

14 In der Entschließung vom 08.01.1994 präsentierte das Europäische Parlament im Vorfeld der Regierungskonferenz von 1996, die zum Amsterdamer Vertrag führte, erneut einen Verfassungsentwurf nebst einem Katalog der von der EU verbürgten Menschenrechte = EuGRZ 1994, 191 (193).

15 Entschließung zum Beitritt der Gemeinschaft zur Europäischen Konvention zum Schutz der Menschenrechte (ABl. C 44 vom 18.01.1994, 32).

16 Demande d'avis du Conseil de l'Union européenne du 25. avril 1994.

17 EuGH, Gutachten 2/94 vom 28.03.1996, Slg. 1996, I-1759 = EuGRZ 1996, 197 ff.

18 Vgl. *Vedder*, Die „verfassungsrechtliche Dimension" – die bisher unbekannte Dimension für Gemeinschaftshandeln?, Anmerkung zum Gutachten 2/94 des EuGH vom 23.03.1996, EuR 1996, 309 (309).

19 Vgl. *Ruffert*, Anmerkung zum Gutachten 2/94 des EuGH vom 23.03.1996, JZ 1996, 624 (625); *Kokott*, Der Grundrechtsschutz im europäischen Gemeinschaftsrecht, AöR 1996, 599 (634).

20 Siehe EuGH, Gutachten 2/94 vom 28.03.1996, Slg. 1996, I-1759, Ziff. 34 = EuGRZ 1996, 197 ff.

dem Ergebnis, dass die Vorraussetzungen für einen Beitritt der EG zur EMRK durchaus vorgelegen hätten. Entgegen der Auffassung des EuGH sieht sie die Achtung der Menschenrechte als ein Ziel der Gemeinschaft i.S.d. Art. 308 EGV (Art. 352 AEUV) an und kommt zu dem Schluss, dass der Straßburger Gerichtshof selbst bei einer Kollision mit Rechten der EMRK nicht über die Gültigkeit von Gemeinschaftsrecht hätte entscheiden können. Der Beitritt hätte somit auch keine substantielle Änderung des Systems des Schutzes der Menschenrechte in der Gemeinschaft bewirkt und damit die Grenzen von Art. 308 EGV (Art. 352 AEUV) nicht überschritten.[21] Auch *Krüger* und *Polakiewicz* kritisieren das Verkennen, dass das Gemeinschaftsrecht als solches die Einbindung der Gemeinschaft in einen auf völkervertraglicher Grundlage basierenden gerichtlichen Kontrollmechanismus nicht ausschließt. So habe der EuGH in seinem ersten Gutachten zum Europäischen Wirtschaftsraum[22] ausdrücklich erklärt, dass die Gemeinschaft internationale Abkommen abschließen könne, die verbindliche Entscheidungen einer externen Gerichtsgewalt vorsehen. Außerdem akzeptiere der Luxemburger Gerichtshof auch den Beitritt der Gemeinschaft zur WTO, deren Streitschlichtungsmechanismus ebenfalls bindende Entscheidungen auf Gebieten vorsieht, die sogar zu den Kernzuständigkeiten der Gemeinschaft gehören, wie etwa der freie Verkehr von Waren und Dienstleistungen oder Fragen des Wettbewerbsrechts.[23]

II. Chronologie der fortlaufenden Beitrittsverhandlungen

Die kritische Betrachtung des ‚Luxemburger' Gutachtens 2/94 aus dem Jahre 1996 zog Konsequenzen nach sich.

Anlässlich der bevorstehenden feierlichen Proklamation der Charta der Grundrechte forderte das Europäische Parlament die Regierungskonferenz in seiner Entschließung vom 16. März 2000 erneut dazu auf, Schritte im Hinblick auf einen Beitritt der EU zur EMRK zu unternehmen. Es solle ermöglicht werden, „dass die Union der Europäischen Menschenrechtskonvention beitritt, um eine enge Zusammenarbeit mit dem Europarat herzustellen und dafür zu sorgen, dass mögliche Konflikte oder Überschneidungen zwischen dem EuGH und dem Europäischen Menschenrechtsgerichtshof vermieden werden".[24] Auch der 1998 vorgelegte Bericht der Weisen zur Menschenrechtspolitik der EU argumentierte für einen Beitritt.[25] Um Verhandlungen über den Beitritt zu ermöglichen, stellte die finnische Regierung im Rahmen der Regierungskonferenz in Nizza am 22. September 2000 sogar einen Antrag auf Schaffung einer Zuständigkeit der EG für den

21 Vgl. *Strasser*, Grundrechtsschutz in Europa und der Beitritt der Europäischen Gemeinschaften zur Europäischen Menschenrechtskonvention (2001) bzw. die diesbezügliche Rezension von *Osterwald*, EuR 2003, 154 ff.

22 EuGH, Gutachten 1/91 vom 14.12.1991, Slg. 1991, I-6079 – *EWR*, Ziff. 39 u. 40.

23 EuGH, Gutachten 1/94 vom 15.11.1994, Slg. 1994, I-5276; vgl. *Krüger/Polakiewicz*, Vorschläge für ein kohärentes System des Menschenrechtsschutzes in Europa, EuGRZ 2001, 92 (101).

24 Entschließung des Europäischen Parlaments über die Lage der Menschenrechte in der EU für die Jahre 1998 und 1999, Protokoll vom 16.03.2000, Dok. A5-0050/2000, §§ 76 ff. (88).

25 Vgl. *Cassese/Lalumière/Leuprecht/Robinson*, Leading by Example: A Human Rights Agenda for the European Union for the Year 2000. Agenda of the Comité des Sages and Final Project Report (1998), veröffentlicht in: *Alston*, The EU and Human Rights, Oxford University Press 1999, 919 (919 ff.).

Beitritt zur EMRK und machte den Vorschlag, Art. 303 EGV dahingehend zu ergänzen, dass er einen solchen Beitritt vorsieht. Diese Anregung wurde von der Regierungskonferenz allerdings nicht aufgegriffen.[26]

Zwei Jahre später sprach sich die zuständige Arbeitsgruppe „Charta“ des Verfassungskonvents jedoch abermals dafür aus, eine Bestimmung in den Verfassungsvertrag aufzunehmen, nach der die Union der Konvention beitreten kann, oder war zumindest bereit, eine solche Vorschrift zu prüfen.[27] Bestimmungen, die einerseits der Union eine eigene völkerrechtliche Rechtspersönlichkeit – als Voraussetzung für einen Beitritt – verleihen, Art. I-6 VE, und andererseits einen Beitritt der EU zur EMRK anstreben, Art. I-7 Abs. 2 VE[28], finden sich jedoch erst im Verfassungsvertragsentwurf vom 18. Juli 2003.[29] Art. I-9 Abs. 2 VVE beinhaltet sodann eine ausdrückliche Regelung bezüglich des Beitritts, welche nun in Form des Art. 6 Abs. 2 EUV auch Einzug in den Lissabonner Vertrag gefunden hat.

Nicht zuletzt aufgrund des Scheiterns des am 29. Oktober 2004 unterzeichneten Vertrags über eine Verfassung für Europa und dem sich anschließenden langwierigen Ratifizierungsprozesses bezüglich des Reformvertrages,[30] setzte die Parlamentarische Versammlung die Debatte über einen Beitritt der EG bzw. EU zur EMRK erst am 17. April 2008 wieder auf die politische Agenda des Europarates, indem sie dem Ministerkomitee (mit großer Mehrheit) die sofortige Aufnahme von Verhandlungen mit der Europäischen Union über einen solchen Beitritt empfahl.[31] Dabei erklärte die Versammlung, dass es „an der Zeit (sei), die Pläne in die Tat umzusetzen“, weil der Beitritt „deutlich das Engagement zum Schutz der Menschenrechte nicht nur innerhalb der Grenzen der EU, sondern europaweit“ vermittle und die Rolle der Union als „eine auf Recht gegründete Gemeinschaft“ bestätige.[32] Zugleich unternimmt es die EU mit dem Vertrag von

26 Siehe Regierungskonferenz 2000 – Finnische Delegation, Vorschlag der finnischen Regierung vom 22.09.2000 – CONFER 4775/00 = EuGRZ 2000, 572. Dieser Vorschlag sah folgende Ergänzung des Art. 303 EGV vor: „Die Gemeinschaft besitzt die Zuständigkeit für den Beitritt zu der am 4. November 1950 in Rom unterzeichneten Konvention zum Schutze der Menschenrechte und Grundfreiheiten.“

27 Europäischer Konvent, Schlussbericht der Gruppe II über die Charta vom 22.10.2002, CONV 354/02.

28 In einem früheren Stadium der Beratungen hatte sich der Vorschlag noch darauf beschränkt, der Union lediglich die Kompetenz zum Beitritt einzuräumen (vgl. Entwurf der Art. 1 bis 16 des Verfassungsvertrags vom 06.02.2003, CONV 528/03, Art. 5 I).

29 CONV 850/03 (ABl. C 169 vom 18.07.2003). Vgl. dazu *Callewaert*, Die EMRK und die EU-Grundrechtecharta, Bestandsaufnahme einer Harmonisierung auf halbem Weg, EuGRZ 2003, 198 (205).

30 Vgl. dazu ausführlich 1. Kap. B.

31 Empfehlung der Parlamentarischen Versammlung des Europarats: The accession of the European Union/European Community to the European Convention on Human Rights, Recommendation 1834 (2008) vom 17.04.2008.

32 Vgl. Sitzung der Parlamentarischen Versammlung vom 17.04.2008, Resolution 1610 (2008) of the Parliamentary Assembly of the European Council „The accession of the European Union/European Community to the European Convention on Human Rights“, Nos. 7 and 8, <http://www.assembly.coe.int/ASP/Doc/XrefViewPDF.asp?FileID=17642&Language=EN (abgerufen am 06.05.2009).

Lissabon, ihrerseits die rechtlichen Grundlagen für einen Beitritt der Union zur EMRK zu schaffen.[33]

Dass die Beitrittsfrage nicht erst nach Inkrafttreten des Lissabonner Vertrages höchste Priorität genießt, erschließt sich aus einer Reihe von Dokumenten seitens des Europarates und der EU[34] wie insbesondere aus dem Achtzehnmonatsprogramm des Rates vom 27. November 2009[35] und aktuell auch aus dem Stockholmer Programm, in dem es heißt, dass die Union „rasch" der EMRK beitreten sollte.[36] Parallel wird die Europäische Kommission in letztgenanntem Programm ersucht, „*vordringlich* einen Vorschlag für den Beitritt der EU zur Europäischen Menschenrechtskonvention vorzulegen."[37] Auf Grundlage des Berichtsentwurfs zu den institutionellen Aspekten des Beitritts, in dem der Berichterstatter *Ramón Jáuregui Atondo* betonte, dass der Beitritt der Union zur EMRK ein starkes Zeichen bezüglich der Kohärenz zwischen der EU und dem „größeren Europa" setzen werde,[38] debattierte sodann der Ausschuss für konstitutionelle Fra-

33 Vgl. *Köngeter*, Zur Diskussion über einen Beitritt der EG/EU zur Europäischen Menschenrechtskonvention (EMRK), Wissenschaftliche Dienste des Deutschen Bundestages vom 09.05.2008, Nr. 23/08, 1.

34 Zuvor wurde das Begehren eines zügigen Beitritts der EU zur EMRK außerdem in einer Reihe anderer Dokumente seitens des Europarats und der EU zum Ausdruck gebracht: Vgl. CM(2005)80 final from 17.05.2005 – Ministers' Deputies, Action Plan, Anhang 1, Ziff. 4: „Early accession of the European Union to the ECHR would strongly contribute to ensuring coherence in the field of Human Rights in Europe. The preparatory work should be accelerated so that this accession could take place as soon as possible after the entry into force of the Constitutional Treaty"; CM(2007)74 from 10.05.2007 – Comitee of Ministers, Memorandum of Understanding between the Council of Europe and the European Union, Ziff. 20: "Early accession of the European Union to the Convention for the Protection of Human Rights and Fundamental Freedoms would contribute greatly to coherence in the field of human rights in Europe. The Council of Europe and the European Union will examine this further"; Council of Europe, Parliamentary Assembly, Recommendation 1834 (2008) – The accession of the European Union/European Community to the European Convention on Human Rights from 17.04.2008: "The Parliamentary Assembly (…) recommends that the Committee of Ministers immediately open negotiations with the European Union on the instrument of accession, on arrangements for accession and on its procedural implications, bearing in mind the specific characteristics of the European Union, so as to ensure the rapid adoption of instruments for accession". Siehe auch *Huber*, Der Beitritt der Europäischen Union zur Europäischen Menschenrechtskonvention. Art. 6 Abs. 2 S. 1 EUV, 2008, S. 34.

35 Es heißt dort: „Der zügige Beitritt der EU zur Europäischen Konvention zum Schutze der Menschenrechte und Grundfreiheiten ist eine Priorität für die drei Vorsitze", (Achtzehnmonatsprogramm des Rates der Europäischen Union vom 27.11.2009, Dok. 16771/09, 74).

36 Das Stockholmer Programm – Ein offenes und sicheres Europa im Dienste und zum Schutz der Bürger (ABl. C 115 vom 04.05.2010, 8, Ziff. 2.1).

37 Ebenda (Hervorhebung durch Verfasserin). Um diesem Ersuchen nachzukommen, wurde der Europäischen Kommission im Rahmen erster informeller Beratungen zunächst die Möglichkeit eingeräumt, die vorläufigen Standpunkte der Delegationen der Mitgliedstaaten zu Fragen bezüglich des Beitritts zur Konvention einzuholen. An diesen Beratungen, die aus einer gemeinsamen Initiative des schwedischen und des darauf folgenden spanischen Vorsitzes im Dezember 2009 hervorgingen (siehe den Vermerk des Rates der Europäischen Union vom 08.02.2010, Dok. 6180/10, 2), nahm auch ein Vertreter des Luxemburger Gerichtshofes teil, nachdem ein entsprechender Antrag gestellt wurde (vgl. den Vermerk des Rates der Europäischen Union vom 05.01.2010, Dok. 17807/09).

38 *Jáuregui Atondo*, Berichterstatter des Entwurf eines Berichts zu den institutionellen Aspekten des Beitritts der EU zur EMRK des Ausschusses für konstitutionelle Fragen des Europäischen Parlaments vom 02.02.2010, 2009/2241(INI), Ziff. 1 S. 4.

gen am 22. Februar 2010 über diesen notwendigen Reformschritt; eine entsprechende Anhörung fand am 18. März 2010 statt.[39] Da der Beitritt „die neuen Impulse hervorrufen (…) (werde), die seit mehr als einem Jahrzehnt angestrebt werden“,[40] wurde er ebenfalls auf der Sitzung des Ausschuss für Bürgerliche Freiheiten, Justiz und Inneres am 23. Februar 2010 erörtert. Am 17. März 2010 hat die Europäische Kommission daraufhin Verhandlungsrichtlinien zum baldigen Vollzug des in Art. 6 Abs. 2 EUV enthaltenden Auftrags vorgeschlagen, denn „(d)urch ihn (den Beitritt) erhält der Grundrechtsschutz in ganz Europa ein einheitliches Gepräge“, wie Kommissionspräsident *José Manuel Durão Barroso* anmerkte.[41] Seither bemüht sich der Rat der Europäischen Union stets, die Diskussionen zum Verhandlungsmandat voranzutreiben. So richtete er eigens zur Verfolgung dieses Ziels die „Working Party on Fundamental Rights, Citizens Rights and Free Movement of Persons“ ein, welche die Debatten in enger Partnerschaft mit der Europäischen Kommission leitet. Gleichzeitig erteilte das Ministerkomitee des Europarats seinem Lenkungsausschuss für Menschenrechte am 26. Mai 2010 den Ad-hoc-Auftrag, zusammen mit der Union das erforderliche Rechtsinstrument für den Beitritt der EU zur EMRK bis zum 30. Juni 2011 auszuarbeiten.[42] Nachdem die Europäische Kommission und der Europarat am 7. Juli 2010 die offiziellen Gespräche über den Beitritt der Union zur Europäischen Menschenrechtskonvention – als „fehlende(s) Bindeglied“ im europäischen System des Grundrechtsschutzes – starteten,[43] folgten regelmäßige Beratungen, die am 19. Juli 2011 schließlich in einem “draft agreement on the accession of the European Union to the Convention for the Protection of Human Rights and Fundamental Freedoms“[44] mündeten. Dieses konkrete Verhandlungsergebnis wurde in der Folge im Rahmen eines außerordentlichen Meetings des Steering Committee, das vom 12. bis zum 14. Oktober 2011 in Straßburg stattgefunden hat, finalisiert.[45] Dabei wurde – aufgrund einiger mitgliedstaatlicher Vorbehalte bezüglich des Inhalts der vorgeschlagenen Übereinkunft – festgestellt, dass die Union keinen einheitlichen Stand-

39 In der Folge hat es einige Änderungsanträge gegeben: Änderungsanträge 1-61 vom 25.03.2010, Änderungsanträge 1-14 vom 15.04.2010, <http://www.europarl.europa.eu/activities/committees/draftReportsCom/comparlDossier.do?language=DE&dossier=AFCO/7/01808&body=AFCO> (abgerufen am 12.04.2011).

40 So *Kinga Gál* im Entwurf einer Stellungnahme des Ausschusses für bürgerliche Freiheiten, Justiz und Inneres für den Ausschuss für konstitutionelle Fragen zu institutionellen Aspekten des Beitritts der EU zur EMRK vom 08.03.2010, 2009/2241(INI), Ziff. 2 S. 3.

41 Dok. IP/10/291 vom 17.03.2010.

42 Steering Committee for Human Rights (CDDH), Ad hoc terms of reference concerning of the EU to the Convention given to the CDDH by the Ministers' Deputies during their 1085th meeting (26. May 2010), CDDH(2010)008, 03.06.2010.
Die wichtigsten Dokumente der "Informal Working Group on the Accession of the European Union to the European Convention on Human Rights" (CDDH-UE) sind zu finden unter: <http://www.coe.int/t/dghl/standardsetting/hrpolicy/Accession/default_en.asp> (abgerufen am 28..03.2013).

43 Dok. IP/10/906 vom 07.07.2010.

44 Siehe dazu "draft legal instruments on the accession of the European Union to the European Convention on Human Rights", (19.07.2011), CDDH-UE(2011)16fin, 2 ff.

45 Siehe "report to the Committee of Ministers on the elaboration of legal instruments for the accession of the European Union to the European Convention on Human Rights", darin enthalten: "draft legal instruments on the accession of the European Union to the European Convention on Human Rights" (14.10.2011), CDDH(2011)009, 5 ff.

punkt zum Entwurf des Beitrittsabkommens (E-BA) vertreten konnte. Gelingt es den Mitgliedstaaten indes, eine gemeinsame Position zu den umstrittenen Punkten zu finden, werden die Beratungen der Europäischen Kommission mit den Verhandlungspartnern in Straßburg wieder aufgenommen, so dass ein positives Ergebnis der Verhandlungen nicht mehr weit entfernt zu sein scheint.[46] Das endgültige Beitrittsabkommen zwischen den 47 Vertragsparteien der EMRK und der EU wird also nicht mehr lange auf sich warten lassen, womit die Union die 48. unterzeichnende Partei der Konvention sein wird[47]. Jüngst war der erstrebte Beitritt sogar Thema auf einer Arbeitssitzung des Straßburger Gerichtshofes und des Bundesverfassungsgerichts.[48]

B. Formelle Voraussetzungen für einen Beitritt der EU zur EMRK

Da es einiger Vorkehrungen bedarf, damit der Beitritt der Union zur EMRK vollzogen werden kann, sollen nachfolgend die formellen Beitrittsvoraussetzungen bezüglich der Bedingungen auf Ebene der EU und des Europarates erörtert werden.

I. Modalitäten auf Unionsebene

Inzwischen besteht Klarheit darüber, dass das Gutachten 2/94, nach welchem auf der Grundlage des damaligen Integrationsstandes keine Kompetenz der Europäischen Gemeinschaften für den Beitritt zur EMRK bestand, nicht als endgültige Absage an den Beitritt, sondern lediglich als Appell an den EU-Verfassungsgeber zu verstehen war, seine Verantwortung durch die Schaffung einer entsprechenden Rechtsgrundlage zu übernehmen.[49]

---

46 Vgl. *Obwexer*, Der Beitritt der EU zur EMRK: Rechtsgrundlagen, Rechtsfragen und Rechtsfolgen, EuR 2012, 115 (124).

47 So auch *Holovaty* im Rahmen der Anhörung des Ausschusses für konstitutionelle Fragen des Europäischen Parlaments am 18.03.2010 (Accession of the European Union to the European Convention on Human Rights), 2.

48 Pressemitteilung Nr. 22/2011 vom 29.03.2011.

49 So der ehemalige Präsident des EuGH *Rodríguez Iglesias*, Rede anlässlich der feierlichen Eröffnung des Gerichtsjahres des EGMR in Straßburg vom 31.01.2002 = EuGRZ 2002, 206: „Ich möchte unterstreichen, dass dieses Gutachten in keiner Weise Ausdruck einer negativen Einstellung des Gerichtshofs gegenüber dem Grundsatz eines solchen Beitritts darstellt. Noch viel weniger handelte es sich um den Ausdruck eines Widerstrebens, eine dem Straßburger Gerichtshof untergeordnete Stellung einzunehmen. Man darf nicht vergessen, dieses Gutachten wurde im Vorfeld einer Regierungskonferenz erstattet, die leicht die verfassungsmäßige Grundlage für eine Zuständigkeit zum Beitritt hätte schaffen können, wenn der politische Wille hierzu vorhanden gewesen wäre“, vgl. *Callewaert*, Die EMRK und die EU-Grundrechtecharta, Bestandsaufnahme einer Harmonisierung auf halbem Weg, EuGRZ 2003, 198 (202); auch der amtierende Richter des EuGH – *Vassilios Skouris* – bestätigte in einer Anhörung im Rahmen des Europäischen Konvents am 17.09.2002, dass die Auslegung, die bis dahin dem Gutachten 2/94 gegeben wurde, auf einem Missverständnis beruhe (CONV 295/02, 9).

1. Rechtsgrundlage für den Beitritt

Der Europäische Konvent ist dieser Aufforderung gefolgt und hat eine unionale Ermächtigungsgrundlage hervorgebracht, welche die Voraussetzungen für einen Beitritt der Union – als Völkerrechtssubjekt – zur EMRK schafft und damit dem Erfordernis einer Vertragsänderung Rechnung trägt. Dabei ist den Entwürfen des Präsidiums eine Tendenz zu entnehmen: War in Art. 5 Abs. 2 S. 1 des Entwurfs vom 6. Februar 2003 noch die Rede davon, dass die Union der EMRK beitreten *kann*,[50] womit der diesbezügliche Wille in das Ermessen der Union gestellt wird, so sieht der entsprechende Art. I-7 Abs. 2 im Verfassungsvertragsentwurf vom 18. Juli 2003 die politische Absichtserklärung eines *Anstrebens* des Beitritts vor.[51] Der Schritt zu dieser zwingenderen Formulierung – aufgrund der sich die Union nicht mehr gegen einen Beitritt entscheiden kann – ist das Resultat einiger Änderungsvorschläge von Mitgliedern des Verfassungskonvents, die ein „kann" für nicht ausreichend hielten.[52] Dagegen heißt es sowohl in Art. I-9 Abs. 2 VVE als auch in Art. 6 Abs. 2 EUV, dass die Union der EMRK *beitritt*. Diese Bestimmung hat einen klaren Antwortcharakter im Hinblick auf das Gutachten des EuGH aus dem Jahre 1996 und ist als politisches Signal dafür anzusehen, dass der Beitritt der EU zur EMRK nach Jahrzehnten des „Ja-Aber"[53] nunmehr als Notwendigkeit angesehen wird.[54] Mehr noch, man kann in der Formulierung sogar eine Selbstverpflichtung der Staaten sehen, den Beitritt zur EMRK herbeizuführen, und zwar sowohl im Rahmen der Europäischen Union als auch im Rahmen der Mitgliedschaft beim Europarat und bei der Europäischen Menschenrechtskonvention.[55]

2. Eigene Rechtspersönlichkeit der EU

Darüber hinaus wird durch den Reformvertrag geregelt, dass die Union eine eigene einheitliche Rechtspersönlichkeit in Form des neuen Art. 47 EUV erhält, die bislang nur

---

50 Europäischer Konvent, Entwurf der Art. 1 bis 16 des Verfassungsvertrags vom 06.02.2003, CONV 528/03, 3.

51 Europäischer Konvent, Entwurf eines Vertrags über eine Verfassung für Europa vom 18.07.2003, CONV 850/03, 8.

52 Vgl. CONV 574/03, Übermittlungsvermerk des Sekretariats für den Konvent vom 21.02.2003, Reaktionen auf den Entwurf der Art. 1 bis 16 des Verfassungsvertrags – Übersichten; Änderungsvorschläge zu Art. 5 II, 46: Änderungsvorschlag V (2) / 9 (*Kiljunen/Vanhanen*); Änderungsvorschlag V (2) / 14 (*Svensson*); Änderungsvorschlag V (2) / 20 (*Hjelm-Wallén/Petersson/Lekberg/Lennmarker/Kvist*): „Die Union bemüht sich um einen Beitritt zur..."; Änderungsvorschlag V (2) / 16 (*van der Linden/Timmermanns/van Eeckelen/van Djik*): "Die Union wünscht einen Beitritt zur..."; Änderungsvorschlag V (2) / 17 (*Tiilikainen/Peltomäki*); Änderungsvorschlag V (2) / 18 (*Arabadjiev*): „Die Union tritt...bei"; Änderungsvorschlag V (2) / 26 (*Brok* + 15 PPE-Konventsmitglieder): „Die Union beantragt den Beitritt zur..."; <http://european-convention.eu.int/pdf/reg/de/03/cv00/cv00574.de03.pdf> (abgerufen am 05.05.2009).

53 Vgl. *Bernhardt*, Probleme eines Beitritts der Europäischen Gemeinschaft zur Europäischen Menschenrechts-Konvention, in: Due/Lutter/Schwarze (Hrsg.), Festschrift für Ulrich Everling, S. 103 (111).

54 Vgl. *Grabenwarter*, Auf dem Weg in die Grundrechtsgemeinschaft?, EuGRZ 2004, 563 (569).

55 Vgl. *Grabenwarter*, Grundrechtsschutz in der Union: Verankerung der EU-Grundrechtecharta und Beitritt zur EMRK, in: Busek/Hummer (Hrsg.), Der Europäische Konvent und sein Ergebnis – eine Europäische Verfassung, S. 71 (87); *ders.*, Auf dem Weg in die Grundrechtsgemeinschaft?, EuGRZ 2004, 563 (569).

den Europäischen Gemeinschaften gemäß Art. 281 EGV zukam und erforderlich ist, um selbständig internationale Verträge mit Staaten oder internationalen Organisationen abzuschließen.[56] Dank der durch Art. 47 EUV geschaffenen „treaty-making capacity“[57] gewinnt die EU demnach ihre persönliche Privat- und Völkerrechtssubjektivität samt der Fähigkeit, die EMRK anzunehmen.[58] Mit dieser Bestimmung wird der alten Streitfrage, ob die Union Rechtsfähigkeit besitzt, also endgültig ein Ende bereitet.[59]

Mit Inkrafttreten des Vertrages von Lissabon erfolgte zugleich eine Verschmelzung der Rechtspersönlichkeiten von EU und EG, denn nach Art. 1 Abs. 3 S. 3 EUV tritt die „neue“ Union an die Stelle der EG als deren Rechtsnachfolgerin.[60] Rechtliche Grundlage der EU ist seither der neu gefasste „Vertrag über die Europäische Union“ (EUV) und der „Vertrag über die Arbeitsweise der Europäischen Union“ (AEUV). Mit dieser Fusion wurde das Nebeneinander von Gemeinschaft und Union als Akteure in den internationalen Beziehungen beendet und das organisationsrechtliche Chaos der – durch den Vertrag von Maastricht geschaffenen – Pfeilerstruktur[61] im Interesse größerer organisatorischer Kohärenz, Transparenz und Verständlichkeit des europäischen Integrationsverbundes überwunden.[62] Um ein populäres Bild aufzugreifen, bildet die EU also kein „Tempeldach“ mehr, sondern eine Einheit, die gegenüber den Mitgliedstaaten und auch gegenüber Dritten als solche auftreten kann.[63] Der europäische Bürger wird auf diese

---

56 Siehe *Krüger/Polakiewicz*, Vorschläge für ein kohärentes System des Menschenrechtsschutzes in Europa, EuGRZ 2001, 92 (102).

57 Vgl. *Karl*, Der Beitritt der Europäischen Union zur Europäischen Menschenrechtskonvention, in: Busek/Hummer (Hrsg.), Der Europäische Konvent und sein Ergebnis – eine Europäische Verfassung, S. 89 (99).

58 Vgl. *Grawert*, Wie soll Europa organisiert werden? – Zur konstitutionellen „Zukunft Europas“ nach dem Vertrag von Nizza, EuR 2003, 971 (976).

59 Dazu etwa *Ress*, Ist die Europäische Union eine juristische Person?, EuR 1995, 27 ff.; *von Bogdandy/Nettesheim*, Die Verschmelzung der Europäischen Gemeinschaften in der Europäischen Union, NJW 1995, 2324 (2327); *Hillgruber*, Das Verhältnis der Europäischen Gemeinschaften und der Europäischen Union zu ihren Mitgliedstaaten, AVR 1996, 347 (349 ff.); *de Zwaan*, The Legal Personality of the European Communities and the European Union, Netherlands Yearbook of International Law 1999, 75; *Griller*, Die Unterscheidung von Unionsrecht und Gemeinschaftsrecht nach Amsterdam, in: Müller-Graff/Schwarze (Hrsg.), Rechtsschutz und Rechtskontrolle nach Amsterdam, EuR 1999, 45 ff. (insbes. 45-53); *Gautier*, The Reparation for Injuries Case Revisited: The Personality of the European Union, Max Planck Yearbook of United Nations Law 2000, 331; *Neuwahl*, Legal Personality of the European Union – International and Institutional Aspects, in: Kronenberger (ed.), The European Union and the International Legal Order: Discord or Harmony?, 2001, p. 3; *Hatje*, Loyalität als Rechtsprinzip in der Europäischen Union, 2001, S. 20 ff.

60 Vgl. *Terhechte*, Der Vertrag von Lissabon: Grundlegende Verfassungsurkunde der europäischen Rechtsgemeinschaft oder technischer Änderungsvertrag?, EuR 2008, 143 (147).

61 Der Vertrag von Maastricht begründete in Ergänzung zur Europäischen Wirtschaftsgemeinschaft (1. Säule) die Gemeinsame Außen- und Sicherheitspolitik (2. Säule) und die Zusammenarbeit im Bereich des Inneren und der Justiz (3. Säule).

62 Vgl. *Pache/Rösch*, Der Vertrag von Lissabon, NVwZ 2008, 473 (474). Auch die Arbeitsgruppe III „Rechtspersönlichkeit“ des Europäischen Konvents vertrat in ihrem Schlussbericht vom 01.10.2002 (CONV 305/02) die Auffassung, dass die Architektur der Union durch eine Abschaffung der Säulenstruktur erheblich vereinfacht würde, da diese in einem neuen einheitlichen Vertrag „anachronistisch, wenn nicht sogar obsolet wirken würde“ (S. 2, Ziff. 3 und S. 6, Ziff. 18).

63 Vgl. *Hatje/Kindt*, Der Vertrag von Lissabon – Europa endlich in guter Verfassung?, NJW 2008, 1761 (1762). Die dem Vertrag von Lissabon beigefügte Erklärung Nr. 24 zur Rechtspersönlichkeit

Weise veranlasst, sich in zunehmendem Maße mit der Union zu identifizieren, die sich ihrerseits verpflichtet, die Grundrechte und die aus der Europabürgerschaft hervorgehenden Rechte zu achten.[64]

3. *Abschluss des Beitrittsabkommens*

Auf Seiten der EU wurden somit die rechtlichen Rahmenbedingungen – im Sinne einer Kompetenzerweiterung[65] – geschaffen, die den Beitritt der Europäischen Union zur Europäischen Menschenrechtskonvention ermöglichen.

Gemäß dem neuen[66] Art. 218 Abs. 6 und 8 AEUV bedarf ein solcher jedoch noch eines einstimmigen Beschlusses des Rates, der Zustimmung des Europäischen Parlaments und der Zustimmung der Mitgliedstaaten im Einklang mit ihren verfassungsrechtlichen Vorschriften.[67] Liegen diese Voraussetzungen vor, so tritt die Union als Völkerrechtssubjekt i.S.v. Art. 47 EUV nach außen auf und nimmt als letzten Schritt vor dem Inkrafttreten die völkerrechtliche Ratifikation vor.[68]

II. *Modalitäten auf Ebene des Europarates: 14. Zusatzprotokoll zur EMRK*

Neben der in Art. 6 Abs. 2 EUV geschaffenen Rechtsgrundlage bedurfte der Beitritt der Union zur EMRK auf Seiten des Europarates auch einiger Änderungen der Konvention selbst. Die wichtigste betrifft insofern Art. 59 Abs. 1 EMRK, der noch bis zum 1. Juni 2010 bestimmte, dass allein die Mitglieder des Europarates der Konvention beitreten können, bei denen es sich gemäß Art. 4 der Satzung des Europarates wiederum nur um Staaten handelt.[69] Die EU ist jedoch kein Staat, sondern eine internationale Organisation. Es mag zutreffen, dass die Konvention zu einer Zeit ausgearbeitet wurde, als internationale Organisationen noch eine verhältnismäßig geringe Rolle spielten. Das hindert

---

der Europäischen Union stellt indes klar, dass die Union dadurch keinesfalls ermächtigt wird, über die ihr von den Mitgliedstaaten in den Verträgen übertragenen Zuständigkeiten hinaus gesetzgeberisch tätig zu sein oder über diese Zuständigkeiten hinaus zu handeln.

64 Vgl. Schlussbericht der Arbeitsgruppe III „Rechtspersönlichkeit" des Europäischen Konvents vom 01.10.2002 (CONV 305/02), 15, Ziff. 2.

65 Vgl. *Pache*, Die Europäische Grundrechtscharta – ein Rückschritt für den Grundrechtsschutz in Europa?, EuR 2001, 475 (493).

66 Die neue Nummerierung der Bestimmungen des EUV und des AEUV ergibt sich aus Art. 5 des Vertrags von Lissabon und den, dem Vertrag als Anhang beigefügten, Übereinstimmungstabellen (ABl. C 83 vom 30.03.2010, 361 ff.).

67 Siehe *Schiffauer*, Zum Verfassungszustand der Europäischen Union nach Unterzeichnung des Vertrags von Lissabon, EuGRZ 2008, 1 (3); ebenso *Lübbe-Wolff*, Der Europäische Gerichtshof muss die Grenzen der Unionskompetenzen sorgfältig hüten – „Wo die Musik der Globalisierung spielt, hat das Europäische Parlament bislang nichts zu sagen", ZRP 2007, 277 (278); der VVE sah für ein Beitrittsabkommen das Vertragsschlussverfahren nach Art. III-325 VVE vor, wonach der Rat mit qualifizierter Mehrheit (Art. III-325 VIII UAbs. 1 VVE) und nach Zustimmung des Europäischen Parlaments (Art. III-325 VI UAbs. 2 lit. a) ii) VVE) beschlossen hätte (siehe dazu *Streinz/Ohler/Herrmann*, Die neue Verfassung für Europa, Einführung mit Synopse, S. 104).

68 Vgl. *Huber*, Der Beitritt der Europäischen Union zur Europäischen Menschenrechtskonvention. Art. 6 Abs. 2 S. 1 EUV, 2008, S. 33.

69 Siehe *Mahlmann*, Die Grundrechtscharta der Europäischen Union, ZEuS 2000, 419 (424).

den EGMR jedoch nicht daran, diese Organisationen jetzt als Mittel zur besseren Gestaltung der zwischenstaatlichen Beziehungen ausdrücklich anzuerkennen und ihre Besonderheiten in seiner Entscheidungsfindung zu berücksichtigen.[70] Art. 59 EMRK musste deshalb dahingehend geändert bzw. ergänzt werden, dass er auch den Beitritt der EU erfasst. Angesichts der genannten Entwicklung von der vagen Formulierung eines Anstrebens[71] hin zu einem ausdrücklichen Auftrag an die Union, der EMRK beizutreten,[72] ist der lange Zeit fehlende politische Wille diesbezüglich inzwischen endlich vorhanden.[73]

Aus Sicht der Konvention eröffnet das 14. Zusatzprotokoll, welches am 12. Mai 2004 vom Ministerkomitee beschlossen und am 13. Mai 2004 in Straßburg zur Unterzeichnung aufgelegt wurde,[74] der EU erstmals rechtlich die Möglichkeit des Beitritts zur Konvention.[75] Primär enthält das Protokoll den EGMR reformierende Bestimmungen, da die ständig zunehmende Anzahl von Beschwerden dessen Funktionsfähigkeit in Frage stellt.[76] Gemäß Art. 17 des Zusatzprotokolls wird jedoch auch Art. 59 EMRK geändert und ein neuer Abs. 2 eingeführt, der wie folgt lautet: „Die Europäische Union kann dieser Konvention beitreten."[77]

---

70 Bezüglich der Europäischen Weltraumorganisation (European Space Agency – ESA) stellte der EGMR im Fall *Waite and Kennedy/Deutschland* (Urteil vom 18.02.1999, Nr. 26083/94, Ziff. 63 = EuGRZ 1999, 207 ff.) u.a. fest: „...dass der Grundsatz der Immunität von der Gerichtsbarkeit, den die deutschen Gerichte im vorliegenden Fall auf die ESA angewendet haben, ein legitimes Ziel hat." Siehe *Callewaert*, Die EMRK und die EU-Grundrechtecharta, Bestandsaufnahme einer Harmonisierung auf halbem Weg, EuGRZ 2003, 198 (203).

71 Vgl. *Dutheil de la Rochère*, The EU and the Individual: Fundamental Rights in the Draft Constitutional Treaty, CML Rev. 2004, 345 (353).

72 Siehe dazu 2. Kap. B. I. 1.

73 Im Gegensatz dazu *Strasser* als Reaktion auf das EuGH-Gutachten 2/94: „Es darf als sehr unwahrscheinlich angesehen werden, dass sich nach dieser Entscheidung des EuGH der politische Wille findet, die notwendigen Rechtsgrundlagen im Gemeinschaftsrecht zu schaffen, um die Beitrittsfrage wieder aufnehmen zu können" (*dies.*, 45 Jahre Menschenrechtsinstitutionen des Europarats – Bilanz und Perspektiven, in: Holtz (Hrsg.), 50 Jahre Europarat, 2000, S. 121 (125)).

74 Protokoll Nr. 14 zur EMRK über die Änderung des Kontrollsystems der Konvention vom 13.05.2004 = EuGRZ 2005, 278 ff.

75 Vgl. *Folz*, Grundrechte und Unionsbürgerschaft (Titel II), in: Vedder/Heintschel von Heinegg (Hrsg.), Europäischer Verfassungsvertrag, Art. I-9, S. 80 (82).

76 Ausführlich dazu *Keller/Bertschi*, Erfolgspotenzial des 14. Protokolls zur Europäischen Menschenrechtskonvention, EuGRZ 2005, 204 ff. Nicht ganz unbedeutend dürfte in diesem Zusammenhang sein, dass sich die meisten neuen Beschwerden, die im Jahr 2007 den EGMR erreichten (insgesamt 54.000!), sich wie im Vorjahr gegen Russland richteten (9.497; 2006: 10.177), (vgl. dazu den Bericht der Bundesregierung über die Tätigkeit des Europarats für die Zeit vom 1. Januar 2007 sowie vom 1. Juli bis 31. Dezember 2007, BR-Drs. 437/08, 19.06.08, Anlage 2, S. 4). Siehe auch 5. Kap. A. I. 2. b).

77 Die Vorarbeiten zu dieser Norm lieferte die "working group on the legal and technical issues of possible EC/EU accession to the European Convention on human rights" (GT-DH-EU) mit dem Bericht DG-II(2002)006 vom 28.06.2002 – „Study of technical and legal issues of a possible EC/EU accession to the European Convention on human rights", Report adopted by the Steering Committee for Human Rights (CDDH) at its 53rd meeting (25.-28.06.2002).

Diese Norm wird als die größte rechtspolitische Bedeutung des 14. Zusatzprotokolls gewürdigt.[78]

Weil es sich um ein Änderungsprotokoll zur EMRK handelt, ist die Annahme durch alle 47 Vertragsstaaten erforderlich. Da Russland – als einziger Europaratsmitgliedstaat – die Ratifizierung lange Zeit verweigerte, war fraglich, ob es jemals in Kraft treten würde. Die Staatsduma hatte das föderale Gesetz Nr. 362484-4[79] am 22. Dezember 2006 scheitern lassen, weil der Ausschuss für Zivil-, Straf-, Wirtschafts- und Prozessgesetzgebung unter dem Vorsitz von *P. V. Kraševinnikov* der Ansicht war, dass die Änderungen des Mechanismus der Konvention mit den grundlegenden Prinzipien des Rechtssystems nicht vereinbar seien.[80] Der Präsident des Straßburger Gerichtshofes, *Jean-Paul Costa*, war dagegen der Ansicht, dass Moskau das novellierende Protokoll nur aus „Angst vor einer größeren Effizienz des Gerichtes"[81] nicht ratifizieren wollte. Jedenfalls ist es in der Geschichte des 1949 gegründeten Europarates zuvor noch nie vorgekommen, dass ein Staat allen anderen Staaten so plötzlich vor den Kopf stößt, indem er in letzter Minute, nachdem alle anderen ratifiziert haben, überraschend einen Vertrag blockiert.[82] Im darauffolgenden Jahr (2007) bedauerte die Mehrheit der russischen Redner während der Sitzung der Parlamentarischen Versammlung allerdings, dass die Ratifizierung keine Mehrheit gefunden hatte, bezeichnete die Entscheidung aber als nicht endgültig und sagte zu, sich weiter für die Verabschiedung des Protokolls in der Staatsduma einzusetzen.[83] Seither wurden zahlreiche Aufforderungen an Russland gerichtet, das Zusatzprotokoll zu unterzeichnen. Auch Bundeskanzlerin *Angela Merkel* appellierte in ihrer Rede vor der Parlamentarischen Versammlung des Europarates vom 15. April 2008 an das neue russische Parlament, das Reformprotokoll zu ratifizieren.[84] Außerdem startete *Miguel Ángel Morantinos*, Minister für Auswärtige Angelegenheiten und Zusammenarbeit von Spanien und Vorsitzender des Ministerkomitees,

78 Vgl. *Ohms*, Europäischer Gerichtshof für Menschenrechte am Wendepunkt? Das 14. Zusatzprotokoll: Eine zusätzliche Zulässigkeitshürde sowie zahlreiche organisatorische Neuerungen, JBl. 2005, 14 (20).

79 Gesetz Nr. 362484-4 „über die Ratifikation des Protokolls Nr. 14 vom 13. Mai 2004 zur Konvention zum Schutz der Menschenrechte und Grundfreiheiten, das das Kontrollsystem der Konvention ändert."

80 Vgl. *Schmidt*, Dokumente zur russischen Blockade des EMRK-Protokolls Nr. 14, EuGRZ 2007, 507 (508). Als Grund für die Weigerung wurde insbesondere angegeben, dass die Aufgaben der Ausschüsse nach dem Inkrafttreten des 14. ZP von einem Einzelrichter wahrgenommen werden (Art. 27 EMRK).

81 Zitiert nach *Winter*, Jean Paul Costa. Mutiger Präsident des Menschenrechtsgerichtshofs, SZ vom 19.01.2007, Nr. 15, S. 4.

82 Vgl. *Engel*, der in der Blockadehaltung Russlands „den gezielten Versuch (sah), sich Europarat und EGMR gefügig zu machen" (vgl. *ders.*, Russland setzt Europäischen Gerichtshof für Menschenrechte unter Druck, Ablehnung des EMRK-Protokolls durch Staatsduma mit offensichtlicher Duldung durch Präsident Wladimir Putin, EuGRZ 2007, 241).

83 Vgl. Bericht der Bundesregierung über die Tätigkeit des Europarats für die Zeit vom 1. Januar 2007 sowie vom 1. Juli bis 31. Dezember 2007, BR-Drs. 437/08, 19.06.08, S. 5.

84 Siehe dazu sueddeutsche.de vom 15.04.2008: Moral vor Profit, Die Bundeskanzlerin fordert vor dem Europarat eine zügige Reform des Menschenrechtsgerichtshofs und sendet eine indirekte Warnung an China und Russland.

auf der Parlamentarischen Versammlung, am 28. Januar 2009 einen Aufruf, dass das Protokoll Nr. 14 sobald wie möglich in Kraft tritt.[85]

Schließlich war es der neue russische Präsident *Dmitri Anatolyevich Medvedev* selbst, der während einer Rede im Juli 2008 verkündete:

> „Russia (...) is ready to play a constructive role in assuring a civilised compatibility in Europe (...). Russia stands for the fortification of the role of the Council of Europe as an independent universal pan-European organisation, defining the level of judicial standards in all member states of the Council of Europe without discrimination or privileges for anybody, an important instrument in the abolishment of the dividing lines on the continent".[86]

Da trotz dessen zunächst nicht von einer Zustimmung Russlands zum 14. Zusatzprotokoll ausgegangen werden konnte, merkten unter anderem „Kolping International" (als NGO des Europarates)[87] und der Deutsche Bundesrat[88] an, dass über Alternativlösungen jenseits der Modifizierung der EMRK beraten werden müsse. Von großer Bedeutung war dabei nach wie vor die Sicherstellung der langfristigen Funktionsfähigkeit des Straßburger Gerichtshofes, um dessen stetig steigender Arbeitsüberlastung ein Ende zu bereiten und den Engpass zu weiten, unter dem er schon seit 2004 leidet. Da die weiter reichenden Maßnahmen zur Rationalisierung des EGMR, die mit dem 14. Zusatzprotokoll einhergehen, bis dato noch nicht in Kraft getreten waren, wurde eine Übergangslösung gefunden: das „Protocol No. 14*bis* to the Convention for the Protection of Human Rights and Fundamental Freedoms"[89], welches auf der Madrider Tagung des Ministerkomitees am 12. Mai 2009 angenommen und am 27. Mai 2009 zur Unterzeichnung aufgelegt wurde. Es enthält eine bewusste Entkopplung zweier prozessualer Elemente des 14. Zusatzprotokolls,[90] um jedenfalls die Arbeitsfähigkeit des EGMR zu sichern.

Mit Beschluss vom 15. Januar 2010 stimmte die russische Staatsduma mit 392 von 450 Stimmen letztlich aber doch der Ratifizierung des Protokolls Nr. 14 zu, so dass es nach dessen Art. 19 am 1. Juni 2010 endlich in Kraft treten konnte. Damit ist ein we-

---

85 Sitzung der Parlamentarischen Versammlung vom 28.01.2009, Mitteilung vom Ministerkomitee (vorgetragen von *Miguel Ángel Morantinos*, Minister für Auswärtige Angelegenheiten und Zusammenarbeit von Spanien und Vorsitzender des Ministerkomitees).

86 Proposed External Policies of the Russian Federation, Accepted by the President of the Russian Federation D. A. Medvedev, 12.07.2008, <http://www.mid.ru/ns-osndoc.nsf/0e9272befa34209743256c630042d1aa/d48737161a0bc944c32574870048d8f7?OpenDocument> (original Russian, abgerufen am 25.05.2009).

87 Erklärung von "Kolping International" zur Integration Europas und zum Einsatz des Europarates für die Menschenrechte, Europaratserklärung 2008 von Brno/Tschechien, Pkt. 5.

88 Beschluss des Deutschen Bundesrates vom 19.12.08, Bericht der Bundesregierung über die Tätigkeit des Europarats für die Zeit vom 1. Januar bis 30. Juni 2007 sowie vom 1. Juli bis 31. Dezember 2007, BR-Drs. 437/08, Pkt. 3.

89 Das Protokoll Nr. 14*bis* vom 27.05.2009 ist zu finden unter: <http://conventions.coe.int/Treaty/EN/Treaties/html/204.htm> (abgerufen am 21.07.2009).

90 Protokoll Nr. 14*bis* zur EMRK ermöglicht es einem Einzelrichter, beim Gerichtshof eingereichte offensichtlich unzulässige Fälle zu bearbeiten (die derzeit von Ausschüssen aus drei Richtern bearbeitet werden), und die Zuständigkeit der aus drei Richtern bestehenden Ausschüsse zur Bearbeitung von eindeutig begründeten Fällen sowie von Wiederholungsfällen, die sich aus systemischen Mängeln ableiten (für die derzeit Kammern aus sieben Richtern zuständig sind), zu erweitern.

sentlicher Schritt zur Reformierung des Straßburger Gerichtshofes getan und der Weg für den Beitritt der EU zur Konvention geebnet.

III. Arbeitsgruppe II „Charta" des Verfassungskonvents

Darüber hinaus bedarf es jedoch weiterer rechtlicher und technischer Modifikationen in der EMRK und anderen Zusatzprotokollen, um einen Beitritt der Union zur EMRK zu ermöglichen. Diese könnten in einem weiteren Zusatzprotokoll zur EMRK festgeschrieben werden oder durch den Abschluss eines Beitrittsvertrages zwischen der EU auf der einen Seite und allen Vertragsstaaten der Konvention auf der anderen Seite erfolgen.[91] Darauf wollte sich das Ministerkomitee nicht festlegen, um sich alle Möglichkeiten für die Zukunft offen zu halten.[92]

In diesem Zusammenhang ergibt sich bereits auch aus einer Studie des Europarates vom 28. Juni 2002, dass sich die rechtlichen bzw. technischen Probleme, die der Beitritt aus der Sicht der EMRK mit sich bringt, allesamt ohne große Mühe lösen lassen.[93] Diese Studie lag auch der Arbeitsgruppe II „Charta" des Verfassungskonvents vor, deren 33 Mitglieder – unter dem Vorsitz des ehemaligen EU-Kommissars für Justiz und Inneres *António Vitorino* – die aufgeführten technischen Fragen im Zusammenhang mit den konkreten Modalitäten des Beitritts gebührend berücksichtigten.[94] Denn das Mandat der Arbeitsgruppe II, welche ihre Arbeit am 22. Juni 2002 aufnahm, bestand in der Klärung der Modalitäten und Auswirkungen einer etwaigen Einbeziehung der Charta in die Verträge sowie der Auswirkungen eines etwaigen Beitritts der Gemeinschaft/Union zur Europäischen Menschenrechtskonvention.[95] Die Mitglieder der Arbeitsgruppe konnten sich nach sieben Sitzungsterminen auf einen umfassenden Kompromissvorschlag verständigen, der in Form eines Schlussberichtes am 22. Oktober 2002[96] der Öffentlichkeit präsentiert wurde und als Grundlage der abschließenden Beratungen des Plenums fungierte.[97]

---

91 Vgl. dazu den Explanatory Report des Europarats vom 12.05.2009, Protocol No. 14 to the Convention for the Protection of Human Rights and Fundamental Freedoms, amending the control system of the Convention (CETS No. 194), Ziff. 101 f.

92 Ebenda.

93 Vgl. "Study of technical and legal issues of a possible EC/EU accession to the European Convention on Human Rights", Report des Steering Committee for Human Rights (CDDH) vom 25.-28.06.2002 (DG-II(2002)006); Fragen hinsichtlich eines möglichen Beitritts und den damit verbundenen Folgen für das Straßburger System wurden auch von der innerhalb des Lenkungsausschusses für Menschenrechte des Europarats eingerichteten ad-hoc-Arbeitsgruppe geprüft (siehe den entsprechenden Activity Report vom 02.04.2002, GT-DH-EU(2002)012).

94 Vgl. *Sabeur/Berlin*, Die Beiträge aus den Arbeitsgruppen I, II und IX, in: Maurer/Schild (Hrsg.), Der Konvent über die Zukunft der Europäischen Union, Synoptische Darstellungen und Konventsdebatte, SWP-Dokumentation 2003, S. 17; The European Convention (Working Group II), Study carried out within the Council of Europe of technical and legal issues of a possible EC/EU accession to the European Convention on Human Rights, WD 08, 12.07.2002, 1 ff.

95 Europäischer Konvent, Mandat der Arbeitsgruppe „Charta" vom 31.05.2002, CONV 72/02, 1.

96 Europäischer Konvent, Schlussbericht der Gruppe II über die Charta vom 22.10.2002, CONV 354/02.

97 Vgl. *Pietsch*, Die Grundrechtecharta im Verfassungskonvent, ZRP 2003, 1 (2).

Bezüglich einer notwendigen Änderung der Konvention wird in diesem Bericht betont, dass der Beitritt der EU zur EMRK nicht bedeuten würde, dass die EU Mitglied des Europarates wird und auch nicht, dass sie allgemein als politischer Akteur in Straßburg in Erscheinung tritt.[98] „Vielmehr würden die Union und ihr Recht lediglich (...) dem in der EMRK festgelegten spezifischen System für die gerichtliche Überwachung der Einhaltung der Menschenrechte unterstehen."[99]

IV. Zusammenarbeit von Europarat und Europäischer Union

Im Gegensatz dazu sieht der luxemburgische Premierminister *Jean-Claude Juncker* es als eine logische Konsequenz der komplementären Beziehungen zwischen Europarat und Union, dass die EU auch Mitglied des Europarates wird, sobald ihr die Rechtspersönlichkeit zugesprochen wird.[100] Dies besonders vor dem Hintergrund, dass sich die Zusammenarbeit der beiden Institutionen – mit Blick auf die Sicherung der Demokratie im Interesse der Völker Europas – zunehmend intensiviert, wie er in seinem Bericht „Europarat – Europäische Union: Eine einheitliche Zielstellung für den europäischen Kontinent" aus dem Jahre 2006[101] ausführt. Als Begründung nennt er das Ziel eines Europas ohne Trennlinien, „in dem die Freiheiten, die Würde und die Sicherheit der Bürger in vollem Umfang gewährleistet sind".[102] Es gehe darum, die „systematische Nutzung eines tatsächlich existierenden Potenzials"[103] zu ermöglichen, wobei die Union mit diesem Schritt außerdem die Möglichkeit erhielte, in sämtlichen Gremien des Rates direkt für sich zu sprechen.

Das Streben nach einer Neufundierung der Partnerschaft zwischen den zwei unterschiedlichen, jedoch auch komplementären Organisationen ging bereits sichtbar hervor aus der Abschlusserklärung der Staats- und Regierungschefs auf dem Warschauer Europaratsgipfel im Mai 2005.[104] Dort bekundeten diese die Absicht,

---

98 Europäischer Konvent, Schlussbericht der Gruppe II über die Charta vom 22.10.2002, CONV 354/02, 14.

99 Ebenda.

100 Die Forderung nach einem Beitritt der EU zum Europarat (in diesem Fall zu dessen Satzung) wurde beispielsweise von der Parlamentarischen Versammlung des Europarats bereits im Januar 1994 erhoben (vgl. Recommendation 1231 (1994), Ziff. 8/6). Auch *Mader* spricht sich für einen Beitritt der EU zum Europarat aus, sieht diesen indes nicht als strenge Notwendigkeit an (*ders.*, Beitritt der EU zum Europarat? Institutionelle Aspekte der Entwicklung des europäischen Grundrechtsschutzes nach Lissabon, AVR 2011, 435 (464 ff.)).

101 „Europarat – Europäische Union: Eine einheitliche Zielstellung für den europäischen Kontinent, Bericht von Herrn Jean-Claude Juncker, Premierminister des Großherzogtums Luxemburg an die Staats- und Regierungschefs des Europarats, 11.04.2006, S. 38. Dieser Bericht wurde auf Bitten der Staats- und Regierungschefs des Europarats erstellt (vgl. CM(2005)79 final, Ziff. 10).

102 Ebenda.

103 Ebenda, S. 3.

104 Die Anfänge der Beziehungen zwischen der heutigen EU und dem Europarat liegen mehrere Jahrzehnte zurück. Diesbezüglich sei auf die Ausführungen *Brummers* verwiesen (vgl. *ders.*, Konkurrenz um Menschenrechte in Europa: die EU und der Europarat, integration 1/2008, 65 (66 ff.)).

„to create a new framework for enhanced co-operation and interaction between the Council of Europe and the European Union in areas of common concern, in particular human rights, democracy and the rule of law."[105]

Diese noch allgemein gehaltene Forderung fand ihren Ausdruck sodann – gestützt auf den *Juncker*-Bericht und inspiriert von der Parlamentarischen Versammlung[106] – in dem „Memorandum of Understanding between the Council of Europe and the European Union"[107], welches Europäische Union und Europarat im Mai 2007 unter deutscher EU-Ratspräsidentschaft als politische Absichtserklärung unterzeichneten. Ziel dieser Vereinbarung ist eine verstärkte Kooperation und eine verlässliche Koordination des politischen Dialogs.[108] Auch die grundsätzliche politische Einigung für einen Beitritt der EU zur EMRK ist enthalten.[109]

Als zentrales Hauptforum, das zum Austausch aktueller Fragen genutzt wird und in der Regel in einer gemeinsamen Erklärung der beiden Organisationen mündet, dienen die – bereits im Jahre 1989 eingeführten – *quadripartite meetings*. Die Grundsätze von Partnerschaftlichkeit und Abstimmung werden zuweilen jedoch gebrochen, da sowohl der Europarat als auch die EU sich selbst behaupten und ihre Einflusssphären wahren bzw. erweitern wollen.[110] Die Beitrittsfrage der Union zur EMRK bildete einen solchen – seit Jahren bestehenden – Interessenkonflikt, der mittlerweile aber glücklicherweise aufklaren konnte. Selbst wenn das Verhältnis zwischen Europarat und Union nicht immer völlig frei von Spannungen ist, sollten sie sich nicht als Konkurrenten ansehen, sondern als sich ergänzende Institutionen. Dies vor allem auch, weil die Zukunft des Europarates im europäischen Integrationsprozess an Selbstverständlichkeit verloren hat. Indem die EU sowohl thematisch als auch geografisch immer weiter ausgreift, wirft sie einen größer werdenden Schatten auf die Straßburger Organisation. Um aus diesem Schatten hervorzutreten, muss der Europarat nicht gegen, sondern mit der Union arbeiten. Es muss konsequente Absprachen und eine sinnvolle Arbeitsteilung zwischen Europarat und Union geben, denn eine strategische Kooperation brächte für beide Institutionen Vorteile. *Brummer* sieht diese darin, dass der Europarat seine Bedeutung und Zukunftsfähigkeit demonstrieren könnte, „wenn sich seine Aktivitäten ebenso gezielt wie nachvollziehbar in den Kontext einer institutionenübergreifenden europäischen Stabili-

105 CM(2005)79 final, Ziff. 10; vgl. auch *Brummer*, Der Europarat – Eine Einführung, 2008, S. 231.

106 Vgl. Council of Europe, Parliamentary Assembly, Memorandum of understanding between the Council of Europe and the European Union, Recommendation 1743 (2006).

107 Memorandum of Understanding between the Council of Europe and the European Union, 117th Session of the Committee of Ministers, CM(2007)74, 10.05.2007.

108 U.a. bezüglich des Schutzes von Menschenrechten und Grundfreiheiten, der Rechtsstaatlichkeit, der Demokratie und guter Regierungsführung, des interkulturellen Dialogs, der Bildung und des sozialen Zusammenhalts.

109 Memorandum of Understanding between the Council of Europe and the European Union, Pkt. 20.

110 Vgl. *Brummer*, Der Europarat – Eine Einführung, 2008, S. 235 f._Keine Einigkeit erzielten Europarat und EU beispielsweise in deren 23. Quadripartite-Treffen vom 03.11.2006, da die beiden Seiten in einigen Punkten offensichtlich unterschiedlicher Meinung waren. Im Kern ging es dabei um die ‚interne' Frage der zum damaligen Zeitpunkt noch nicht endgültig beschlossenen Grundrechteagentur der EU. Während sich der Europarat lange Zeit gegen die Errichtung einer mit einem weit reichenden Mandat ausgestatteten Agentur wehrte, weil er eine Beschneidung seines Einflusses und die Schaffung von Doppelstrukturen fürchtete, entgegneten die Vertreter der EU, dass sich die Grundrechteagentur in eine Richtung entwickele, die den Wünschen des Europarats sehr wohl entspreche.

tätspolitik stellen ließen." Die Union erhielte zum anderen „ihrerseits ein wenig Luft, die sie für ihre nach den jüngsten Erweiterungen weiterhin offene Konsolidierung im Innern sowie Positionsfindung nach außen braucht."[111]

C. Stellungnahme

Die Darstellung des historischen Hintergrundes und der langwierigen politischen Diskussion bezüglich der Forderung nach einem Beitritt der EU zur EMRK hat gezeigt, dass sich der Kampf gelohnt hat. Das Ziel ist zum Greifen nah. Nachdem mit Art. 6 Abs. 2 EUV eine positive Antwort auf das ablehnende ‚Luxemburger' Gutachten 2/94 gefunden wurde und die Union mit Art. 47 EUV ihre eigene völkerrechtliche Rechtspersönlichkeit erhalten, Russland letztlich doch der Ratifizierung des 14. Zusatzprotokolls zur EMRK zugestimmt und auch das Verhältnis von Europarat und EU mit dem „Memorandum of Understanding"[112] ihr Gleichgewicht gefunden hat, bedarf es lediglich noch der Erfüllung der in Art. 218 Abs. 6 und 8 AEUV genannten Voraussetzungen und eines endgültigen Beitrittsabkommens, damit die Union letztendlich der Konvention beitreten kann.

In den beiden folgenden Kapiteln (3. und 4. Kapitel) soll es darum gehen, ob der Beitritt der EU zur EMRK nun – da die am 1. Dezember 2000 ausgearbeitete Grundrechtecharta mit Inkrafttreten des Vertrages von Lissabon Rechtsverbindlichkeit erlangt hat – eigentlich noch erforderlich ist, wurde er anfangs doch als Alternative zu einem eigenen Grundrechtekatalog angesehen, oder ob die Gefahr besteht, dass sich zwei unterschiedliche Menschenrechtskataloge negativ auf den europäischen Grundrechtsschutz auswirken können.

111 Ebenda, S. 262.

112 Memorandum of Understanding between the Council of Europe and the European Union, 117th Session of the Committee of Ministers, CM(2007)74, 10.05.2007.

3. Kapitel:
Die Charta der Grundrechte und die EMRK – Zusammenspiel oder Gegensatz?

A. Hintergrund der Analyse

Macht der Beitritt der EU zur EMRK neben einer rechtsverbindlichen Charta, die als modernster unter den Grundrechtstexten gilt, überhaupt noch Sinn, um einen möglichst kohärenten Grundrechtsraum in Europa zu schaffen?

Während einerseits der Grundrechtsschutz der Konvention mittelbar auf den innerstaatlichen Rechtsbereich wirkt, indem die Mitgliedstaaten zur Gewährung eines bestimmten Grundrechtsschutzniveaus verpflichtet werden, formuliert die Charta andererseits Grundrechtsstandards für ein supranational strukturiertes, kompetenziell beschränktes Herrschaftssystem.[1] Zwar hat die EMRK bei der Formulierung der Grundrechtecharta ersichtlich Pate gestanden,[2] gleichwohl handelt es sich um unterschiedliche Grundrechtsordnungen, die von verschiedenen Gerichten – dem EuGH sowie dem EGMR – letztverbindlich und mit unterschiedlichen methodologischen und wertungsbezogenen Nuancen interpretiert werden.[3] Dieser Zweigleisigkeit soll mit dem Beitritt der Union zur EMRK und der damit einhergehenden Vereinheitlichung des Grundrechtsschutzsystems Abhilfe geschaffen werden. So hat *António Vitorino* schon auf der ersten Sitzung des Grundrechtekonvents am 17. Dezember 1999 erklärt, dass die Annahme einer Grundrechtecharta den Beitritt zur Konvention weder blockiere noch überflüssig mache.[4] Hingegen äußerte sich der frühere Präsident des EuGH *Gil Carlos Rodríguez Iglesias* auf der feierlichen Sitzung des EGMR am 31. Januar 2002 diesbezüglich wie folgt:

> „Wenn der Grundrechtecharta künftig Rechtskraft und sogar Verfassungsrang zukommen würde, könnte daraus ein gesteigertes Risiko widersprüchlicher Entscheidungen des EGMR und des EuGH erwachsen, und zwar insbesondere wegen inhaltlicher und redaktioneller Unterschiede zwischen Charta und Konvention.“[5]

---

1 Siehe *Baddenhausen/Deja*, Schutz der Grundrechte in der EU nach dem Vertrag von Lissabon, Wissenschaftliche Dienste des Deutschen Bundestages vom 20.02.2008, Nr. 08/08, 1; ähnlich *Fischbach*, Kommentar zur EU-Grundrechtecharta, in: Kaufmann (Hrsg.), Grundrechtecharta der Europäischen Union: Mitglieder und Beobachter des Konvents berichten, 2001, 59 (59).

2 So finden etwa die Hälfte der materiell-rechtlichen Bestimmungen der Charta ihren Ursprung in der EMRK (siehe Art. 2, 4 bis 7, 9, 10 I, 11 I, 12 I, 14, 17, 19 I, 21, 45 bis 50 der Charta) oder in der Rechtsprechung des EGMR (siehe Art. 1, 3, 8, 11 II, 13, 19 II, 22 bis 26 und 37 der Charta); vgl. *Callewaert*, Die EMRK und die EU-Grundrechtecharta. Bestandsaufnahme einer Harmonisierung auf halbem Weg, EuGRZ 2003, 198 (198); *Grabenwarter*, Europäische Menschenrechtskonvention. Ein Studienbuch, 2008, S. 30; ebenso *Rengeling/Szczekalla*, Grundrechte in der Europäischen Union, Charta der Grundrechte und allgemeine Rechtsgrundsätze, 2004, 97.

3 Siehe *Lindner*, Grundrechtsschutz in Europa – System einer Kollisionsdogmatik, EuR 2007, 160 (171).

4 Record of the first meeting of the Body to draw up a draft Charter of Fundamental Rights for the European Union, CHARTE 4105/BODY 1, p. 18.

5 *Rodríguez Iglesias*, EuGRZ 2002, 206 (207), (Hervorhebung durch Verfasserin).

In einer Anhörung des Select Committee des House of Lords[6] wurde überdies angeführt, dass „zwei verschiedene Versionen von Menschenrechtskatalogen die Anziehungskraft reduzieren würden, die der Europarat und die EMRK in Osteuropa genössen; sie würden auch den Beitritt der EU zur EMRK erschweren."[7]

Diese unterschiedlichen Aussagen geben Anlass, den Hintergrund bzw. die Wirkungsweise und vor allem das Ineinandergreifen der unterschiedlichen Grundrechtsverbürgungen – der Charta und der EMRK – im europäischen Mehrebenensystem[8] zu beleuchten, um herauszufinden, wie sie bestmöglich miteinander verflochten werden können. Ein harmonisches Verhältnis von Charta und Konvention ist deshalb von herausragender Bedeutung, weil damit – zumindest formell – die Beziehung der beiden europäischen Gerichtshöfe geklärt wird. Bevor die entsprechende Lösung des Grundrechtekonvents analysiert und bewertet wird (4. Kapitel), ist der Blick zunächst auf die Entwicklungen und Eigentümlichkeiten der beiden Grundrechtsordnungen zu richten, da diese Aufschluss darüber geben können, wie der europäische Grundrechtsschutz ausgestaltet sein sollte und optimiert werden könnte.

B. Die europäischen Grundrechtskataloge im Detail

I. Charta der Grundrechte[9]

Die Charta der Grundrechte der Europäischen Union[10], die am 7. Dezember 2000 auf der Tagung des Europäischen Rates in Nizza feierlich proklamiert[11] und am 12. Dezember 2007 im Rahmen einer feierlichen Sitzung des Europäischen Parlaments in Straßburg durch die Präsidenten der drei politischen Institutionen der Union neu verkündet

---

6 8th Report by the Select Committee on the European Union of the House of Lords on „EU Charter of Fundamental Rights", 16.05.2000 (session 1999-2000; HL Paper 67), p. 28, Ziff. 102.

7 Vgl. *Alber/Widmaier*, Die EU-Charta der Grundrechte und ihre Auswirkungen auf die Rechtsprechung. Zu den Beziehungen zwischen EuGH und EGMR, EuGRZ 2000, 497 (499).

8 Dabei soll die von *Heiko Sauer* formulierte Definition eines *Mehrebenensystems* zugrunde gelegt werden, nach der ein solches aus mindestens zwei Ebenen besteht, „auf denen ein Verband oder mehrere gleichgeordnete Verbände Entscheidungskompetenzen durch ihre Organe wahrnehmen, wobei die einzelnen Ebenen dadurch miteinander rechtlich vernetzt sind, dass mindestens die Entscheidungen einer Ebene bestimmte Rechtsbeziehungen zu der bzw. einer anderen Ebene feststellen oder gestalten können" (vgl. *ders.*, Jurisdiktionskonflikte in Mehrebenensystemen. Die Entwicklung eines Modells zur Lösung von Konflikten zwischen Gerichten unterschiedlicher Ebenen in vernetzten Rechtsordnungen, 2008, S. 80).

9 Bezüglich der genauen Entstehungsgeschichte der Grundrechtecharta sei auf die Ausführungen *Barrigas* verwiesen (vgl. *Barriga*, Die Entstehung der Charta der Grundrechte der Europäischen Union. Eine Analyse der Arbeiten im Konvent und kompetenzrechtlicher Fragen, 2003).

10 ABl. C 83 vom 30.03.2010, 389 ff.

11 Vgl. *Callies/Kingreen*, Charta der Grundrechte der Europäischen Union, in: Callies/Ruffert (Hrsg.), EUV/EGV Kommentar, Das Verfassungsrecht der Europäischen Union mit Europäischer Grundrechtecharta, 2007, Rn. 39.

wurde,[12] ist die erste Kodifizierung der Grundrechte auf Unionsebene.[13] Zwar enthielten die Gründungsverträge der Europäischen Gemeinschaften[14] einige, vor allem mit der Errichtung eines Gemeinsamen Marktes zusammenhängende, subjektiv-öffentliche Rechte;[15] sie verfügten aber über keinen geschriebenen Grundrechtekatalog.[16]

1. Entwicklung des Grundrechtsschutzes

Die Idee eines solchen eigenen Kataloges für den europäischen Integrationsverband wurde seit den siebziger Jahren diskutiert.[17] Nach einer anfänglich ablehnenden Haltung des EuGH gegenüber der Anerkennung von Grundrechten, vollzog er die ersten Maßnahmen zu einer supranationalen Funktionsordnung und damit zu einem gemeinschaftlichen Grundrechtsschutz 1963 in dem Urteil *van Gend & Loos*[18] und 1969 in der *Stauder*-Entscheidung,[19] um einen grundrechtsfreien Raum des Gemeinschaftsrechts zu vermeiden.[20] Anerkannt wurde in diesem Zusammenhang vorerst nur, dass auch Individuen Rechtssubjekte im Sinne des Gemeinschaftsrechts sein können, und nachfolgend, dass außerdem die Grundrechte der Person zu den allgemeinen Rechtsgrundsätzen der Gemeinschaftsrechtsordnung zählen.[21] Auf der Grundlage des Art. 220 EGV (der Kom-

---

12 Text und Proklamation der Charta in: EuGRZ 2007, 751; Parlamentspräsident *H. G. Pöttering* äußerte sich in diesem Zusammenhang wie folgt: „50 Jahre, nachdem die Gründerväter Europas aus Ruinen des zerstörten Kontinents die Europäische Gemeinschaft ins Leben riefen, wollen wir gemeinsam unsere Werte als Kern europäischer Identität zum Ausdruck bringen" (vgl. spiegelonline vom 12.12.2007, Tumulte bei Unterzeichnung von EU-Grundrechte-Charta).

13 Die Charta der Grundrechte (GRCh) liegt demnach in zwei Versionen vor: GRCh 2000 und GRCh 2007. Die GRCh 2007 enthält gegenüber der GRCh 2000 einige Änderungen, die zumeist bloß redaktioneller Natur sind und erst mit Inkrafttreten des Reformvertrages wirksam wurden.

14 EGKSV, EWGV, EAGV.

15 Vgl. *Schilling*, Bestand und allgemeine Lehren der bürgerschützenden allgemeinen Rechtsgrundsätze des Gemeinschaftsrechts, EuGRZ 2000, 3 ff.

16 Vgl. *Rengeling/Szczekalla*, Grundrechte in der Europäischen Union, Charta der Grundrechte und allgemeine Rechtsgrundsätze, 2004, 1; vgl. auch *Ehlers*, Die Grundrechte des europäischen Gemeinschaftsrechts, JURA 2002, 468 (468).

17 Gefordert wurde ein eigener Grundrechtskatalog u.a. von *Sasse*, Der Schutz der Grundrechte in den Europäischen Gemeinschaften und seine Lücken, in: Mosler/Bernhardt/Hilf (Hrsg.), Grundrechtsschutz in Europa, 1977, S. 51 (59 ff.); *Starck*, Ein Grundrechtskatalog für die Europäischen Gemeinschaften, EuGRZ 1981, 545 (548 ff.); *Bahlmann*, Der Grundrechtsschutz der Europäischen Gemeinschaft – Wege der Verwirklichung, EuR 1982, 1 (16); *Zuleeg*, Der Schutz der Menschenrechte im Gemeinschaftsrecht, DÖV 1992, 937 (944); *Chwolik-Lanfermann*, Braucht die Europäische Union einen Grundrechtskatalog?, ZRP 1995, 126 ff.; *Pernice*, Carl Schmitt, Rudolf Smend und die europäische Integration, AöR 1995, 100 (118 ff.).

18 EuGH, Urteil vom 05.02.1963, Rs. 26/62, Slg. 1963, 1 – *van Gend & Loos*.

19 EuGH, Urteil vom 12.11.1969, Rs. 29/69, Slg. 1969, 419 – *Stauder*. Vgl. *Kingreen*, Theorie und Dogmatik der Grundrechte im europäischen Verfassungsrecht, EuGRZ 2004, 570 (570).

20 Vgl. ausführlich dazu *Buckel*, die darlegt, dass die Erfindung der europäischen Grundrechte nicht aus dem Nichts, sondern im Zuge einer institutionellen Auseinandersetzung entstand, welche sie mit *Alters* Begriff der „doctrinal negotiation" beschreibt (*dies.*, Subjektivierung und Kohäsion. Zur Rekonstruktion einer materialistischen Theorie des Rechts, 2007, S. 273 ff.).

21 EuGH, Urteil vom 05.02.1963, Rs. 26/62, Slg. 1963, 1 – *van Gend & Loos*, Ziff. 25; Urteil vom 12.11.1969, Rs. 29/69, Slg. 1969, 419 – *Stauder*, Ziff. 425; vgl. auch *Kingreen*, Die Gemeinschaftsgrundrechte, JuS 2000, 857 (857).

petenz zur Wahrung des Rechts)[22] hatte man dann in Gestalt der ungeschriebenen allgemeinen Rechtsgrundsätze ein „Instrument zur Lückenfüllung“[23] entdeckt.[24] Fehlt es demnach an geschriebenen Gewährleistungen, fußen die Gemeinschaftsgrundrechte (nunmehr Unionsgrundrechte) in Form der allgemeinen Rechtsgrundsätze auf dem Richterrecht des EuGH, welches zum einen aus den Verfassungsüberlieferungen der Mitgliedstaaten[25] und zum anderen aus völkerrechtlichen Verträgen[26] – insbesondere der EMRK – abgeleitet wird. Somit werden Rechtsgrundsätze vom Gerichtshof „nicht erfunden, sondern gefunden.“[27] Diese Tendenz fand mit dem Vertrag von Maastricht in Art. 6 Abs. 2 EUV eine primärrechtliche Normierung in den Verträgen,[28] welche auf die genannten Rechtserkenntnisquellen[29] verweist, und der Ausbau der Gemeinschaftsgrundrechte nahm sodann – durch die Anwendung allgemeiner Rechtsgrundsätze – seinen Lauf. Auf diese Weise konnte ein effektiver und umfangreicher Grundrechtsschutz in der Union erreicht werden.

Doch um „die auf der Ebene der Union geltenden Grundrechte in einer Charta zusammen(zufassen) und dadurch sichtbarer“[30] zu machen und zu verdeutlichen, dass es sich bei der EU nicht nur um einen Zweckverband von Staaten handelt, einigte man sich – im Rahmen des europäischen Verfassungskonvents unter dem Vorsitz von *Roman Herzog* – auf einen festgeschrieben Katalog von Grundrechten, welcher nunmehr 54 Artikel beinhaltet.[31] Dabei sollten für die unmittelbar betroffenen Anwender des Europarechts nicht „nur“ die Grundrechte identifizierbarer werden, sondern auch die EU selbst. Dies bedeutete, dass die Entscheidungswege und Resultate der Verhandlungen in und zwischen den Organen verständlicher und nachvollziehbarer werden mussten, weshalb man sich schließlich auf das neue Verhandlungsmodell des Konvents einigte.[32] Die Konventsmethode fördert die Legitimation der Verfassungsgebung, weil seine Arbeitsweise ein hohes Maß an Transparenz zugrunde legt und vor allem die (indirekte) Parti-

22 Im Wesentlichen ersetzt durch Art. 19 EUV.

23 Siehe *Lecheler*, Der Beitrag der allgemeinen Rechtsgrundsätze zur europäischen Integration – Rückblick und Ausblick, ZEuS 2003, 337 (338).

24 Vgl. *Ehlers*, Die Grundrechte des europäischen Gemeinschaftsrechts, JURA 2002, 468 (469).

25 Erstmals in der *Internationale Handelsgesellschaft*-Entscheidung des EuGH vom 17.12.1970, Rs. 11/70, Slg. 1970, 1125, Ziff. 4.

26 Erstmals in der *Nold*-Entscheidung des EuGH vom 14.05.1974 (Rs. 4/73, Slg. 1974, 491, Ziff. 13).

27 Vgl. *Rengeling/Szczekalla*, Grundrechte in der Europäischen Union, Charta der Grundrechte und allgemeine Rechtsgrundsätze, 2004, 435.

28 Zunächst Art. 5 II EUV a.F.; seit dem Vertrag von Amsterdam Art. 6 II EUV a.F., der die EMRK und die Verfassungsüberlieferungen nannte. Auch der Reformvertrag behält den Verweis auf die EMRK und die gemeinsamen Verfassungsüberlieferungen der Mitgliedstaaten in Art. 6 III EUV n.F. bei.

29 Diese sind die maßgebenden normativen Vorgaben für die Auslegung und Konkretisierung von Grundrechten.

30 Vgl. Europäischer Rat von Köln, 03./04.06.1999, Schlussfolgerungen des Vorsitzes. Anhang IV: Beschluss des Europäischen Rates zur Erarbeitung einer Charta der Grundrechte der Europäischen Union.

31 Vgl. *Calliess*, Die Charta der Grundrechte der Europäischen Union – Fragen der Konzeption, Kompetenz und Verbindlichkeit, EuZW 2001, 261 (262); ebenso *von Bogdandy*, Grundrechtsgemeinschaft als Integrationsziel?, Grundrechte und das Wesen der Europäischen Union, JZ 2001, 157 (160).

32 Vgl. *Maurer/Göler*, Die Konventsmethode in der Europäischen Union. Ausnahme oder Modell?, SWP-Studie 2004, 7.

zipation der Bürger erlaubt. Durch diese Art der Entscheidungsfindung wurde – vielleicht im Gegensatz zu der konventionellen Methode der Regierungskonferenzen – sichergestellt, dass die Charta als Trägerin der auf gemeinsamen Werten beruhenden europäischen Identität eine hohe Akzeptanz in der Bevölkerung erntet.

Die Charta reflektiert in erster Linie den Entwicklungsstand des Grundrechtsschutzes, der bereits erreicht ist bzw. im Hinblick auf die EMRK als selbstverständlich gelten kann, geht jedoch mit einigen Innovationen darüber hinaus.[33] So wurden bei der Ausarbeitung der Charta neben den klassischen Freiheits- und Gleichheitsrechten auch wirtschaftlich und sozial konnotierte Grundrechtsnormen berücksichtigt, wie sie in der Europäischen Sozialcharta von 1961 und in der Gemeinschaftscharta der sozialen Grundrechte der Arbeitnehmer von 1989 enthalten sind, sofern diese nicht lediglich Unionsziele begründen.[34] Die Charta der Grundrechte ist demnach ein „moderner" Grundrechtstext, der auch aktuelle Gefährdungslagen berücksichtigt.

2. *Status der Grundrechtecharta vor Inkrafttreten des Lissabonner Vertrags*

Bis zum Inkrafttreten des Lissabonner Vertrages kam der Charta der Grundrechte jedoch keine Rechtsverbindlichkeit zu. Dies zum einen, weil sie kein Bestandteil der Verträge geworden ist, und zum anderen aufgrund des Scheiterns des Europäischen Verfassungsvertrags, in dem die Charta verankert werden sollte.[35] Aufgrund eines fehlenden Verweises im bisherigen Art. 6 Abs. 2 EUV, welcher die Charta auf eine Stufe mit der EMRK und den gemeinsamen Verfassungsüberlieferungen der Mitgliedstaaten gestellt hätte, gehörte sie zuvor *formal* nicht einmal zu den Inspirationsquellen der Grundrechts-Rechtsprechung des Luxemburger Gerichtshofes.[36] Dessen ungeachtet wurde sie gleichsam schon vor „Lissabon" als eine „deklaratorische Bekräftigung des Regelungsgehalts europäischer Grundrechte" gehandelt und in diesem Sinne „als zusätzliche Erkenntnisquelle europäischen Grundrechtsschutzes" herangezogen.[37] Nachdem einige Generalanwälte in ihren Schlussanträgen[38] sowie das EuG in seinen Ausführungen[39] bereits

---

33 Vgl. *Schmitz*, Die EU-Grundrechtecharta aus grundrechtsdogmatischer und grundrechtstheoretischer Sicht, JZ 2001, 833 (833).

34 Vgl. ebenda, 833 (833).

35 Vgl. *Lindner*, Grundrechtsschutz gegen gemeinschaftsrechtliche Öffnungsklauseln – zugleich ein Beitrag zum Anwendungsbereich der EU-Grundrechte, EuZW 2007, 71 (71).

36 Vgl. *Rohleder*, Grundrechtsschutz im europäischen Mehrebenen-System. Unter besonderer Berücksichtigung des Verhältnisses zwischen Bundesverfassungsgericht und Europäischem Gerichtshof für Menschenrechte, 2009, S. 378.

37 Siehe *Thym*, Europäischer Grundrechtsschutz und Familienzusammenführung, NJW 2006, 3249 (3249).

38 GA *Alber*, Schlussantr. vom 01.02.2001 zu EuGH, Rs. C-340/99, Slg. 2001, I-4109 – *TNT Traco*, Ziff. 94; GA *Mischo*, Schlussantr. vom 22.02.2001 zu EuGH, verb. Rs. C-122/99 P und C-125/99 P, Slg. 2001, I-4319 – *D/Rat*, Ziff. 97; GA *Jacobs*, Schlussantr. vom 22.03.2001 zu EuGH, Rs. C-270/99 P, Slg. 2001, I-9197 – *Z/Parlament*, Ziff. 41; GAin *Stix-Hackl*, Schlussantr. vom 31.05.2001 zu EuGH, Rs. C-49/00, Slg. 2001, I-8575 – *Kommission/Italien*, Ziff. 57 sowie im Schlussantr. vom 12.07.2001 zu EuGH, Rs. C-131/00, Slg. 2001, I-10165 – *Nilsson*, Ziff. 18; GA *Jacobs*, Schlussantr. vom 14.06.2001 zu EuGH, Rs. C-377/98, Slg. 2001, I-7079 – *Niederlande/Parlament u. Rat*, Ziff. 197, 210; GA *Tizzano*, Schlussantr. vom 08.02.2001 zu EuGH, Rs. C-173/99, Slg. 2001, I-4883 – *BECTU/Secretary of State*, Ziff. 26; GA *Geelhoed*, Schlussantr. vom 05.07.2001 zu EuGH, Rs. C-413/99, Slg. 2002, I-7091 – *Baumbast u. R.*, Ziff. 59, 110 sowie im Schlussantr. vom 12.07.2001 zu EuGH, Rs. C-313/99, Slg. 2002, I-5719 – *Mulligan u.a.*, Ziff. 28.

Bezug auf sie nahmen, wurde dies vor allem durch die im Jahre 2006 erfolgte erste Berufung des Luxemburger Gerichtshofes auf die Charta illustriert. Ausgangspunkt war die Frage der Grundrechtskonformität der Familienzusammenführungsrichtlinie[40], wobei der EuGH in seiner Begründung die Konformität sowohl mit der EMRK als auch mit den Grundsätzen der Charta der Grundrechte akzentuierte.[41] So argumentierte der Gerichtshof bezüglich der Charta, dass

> „auch wenn es sich dabei nicht um ein bindendes Rechtsinstrument handelt, (...) der Gemeinschaftsgesetzgeber doch ihre Bedeutung anerkennen (wollte), indem er in der zweiten Begründungserwägung der Richtlinie ausgeführt hat, dass diese nicht nur die in Artikel 8 EMRK, sondern auch die in der Charta anerkannten Grundsätze beachtet."[42]

Hierin ließ sich schon vor dem Verbindlichwerden des Reformvertrages eine „Art Selbstbindung des Gemeinschaftsgesetzgebers an die Charta"[43] erkennen.[44] Zurückzuführen ist diese Bindung wohl nicht zuletzt auf die Kontrolle durch die Europäische Kommission, die bezüglich ihrer Rechtsetzungsvorschläge, welche einen spezifischen Bezug zu den Grundrechten aufweisen, einen „Charta-Erwägungsgrund" eingefügt hat.[45] Dieser bewirkt, dass jeder in Frage kommende Rechtsetzungsvorschlag der Kommission in seiner Begründung einen Abschnitt enthalten muss, in dem dargelegt wird, auf welche Weise die Grundrechte gewahrt wurden.[46] Mit der Unterbreitung eines entsprechenden Vorschlags endet die Verantwortung der Kommission indes nicht; sie beobachtet darüber hinaus die Arbeit des EuGH sorgfältig in Hinblick auf die Wahrung der Grundrechte. „Sie wird das in ihren Rechtsetzungsvorschlägen enthaltene Niveau des Grundrechteschutzes verteidigen und vor jeglicher ungerechtfertigten Gefährdung

---

39 EuG, Urteil vom 27.09.2002, Rs. T-211/02, Slg. 2002, II-3781 – *Tideland/Kommission*, Ziff. 37; Urteil vom 15.01.2003, verb. Rs. T-377/00, T-379/00, T-380/00, T-260/01, T-272/01, Slg. 2003, II-1 – *Philip Morris/Kommission*, Ziff. 122; Urteil vom 05.08.2003, verb. Rs. T-116/01 und T-118/01, Slg. 2003, II-2957 – *European Ferries/Kommission*, Ziff. 109; Urteil vom 13.01.2004, Rs. T-67-01, Slg. 2004, II-49 – *JCB Service/Kommission*, Ziff. 36.

40 Richtlinie 2003/86/EG des Rates vom 22. September 2003 betreffend das Recht auf Familienzusammenführung (ABl. L 251 vom 03.10.2003, 12-18).

41 EuGH, Urteil vom 27.06.2006, Rs. C-540/03, Slg. 2006, I-5769 – *Europäisches Parlament/Rat der Europäischen Union.*

42 Ebenda, Ziff. 38.

43 Vgl. *Lindner*, Grundrechtsschutz gegen gemeinschaftsrechtliche Öffnungsklauseln – zugleich ein Beitrag zum Anwendungsbereich der EU-Grundrechte, EuZW 2007, 71 (71).

44 Die neuesten Fälle, in denen der EuGH Ausführungen zur Charta machte, sind: EuGH, Urteil vom 11.12.2007, Rs. C-438/05, Slg. 2007, I-10779 – *International Transport Workers' Federation und Finnish Seamen's Union/Viking Line ABP und OÜ Viking Line Eesti*, Ziff. 44; Urteil vom 18.12.2007, Rs. C-341/05, Slg. 2007, I-11767 – *Laval/Svenska Bygg*, Ziff. 91; Urteil vom 29.01.2008, Rs. C-275/06, Slg. 2008, I-271 – *Promusicae/Telefonica*, Ziff. 64; Urteil vom 14.02.2008, Rs. C-244/06, Slg. 2008, I-505 – *Dynamic/Avides*, Ziff. 41.

45 Vgl. Mitteilung der Europäischen Kommission vom 27.04.2005, Berücksichtigung der Charta der Grundrechte in den Rechtsetzungsvorschlägen der Kommission. Methodisches Vorgehen im Interesse einer systematischen und gründlichen Kontrolle, KOM(2005) 172 endg.

46 Ebenda, Rn. 23.

durch die Legislative warnen."[47] Auch um dieser Beobachtung und Kontrolle Stand zu halten, nahm der EuGH schon vor Inkrafttreten des Lissabonner Vertrags Bezug auf die Charta; war er dadurch doch bereits inoffiziell an diese gebunden.

3. Grundrechtecharta im Reformvertrag

Durch die Ratifikation des Vertrages von Lissabon im Dezember 2009 ergibt sich gegenwärtig die definitive Rechtsverbindlichkeit der Grundrechtecharta.[48] Der Reformvertrag inkorporiert die Charta zwar nicht mehr vollständig in die Haupturkunde[49] – wie zuvor in Teil II des Verfassungsvertrages vorgesehen – sie wird allerdings durch einen Verweis in Art. 6 Abs. 1 EUV in das Primärrecht einbezogen, so dass sie dieselbe Rechtsverbindlichkeit wie die Verträge erhält.[50] Durch die Bezugnahme auf die Charta als verbindlichem Maßstab der europäischen Politik, könnte – *Pernice* zufolge – nicht nur die gemeinsame Wertebasis und Orientierung für die Institutionen gestärkt, sondern vollends klar gemacht werden, dass in der Union ein unmittelbares Rechtsverhältnis zwischen Individuen und Institutionen begründet wird.[51]

Allerdings gibt es besondere Bestimmungen über den Anwendungsbereich der in der Charta anerkannten Rechte durch den EuGH und die nationalen Gerichte für die größten „Charta-Skeptiker"[52] – das Vereinigte Königreich und Polen –, die in einem Protokoll des Reformvertrages[53] geregelt sind.[54] Die Möglichkeit eines solchen „opt out" für die genannten Länder, womit diese eine durch die Charta bedingte Ausweitung ihrer gegenwärtigen Verpflichtungen verhindern wollen,[55] wirft ein Schlaglicht darauf, dass zumindest der unionsrechtliche (nicht notwendigerweise auch der konventionsrechtliche) Grundrechtsschutz von diesen zwei Mitgliedstaaten als Bedrohung der nationalen Souveränität verstanden wird.[56] Im Ergebnis könnte dies die Gefahr eines gespaltenen

---

47 Ebenda, Rn. 28. Siehe in diesem Zusammenhang auch den Bericht der Europäischen Kommission über das methodische Vorgehen bei der Grundrechtskontrolle vom 29.04.2009, KOM(2009) 205 endg.

48 *Bleckmann* spricht insofern von einem „Paradigmenwechsel im Grundrechtsschutz in der Europäischen Union" (*ders.*, Nationale Grundrechte im Anwendungsbereich des Rechts der Europäischen Union, 2011, S. 10).

49 Vgl. *Weber*, Vom Verfassungsvertrag zum Vertrag von Lissabon, EuZW 2008, 7 (14).

50 Die Rechtsverbindlichkeit der Charta wird zudem in der „Erklärung zur Charta der Grundrechte der Europäischen Union" in der Schlussakte der Regierungskonferenz erwähnt (ABl. C 83 vom 30.03.2010, 337).

51 Vgl. *Pernice*, Der Vertrag von Lissabon – Ende des Verfassungsprozesses der EU?, EuZW 2008, 65 (65).

52 Vgl. *Schmidt*, Die Grundsätze im Sinne der EU-Grundrechtecharta, 2010, 136.

53 Protokoll (Nr. 30) „über die Anwendung der Charta der Grundrechte der Europäischen Union auf Polen und das Vereinigte Königreich" (ABl. C 83 vom 30.03.2010, 313).

54 Vgl. *Schiffauer*, Zum Verfassungszustand der Europäischen Union nach Unterzeichnung des Vertrags von Lissabon, EuGRZ 2008, 1 (3).

55 Vgl. *Sagmeister*, Die Grundsatznormen in der Europäischen Grundrechtecharta. Zugleich ein Beitrag zum subjektiv-öffentlichen Recht im Gemeinschaftsrecht, 2010, 23.

56 Vgl. *Winkler*, Die Vermutung des „äquivalenten" Grundrechtsschutzes im Gemeinschaftsrecht nach dem Bosphorus-Urteil des EGMR. Die konventionsrechtliche Verantwortung der EG/EU-Mitgliedstaaten für den Vollzug einer EG-Verordnung, EuGRZ 2007, 641 (641).

Grundrechtsschutzes innerhalb der Union bedeuten,[57] was wiederum die überragende Bedeutung der EMRK als eines von *allen* Mitgliedstaaten anerkannten und verbindlichen Grundrechtskatalogs auf europäischer Ebene verdeutlicht.

II. Europäische Menschenrechtskonvention

Mit dem Ziel der „Festigung des Friedens auf der Grundlage der Gerechtigkeit und internationalen Zusammenarbeit für die Erhaltung der menschlichen Gesellschaft und der Zivilisation“[58] erhielt der Europarat am 5. Mai 1949 im Londoner Zehnmächtepakt[59] sein formales Statut. Um so verheerende Menschrechtsverletzungen wie während des Zweiten Weltkrieges zu vermeiden, begannen noch im selben Jahr die Vorarbeiten zur Europäischen Konvention zum Schutz der Menschenrechte und Grundfreiheiten.[60] Unter dem Einfluss der Allgemeinen Erklärung der Menschenrechte[61] mündeten diese Arbeiten nach erstaunlich kurzer Zeit in einem geschlossenen Dokument, welches am 4. November 1950 in Rom unterzeichnet werden konnte und am 3. September 1953 in Kraft trat. Die Konvention ist eine der Hauptleistungen des Europarates und gehört seit 1974/76 zu dessen *aquis*, das heißt ein europäisches Land kann nicht mehr Mitglied des Europarats werden, ohne sich gleichzeitig zu verpflichten, die Konvention zu ratifizieren[62] – mittlerweile umfasst die Gemeinschaft der Vertragsstaaten 47 Länder.

Mit der EMRK und ihren Zusatzprotokollen werden nicht nur bestimmte Grundrechte für die teilnehmenden Staaten verbindlich, sondern auch durchgesetzt. Während diese Aufgabe früher von drei unterschiedlichen Organen wahrgenommen wurde (Europäische Kommission für Menschenrechte (1954), Europäischer Gerichtshof für Menschenrechte (1959), Ministerkomitee des Europarates), gibt es seit der im Jahre 1998 – mit

57 Vgl. *Rabe*, Zur Metamorphose des Europäischen Verfassungsvertrags, NJW 2007, 3153 (3154). Der EuGH hat sich jüngst (Urteil vom 21.12.2011, verb. Rs. C-411/10 und C-493/10, noch nicht in amtl. Slg. – *N. S. gegen Secretary of State for the Home Department et M. E. und andere gegen Refugee Applications Commissioner und Minister for Justice, Equality and Law Reform* = EuZW 2012, 231 = NVwZ 2012, 417) jedoch erstmals mit dem Protokoll (Nr. 30) über die Anwendung der GRCh auf die Republik Polen und das Vereinigte Königreich befasst, welches als Einschränkung der Anwendung der GRCh für diese EU-Mitgliedstaaten gesehen wird. Unter Rückgriff auf die Erwägungsgründe findet der EuGH, dass Art. 1 I des Protokolls die Geltung der GRCh nicht in Frage stellen wolle (Rn. 119). Vielmehr verdeutliche diese Norm nur Art. 51 GRCh über ihren Anwendungsbereich. In dessen Rahmen findet die GRCh sonach Anwendung auch für Großbritannien und Polen (Rn. 120). Damit stellt der Luxemburger Gerichtshof die uneingeschränkte Geltung der Rechte und Freiheiten der Charta auch in Großbritannien und Polen fest (vgl. dazu *Weiß*, Grundrechtsschutz in der EU: Quo vadis?, EuZW 2012, 201 (202)).

58 Siehe dazu die Präambel der Satzung des Europarates.

59 Der Londoner Zehnmächtepakt umfasst folgende europäische Staaten: Belgien, Dänemark, Frankreich, Irland, Italien, Luxemburg, die Niederlande, Norwegen, Schweden und das Vereinigte Königreich.

60 Vgl. *Fritzsche*, Menschenrechte. Eine Einführung mit Dokumenten, 2004, S. 75.

61 Der Einfluss kommt bereits in der Präambel der EMRK deutlich zum Ausdruck, in der es heißt: „(…) in Anbetracht der Allgemeinen Erklärung der Menschenrechte (…)“.

62 Vgl. Dr. h.c. *Leni Fischer*, Ehrenpräsidentin der Parlamentarischen Versammlung des Europarats, Eröffnungsrede anlässlich der Fach- und Medientagung der Stiftung Entwicklung und Frieden in Bonn am 6. Mai 1999 über die Rolle Europas bei der Wahrung der Menschenrechte und der Sicherung des Friedens – neue Herausforderungen für Europarat und Europäische Union, S. 2.

dem 11. Zusatzprotokoll – realisierten Reform ein ausgereiftes Kontrollsystem in Form des zentral zuständigen EGMR, der mit seiner Judikatur zu einem europäischen „ordre public" beigetragen hat[63] und nicht zuletzt aus diesem Grunde als „Juwel der Tätigkeit des Europarats"[64] bezeichnet wird.

Die EMRK prägt in diesem Zusammenhang die Entwicklung der Unionsgrundrechte wie keine zweite Grundrechtskodifikation,[65] wobei sie sich in über einem halben Jahrhundert als verfassungsrechtliches „instrument of public order"[66] bzw. als grundrechtliche „Teilverfassung des freien Europa(s)"[67] etabliert hat.[68] Der EGMR erhebt bezüglich der Konvention den Anspruch, diese als „living instrument"[69] zu verstehen und sie so auszulegen, dass die in ihr enthaltenen Garantien nicht „theoretisch und illusorisch" bleiben, sondern „praktisch und effektiv" zur Anwendung kommen.[70] Dies bedeutet, dass die Mitglieder des Europarates – mit Hilfe der Zusatzprotokolle – auf die Rechtsprechung des EGMR reagieren bzw. der auf aktuelle Verhältnisse angepassten Straßburger Rechtsprechung nachkommen können. Auf diese Weise wurde die Konvention in materieller wie in prozessualer Hinsicht bereits durch 15 Zusatzprotokolle der aktuellen Rechtsentwicklung angepasst.[71]

Für die Entwicklung des rechtsgrundsätzlichen Grundrechtsschutzes kommt der Konvention als Rechtserkenntnisquelle deshalb eine so überragende Bedeutung zu, weil der EuGH „die leitenden Grundsätze dieser Konvention im Rahmen des Gemeinschaftsrechts (jetzt Unionsrechts)"[72] berücksichtigt und betont, dass „in der Gemeinschaft keine Maßnahmen als rechtens anerkannt werden können, die mit der Bedeutung der so

63 Siehe *Karl*, Der Beitritt der Europäischen Union zur Europäischen Menschenrechtskonvention, in: Busek/Hummer (Hrsg.), Der Europäische Konvent und sein Ergebnis – eine Europäische Verfassung, S. 89 (91 ff.).

64 Vgl. Bericht der Bundesregierung über die Tätigkeit des Europarats für die Zeit vom 1. Januar 2007 sowie vom 1. Juli bis 31. Dezember 2007, BR-Drs. 437/08, 19.06.08, Anlage 2, S. 3.

65 Vgl. *Kingreen*, in: Calliess/Ruffert (Hrsg.), EUV/AEUV, Das Verfassungsrecht der Europäischen Union mit Europäischer Grundrechtecharta, Kommentar, 2011, Art. 6 EUV, Rn. 19.

66 Siehe EGMR, Urteil vom 23.03.1995, Nr. 15318/89, Series A no. 310 – *Loizidou./.Türkei (preliminary objections)*, Ziff. 75 = HRLJ 1995, 15.

67 Vgl. *Frowein*, Der europäische Grundrechtsschutz und die deutsche Rechtsprechung, NVwZ 2002, 29 (30).

68 Vgl. *Ruffert*, Die Europäische Menschenrechtskonvention und innerstaatliches Recht, EuGRZ 2007, 245 (254).

69 EGMR, Urteil vom 25.04.1978, Serie A 26 – *Tyrer* = EuGRZ 1979, 162 ff.; dort heißt es: „(…) the convention is a living instrument which, (…) must be interpreted in the light of present-day conditions."

70 EGMR, Urteil vom 09.10.1979, Nr. 6289/73, Serie A 32 – *Airey* = EuGRZ 1979, 626 ff.; vgl. *Dröge*, Positive Verpflichtungen der Staaten in der Europäischen Menschenrechtskonvention, 2003, S. 229.

71 Zusatzprotokolle (ZP) verfahrensrechtliche Bestimmungen betreffend: 2. ZP vom 06.05.1963, 3. ZP vom 06.05.1963, 5. ZP vom 20.01.1966, 8. ZP vom 19.03.1985, 9. ZP vom 06.11.1990, 10. ZP vom 25.03.1992, 11. ZP vom 11.05.1994, 14. ZP vom 13.05.2004, 14bis. ZP vom 27.05.2009; Zusatzprotokolle, materiellrechtliche Bestimmungen betreffend: 1. ZP vom 20.03.1952, 4. ZP vom 16.09.1963, 6. ZP vom 28.04.1983, 7. ZP vom 22.11.1984, 12. ZP vom 04.11.2000, 13. ZP vom 03.05.2002.

72 EuGH, Urteil vom 15.05.1986, Rs. 222/84, Slg. 1986, 1651 – *Johnston*, Ziff. 18.

anerkannten und gewährleisteten Menschenrechte unvereinbar sind."[73] So integriert er konventionsrechtliche Normen – etwa als Aufhänger in der Rechtfertigungsprüfung[74] – in den Grundrechtsaufbau und stützt seine Ergebnisse auf Entscheidungen des EGMR.[75] Der Luxemburger Gerichtshof hat sich folglich die Grundrechtsverbürgungen der EMRK als „constitution européenne des droits de l'homme"[76] zu eigen gemacht.[77]

1. Die EMRK als Grundrechtekatalog für die EU?

Aufgrund dieser Erkenntnisse drängt sich die Frage auf, warum nicht die Konvention selbst als Grundrechtekatalog hätte dienen können, statt mit der Charta einen vollkommen neuen zu etablieren. Hat sich die EMRK nicht bereits derart aus ihrem rein völkerrechtlichen Kontext emanzipiert, dass sie selbst eine gemeineuropäische „Grundrechtsverfassung" darstellen könnte?

Die genannten Bezeichnungen der Konvention als verfassungsrechtliches „instrument of public order", grundrechtliche „Teilverfassung des freien Europa(s)" oder „constitution européenne des droits de l'homme" lassen zumindest darauf schließen, dass ihr ein gewisser Verfassungscharakter zuzusprechen ist. Nur „Verfassungscharakter" aus dem Grunde, weil sie keine „vollwertige" Verfassung darstellt, die mit derjenigen eines Staates vergleichbar wäre.[78] So werden unter den materiellen Verfassungsbegriff drei zentrale Funktionen subsumiert: die Legitimationsfunktion, die Organisationsfunktion und die Begrenzungsfunktion, die die Hoheitsgewalt mit Hilfe von Grundrechten begrenzt. Da die EMRK weder staatliche Machtausübung legitimiert, noch Organisations- und Verfahrensregeln für die Ausübung von Hoheitsgewalt einführt, kann sie keine politische Einheit im Sinne einer klassischen Verfassung bilden.[79] Allerdings errichtet die Konvention mit der Einsetzung des EGMR und der Gewährleistung von Freiheitsräumen „ein dem Demokratie- und Rechtsstaatsprinzip verhaftetes umfassendes System zur wirksamen Begrenzung der jeweiligen Hoheitsgewalten, das eine integrierende und entlastende Aufgabe erfüllt, zeitlich unbeschränkt gilt und sich innerstaatlich zumindest de

73 EuGH, Urteil vom 13.07.1989, Rs. 5/88, Slg. 1989, 2609 – *Wachauf/Bundesanstalt für Ernährung und Forstwissenschaft*, Ziff. 17.

74 EuGH, Urteil vom 13.12.1979, Rs. 44/79, Slg. 1979, 3727 – *Liselotte Hauer/Land Rheinland Pfalz*, Ziff. 19; Urteil vom 26.06.1997, Rs. C-368/95, Slg. 1997, I-3689 – *Familiapress*, Ziff. 26.

75 EuGH, Urteil vom 12.12.1996, verb. Rs. C-74/95 und C-129/95, Slg. 1996, I-6609 – *Telecom Italia*, Ziff. 25; Urteil vom 26.06.1997, Rs. C-368/95, Slg. 1997, I-3689 – *Familiapress*, Ziff. 26; Urteil vom 15.10.2002, verb. Rs. C-2238/99 P, C-244/99 P, C-245/99 P, C-247/99 P, C-250/99 P bis C-252/99 P und C-254/99 P, Slg. 2002, I-8375 – *Limburgse Vinyl Maatschappij*, Ziff. 274.

76 Vgl. *Wildhaber*, Europäischer Grundrechtsschutz aus der Sicht des Europäischen Gerichtshofs für Menschenrechte, EuGRZ 2005, 689 (690).

77 Auf die diesbezüglichen Kooperationsmaßnahmen wird im 4. Kapitel eingegangen.

78 Bzgl. der ausführlichen Untersuchung der Verfassungsmerkmale der EMRK ist auf die Ausführungen *Gerards* zu verweisen (*dies.*, Die Europäische Menschenrechtskonvention im Konstitutionalisierungsprozess einer gemeineuropäischen Grundrechtsordnung, 2007, S. 152 ff.).

79 Vgl. *Gebauer*, Parallele Grund- und Menschenrechtssysteme in Europa? Ein Vergleich der Europäischen Menschenrechtskonvention und des Straßburger Gerichtshofs mit dem Grundrechtsschutz in der Europäischen Gemeinschaft und dem Luxemburger Gerichtshof, 2007, S. 57.

facto gegen widersprechendes Gesetzes- bzw. Verfassungsrecht durchsetzt."[80] Damit erfüllt die EMRK jedenfalls die Begrenzungsfunktion, also einen „Teil" einer Verfassung, weshalb ihr der Titel europäische „Teilverfassung" zu Recht verliehen werden kann. Dieser Gedanke geht auch konform mit der – schon kurz nach ihrer Geburtsstunde entwickelten – Idee *Karl Josef Partschs*, dass es sich bei der EMRK zwar „(...) formell um einen multilateralen Vertrag (...)" handelt, sie materiell betrachtet aber längst „(...) das erste Stück einer gemeinsamen Verfassung (...)" darstellt.[81]

Dass die EMRK nur Züge einer Verfassung aufweist bzw. den ersten Schritt zu einer solchen liefert, lässt den Gedanken, sie könne die Grundlage eines Grundrechtekatalogs bilden, jedoch nicht obsolet erscheinen. Damit würde sie schließlich „bloß" zu einer „Grundrechtsverfassung" und müsste nicht alle Elemente einer Verfassung im Sinne der Staatstheorie beinhalten. Die eigentliche „Verfassung" des europäischen Staatenverbundes ist der Vertrag von Lissabon. Die Konventionsrechte hätten in Form eines echten Grundrechtekatalogs Bestandteil dieses Reformwerks werden können, wie es nun mit der Charta der Grundrechte geschehen ist. Die Ausarbeitung der Charta wäre dann überflüssig gewesen. In diesem Sinne hat das Europäische Parlament die Kommission bereits 1977 aufgefordert, ein Abkommen zu etablieren, nach welchem die EMRK als „integrierender Bestandteil" der EG-Verträge anzusehen ist, und die Kommission bezeichnete den Beitritt der EU zur EMRK als ersten Schritt zu einem eigenen Grundrechtekatalog.[82] Auch *Leni Fischer* schlug 1999 vor, „den Wortlaut der politischen und bürgerlichen Rechte der EMRK komplett in die EU-Verträge zu inkorporieren und eine begrenzte Zahl von wirtschaftlichen und sozialen Rechten hinzuzufügen." Gleichzeitig könne das Verhältnis des Menschenrechtsschutzes auf den Ebenen der Union und des Europarats durch den Beitritt der EU zur EMRK geklärt werden.[83] Zwar heißt es in Art. 6 Abs. 3 EUV:

> „Die Grundrechte, wie sie in der Europäischen Konvention zum Schutz der Menschenrechte und Grundfreiheiten gewährleistet sind und wie sie sich aus den gemeinsamen Verfassungsüberlieferungen der Mitgliedstaaten ergeben, sind als allgemeine Grundsätze Teil des Unionsrechts."

Fraglich ist aber, ob die Konvention – anstelle der Charta – als erster *Grundrechtekatalog* hätte fungieren können, nicht ob ihre Rechte als allgemeine Grundsätze Berücksichtigung finden.

Besonders wegen der fehlenden wirtschaftlichen, sozialen und kulturellen Rechte entspricht der Katalog der materiellen Grundrechte der EMRK aber nicht unbedingt den

80 Vgl. *Gerards*, Die Europäische Menschenrechtskonvention im Konstitutionalisierungsprozess einer gemeineuropäischen Grundrechtsordnung, 2007, S. 175.

81 Vgl. *Partsch*, Die Entstehung der Europäischen Menschenrechtskonvention, ZaöRV 1953/54, 631 (633); *Gerards*, Die Europäische Menschenrechtskonvention im Konstitutionalisierungsprozess einer gemeineuropäischen Grundrechtsordnung, 2007, S. 151.

82 Memorandum zum Beitritt der Europäischen Gemeinschaften zur Konvention zum Schutze der Menschenrechte und Grundfreiheiten (04.04.1979), Bulletin der Europäischen Gemeinschaften, Beilage 2/79.

83 Vgl. Dr. h.c. *Leni Fischer*, Ehrenpräsidentin der Parlamentarischen Versammlung des Europarats, Eröffnungsrede anlässlich der Fach- und Medientagung der Stiftung Entwicklung und Frieden in Bonn am 6. Mai 1999 über die Rolle Europas bei der Wahrung der Menschenrechte und der Sicherung des Friedens – neue Herausforderungen für Europarat und Europäische Union, S. 6.

heutigen Bedürfnissen. Dennoch diente sie oft als Vorbild für Grundrechtskataloge früherer überseeischer Gebiete von Mitgliedstaaten des Europarats, die in die Unabhängigkeit entlassen wurden.[84] Überdies beweist der nachfolgende Blick auf Österreich, dass die EMRK durchaus das Potential einer Verfassung – zumindest einer „Grundrechtsverfassung" – inne hat. Unstreitig ist jedenfalls, dass „die Position der Europäischen Menschenrechtskonvention (…) im gegenwärtigen und zukünftigen System des Grundrechtsschutzes in Europa (…) eine Schlüsselfrage der Grundrechtsentwicklung (ist)."[85]

a) Modell „Österreich"

Da die Konvention den innerstaatlichen Modus des in Art. 1 EMRK gesicherten Grund- und Menschenrechtsschutzes nicht vorschreibt,[86] ist es den einzelnen Mitgliedstaaten überlassen, wie sie diese völkerrechtliche Verpflichtung erfüllen. Jede nationale Rechtsordnung muss aus diesem Grunde eine Art „Übersetzungsproblem" bewältigen,[87] mit der Folge, dass der Rang der EMRK in den einzelnen Staaten sehr unterschiedlich ist.[88] In den meisten Fällen hängt die innerstaatliche Wirkung bzw. der Rang der Konvention von der Anwendung der allgemeinen nationalen Regeln über das Verhältnis zwischen dem Völkervertragsrecht und dem nationalen Recht ab.[89] Österreich hat ihr Verfassungsrang eingeräumt.[90] Wäre dies analog auch auf die Unionsebene übertragbar?

Mit Urteil vom 19. März 1975[91] sprach das Schweizerische Bundesgericht aus, dass die in der EMRK verbürgten Rechte „ihrer Natur nach einen verfassungsrechtlichen Inhalt haben", und schloss daraus, dass „die Verletzung der Konvention der Verletzung verfassungsmäßiger Rechte verfahrensrechtlich gleichzustellen ist".[92] Aus selbigem Grunde wurde die EMRK in Österreich als verfassungsändernd angesehen. So wurde in der Regierungsvorlage, mit der dem Nationalrat vorgeschlagen wurde, der Ratifikation der EMRK durch Österreich die verfassungsmäßige Genehmigung zu erteilen, Folgendes ausgeführt:

> „Durch die Ratifikation der Konvention und des Zusatzprotokolls übernimmt die Republik Österreich die Verpflichtung, ihre innerstaatliche Rechtsordnung den Vorschriften der Konvention und des Zusatzprotokolls, soweit dies überhaupt erforderlich

84 Vgl. ebenda, S. 3.

85 Vgl. *Ruffert*, Die Europäische Menschenrechtskonvention und innerstaatliches Recht, EuGRZ 2007, 245 (245).

86 Vgl. BVerfGE 111, 307 (316) – *EGMR-Entscheidungen* = EuGRZ 2004, 741 (744); EGMR, Urteil vom 21.02.1986, Nr. 8793/79, Series A no. 98 – *James u.a.*, Ziff. 84 = EuGRZ 1988, 341.

87 Vgl. *Cremer*, Grundrechtsvielfalt und Grundrechtskonflikte im europäischen Mehrebenensystem – Lösungsstrategien, EuGRZ 2011, 225 (227).

88 Ein diesbezüglicher Überblick ist zu finden in *Ehlers*, Allgemeine Lehren, in: ders. (Hrsg.), Europäische Grundrechte und Grundfreiheiten, 2005, § 2 Rn. 6; *Drzemczewski*, European Human Rights Convention in Domestic Law. A Comparative Study, Oxford University Press 1983.

89 Vgl. *Bleckmann*, Verfassungsrang der Europäischen Menschenrechtskonvention?, EuGRZ 1994, 149 (150).

90 Vgl. *Pahr*, Der Verfassungsrang der Europäischen Menschenrechtskonvention in Österreich, EuGRZ 1975, 576 (576).

91 P 9/75 = EuGRZ 19/1975, 351.

92 Vgl. *Pahr*, Der Verfassungsrang der Europäischen Menschenrechtskonvention in Österreich, EuGRZ 1975, 576 (576).

ist, anzupassen und in Hinkunft keine Rechtsvorschriften zu erlassen, durch die die in der Konvention und im Zusatzprotokoll geschützten Rechte und Grundfreiheiten beeinträchtigt werden. Da es sich bei den Grund- und Freiheitsrechten um Rechte handelt, die sowohl nach der österreichischen Bundesverfassung als auch nach der Allgemeinen Staatslehre zum Bestandteil des Verfassungsrechtes gezählt werden, und daher Rechtsvorschriften auf diesem Gebiet stets in der Form von Bundesverfassungsgesetzen erlassen werden, stellt diese Verpflichtung in erster Linie auch eine Bindung des Bundesverfassungsgesetzgebers dar. Die Konvention und das Zusatzprotokoll werden daher als verfassungsändernde Staatsverträge im Sinne des Artikels 50 Bundes-Verfassungsgesetz anzusehen sein."[93]

Die EMRK sollte von Anfang an Verfassungsrang besitzen; da sie jedoch nicht als Verfassungsrecht gekennzeichnet war, weigerte sich der Verfassungsgerichtshof (in seiner Erkenntnis vom 14. Oktober 1961), sie als solches anzuerkennen.[94] Erst im Rahmen einer Verfassungsnovelle wurde der Verfassungsrang der EMRK schließlich durch das Bundesverfassungsgesetz vom 4. März 1964 authentisch und rückwirkend seit ihrem Inkrafttreten 1958, also ex tunc, klargestellt.[95] Infolgedessen hat der Verfassungsgerichtshof die Konvention ebenso anzuwenden wie nationale Grundrechtskataloge, womit die EMRK eine der tragenden Säulen des innerstaatlichen Grundrechtssystems Österreichs darstellt. Teilweise übernimmt sie sogar die Rolle eines sonst fehlenden Grundrechtekatalogs, da die Grundrechte in Österreich nicht zentral verankert, sondern auf mehrere Gesetze verteilt sind. Grundrechte enthalten das Staatsgrundgesetz („über die allgemeinen Rechte der Staatsbürger") von 1867, die Bundesverfassung, die Staatsverträge von Saint-Germain (1919) und Wien (1955), das Zivildienstgesetz und das Datenschutzgesetz.[96] So kann es nicht verwundern, dass die EMRK in Österreich die Rolle eines internen (staatlichen) Grundrechtekatalogs übernimmt und häufig als Grundlage für Verfassungsgerichtshofsbeschwerden, mit denen Grundrechtsverletzungen gerügt werden können, dient. Dies, nachdem es trotz jahrzehntelangen Bemühens – vor allem mit der Grundrechtsreform, die man noch 1985 zu einem baldigen Ende zu führen gedachte – nicht gelungen war, einen eigenen, umfassenden Grundrechtekatalog zu erstellen.[97]

b) *Ist das Modell „Österreich" auf die Unionsebene übertragbar?*

In diesem Sinne schließen sich die Fragen an, ob das Modell „Österreich" als Vorbild für die Union dienen kann bzw. hätte dienen können, ob die EMRK überhaupt die Verfassung der Europäischen Union sein könnte oder sogar sein sollte.

Der uneinheitliche Geltungsrang der Konvention in den einzelnen Mitgliedstaaten stellt diesbezüglich jedoch schon die erste Hürde dar. Während der EuGH bereits im

---

93 495 der Blg. z. d. Sten. Prot. d. NR, VIII. GP; vgl. *Pahr*, Der Verfassungsrang der Europäischen Menschenrechtskonvention in Österreich, EuGRZ 1975, 576 (576).

94 Sammlung der Erkenntnisse des Verfassungsgerichtshofes Nr. 4049, 14.10.1961, G 2/61.

95 Bundesverfassungsgesetz vom 04.03.1964, BGBl. Nr. 59.

96 Vgl. *Karl*, Der europäische Menschenrechtsschutz, in: Neuhold/Hummer/Schreuer (Hrsg.), Österreichisches Handbuch des Völkerrechts, 2004, Bd. 1, IV/6, S. 274 (300 f.), Rn. 1554 f.

97 Vgl. *Karl*, Der Beitritt der Europäischen Union zur Europäischen Menschenrechtskonvention, in: Busek/Hummer (Hrsg.), Der Europäische Konvent und sein Ergebnis – eine Europäische Verfassung, S. 89 (90).

Jahre 1964 in der Entscheidung *Costa/Enel*[98] einen Anwendungsvorrang des Gemeinschaftsrechts vor jedwedem nationalen Recht – das Verfassungsrecht inbegriffen – festgestellt hat, ist die Situation bezüglich der Konvention im Recht der Vertragsstaaten ungeklärt. Die meisten Mitgliedstaaten, darunter auch die meisten ost- und zentraleuropäischen Staaten, haben die EMRK mit einem Vertragsgesetz in innerstaatliches Recht umgesetzt, wobei ihr eine Stellung zwischen einfachem Gesetzesrecht und Verfassung oder der Rang eines einfachen Gesetzes eingeräumt wird. Österreich bildet insofern eine Ausnahme.[99] Diente die Konvention als einheitlicher Grundrechtekatalog, würden die Vertragsstaaten sicher ihre nationalen Regelungen, insbesondere ihre eigenen Verfassungen, in Gefahr sehen. „Verlässt der Staat durch Beteiligung an einem Mehrebenensystem (...) das austarierte nationale Binnensystem und hat er es folglich nicht mehr in der Hand, aufgrund eigener unabhängiger Entscheidung die materiell- und formalrechtlichen Grundlagen zu einem in sich geschlossenen System zu formen“,[100] sind Schwierigkeiten jedenfalls unumgänglich.

Toth führte als Lösung entsprechender Probleme den Vorschlag an, dass alle Mitgliedstaaten aus der Konvention austreten.[101] Inhalt dieser Idee ist, die materiellen Garantien der EMRK ins Unionsrecht aufzunehmen – sie also gewissermaßen in den Stand einer europäischen Verfassung zu erheben – und den Grundrechtsschutz als Unionsziel festzuschreiben, „wobei die Jurisdiktion des EuGH auf den neuen primärrechtlichen Abschnitt erstreckt werden soll“[102]. Der ausschlaggebende Schritt bestünde dann in einer Kündigung der EMRK durch alle Vertragsstaaten im Sinne des Art. 58 EMRK. Diese drastische Maßnahme erscheint allerdings als nicht vertretbar und aus politischer Perspektive auch als nicht realisierbar. *Sauer* stellt diesbezüglich richtig fest, dass der „Austritt der kerneuropäischen Staaten aus der Konventionsrechtsordnung (...) der Erfolgsgeschichte der EMRK ein jähes Ende bereiten“ würde und das Problem entstünde, dass rein innerstaatliche Sachverhalte gar keine Anwendung mehr fänden.[103]

Ein weiteres Argument gegen die Übertragung des Modells „Österreich“ auf die Union bzw. die Menschenrechtskonvention als EU-Grundrechtekatalog ist, dass die EMRK auch in Österreich nicht als alleinige „Verfassung“ dient. Der Grundrechtsschutz ist vielmehr unterschiedlichen Gesetzen zu entnehmen[104], was nicht zuletzt der gewissen Unvollständigkeit der EMRK zu verschulden ist – wirtschaftliche, soziale und kulturelle Rechte sind nicht in ihr enthalten. Die EMRK ist sozusagen ‚nicht auf dem neuesten Stand'.

Schließlich wäre mit der angeführten Idee auch nicht das Verhältnis von EuGH und EGMR geklärt. Dass es zwischen den beiden europäischen Gerichtshöfen Spannungen

---

98 EuGH, Urteil vom 15.07.1964, Rs. 6/64, Slg. 1964, 1253 (1270) – *Costa/E.N.E.L.*

99 Bezüglich genauerer Ausführungen sei verwiesen auf *Gerards*, Die Europäische Menschenrechtskonvention im Konstitutionalisierungsprozess einer gemeineuropäischen Grundrechtsordnung, 2007, S. 123 ff.

100 Vgl. *Broß*, Rechtsschutzprobleme im Mehrebenensystem, VerwArch 2006, 332 (333).

101 Vgl. *Toth*, The European Union and Human Rights: The Way forward, CML Rev. 1997, 491 (512 ff.).

102 Vgl. *Sauer*, Jurisdiktionskonflikte in Mehrebenensystemen. Die Entwicklung eines Modells zur Lösung von Konflikten zwischen Gerichten unterschiedlicher Ebenen in vernetzten Rechtsordnungen, 2008, S. 338 f.

103 Vgl. ebenda, S. 339.

104 Siehe 3. Kap. A. II. 1. a).

gibt, die es – für das Ziel eines einheitlichen und vollumfänglichen Grundrechtsschutzes – aufzulösen gilt, wird wesentlicher Untersuchungsgegenstand dieser Arbeit sein.[105] Ohne den entsprechenden Analysen vorgreifen zu wollen, sei hier darauf hingewiesen, dass das jeweilige Eigeninteresse von EuGH und EGMR, die Letztauslegungskompetenz bezüglich der EMRK-Grundrechte zu erhalten, noch mehr geschürt würde als zuvor, würden sie auf denselben Katalog von Grundrechten – die EMRK – zurückgreifen. Beide Gerichte würden für sich den Anspruch der richtigen Auslegung der Konventionsrechte erheben und damit die ohnehin schon bestehenden Konkurrenzen nur verstärken, denn eindämmen. Dies würde dem hier vertretenen Gedanken entgegenlaufen.

2. Fazit

Die EMRK sollte demzufolge nicht „der" unionale Grundrechtekatalog sein; vor allem ihr uneinheitlicher Geltungsrang in den Mitgliedstaaten und die Tatsache, dass sie – im Gegensatz zur Grundrechtecharta – keine wirtschaftlichen, sozialen und kulturellen Rechte enthält, widersprechen diesem Gedanken.

Dennoch ist die herausragende Bedeutung der Konvention nicht von der Hand zu weisen: Als grundrechtliche „Teilverfassung des freien Europa(s)"[106] umfasst die Gemeinschaft ihrer Vertragsstaaten mittlerweile 47 Länder und der Straßburger Gerichtshof begreift sie als „living instrument"[107] mit der Folge, dass sie mit Hilfe ihrer Zusatzprotokolle an die aktuelle Rechtsentwicklung angepasst werden kann. Dass der Beitritt der EU zur EMRK, der nunmehr als Pflicht i.S.v. Art. 6 Abs. 2 EUV formuliert ist und nicht mehr in die Entscheidungsprärogative der Union gestellt wird,[108] für die Vereinheitlichung des europäischen Grundrechtsschutzsystems unerlässlich ist, wird sich im Verlauf dieser Arbeit noch sehr deutlich herauskristallisieren. Daneben steht jedoch auch die rechtsverbindliche Charta, die als erster kodifizierter Grundrechtekatalog auf Unionsebene – nicht zuletzt aufgrund der transparenten Konventsmethode – eine hohe Akzeptanz in der Bevölkerung genießt. Ein harmonisches Verhältnis von Grundrechtecharta und EMRK spiegelt sich jedenfalls auch wieder in der Beziehung der europäischen Gerichtshöfe untereinander, weshalb die Sinnhaftigkeit und die Vorteile eines Beitritts der Union zur Konvention *neben* der Etablierung der ausformulierten, umfänglichen, akzeptanz- und legitimationsfördernden Grundrechtecharta[109] im nächsten Schritt (4. Kapitel) untersucht werden sollen. Dabei wird sich auch die von *Iglesias* geäußerte Befürchtung, eine rechtsverbindliche Charta könne zu Rechtsprechungsdivergenzen zwischen ‚Luxemburg' und ‚Straßburg' wegen „redaktioneller Unterschiede zwischen Charta und Konvention" führen,[110] als unbegründet erweisen.

---

105 Siehe 5. Kap. B.

106 Vgl. *Frowein*, Der europäische Grundrechtsschutz und die deutsche Rechtsprechung, NVwZ 2002, 29 (30).

107 EGMR, Urteil vom 25.04.1978, Serie A 26 – *Tyrer* = EuGRZ 1979, 162 ff.

108 In Art. 5 II 1 des Entwurfs des Verfassungsvertrags vom 06.02.2003 hieß es noch, dass die Union der EMRK beitreten *kann* (CONV 528/03, 3); vgl. 2. Kap. B. I. 1.

109 Vgl. *Pache/Rösch*, Europäischer Grundrechtsschutz nach Lissabon – die Rolle der EMRK und der Grundrechtecharta in der EU, EuZW 2008, 519 (522).

110 *Rodríguez Iglesias* auf der feierlichen Sitzung des EGMR am 31.01.2002, EuGRZ 2002, 206 (207).

4. Kapitel: Komplementarität von Charta und Beitritt der Union zur EMRK

A. Einleitung

Ist es nicht sogar sinnvoller, den internen Grundrechtekatalog – die Charta – mit dem externen Grundrechtekatalog – der Menschenrechtskonvention – zu verbinden, als sich alleinig auf die EMRK zu stützen, wenn es um den Grundrechtsschutz des Einzelnen geht? Schließlich ist die EMRK eine Konvention, „deren einziges Anliegen die Absicherung des Menschenrechtsschutzes gegen Verletzungen (…) durch staatliche Gewalt – die EMRK beschränkt staatliche Gewalt, aber keine „EMRK-Gewalt"[1] – ist, wohingegen die Grundrechtecharta primär die Unionsgewalt beschränkt. Erstere ist demzufolge ein Sicherungssystem gegen staatliche Grundrechtsverletzungen, letztere aber Teil eines umfassenden Rechtssystems, welches notwendigerweise auch Grundrechtseinschränkungen produziert.[2]

Es ist also nach Sinn und Zweck der Komplementarität von Charta und Beitritt der EU zur EMRK zu fragen, der in den nachstehenden Ausführungen thematisiert werden soll. Dabei ist zunächst die Kritik an diesem Modell in den Blick zu nehmen, um sodann die Kohärenzklausel des Art. 52 Abs. 3 S. 1 GRCh umfassend zu analysieren.

B. Problemanalyse

I. Kritische Einschätzung des „Komplementaritätsmodells"

Bezüglich des „Komplementaritätsmodells" gibt es einige kritische Stimmen, die den Beitritt der EU zur EMRK als Alternative zu einem eigenen Grundrechtekatalog bevorzugen, denn als Ergänzung zur Charta ansehen. Begründet wird dies mit der Vermeidung unterschiedlicher Grundrechtsstandards und einer Verdopplung der Grundrechtsschutzmechanismen.[3] Nach Auffassung des ehemaligen Präsidenten des EGMR, *Luzius*

---

1 Vgl. *Griller*, Der Anwendungsbereich der Grundrechtscharta und das Verhältnis zu sonstigen Gemeinschaftsrechten, Rechten aus der EMRK und zu verfassungsgesetzlich gewährleisteten Rechten, in: Duschanek/Griller (Hrsg.), Grundrechte für Europa. Die Europäische Union nach Nizza, 2002, S. 131 (173).

2 Vgl. *Eisner*, Die Schrankenregelung der Grundrechtecharta der Europäischen Union. Gefahr oder Fortschritt für den Grundrechtsschutz in Europa?, 2005, S. 116; *Hummer*, Der Status der „EU-Grundrechtecharta". Politische Erklärung oder Kern einer Europäischen Verfassung?, 2002, S. 97.

3 Vgl. *Busse*, der auf diese Konflikte hinweist, indem er explizit die unterschiedliche Auslegung der Grundrechte durch den EuGH und den EGMR aufzeigt und das Dilemma der Mitgliedstaaten verdeutlicht, die sich dadurch zwei Bindungen – einer supranationalen und einer völkerrechtlichen – ausgesetzt sehen. Seiner Ansicht nach führen diese unterschiedlichen Bindungen zu Konflikten zwischen den Mitgliedstaaten und zur Rechtsunsicherheit der Bürger, darüber hinaus widersprechen sie dem Grundsatz einer einheitlichen Rechtsordnung (ders., Das Projekt der Europäischen Grund-

Wildhaber, gibt es in Straßburg ein gut funktionierendes System, weshalb es „töricht (sei), ein Parallelverfahren in Luxemburg aufzubauen".[4] Vielmehr gelte es

> „eine Situation zu vermeiden, in der alternative, miteinander wetteifernde und potentiell widersprüchliche Systeme des Menschenrechtsschutzes innerhalb der Union und in Europa als Ganzem existieren. Die Verdopplung von Schutzmechanismen birgt die Gefahr in sich, den Schutz insgesamt zu schwächen und die Rechtssicherheit in diesem Bereich zu untergraben".[5]

Auch *Marc Fischbach*, früherer luxemburgischer Justizminister und ehemaliger Richter am EGMR, warnte noch im Jahre 2001 vor einer Entwertung des Regimes der Europäischen Menschenrechtskonvention und äußerte sich in diesem Sinne folgendermaßen:

> „Die Idee der Menschenrechte darf nicht leichtsinnigerweise durch unterschiedliche Formulierungen gefährdet werden, die je nach Anwendung der Menschenrechtskonvention durch den Gerichtshof in Straßburg oder der Unionscharta in Luxemburg unterschiedlich ausgelegt werden können. Ein solcher Vorgang könnte schnell zu unterschiedlichen Standards führen".[6]

Busse fürchtete ebenfalls ein durch die Charta geschaffenes „selbständiges Grundrechtssystem", an dem die Nichtbeitrittsanwärter der Union nicht teilhaben könnten. Nach einer politischen Zweiteilung in EU-Staaten und Nicht-EU-Staaten stehe nun auch eine „Zweiteilung des Menschenrechtsschutzes" bevor.[7]

Können die angeführten Bedenken aufrechterhalten werden oder bringt ein „doppelter Grundrechtsschutz" doch Vorteile mit sich? Wie ein solcher im Einzelnen auszusehen hat bzw. auf welche Weise die Charta und die EMRK miteinander in Einklang gebracht werden, soll nachfolgend geklärt und kritisch betrachtet werden, um eventuelle Schwächen in der Verknüpfung aufzudecken oder eine bereits ausreichend bestehende Kohärenz festzustellen.

II. Art. 52 Abs. 3 S. 1 GRCh als Harmonisierungsklausel

Durch Art. 6 EUV wird der Eindruck erweckt, dass der interne (Grundrechtecharta) und der externe (Konvention) Grundrechtsschutz in der „neuen" EU in ähnlicher Weise unabhängig voneinander sind, wie es beispielsweise in Deutschland im Verhältnis zwischen grundgesetzlichem und konventionsrechtlichem Grund- und Menschenrechts-

---

rechtscharta vor dem Hintergrund der EMRK, ThürVBl. 2001, 73 (76)); auch *Eisner*, Die Schrankenregelung der Grundrechtecharta der Europäischen Union. Gefahr oder Fortschritt für den Grundrechtsschutz in Europa?, 2005, S. 113.

4 *Wildhaber*, zitiert nach *Busse*, Das Projekt der Europäischen Grundrechtscharta vor dem Hintergrund der EMRK, ThürVBl. 2001, 73 (75).

5 Vgl. *Krüger/Polakiewicz*, Vorschläge für ein kohärentes System des Menschenrechtsschutzes in Europa, EuGRZ 2001, 92 (104).

6 *Fischbach*, zitiert nach *Busse*, Das Projekt der Europäischen Grundrechtscharta vor dem Hintergrund der EMRK, ThürVBl. 2001, 73 (74).

7 Vgl. *Busse*, Das Projekt der Europäischen Grundrechtscharta vor dem Hintergrund der EMRK, ThürVBl. 2001, 73 (75); ebenso *Eisner*, Die Schrankenregelung der Grundrechtecharta der Europäischen Union. Gefahr oder Fortschritt für den Grundrechtsschutz in Europa?, 2005, S. 114.

schutz der Fall ist. Die Harmonisierungsklausel[8] in Art. 52 Abs. 3 S. 1 GRCh zeigt aber, dass die beiden Dokumente tatsächlich eng miteinander verwoben sind.[9] Diese sogenannte Kohärenzklausel[10] soll den Gleichlauf der Charta mit den entsprechenden Garantien der Konvention sichern, wobei fraglich bleibt, inwieweit die Grundrechtecharta auf diese Weise inhaltlich von der EMRK abhängig gemacht wird. Um dies zu klären, bedarf es einer genaueren Betrachtung des Art. 52 Abs. 3 S. 1 GRCh. Vielleicht kann die vom Konvent gefundene Lösung noch optimiert werden, um dem Individualrechtsschutz gänzlich gerecht zu werden?

Es war von Anfang an eine der größten Herausforderungen an den Grundrechtekonvent, jede Gefährdung der Rechtssicherheit durch eine ungenügende Abstimmung der Charta mit der EMRK zu vermeiden.[11] Dies gestaltete sich als äußerst schwierig, denn einerseits sollten die in der EU bereits anerkannten Grundrechte, die teilweise aus der Konvention stammen, zusammengetragen werden und somit erhalten bleiben.[12] Andererseits mussten diese aber auch eine Vereinfachung und Modernisierung bzw. Fortentwicklung an „alle neuen naturwissenschaftlichen, medizinischen, technischen aber auch ethischen, sozialen und gesellschaftlichen Entwicklungen“[13] erfahren, um der zügigen Entwicklung Europas Rechnung zu tragen.[14] Diesem Kohärenzanliegen wurde der Konvent nach langen Debatten mit Art. 52 Abs. 3 GRCh gerecht, der wie folgt lautet:

> „Soweit diese Charta Rechte enthält, die den durch die Europäische Konvention zum Schutz der Menschenrechte und Grundfreiheiten garantierten Rechten entsprechen, haben sie die gleiche Bedeutung und Tragweite, wie sie ihnen in der genannten Konvention verliehen wird. Diese Bestimmung steht dem nicht entgegen, dass das Recht der Union einen weiter gehenden Schutz gewährt.“

---

8 *Sauer* spricht insofern von einer „Inspirations- und Anpassungsnorm“ (*ders.*, Bausteine eines Grundrechtskollisionsrechts für das europäische Mehrebenensystem, EuGRZ 2011, 195 (197)).

9 Vgl. *Uerpmann-Wittzack*, Doppelter Grundrechtsschutz für die zukünftige Europäische Union, DÖV 2005, 152 (152 f.).

10 Den Begriff der Kohärenz verwenden bereits die Erläuterungen zur Charta der Grundrechte (siehe die vom Präsidium des Konvents überarbeitete Fassung CONV 828/03 REV vom 18.07.2003, 49); auch bei *Uerpmann-Wittzack*, Doppelter Grundrechtsschutz für die zukünftige Europäische Union, DÖV 2005, 152 (155).

11 Auch der Verfassungskonvent bekannte sich ausdrücklich zum „Anliegen der Rechtsicherheit im Bereich der Grundrechte, zu der die Charta einen Beitrag leisten soll“ (Schlussbericht der Arbeitsgruppe II des Verfassungskonvents, WG II 16, CONV 354/02, 4); siehe auch *Callewaert*, Die EMRK und die EU-Grundrechtecharta, Bestandsaufnahme einer Harmonisierung auf halbem Weg, EuGRZ 2003, 198 (198).

12 Siehe dazu die Schlussfolgerungen des Europäischen Rates von Köln vom 03./04.06.1999 = EuGRZ 1999, 364 (364 f.).

13 Vgl. *Alber/Widmaier*, Die EU-Charta der Grundrechte und ihre Auswirkungen auf die Rechtsprechung, Zu den Beziehungen zwischen EuGH und EGMR, EuGRZ 2000, 497 (499).

14 Vgl. *Eisner*, Die Schrankenregelung der Grundrechtecharta der Europäischen Union. Gefahr oder Fortschritt für den Grundrechtsschutz in Europa?, 2005, S. 119; *Callewaert*, Die EMRK und die EU-Grundrechtecharta, Bestandsaufnahme einer Harmonisierung auf halbem Weg, EuGRZ 2003, 198 (198).

Auf den ersten Blick mag diese Formulierung zwar klar erscheinen, dennoch wirft sie noch einige Unklarheiten im Verhältnis der beiden Grundrechtsquellen auf,[15] die nachfolgend zu diskutieren sind.

1. *Art. 52 Abs. 3 S. 1 i.V.m. Abs. 7 GRCh*

Nachdem das Konventspräsidium dazu aufgefordert wurde,[16] erstellte es in den Erläuterungen zur Charta der Grundrechte eine Auflistung derjenigen Chartabestimmungen, die den jeweiligen Rechten der Konvention entsprechen, sowie eine Übersicht über teilidentische Chartarechte, deren Schutz über den der EMRK hinausgeht.[17] Ursprünglich wur-

---

15 So auch *Eisner*, Die Schrankenregelung der Grundrechtecharta der Europäischen Union. Gefahr oder Fortschritt für den Grundrechtsschutz in Europa?, 2005, S. 122.

16 Vgl. 16. Protokoll der 16. Sitzung des Konvents am 11./12.09.2001, in: Bernsdorff/Borowsky, Die Charta der Grundrechte der Europäischen Union. Handreichungen und Sitzungsprotokolle, 2002, S. 359; 17. Protokoll der 17. Sitzung des Konvents am 25./26.09.2000, in: ebenda, S. 391.

17 In den Erläuterungen des Präsidiums betreffend Art. 52 III GRCh (ABl. C 303 vom 14.12.2007), heißt es:
„Die Rechte, bei denen derzeit — ohne die Weiterentwicklung des Rechts, der Gesetzgebung und der Verträge auszuschließen — davon ausgegangen werden kann, dass sie Rechten aus der EMRK im Sinne dieses Absatzes entsprechen, sind nachstehend aufgeführt. Nicht aufgeführt sind die Rechte, die zu den Rechten aus der EMRK hinzukommen.
1. Artikel der Charta, die dieselbe Bedeutung und Tragweite wie die entsprechenden Artikel der Europäischen Menschenrechtskonvention haben:
Artikel 2 entspricht Artikel 2 EMRK;
Artikel 4 entspricht Artikel 3 EMRK;
Artikel 5 Absätze 1 und 2 entsprechen Artikel 4 EMRK;
Artikel 6 entspricht Artikel 5 EMRK;
Artikel 7 entspricht Artikel 8 EMRK;
Artikel 10 Absatz 1 entspricht Artikel 9 EMRK;
Artikel 11 entspricht Artikel 10 EMRK unbeschadet der Einschränkungen, mit denen das Unionsrecht das Recht der Mitgliedstaaten auf Einführung der in Artikel 10 Absatz 1 dritter Satz EMRK genannten Genehmigungsverfahren eingrenzen kann;
Artikel 17 entspricht Artikel 1 des Zusatzprotokolls zur EMRK;
Artikel 19 Absatz 1 entspricht Artikel 4 des Protokolls Nr. 4 zur EMRK;
Artikel 19 Absatz 2 entspricht Artikel 3 EMRK in der Auslegung durch den Europäischen Gerichtshof für Menschenrechte;
Artikel 48 entspricht Artikel 6 Absätze 2 und 3 EMRK;
Artikel 49 Absatz 1 (mit Ausnahme des letzten Satzes) und Absatz 2 entsprechen Artikel 7 EMRK.
2. Artikel, die dieselbe Bedeutung haben wie die entsprechenden Artikel der EMRK, deren Tragweite aber umfassender ist:
Artikel 9 deckt Artikel 12 EMRK ab, aber sein Anwendungsbereich kann auf andere Formen der Eheschließung ausgedehnt werden, wenn die einzelstaatlichen Rechtsvorschriften diese vorsehen;
Artikel 12 Absatz 1 entspricht Artikel 11 EMRK, aber sein Anwendungsbereich ist auf die Ebene der Union ausgedehnt worden;
Artikel 14 Absatz 1 entspricht Artikel 2 des Zusatzprotokolls zur EMRK, aber sein Anwendungsbereich ist auf den Zugang zur beruflichen Ausbildung und Weiterbildung ausgedehnt worden;
Artikel 14 Absatz 3 entspricht Artikel 2 des Zusatzprotokolls zur EMRK, was die Rechte der Eltern betrifft;
Artikel 47 Absätze 2 und 3 entsprechen Artikel 6 Absatz 1 EMRK, aber die Beschränkung auf Streitigkeiten in Bezug auf zivilrechtliche Ansprüche und Verpflichtungen oder strafrechtliche Anklagen kommt nicht zum Tragen, wenn es um das Recht der Union und dessen Anwendung geht;
Artikel 50 entspricht Artikel 4 des Protokolls Nr. 7 zur EMRK, aber seine Tragweite ist auf die

den die Erläuterungen zur Ausarbeitung der Charta als Hilfestellung für die Konventsmitglieder formuliert, ohne dass ihnen Rechtswirkung zukommen sollte.[18] Im Zuge der Arbeiten des Verfassungskonvents wurden sie sodann laufend aktualisiert und überarbeitet,[19] um schließlich in die – der Schlussakte beigefügte – „Erklärung 12" der Regierungskonferenz aufgenommen zu werden. Dort heißt es einleitend, dass die Erläuterungen als solche „keinen rechtlichen Status" hätten, sie jedoch eine „nützliche Interpretationshilfe" darstellten, die dazu diene, die Bestimmungen der Charta zu verdeutlichen.[20] In der Neuveröffentlichung der Erläuterungen[21] anlässlich der Straßburger Proklamation 2007 im Teil C des Amtsblatts der Europäischen Union wurde diese Formulierung beibehalten.

Im Gegensatz zur Mehrheit der Delegierten im Grundrechtekonvent, vertrat der britische Regierungsvertreter *Lord Goldsmith* beharrlich den Ansatz, den Erläuterungen Rechtsverbindlichkeit zu verleihen und die Charta zweiteilig zu verfassen. Dabei sollte ein an die Bürger gerichteter "Teil A" die möglichst einfache und knappe Formulierung des Rechts wiedergeben, „während der für die Rechtsanwender gedachte, gleichermaßen verbindliche "Teil B" Definitionen und Verweise auf die jeweiligen Quellen enthalten sollte."[22] Bevorzugt wurde jedoch der alternative Weg, eine Lösung über die horizontale Klausel des Art. 52 Abs. 3 GRCh zu erzielen. Dennoch werden die Erläuterungen in Teilen für verbindlich,[23] zumindest aber für quasi-verbindlich angesehen.[24] Dieser „offiziöse Charakter"[25] betrifft die in den Erläuterungen zu Art. 52 GRCh enthaltenen Listen, welche die sich entsprechenden Charta- und Konventionsrechte anführen und die „gleiche Bedeutung", teilweise[26] auch die „gleiche Tragweite" haben sollen,

---

Ebene der Europäischen Union ausgedehnt worden und er gilt zwischen den Gerichten der Mitgliedstaaten;
schließlich können die Unionsbürgerinnen und -bürger im Anwendungsbereich des Unionsrechts wegen des Verbots jeglicher Diskriminierung aufgrund der Nationalität nicht als Ausländer angesehen werden. Die in Artikel 16 EMRK vorgesehenen Beschränkungen der Rechte ausländischer Personen finden daher in diesem Rahmen auf die Unionsbürgerinnen und -bürger keine Anwendung.

18 Vgl. Dokument CHARTE 4473/00, CONVENT 49, 1.

19 Dokument CONV 828/1/03 REV 1; vgl. *Barriga*, Die Entstehung der Charta der Grundrechte der Europäischen Union. Eine Analyse der Arbeiten im Konvent und kompetenzrechtlicher Fragen, 2003, S. 65.

20 ABl. C 310 vom 16.12.2004, 424

21 ABl. C 303 vom 14.12.2007, 33.

22 Vgl. *Borowsky*, in: Meyer (Hrsg.), Kommentar zur Charta der Grundrechte der Europäischen Union, 2006, Art. 52 GRCh, Rn. 9.

23 Vgl. *Borowsky*, in: Meyer (Hrsg.), Kommentar zur Charta der Grundrechte der Europäischen Union, 2003, Art. 52 GRCh, Rn. 32; anders nunmehr *ders.*, in: Meyer (Hrsg.), Kommentar zur Charta der Grundrechte der Europäischen Union, 2006, Art. 52 GRCh, Rn. 31 b: „nicht rechtsverbindlich".

24 Vgl. *Borowsky*, in: Meyer (Hrsg.), Kommentar zur Charta der Grundrechte der Europäischen Union, 2006, Art. 52 GRCh, Rn. 31 b: „Nähe einer Verbindlichkeit".

25 Vgl. *Schmitz*, Die Grundrechtecharta als Teil der Verfassung der Europäischen Union, EuR 2004, 691 (693); *Ziegenhorn* bezeichnet die Erläuterungen als eine „Art halb-amtlichen Kurz-Kommentar zur Charta" (*ders.*, Der Einfluss der EMRK im Recht der EU-Grundrechtecharta. Genuin chartarechtlicher Grundrechtsschutz gemäß Art. 52 Abs. 3 GRCh, 2009, S. 60).

26 Die in der ersten Liste der Erläuterung zu Art. 52 GRCh aufgeführten Rechte.

„und hiermit prononcierte Aussagen für eine Auslegung des Art. 52 Abs. 3 GRCh treffen.“[27]

Im Vertrag von Lissabon sind an mehreren Stellen positivierte Bezugnahmen auf die Erläuterungen zu finden. Art. 52 Abs. 7 GRCh bestimmt, dass die Erläuterungen zur Charta der Grundrechte bei ihrer Auslegung durch die Gerichte der Union und der Mitgliedstaaten „gebührend zu berücksichtigen“ sind.[28] Somit besteht mit Art. 52 Abs. 7 GRCh eine primärrechtliche Verpflichtung zur Berücksichtigung der den Erläuterungen zu entnehmenden Auslegungen.

Auf die Frage, mit welcher Intensität Art. 52 Abs. 3 S. 1 GRCh konventionsrechtliche Gehalte in das Unionsrecht aufnimmt und welche Folgen sich daraus für entsprechende chartarechtliche Gehalte ergeben, geben die Charta-Erläuterungen jedoch keine eindeutige Antwort. Bedingt die Klausel des Art. 52 Abs. 3 S. 1 GRCh einen materiellen Beitritt der Union zur EMRK?[29] Gibt sie bloß einen Hinweis auf eine besonders bedeutsame Rechtserkenntnisquelle im Sinne einer Auslegungsregel?[30] Oder impliziert sie gar die Übernahme entsprechender EMRK-Bestimmungen „in toto“?[31] Um die Frage beantworten zu können, mit welcher Intensität die Konventionsgehalte im Recht der Charta relevant sein sollen, muss zunächst geklärt werden, wann die sich entsprechenden Rechte „die gleiche Bedeutung und Tragweite“ haben, „wie sie ihnen in der genannten Konvention (der EMRK) verliehen wird“. Entgegen der Auffassung *Borowskys*, der es für nicht erforderlich hält, die Begriffe „Bedeutung und Tragweite“ exakt zu definieren und voneinander abzugrenzen,[32] kann erst eine sinnvolle Definition dieser Begriffe Auskunft über die Rechtsfolge des Art. 52 Abs. 3 S. 1 GRCh geben.

27 Vgl. *Ziegenhorn*, Der Einfluss der EMRK im Recht der EU-Grundrechtecharta. Genuin chartarechtlicher Grundrechtsschutz gemäß Art. 52 Abs. 3 GRCh, 2009, S. 59.

28 Weitere Bezugnahmen auf die Erläuterungen finden sich in Art. 6 Abs. 1 UAbs. 3 Var. 2 EUV n.F. sowie in Abs. 5 S. 2 der Präambel der Charta, in dem es heißt: „(…) erfolgt die Auslegung der Charta durch die Gerichte der Union und der Mitgliedstaaten unter gebührender Berücksichtigung der Erläuterungen, die unter der Leitung des Präsidiums des Konvents zur Ausarbeitung der Charta formuliert und unter der Verantwortung des Präsidiums des Europäischen Konvents aktualisiert wurden“.

29 Vgl. *Eisner*, Die Schrankenregelung der Grundrechtecharta der Europäischen Union. Gefahr oder Fortschritt für den Grundrechtsschutz in Europa?, 2005, S. 125; ebenso *Borowsky*, in: Meyer (Hrsg.), Kommentar zur Charta der Grundrechte der Europäischen Union, 2006, Art. 52 GRCh, Rn. 34; *von Danwitz*, in: Tettinger/Stern (Hrsg.), Kölner Gemeinschaftskommentar zur Europäischen Grundrechte-Charta, 2006, Kapitel VII, Art. 52 GRCh, Rn. 51.

30 Vgl. *Dorf*, Zur Interpretation der Grundrechtecharta, JZ 2005, 126 (128 f.); *Jarass*, Die EU-Grundrechte, 2005, § 2 Rn. 19, 20, § 6 Rn. 11.

31 Vgl. *Borowsky*, in: Meyer (Hrsg.), Kommentar zur Charta der Grundrechte der Europäischen Union, 2006, Art. 52 GRCh, Rn. 30; auch *Barriga*, Die Entstehung der Charta der Grundrechte der Europäischen Union. Eine Analyse der Arbeiten im Konvent und kompetenzrechtlicher Fragen, 2003, S. 163.

32 Vgl. *Borowsky*, in: Meyer (Hrsg.), Kommentar zur Charta der Grundrechte der Europäischen Union, 2006, Art. 52 GRCh, Rn. 30a: „Entscheidend ist letztlich nur, dass die EMRK-Bestimmungen integral inkorporiert werden, d.h. bezogen auf den Schutzbereich, hierfür maßgebliche „Negativdefinitionen“ und – soweit zulässig – auf die Rechtfertigung von Eingriffen“. Derselben Auffassung ist *Naumann*, Art. 52 Abs. 3 GRCh zwischen Kohärenz des europäischen Grundrechtsschutzes und Autonomie des Unionsrechts, EuR 2008, 424 (427).

a) *„Bedeutung und Tragweite"*

In der Literatur werden ganz unterschiedliche Ansätze vertreten, wie die Begriffe „Bedeutung" und „Tragweite" auszulegen sind. Die „Bedeutung" wird teilweise als Schutzbereich des Grundrechts verstanden, während die „Tragweite" die Schranken und Schranken-Schranken, also die Rechtfertigungsvoraussetzungen der Grundrechtseinschränkung umfassen soll.[33] Dies lasse sich mit den Erläuterungen des Präsidiums belegen, da dort von „Bedeutung und Tragweite, einschließlich der zugelassenen Einschränkungen"[34] gesprochen wird, was eben bedeute, dass „nicht nur ein Verweis auf die Schranken der EMRK-Rechte gemeint sein kann."[35] *Bühler* nimmt hingegen an, dass unter „Bedeutung" die grundsätzliche Zielrichtung des jeweiligen Grundrechts, dessen Schutzgut, zu verstehen ist und sich die „Tragweite" auf die „Feintarierung" des Rechts bezieht, das heißt auf die explizite Abgrenzung des Schutzbereichs und die Beschränkungsmöglichkeiten.[36] Andere wiederum lassen bewusst offen, worauf sich die Begriffe jeweils beziehen und begründen dies mit einem „Konventionswillen".[37] Für die Vertreter dieses „interpretatorischen laisser faire"[38] ist entscheidend, dass „Bedeutung und Tragweite", je nach vertretenem Ansatz[39], in ihrer Gesamtheit „etwa den konventionsrechtlichen Grundrechtsschutz in Gänze transferieren[40] oder die konventionsrechtlichen Schranken und Schranken-Schranken erfassen[41], also das jeweils vertretene Auslegungsergebnis."[42] Da es für das richtige Verständnis der Rechtsfolgenseite des Art. 52

33 Vgl. *Dorf*, Zur Interpretation der Grundrechtecharta, JZ 2005, 126 (128 f.); *Eisner*, Die Schrankenregelung der Grundrechtecharta der Europäischen Union. Gefahr oder Fortschritt für den Grundrechtsschutz in Europa?, 2005, S. 124; *Molthagen*, Das Verhältnis der EU-Grundrechte zur EMRK, 2003, S. 64. In diesem Sinne auch *Bühler*, Einschränkung von Grundrechten nach der Europäischen Grundrechtecharta, 2005, S. 309; *Grabenwarter*, Die Menschenrechtskonvention und Grundrechte-Charta in der europäischen Verfassungsentwicklung, in: Cremer/Giegerich/Richter/ Zimmermann (Hrsg.), Tradition und Weltoffenheit des Rechts. Festschrift für Steinberger, 2002, S. 1129 (1137); *Uerpmann-Wittzack*, Doppelter Grundrechtsschutz für die zukünftige Europäische Union, DÖV 2005, 152 (155); *Schmitz*, Die EU-Grundrechtecharta aus grundrechtsdogmatischer und grundrechtstheoretischer Sicht, JZ 2001, 833 (838).

34 Erläuterungen des Präsidiums betreffend Art. 52 III GRCh (ABl. C 303 vom 14.12.2007, 33).

35 Vgl. *Eisner*, Die Schrankenregelung der Grundrechtecharta der Europäischen Union. Gefahr oder Fortschritt für den Grundrechtsschutz in Europa?, 2005, S. 124.

36 Vgl. *Bühler*, Einschränkung von Grundrechten nach der Europäischen Grundrechtecharta, 2005, S. 309, 313; auch *Borowsky*, in: Meyer (Hrsg.), Kommentar zur Charta der Grundrechte der Europäischen Union, 2006, Art. 52 GRCh, Rn. 30a.

37 Vgl. *Ziegenhorn*, Der Einfluss der EMRK im Recht der EU-Grundrechtecharta. Genuin chartarechtlicher Grundrechtsschutz gemäß Art. 52 Abs. 3 GRCh, 2009, S. 125.

38 Vgl. ebenda, S. 125.

39 Nach *Philippi* bezeichnen „Bedeutung und Tragweite" nur die Schutzbereiche (*dies.*, Die Charta der Grundrechte der Europäischen Union: Entstehung, Inhalt und Konsequenzen für den Grundrechtsschutz in Europa, 2002, S. 44).

40 Vgl. *Borowsky*, in: Meyer (Hrsg.), Kommentar zur Charta der Grundrechte der Europäischen Union, 2006, Art. 52 GRCh. 30a.

41 Vgl. *Pietsch*, Das Schrankenregime der EU-Grundrechtecharta, 2005, S. 117.

42 Vgl. *Ziegenhorn*, Der Einfluss der EMRK im Recht der EU-Grundrechtecharta. Genuin chartarechtlicher Grundrechtsschutz gemäß Art. 52 Abs. 3 GRCh, 2009, S. 125.

Abs. 3 S. 1 GRCh aber maßgeblich auf die betreffenden Begriffe ankommt, ist diese Auffassung abzulehnen.[43]

Aufgrund der Weite und der Offenheit der Begriffe „Bedeutung“ und „Tragweite“ geben allerdings weder ihre systematische Anordnung in Art. 52 GRCh noch etwaige semantische Erwägungen Rückschlüsse auf eine hilfreiche Definition.[44] Deshalb könnte die Suche nach dem – in diesen Begriffen zum Ausdruck kommenden und Art. 52 Abs. 3 S. 1 GRCh zugrunde liegenden – Sinn und Zweck aufschlussreicher sein.

aa) Teleologische Auslegung

Soweit die Charta Rechte enthält, die denen der Menschenrechtskonvention entsprechen, nimmt Art. 52 Abs. 3 S. 1 GRCh „mit der jeweiligen Rechtsfolge einer dem Konventionsrecht gleichen Bedeutung und Tragweite (…) eine inhaltliche Ausrichtung an der EMRK vor.“[45] Sinn und Zweck der unionalen Einbeziehung konventionsrechtlicher Gehalte liegt dabei in der Abstimmung der Rechte der Charta mit denen der EMRK, wobei nur diejenigen Konventionsgehalte einbezogen werden, die die Charta bereits in Entsprechungen enthält. Das Ziel der Harmonisierungsklausel nach Art. 52 Abs. 3 S. 1 GRCh – die Herstellung von Kohärenz zwischen den beiden Grundrechtekatalogen – impliziert somit, dass Unterschiede zwischen Charta und EMRK bestehen, dass ihnen divergierende Sinngehalte zugrunde liegen. Dies wiederum birgt die Gefahr in sich, dass ein Akt der Union am Maßstab der Charta keine Grundrechtsverletzung darstellt, am Maßstab der Konvention jedoch schon. Geschieht dies, liegt ein Missstand zwischen Völker- und Unionsrecht vor,[46] den auch die zumeist nur graduellen Unterschiede der sich entsprechenden Rechte nicht ändern können. Jedoch liegt einer solchen Konstellation nur dann ein völkerrechtlicher Verstoß zugrunde, wenn die EU auch völkerrechtlich an die Konvention gebunden ist. Dies ist sie, nachdem sie ihr gemäß Art. 6 Abs. 2 EUV beigetreten ist.

Die völkerrechtliche Bindung sagt allerdings noch nichts über den Rang der EMRK als Bestandteil der Unionsrechtsordnung nach dem Beitritt der Union aus – dieser ist nach den allgemeinen Kriterien der Geltung von Völker(vertrags)recht in der Rechtsordnung der EU zu beurteilen.[47] Danach werden von der Union geschlossene völkerrechtliche Verträge zum integrierenden Bestandteil des Unionsrechts,[48] was zur Folge hat, „dass sie – ohne eines Umsetzungs- oder Transformationsaktes zu bedürfen – mit ihrem Inkrafttreten geltendes Recht innerhalb der Gemeinschaftsrechtsordnung[49] wer-

---

43 So auch ebenda.

44 Diesbezüglich ist auf die Ausführungen *Ziegenhorns* zu verweisen (ebenda, S. 129 ff.).

45 Vgl. ebenda, S. 134.

46 Vgl. *Stern*, Von der Europäischen Menschenrechtskonvention zur Europäischen Grundrechte-Charta – Perspektiven des Grundrechtsschutzes in Europa, in: ders./Tettinger (Hrsg.), Die Europäische Grundrechte-Charta im wertenden Verfassungsvergleich, 2005, S. 13 (22).

47 Vgl. *Ziegenhorn*, Der Einfluss der EMRK im Recht der EU-Grundrechtecharta. Genuin chartarechtlicher Grundrechtsschutz gemäß Art. 52 Abs. 3 GRCh, 2009, S. 137.

48 Vgl. EuGH, Urteil vom 30.04.1974, Rs. 181/73, Slg. 1974, 449 – *Haegeman*, Ziff. 5; Urteil vom 26.10.1982, Rs. 104/81, Slg. 1982, 3641 – *Kupferberg*, Ziff. 13; Urteil vom 30.09.1987, Rs. 12/86, Slg. 1987, 3719 – *Demirel*, Ziff. 7.

49 Jetzt Unionsrechtsordnung.

den."[50] Auf diese Weise ist die EU künftig an die Grundrechte der EMRK gebunden, die unmittelbar in die Unionsrechtsordnung eingegliedert werden, nach *Pache* und *Rösch* jedoch nicht gleichrangig mit den Verträgen, „sondern normhierarchisch unterhalb der Verträge und damit auch unterhalb der Grundrechte der Europäischen Grundrechtecharta, jedoch mit Vorrang vor europäischem Sekundärrecht."[51] Wie zu zeigen sein wird,[52] widerspricht diese Auslegung aber der Kohärenzsicherungsklausel gemäß Art. 52 Abs. 3 S. 1 GRCh, die das Verhältnis zwischen Rechten der Charta und solchen der EMRK in einem außerordentlich völkerrechts- bzw. konventionsfreundlichen Sinne regelt und der Konvention sogar einen Mindestwert im Recht der Union beimisst. Es kann daher keinesfalls von einer Unterordnung der EMRK unter den Rang der Grundrechtecharta ausgegangen werden. Die Rechte der Charta haben immerhin die „gleiche Bedeutung und Tragweite" wie die entsprechenden Konventionsrechte, was zumindest auf einen Gleichlauf schließen lässt.

Der Umstand, dass die EMRK im künftigen unionalen Grundrechtsregime – zur Vermeidung von Völkerrechtsverstößen – als Grenze rechtlichen Könnens fungiert, ändert allerdings nichts daran, dass die Rechtsfolgenbegriffe „Bedeutung" und „Tragweite" auch Konventionsrechtsgehalte nicht ausschließen, welche die Bürger im Vergleich zur Grundrechtecharta weniger schützen.[53] Es werden „alle Facetten des durch das entsprechende Grundrecht der EMRK vermittelten materiellen Grundrechtsschutzes"[54] erfasst. Allerdings wird diesem Umstand durch Art. 52 Abs. 3 S. 2 GRCh entgegengetreten, der bestimmt, dass das Recht der Union einen weitergehenden Schutz gewähren kann.[55] Somit wird eine umfassende Kohärenz gewährleistet.

bb) Zwischenergebnis

Da festgestellt werden kann, dass der Begriff „Bedeutung" offen und der der „Tragweite" umfassend und weit auszulegen ist, erscheint es als zu stark schematisiert, die „Bedeutung" als Schutzbereich und die „Tragweite" als Schranken bzw. Schranken-Schranken zu begreifen[56]. In Übereinstimmung mit *Ziegenhorn* bezeichnen die Begriffe

---

50 Vgl. *Schaller*, Das Verhältnis von EMRK und deutscher Rechtsordnung vor und nach dem Beitritt der EU zur EMRK, EuR 2006, 656 (665); *Epiney*, Zur Stellung des Völkerrechts in der EU, EuZW 1999, 5 (6).

51 Vgl. *Pache/Rösch*, Die neue Grundrechtsordnung der EU nach dem Vertrag von Lissabon, EuR 2009, 769 (786).

52 4. Kap. B. III. 1.

53 Vgl. *Ziegenhorn*, Der Einfluss der EMRK im Recht der EU-Grundrechtecharta. Genuin chartarechtlicher Grundrechtsschutz gemäß Art. 52 Abs. 3 GRCh, 2009, S. 140.

54 Vgl. ebenda, S. 141.

55 Siehe dazu 4. Kap. B. VI. 1.

56 So etwa *Dorf*, Zur Interpretation der Grundrechtecharta, JZ 2005, 126 (128 f.); *Eisner*, Die Schrankenregelung der Grundrechtecharta der Europäischen Union. Gefahr oder Fortschritt für den Grundrechtsschutz in Europa?, 2005, S. 124; *Molthagen*, Das Verhältnis der EU-Grundrechte zur EMRK, 2003, S. 64. In diesem Sinne auch *Bühler*, Einschränkung von Grundrechten nach der Europäischen Grundrechtecharta, 2005, S. 309; *Grabenwarter*, Die Menschenrechtskonvention und Grundrechte-Charta in der europäischen Verfassungsentwicklung, in: Cremer/Giegerich/Richter/ Zimmermann (Hrsg.), Tradition und Weltoffenheit des Rechts. Festschrift für Steinberger, 2002, S. 1129 (1137); *Uerpmann-Wittzack*, Doppelter Grundrechtsschutz für die zukünftige Europäische Union, DÖV

den materiellen Grundrechtsschutz des jeweils entsprechenden Rechts der Konvention, sowohl von seinen Voraussetzungen her als auch in seinem Ergebnis.[57] Dabei beleuchtet der Begriff der „Bedeutung“ den Grundrechtsschutz von innen, während die „Tragweite“, verstanden als Gewährleistungsumfang, eher dessen Äußeres beschreibt. Es geht um eine umfassende Kohärenz zwischen Rechten der Charta und solchen der EMRK.

Art. 52 Abs. 3 S. 1 GRCh – in den die Begriffe „Bedeutung“ und „Tragweite“ eingebettet sind – erscheint somit auch dazu geeignet, eventuell entstehenden Divergenzen zwischen völkerrechtlicher und unionsrechtlicher Auslegung eines grundrechtsrelevanten Falles entgegen zu treten,[58] indem die EMRK als völkerrechtlicher Vertrag nach dieser Klausel im Recht der Union maßgeblich wird,[59] ja sogar den Mindestgehalt darstellt. Nach dem Beitritt der EU zur EMRK können etwaige Völkerrechtsverstöße also durch Art. 52 Abs. 3 S.1 GRCh unterbunden werden.

b) Verweis auf die Straßburger Rechtsprechung?

Auch besteht keine Einigkeit darüber, ob der Verweis auf die EMRK in Art. 52 Abs. 3 S. 1 GRCh nur die Konvention selbst erfasst[60] oder gleichermaßen für die Rechtsprechung des EGMR gilt.[61] In letzterem Falle wäre weiter zu fragen, ob ein statischer oder ein dynamischer Verweis auf die Straßburger Rechtsprechung vorliegt.

Nach dem Wortlaut des Art. 52 Abs. 3 S. 1 GRCh haben die Chartarechte die gleiche Bedeutung und Tragweite, wie sie ihnen durch die EMRK „verliehen wird“. Dieser Formulierung ist keine ausdrückliche Bezugnahme auf die Rechtsprechung des Menschenrechtsgerichtshofs zu entnehmen, da sich der Grundrechtekonvent – obwohl einige Vorschläge in diese Richtung gemacht wurden[62] – mehrheitlich nicht dazu in der Lage

---

2005, 152 (155); *Schmitz*, Die EU-Grundrechtecharta aus grundrechtsdogmatischer und grundrechtstheoretischer Sicht, JZ 2001, 833 (838).

57 Vgl. *Ziegenhorn*, Der Einfluss der EMRK im Recht der EU-Grundrechtecharta. Genuin chartarechtlicher Grundrechtsschutz gemäß Art. 52 Abs. 3 GRCh, 2009, S. 145.

58 A.A. *Grabenwarter*, Die Menschenrechtskonvention und Grundrechte-Charta in der europäischen Verfassungsentwicklung, in: Cremer/Giegerich/Richter/Zimmermann (Hrsg.), Tradition und Weltoffenheit des Rechts. Festschrift für Steinberger, 2002, S. 1129 (1143).

59 Auch *Ziegenhorn*, Der Einfluss der EMRK im Recht der EU-Grundrechtecharta. Genuin chartarechtlicher Grundrechtsschutz gemäß Art. 52 Abs. 3 GRCh, 2009, S. 138.

60 So *Alber/Widmaier*, Mögliche Konfliktbereiche und Divergenzen im europäischen Grundrechtsschutz. Die Ausübungs- und Einschränkungsregeln für die Grundrechte der Europäischen Union (Art. II-112 EV), EuGRZ 2006, 113 (121).

61 Für einen Verweis auf die Straßburger Rechtsprechung u.a. *Callewaert*, Die EMRK und die EU-Grundrechtecharta. Bestandsaufnahme einer Harmonisierung auf halbem Weg, EuGRZ 2003, 198 (199); *Borowsky*, in: Meyer (Hrsg.), Kommentar zur Charta der Grundrechte der Europäischen Union, 2006, Art. 52 GRCh, Rn. 37; *von Danwitz*, in: Tettinger/Stern (Hrsg.), Kölner Gemeinschaftskommentar zur Europäischen Grundrechte-Charta, 2006, Kapitel VII, Art. 52 GRCh, Rn. 56 f.; *Eisner*, Die Schrankenregelung der Grundrechtecharta der Europäischen Union. Gefahr oder Fortschritt für den Grundrechtsschutz in Europa?, 2005, S. 125, Fn. 746; in diesem Sinne auch *Naumann*, Art. 52 Abs. 3 GRCh zwischen Kohärenz des europäischen Grundrechtsschutzes und Autonomie des Unionsrechts, EuR 2008, 424 (425).

62 Siehe Dok. CHARTE 4372/00 (CONVENT 39, 16.06.2000), Änderungsvorschläge Nr. 403, 404, 419, 426 un 434; zur Diskussion im Konvent siehe *Bernsdorff/Borowsky*, Die Charta der Grundrechte der Europäischen Union. Handreichungen und Sitzungsprotokolle, 2002, S. 237 ff., 300 ff.

sah. Gleichwohl findet sich ein Verweis auf die entsprechende Rechtsprechung in der Präambel der Charta und in den Erläuterungen des Präsidiums[63].

aa) Verweis in der Präambel

Die Charta bekräftigt im fünften Absatz ihrer Präambel die Rechte, „die sich (...) aus der Rechtsprechung des Gerichtshofs der Europäischen Union und des Europäischen Gerichtshofs für Menschenrechte ergeben".

Die Präambel eines völkerrechtlichen Vertrages zählt gemäß Art. 31 Abs. 2 der Wiener Vertragsrechtskonvention (WVK) zwar zum Text desselben[64] und kann zu seiner authentischen Auslegung herangezogen werden.[65] *Molthagen* ist in diesem Zusammenhang dennoch der Auffassung, dass die genannte Passage nicht eindeutig erscheint.[66] Dies begründet sie vor allem damit, dass vor der Rechtsprechung des EGMR die des EuGH genannt wird, weshalb nicht klar sei, wessen Rechtsprechung – bei gegebenenfalls divergierender Auslegung – die maßgebliche sein soll. Der Umstand, dass der Gerichtshof in Luxemburg in der Aufzählung des fünften Absatzes der Präambel vor dem in Straßburg steht, impliziert jedoch kein entsprechendes Hierarchieverhältnis. Dass ein Rückschluss auf ein solches fehlschlägt, verrät bereits ein Blick in die Erläuterungen zu Art. 52 GRCh.[67] Dort ist die Berücksichtigung der Rechtsprechung beider Gerichtshöfe ausdrücklich erwähnt, wobei der EGMR an erster Stelle genannt wird. Die gewählte Aufzählungsreihenfolge in der Präambel ist also eher willkürlicher Natur und sagt nichts über ein bestehendes Rangverhältnis aus.

Natürlich gewährt die Charta dem EGMR auch nicht die ausschließliche Auslegungshoheit über die entsprechenden Rechte der Charta; der EuGH ist entsprechend seiner bisherigen Rechtsprechung grundsätzlich befugt, über die Bedeutung und Tragweite der entsprechenden Rechte zu entscheiden. Welche „Bedeutung und Tragweite" den Konventionsgarantien zukommt, ist allerdings ohne Bezugnahme auf die Rechtsprechung des EGMR nicht möglich. Die Rechte der knapp 60 Jahre alten EMRK gelten heute in dem Umfang, „den ihnen die dynamische und evolutive Straßburger Rechtsprechung beigegeben hat."[68] Insofern ist die Bindung an die Rechtsprechung des EGMR stärker formalisiert als die an die Rechtsprechung des Luxemburger Gerichtshofes.[69] Es entspricht auch dem Charakter der EMRK als „living instrument", dass im Verständnis der Konventionsrechte der Straßburger Rechtsprechung eine herausragende Bedeutung beigemessen wird – „nicht zuletzt angesichts der mitunter sehr unterschiedlichen Rechts-

---

63 Erläuterungen zu Art. 19, 28, 47, 52 GRCh.

64 Vgl. *Wolf/Hailbronner/Nettesheim/Krenzler/Herrmann*, in: Grabitz/Hilf, Das Recht der Europäischen Union, 2009, EUV Präambel (Nizza-Fassung), Rn. 5.

65 Vgl. ebenda, Rn. 6.

66 Vgl. *Molthagen*, Das Verhältnis der EU-Grundrechte zur EMRK, 2003, S. 126; a.A. *Goldsmith*, A Charter of Rights, Freedoms and Principles, CML Rev. 2001, 1201 (1211): „The Charter Preamble also makes an express reference to the jurisprudence of Straßbourg".

67 Abs. 4 S. 2 der Erläuterung zu Art. 52 GRCh.

68 Vgl. *Borowsky*, in: Meyer (Hrsg.), Kommentar zur Charta der Grundrechte der Europäischen Union, 2006, Art. 52 GRCh, Rn. 37.

69 Ähnlich *von Danwitz*, in: Tettinger/Stern (Hrsg.), Kölner Gemeinschaftskommentar zur Europäischen Grundrechte-Charta, 2006, Kapitel VII, Art. 52 GRCh, Rn. 58.

kulturen, die dieser völkerrechtliche Grundrechtsschutz unter seinem Dach vereint"[70]. Nur die Berücksichtigung aller Facetten des materiellen Grundrechtsschutzes der Konvention im Rahmen der Charta kann befürchtete Rechtsprechungsdivergenzen vermeiden und die gewünschte Kohärenz wahren.

bb) Verweis in den Präsidiumserläuterungen

Die Erläuterungen des Präsidiums zu Art. 52 Abs. 3 GRCh betonen, dass die Bedeutung und Tragweite der garantierten Rechte nicht nur durch den Wortlaut der EMRK und ihrer Zusatzprotokolle[71] bestimmt werden, „sondern auch durch die Rechtsprechung des Europäischen Gerichthofs für Menschenrechte und durch den Gerichtshof der Europäischen Union (...)".[72]

In manchen Passagen der Erläuterungen wird explizit auf die Straßburger Rechtsprechung Bezug genommen, was darauf hindeuten könnte, dass der Wille des Konventspräsidiums nicht im Sinne einer komplexen Übernahme der Rechtsprechung des EGMR in den unionsrechtlichen Kontext zu verstehen ist. Besonders hervorgehoben sei an dieser Stelle die Erläuterung zu Art. 28 GRCh, in der es heißt, dass „das Recht auf kollektive Maßnahmen (...) vom Europäischen Gerichtshof für Menschenrechte als einer der Bestandteile des gewerkschaftlichen Vereinigungsrechts anerkannt (wird), das durch Artikel 11 EMRK festgeschrieben ist".[73] Die Tatsache, dass das Bestehen entsprechender Rechtsprechung des EGMR an dieser wie auch an anderer Stelle[74] ausdrücklich genannt wird, lässt nach Ansicht einiger die Folgerung einer generellen verbindlichen Inkorporierung der Straßburger Rechtsprechung nicht zu, da diese Bezugnahmen ansonsten überflüssig seien[75]. Dem ist jedoch entgegen zu halten, dass für das Verhältnis zwischen Charta und EMRK und damit auch für das Verhältnis zwischen EuGH und EGMR nicht etwaige Erläuterungen zu bestimmten in der Charta verbürgten Rechten einschlägig sind, sondern gerade die zur Kohärenzsicherungsklausel des Art. 52 Abs. 3 S. 1 GRCh. Um die „Bedeutung und Tragweite" von – den Rechten der Charta – entsprechenden Konventionsrechten zu ermitteln, ist die einschlägige Rechtsprechung des EGMR unentbehrlich, denn dieses Begriffspaar „meint (...) den Grundrechtsschutz, wie er sich aus der EMRK in der Rechtsprechung des EGMR ergibt".[76] Da Art. 52 Abs. 3 S. 1 GRCh dem Anspruch größtmöglicher Kohärenz nur in dieser Lesart gerecht wird,[77] dürften die Zweifel an den diesbezüglichen Absichten des Konvents ausgeräumt sein.

---

70 Vgl. *Ziegenhorn*, Der Einfluss der EMRK im Recht der EU-Grundrechtecharta. Genuin chartarechtlicher Grundrechtsschutz gemäß Art. 52 Abs. 3 GRCh, 2009, S. 144.

71 Dazu siehe 3. Kap. III. 2. a) cc).

72 Abs. 4 S. 2 der Erläuterungen zu Art. 52 GRCh.

73 S. 2 der Erläuterungen zu Art. 28 GRCh.

74 Beispielsweise wird hinsichtlich des Rechts auf Prozesskostenhilfe in der Erläuterung zu Art. 47 III GRCh auf das Urteil des EGMR im Fall *Airey* (EGMR, Urteil vom 09.10.1979, Nr. 6289/73, Serie A 32, 11 = EuGRZ 1979, 626 ff.) hingewiesen.

75 In diesem Sinne etwa *Molthagen*, Das Verhältnis der EU-Grundrechte zur EMRK, 2003, S. 128 f.

76 Vgl. *Ziegenhorn*, Der Einfluss der EMRK im Recht der EU-Grundrechtecharta. Genuin chartarechtlicher Grundrechtsschutz gemäß Art. 52 Abs. 3 GRCh, 2009, S. 144.

77 Vgl. *von Danwitz*, in: Tettinger/Stern (Hrsg.), Kölner Gemeinschaftskommentar zur Europäischen Grundrechte-Charta, 2006, Kapitel VII, Art. 52 GRCh, Rn. 57.

cc) Art. 52 Abs. 3 GRCh: statische oder dynamische Verweisungsklausel?

Nicht geklärt ist damit die Frage, ob es sich bei dem Verweis um einen statischen handelt, welcher nur die bisherige Rechtsprechung berücksichtigt, oder um einen dynamischen, der auch die zukünftige Rechtsprechung des EGMR einbezieht.

Ein Argument für einen statischen Verweis wäre, dass das Schutzniveau der Grundrechtecharta andernfalls von einer schwer vorhersehbaren und von den Unionsorganen nicht kontrollierbaren Rechtsprechung geprägt würde,[78] der EGMR gewissermaßen einen „Blankoscheck" erhalten würde.[79] Ein Indiz für diese Sorge kann auch in einer diesbezüglichen Änderung der Präsidiumserläuterungen erblickt werden. In der Begründung des damaligen Art. 49 in CONVENT 34 hieß es:

> „Der Verweis auf die Europäische Menschenrechtskonvention versteht sich als Verweis auf die Konvention in ihrer derzeitigen oder künftigen Auslegung durch den Europäischen Gerichtshof für Menschenrechte nach dem Grundsatz, daß jede Auslegung Bestandteil des ausgelegten Textes wird."[80]

Dagegen verzichtet die aktuelle Erläuterung[81] auf die Passage der „künftigen" Auslegung und geht nur von der „Rechtsprechung des Europäischen Gerichtshofes für Menschenrechte" allgemein aus.[82] Die Angst eines der Union nicht angemessenen, weil zu niedrigen Standards durch die Rechtsprechung des Straßburger Gerichtshofes ist jedoch schon deshalb unbegründet, weil die Konvention „bloß" den Mindeststandard vorgibt, welcher von der Charta gemäß Art. 52 Abs. 3 S. 2 GRCh durchaus „überboten" werden kann.

Die Charta ist darüber hinaus nicht gänzlich unkontrolliert an die Konvention gekoppelt. Sollten vollkommen neue Rechte in die EMRK oder deren Zusatzprotokolle aufgenommen werden, so kann nicht mehr von einem „entsprechen" i.S.d. Art. 52 Abs. 3 S. 1 GRCh die Rede sein und die Harmonisierungsklausel bleibt – aufgrund des Fehlens eines Pendants in der Charta – unanwendbar.[83]

Dauerhaft kann die erstrebte Kohärenz der beiden Grundrechtsordnungen nur durch ein dynamisches Verständnis des Verweises gesichert werden.[84] Würde sich nicht jede Weiterentwicklung der entsprechenden Rechte durch die Straßburger Rechtsprechung in der Auslegung der Charta niederschlagen, so würden die beiden Grundrechtsverbürgungen in Konkurrenz zueinander treten. Letztlich legt der EGMR den Umfang eines

---

78 Bedenken dieser Art wurden vorwiegend vom Grundrechtekonvent geäußert, vgl. *Bühler*, Einschränkung von Grundrechten nach der Europäischen Grundrechtecharta, 2005, S. 323.

79 Vgl. *Liisberg*, Does the EU Charter of Fundamental Rights Threaten the Supremacy of Community Law?, Article 53 of the Charter: a fountain of law or just an inkblot?, Harvard Jean Monnet Working Paper 04/01, chap. 2, p. 3.

80 Praesidium Note, CONVENT 34, CHARTE 4316/00, 16.05.2000, 12 (Hervorhebung durch Verfasserin).

81 ABl. C 303 vom 14.12.2007.

82 Abs. 4 S. 2 der Erläuterungen zu Art. 52 GRCh.

83 Vgl. *Kober*, Der Grundrechtsschutz in der Europäischen Union. Bestandsaufnahme, Konkretisierung und Ansätze zur Weiterentwicklung der europäischen Grundrechtsdogmatik anhand der Charta der Grundrechte der Europäischen Union, 2009, S. 209.

84 Vgl. *von Danwitz*, in: Tettinger/Stern (Hrsg.), Kölner Gemeinschaftskommentar zur Europäischen Grundrechte-Charta, 2006, Kapitel VII, Art. 52 GRCh, Rn. 57.

Rechts sowohl durch seine *bisherige* wie durch seine *künftige* Rechtsprechung letztverbindlich fest, was nur heißen kann, dass durch Art. 52 Abs. 3 GRCh nicht bloß der *status quo* festgehalten bzw. der gegenwärtige Grundrechtsbestand für alle Zeit zementiert werden soll. Die dargestellte Änderung in den Präsidiumserläuterungen kann demnach auch in dem Sinne interpretiert werden, dass eine explizite Erwähnung der Inbezugnahme der zukünftigen Rechtsprechung des EGMR gar nicht nötig ist, weil diese – sozusagen als gängige Praxis – ohnehin vorausgesetzt wird.

Ein Beispiel zur Problemverdeutlichung mag hier die Rechtsprechung des Straßburger Gerichtshofes bezüglich der Versammlungs- und Vereinigungsfreiheit gemäß Art. 11 EMRK sein:

In zwei neueren Entscheidungen – *Demir und Baykara/Türkei* vom 12. November 2008[85] und *Enerji Yapi-Yol Sen/Türkei* vom 21. April 2009[86] – erkannte der EGMR an, dass Art. 11 EMRK auch das Recht auf Kollektivverhandlungen und das Streikrecht schützt.[87] Das Streikrecht sei ein unmittelbarer Ausfluss des Koalitionsrechts und die Koalitionsfreiheit nach Art. 11 EMRK schließe deshalb zwingend auch das Recht auf koalitionsgemäße Betätigung, zunächst in Form von Kollektivverhandlungen, sodann auch der Wahrnehmung des Streikrechts ein. Diese durchaus weite Auslegung der Versammlungs- und Vereinigungsfreiheit des Art. 11 EMRK muss nunmehr über Art. 28 GRCh i.V.m. Art. 52 Abs. 3 S. 1 GRCh automatisch auch Unionsstandard sein; überdies muss jede Weiterentwicklung dieses Rechts durch den EGMR *eo ipso* weiterer Bestandteil des Rechts der Union werden. Dies dürfte auch dem EuGH keinen Tort antun, da die beiden Gerichtshöfe mittlerweile ohnehin ein Rücksichtnahmeprinzip pflegen, welches dem veritablen Kooperationsverhältnis zugute kommt.

Festzuhalten bleibt demnach, dass es sich bei dem Verweis in Art. 52 Abs. 3 S. 1 GRCh um einen dynamischen handelt, welcher neben der bisherigen auch die künftige Rechtsprechung des EGMR berücksichtigt.

c) Erfassung der Zusatzprotokolle zur EMRK

Von Bedeutung ist außerdem die Frage, ob Art. 52 Abs. 3 S. 1 GRCh mit den in der EMRK garantierten Rechten auch die Rechte aus den Zusatzprotokollen zur Konvention umfasst.[88] Wäre dies zu bejahen, bleibt darüber hinaus zu klären, ob dann nur solche

---

85 EGMR, Urteil vom 12.11.2008, Nr. 34503/97 – *Demir und Baykara/Türkei* = AuR 2009, 269.

86 EGMR, Urteil vom 21.04.2009, Nr. 68959/01 – *Enerji Yapi-Yol Sen/Türkei* = AuR 2009, 274.

87 Überblicke zur bisherigen Rechtsprechung des EGMR zu Art. 11 EMRK finden sich beispielsweise in *Harris/O'Boyle/Warbrick*, Law of the European Convention on Human Rights, 2009, S. 515 ff.; *Meyer-Ladewig*, Europäische Menschenrechtskonvention, Handkommentar, 2006; früher: *Frowein*, in: ders./Peukert (Hrsg.), Europäische Menschenrechtskonvention. EMRK-Kommentar, 1996; *Valticos*, in: Pettiti/Decaux/Imbert (éds.), La Convention européenne des Droits de l'Homme: commentaire article par article, 1995, p. 419 ff.; bis 2006 vgl. *Dorssemont*, De vakverenigingsvrijheid ex artikel 11 EVRM, méér dan een sequeel van de vrijhed van vereniging? (The Right to organize under Article 11 of the European Convention on Human Rights: More than Just a Necessary Consequence of Freedom of Association?), ArA 2006, 4 ff.

88 Dies befürwortend *Ibing*, Die Einschränkung der europäischen Grundrechte durch Gemeinschaftsrecht. Anwendbarkeit der Einschränkungsvoraussetzungen der EMRK und der Europäischen Grundrechte-Charta auf Gemeinschaftsrechtsakte, 2006, S. 53; bezweifelnd *Schmitz*, Die EU-Grundrechtecharta aus grundrechtsdogmatischer und grundrechtstheoretischer Sicht, JZ 2001, 833 (842);

Protokolle erfasst werden, die den Ratifikationsprozess aller Mitgliedstaaten der Union durchlaufen haben, oder ob eine solche Einschränkung nicht vorgenommen werden muss. In engem Zusammenhang damit steht sodann die Klarstellung, ob der Verweis in Art. 52 Abs. 3 S. 1 GRCh statischer oder dynamischer Natur ist.

aa) Existenz eines Verweises auf die Zusatzprotokolle

Bezüglich des Verweises an sich, ob also überhaupt auf die Zusatzprotokolle verwiesen wird, gibt der Wortlaut des Art. 52 Abs. 3 S. 1 GRCh keine eindeutige Antwort, da ein ausdrücklicher Verweis fehlt. Jedoch wird auf die Konvention selbst Bezug genommen und die Artikel der Zusatzprotokolle gelten, da sie die Konvention ändern oder gar ergänzen, als Zusatzartikel der EMRK[89], also als deren Bestandteil.

Überdies war es der historisch relevante Wille des Konventspräsidiums, die Zusatzprotokolle unter den Begriff der „EMRK" zu subsumieren. So verdeutlicht der Umstand, dass das Sekretariat des Konvents bereits während der Ausarbeitung der Charta ein Dokument herausgab,[90] in dem einzelne Chartarechte denen der EMRK sowie einiger Zusatzprotokolle gegenübergestellt wurden, dass die Protokolle ebenso wie die Konvention als Rechtsquelle und Orientierung für die Charta dienten.[91]

Für eine Anwendung des Art. 52 Abs. 3 S. 1 GRCh auch auf die Zusatzprotokolle sprechen außerdem die abschließenden Erläuterungen zu den betreffenden Artikeln der Charta[92] und die Listen in den Erläuterungen zu Art. 52 GRCh.[93] Beispielsweise wird in der Präsidiumserläuterung zu Art. 50 GRCh – der Regel „ne bis in idem" – auf Art. 4 des Zusatzprotokolls Nr. 7 zur EMRK Bezug genommen, im weiteren Verlauf (Abs. 3 a.E. der Erläuterung zu Art. 50 GRCh) ist jedoch von „dem der EMRK entsprechenden Recht"[94] die Rede. Eine solche Formulierung kann nur meinen, dass der Begriff „EMRK" auch die Zusatzprotokolle beinhaltet. Indem es in Abs. 4 der allgemeinen Erläuterungen zu Art. 52 GRCh heißt, dass sich „die Bezugnahme auf die EMRK (...) sowohl auf die Konvention als auch auf ihre *Protokolle* (erstreckt)"[95], wird praktisch jeglicher Zweifel am Willen des Präsidiums bezüglich der Einbeziehung der Zusatzprotokolle ausgeräumt.

Nichtsdestotrotz gab es Stimmen im Konvent, die diesen Verweis in den Präsidiumserläuterungen als nicht ausreichend erachteten, da er die Relevanz der Protokolle nicht

---

Hoffmann-Riem, Kohärenz der Anwendung europäischer und nationaler Grundrechte, in: Brüggemeier (Hrsg.), Transnationalisierung des Rechts, 2004, S. 33 (49).

89 Vgl. bzgl. des Verhältnisses zur Konvention Art. 5 ZP EMRK, Art. 6 ZP Nr. 4 EMRK, Art. 6 ZP Nr. 6 EMRK, Art. 7 ZP Nr. 7 EMRK, Art. 3 ZP Nr. 12 EMRK, Art. 5 ZP Nr. 13 EMRK.

90 Aufzeichnung des Sekretariats, CHARTE 4140/00, CONVENT 9 vom 28.02.2000.

91 Vgl. *Molthagen*, Das Verhältnis der EU-Grundrechte zur EMRK, 2003, S. 80.

92 Siehe Erläuterung zu Art. 2 GRCh (Bezugnahme auf Art. 1, 2 ZP Nr. 6 EMRK), Art. 14 GRCh (Bezugnahme auf Art. 2 ZP Nr. 1 EMRK), Art. 17 GRCh (Bezugnahme auf Art. 1 ZP Nr. 1 EMRK), Art. 19 GRCh (Bezugnahme auf Art. 4 ZP Nr. 4 EMRK), Art. 50 GRCh (Bezugnahme auf Art. 4 ZP Nr. 7 EMRK).

93 Hier fehlt allerdings ein Hinweis hinsichtlich der Bedeutung des Art. 2 ZP Nr. 6 EMRK für Art. 2 GRCh, welcher sich jedoch in den Erläuterungen zu Art. 2 GRCh selbst befindet (s.o.).

94 Hervorhebung durch Verfasserin.

95 Hervorhebung durch Verfasserin.

hinreichend würdige. Gefordert wird aus diesem Grunde teilweise, dass ein ausdrücklicher Verweis auch auf die Zusatzprotokolle zur EMRK eingefügt wird – entweder zusätzlich zu jedem Verweis auf die Konvention oder generell in einem klarstellenden Artikel;[96] vorzugsweise in Art. 52 und/oder Art. 53 GRCh.[97] Aus Gründen der Rechtssicherheit und Transparenz der Grundrechtecharta wäre es zwar wünschenswert, wenn sich die Maßgeblichkeit der Zusatzprotokolle direkt aus Art. 52 bzw. 53 GRCh ergeben würde, jedoch ist ein entsprechender Verweis nach der hier vertretenen Auffassung nicht unbedingt vonnöten, da die geltende Lösung der Einbeziehung der Protokolle in die Charta über deren Erläuterungen grundsätzlich nicht zu beanstanden ist. Dies auch deshalb, weil die Zusatzprotokolle keine Grundrechte enthalten, die nicht schon in den gemeinsamen Verfassungsüberlieferungen der Unionsmitgliedstaaten enthalten sind und somit bereits durch Art. 6 Abs. 2 EUV a.F. Berücksichtigung gefunden haben.

Der Verweis auf die EMRK in Art. 52 Abs. 3 S. 1 GRCh erstreckt sich demzufolge generell auch auf die Zusatzprotokolle zur Konvention. Fraglich aber bleibt, ob dieser Verweis sich ausschließlich auf die von sämtlichen Mitgliedstaaten ratifizierten Protokolle bezieht, oder ob auch solche Protokolle Beachtung finden, die nicht dem vollumfänglichen Ratifikationsprozess unterliegen.

bb) Umfang der Einbeziehung der EMRK-Zusatzprotokolle

Verschiedentlich wird vertreten, dass über Art. 52 Abs. 3 S. 1 GRCh nur diejenigen Zusatzprotokolle einbezogen seien, die von allen Mitgliedstaaten ratifiziert wurden;[98] das heißt die Protokolle Nr. 2 und Nr. 3 vom 6. Mai 1963, Nr. 5 vom 20. Januar 1966, Nr. 8 vom 19. März 1985, Nr. 11 vom 11. Mai 1994 und Nr. 14 vom 13. Mai 2004, nicht aber die Protokolle Nr. 1 vom 20. März 1952[99], Nr. 4 vom 16. September 1963,

---

96 Vgl. *Hirsch Ballin*, CHARTE 4397/00, CONTRIB 256, 03.07.2000, 2.

97 Vgl. *Fischbach*, CHARTE 4411/00, CONTRIB 268, 13.07.2000, 2; *ders.*, 13. informelle Sitzung des Konvents zur Erarbeitung einer EU-Charta der Grundrechte (29.06.2000), in: Deutscher Bundestag, Referat Öffentlichkeitsarbeit, Die Charta der Grundrechte der Europäischen Union, Berichte und Dokumentation mit einer Einleitung von Jürgen Meyer und Markus Engels, Zur Sache 1/2000, 2001, S. 313.

98 Vgl. *Besselink*, The Member States, the National Constitutions and the Scope of the Charter, in: MJ 2001, 68 (74); *Grabenwarter*, Die Charta der Grundrechte der Europäischen Union, DVBl. 2001, 1 (2); *ders.*, Europäisches und nationales Verfassungsrecht, VVDStRL 2001, 290 (328 f.); *Schmitz*, Die EU-Grundrechtecharta aus grundrechtsdogmatischer und grundrechtstheoretischer Sicht, JZ 2001, 833 (839); *Beutler*, in: von der Groeben/Schwarze (Hrsg.), Kommentar zum Vertrag über die Europäische Union und zur Gründung der Europäischen Gemeinschaft, 2003, Art. 6 EUV, Rn. 120; *Jarass*, Die EU-Grundrechte, 2005, § 2 Rn. 17; *Breitenmoser/Riemer/Seitz*, Praxis des Europarechts. Grundrechtsschutz, 2006, S. 350; *von Arnim*, Der Standort der EU-Grundrechtecharta in der Grundrechtsarchitektur Europas, 2006, S. 400 ff.; *Pietsch*, Das Schrankenregime der EU-Grundrechtecharta, 2005, S. 109 f.; *Rengeling*, Eine Europäische Charta der Grundrechte, in: Ipsen/Schmidt-Jortzig (Hrsg.), Recht – Staat – Gemeinwohl. Festschrift für Dietrich Rauschning, 2001, S. 225 (229); das ZP Nr. 13 EMRK betreffend: *Folz*, Grundrechte und Unionsbürgerschaft (Titel II), in: Vedder/Heintschel von Heinegg (Hrsg.), Europäischer Verfassungsvertrag, 2007, Art. II-62, Rn. 6; a.A. wohl *Wachsmann*, Les droits civils et politiques, RUDH 2000, 15 (16).

99 ZP Nr. 1 EMRK wurde zwar von allen Mitgliedstaaten unterzeichnet, aber von Monaco und der Schweiz noch nicht ratifiziert (Stand: 09.03.2010).

Nr. 6 vom 28. April 1983[100], Nr. 7 vom 22. November 1984, Nr. 9 vom 6. November 1990, Nr. 10 vom 25. März 1992, Nr. 12 vom 4. November 2000, Nr. 13 vom 3. Mai 2002 und Nr. 14bis vom 27. Mai 2009. Dies wird damit begründet, dass nur insoweit von einem allgemeinen Rechtsgrundsatz des Gemeinschaftsrechts gesprochen werden könne. Außerdem wird dieses Argument gestützt von Satz 1 des fünften Erwägungsgrundes der Präambel der Charta, welcher besagt, dass die Charta „unter Achtung der Zuständigkeiten und Aufgaben der Union und des Subsidiaritätsprinzips die Rechte (bekräftigt), die sich vor allem aus den gemeinsamen Verfassungstraditionen und den *gemeinsamen internationalen Verpflichtungen der Mitgliedstaaten*, aus der Europäischen Konvention zum Schutz der Menschenrechte und Grundfreiheiten, aus den von der Union und dem Europarat beschlossenen Sozialchartas sowie aus der Rechtsprechung des Gerichtshofs der Europäischen Union und des Europäischen Gerichtshofs für Menschenrechte ergeben".[101] Mit den *gemeinsamen internationalen Verpflichtungen* könnten (unter anderem) nur die Zusatzprotokolle gemeint sein, die durch alle Mitgliedstaaten ratifiziert wurden, da sie nur insofern „gemeinsam" wären. Denn Vertragspartei eines völkerrechtlichen Vertrages ist nach Art. 2 lit. g WVK nur derjenige Staat, „der zugestimmt hat, durch den (für ihn in Kraft getretenen) Vertrag gebunden zu sein", und dies geschieht im Falle der Konvention und ihrer Zusatzprotokolle durch Ratifikation.[102]

Dem Wortlaut des Art. 52 Abs. 3 S. 1 GRCh, in dem nur auf die „Europäische Konvention zum Schutz der Menschenrechte und Grundfreiheiten" verwiesen wird, ist eine solche Einschränkung allerdings nicht zu entnehmen. Er gibt keinen Aufschluss darüber, ob auch diejenigen Protokolle, denen bloß einer oder einige Mitgliedstaaten beigetreten sind, für die Chartarechte relevant sind. Subsumiert man aber, wie oben festgestellt, die Zusatzprotokolle unter den Begriff der „EMRK", so werden alle Protokolle erfasst; die von nicht jedem Mitgliedstaat ratifizierten eingeschlossen. Ausreichend ist vielmehr, dass sämtliche Mitgliedstaaten die EMRK selbst angenommen haben.[103] Untermauert wird dieser Gedanke auch von Abs. 4 der Erläuterungen zu Art. 52 GRCh, nach dem sich die Bezugnahme auf die Konvention auch auf „ihre Protokolle" bezieht, da das Fehlen einer näheren Differenzierung die Maßgeblichkeit aller Zusatzprotokolle nahe legt.[104] Daneben verweisen die Erläuterungen des Konventspräsidiums zu Art. 2 GRCh auf das 6. Zusatzprotokoll zur EMRK, welches zwar von allen Mitgliedstaaten unterschrieben, jedoch nicht vollständig ratifiziert wurde, die Erläuterungen zu Art. 14 und Art. 17 GRCh auf das 1. Zusatzprotokoll zur EMRK, das ebenfalls von sämtlichen Mitgliedstaaten unterschrieben, aber nicht ausnahmslos ratifiziert wurde, die Erläuterungen zu Art. 19 GRCh auf das 4. Zusatzprotokoll zur EMRK und die Erläuterungen zu Art. 50 GRCh auf das 7. Zusatzprotokoll zur EMRK – wobei den beiden letzteren zur Veranschaulichung der Streitlösung größeres Gewicht beigemessen wird.[105] Auch

---

100 ZP Nr. 6 EMRK wurde zwar von allen Mitgliedstaaten unterzeichnet, jedoch von Russland noch nicht ratifiziert (Stand: 09.03.2010).

101 Hervorhebung durch Verfasserin.

102 Vgl. Art. 59 I EMRK.

103 A.A. *Molthagen*, Das Verhältnis der EU-Grundrechte zur EMRK, 2003, S. 95.

104 Vgl. auch *Besselink*, The Member States, the National Constitutions and the Scope of the Charter, in: MJ 2001, 68 (74).

105 Dies aus dem Grunde, weil ZP Nr. 4 EMRK und ZP Nr. 7 EMRK nicht von allen Mitgliedstaaten unterzeichnet wurden (im Gegensatz zu ZP Nr. 1 EMRK und ZP Nr. 6 EMRK).

die Listen in den Erläuterungen zu Art. 52 GRCh nehmen explizit auf das 4. (Liste 1) und das 7. Zusatzprotokoll (Liste 2) Bezug.[106]

Eine Auslegung als umfassender Verweis auf sämtliche Zusatzprotokolle einschließlich derjenigen, denen nicht alle Mitgliedstaaten der Union beigetreten sind, erscheint somit als vorzugswürdig. Die Beschränkung auf Zusatzprotokolle, welche von sämtlichen Mitgliedstaaten ratifiziert wurden, würde demgegenüber der ständigen Rechtsprechung des Gerichtshofes zuwiderlaufen, der sich bereits bei der Ermittlung des Schutzniveaus der Unionsgrundrechte im Wege wertender Rechtsvergleichung regelmäßig nicht mit dem „kleinsten gemeinsamen Nenner" der Mitgliedstaaten zufrieden gibt.[107] Für die Anerkennung eines Unionsgrundrechts wird also gerade nicht vorausgesetzt, dass die entsprechende Garantie in den Verfassungsüberlieferungen jedes Mitgliedstaates geschützt wird.[108] Der Einwand, dass nur bezüglich der von allen Mitgliedstaaten ratifizierten Zusatzprotokolle von einem allgemeinen Rechtsgrundsatz des Unionsrechts ausgegangen werden kann, wäre damit entkräftet. Vielmehr kann es als genügend angesehen werden, „wenn die betreffende Grundrechtsgarantie sich im Rahmen einer wertenden Rechtsvergleichung unter Berücksichtigung insbesondere der EMRK und der gemeinsamen Verfassungsüberlieferungen der Mitgliedstaaten als Unionsgrundrecht darstellt".[109]

Was die Bindung der Mitgliedstaaten „bei der Durchführung des Rechts der Union" nach Art. 51 Abs. 1 GRCh betrifft, so kann festgestellt werden, dass die Bezugnahme für alle Zusatzprotokolle – sowohl für die Unionsorgane als auch für das Handeln der Mitgliedstaaten – gilt. Dies bedeutet in der Folge, dass die Mitgliedstaaten gegebenenfalls Rechte aus Zusatzprotokollen beachten müssen, denen sie selbst nicht beigetreten sind.[110] Jedoch steht auch diese Konsequenz im Einklang mit der bisherigen Rechtsprechung des EuGH.[111]

---

106 Darüber hinaus wird wiederum auf das ZP Nr. 1 EMRK (bzgl. Art. 14, 17 GRCh) Bezug genommen.

107 Vgl. *von Danwitz*, in: Tettinger/Stern (Hrsg.), Kölner Gemeinschaftskommentar zur Europäischen Grundrechte-Charta, 2006, Kapitel VII, Art. 52 GRCh, Rn. 59; *Kober*, Der Grundrechtsschutz in der Europäischen Union. Bestandsaufnahme, Konkretisierung und Ansätze zur Weiterentwicklung der europäischen Grundrechtsdogmatik anhand der Charta der Grundrechte der Europäischen Union, 2009, S. 207.

108 So führt auch *Kober* an, dass sich der EuGH tendenziell zu einem hohen Grundrechtsstandard bekennt, indem er auch Grundrechte anerkennt, die in nicht allen Mitgliedstaaten manifestiert sind (*ders.*, Der Grundrechtsschutz in der Europäischen Union. Bestandsaufnahme, Konkretisierung und Ansätze zur Weiterentwicklung der europäischen Grundrechtsdogmatik anhand der Charta der Grundrechte der Europäischen Union, 2009, S. 207); vgl. dazu auch *Streinz*, der insoweit von einem „relativierten Maximalstandard" spricht (*ders.*, Europarecht, 2008, Rn. 762 f.); *Schultz*, Das Verhältnis von Gemeinschaftsgrundrechten und Grundfreiheiten des EGV, 2005, S. 43 ff.; auch von einem weit reichenden Standard sprechend: *Kühling*, Grundrechte, in: von Bogdandy (Hrsg.), Europäisches Verfassungsrecht, 2003, S. 590; *Bienert* zufolge strebt der EuGH hingegen keinen relativierten Maximalstandard an (*ders.*, Die Kontrolle mitgliedstaatlichen Handelns anhand der Gemeinschaftsgrundrechte, 2001, S. 53 f.).

109 Vgl. *Kober*, Der Grundrechtsschutz in der Europäischen Union. Bestandsaufnahme, Konkretisierung und Ansätze zur Weiterentwicklung der europäischen Grundrechtsdogmatik anhand der Charta der Grundrechte der Europäischen Union, 2009, S. 207.

110 Vgl. *Molthagen*, Das Verhältnis der EU-Grundrechte zur EMRK, 2003, S. 93 ff.; einschränkend *Bühler*, Einschränkung von Grundrechten nach der Europäischen Grundrechtecharta, 2005, S. 326 ff.; *von Danwitz*, in: Tettinger/Stern (Hrsg.), Kölner Gemeinschaftskommentar zur Europäi-

Durch die dynamische Transfer- und Inkorporationsklausel des Art. 52 Abs. 3 S. 1 GRCh wird im Ergebnis nahezu der gesamte materielle Rechtsschutz der Konvention und ihrer Zusatzprotokolle übernommen, was im Grunde genommen einem *materiellen* Beitritt der Union zur EMRK gleichkommt, selbstverständlich jedoch nicht den gewünschten *formellen* Beitritt der EU zur EMRK ersetzt.[112]

Nun bleibt noch die Frage zu beantworten, ob der Verweis auf die Zusatzprotokolle als ein statischer oder dynamischer zu verstehen ist.

cc) Statischer oder dynamischer Verweis auf die Zusatzprotokolle?

Der Verweis in Art. 52 Abs. 3 S. 1 GRCh könnte sich einerseits nur auf die zum Zeitpunkt des Verbindlichwerdens der Charta geltende Fassung der Konvention und ihrer Zusatzprotokolle[113] stützen (statischer Verweis), andererseits auch auf die später und zukünftig ratifizierten Zusatzprotokolle (dynamischer Verweis).

Von Bedeutung ist diese Frage – vor allem im Rahmen der zugrunde liegenden Untersuchung – hinsichtlich des 14. Zusatzprotokolls zur EMRK, welches Art. 59 EMRK dahingehend ändert, dass der Beitritt der EU zur EMRK ermöglicht wird.[114] Bis zum Inkrafttreten des Vertrages von Lissabon blieb die vollständige Ratifizierung dieses Protokolls aus, da Russland sich diesbezüglich weigerte. Mit Beschluss vom 15. Januar 2010 stimmte die Staatsduma jedoch der Ratifizierung zu, so dass das 14. Zusatzprotokoll nach dessen Art. 19 erst am 1. Juni 2010 in Kraft treten konnte. Würde Art. 52 Abs. 3 S. 1 GRCh nun einen statischen Verweis auf die Zusatzprotokolle der EMRK normieren, so würde das Protokoll Nr. 14 nicht integriert werden. Kann der Verweis dies wollen?

Jedenfalls spricht der Wortlaut des Art. 52 Abs. 3 S. 1 GRCh – selbst bei strenger Lesart – nicht für einen statischen Verweis,[115] sondern lässt die Bestimmung der Art des Verweises offen, indem es heißt, dass den Chartarechten die gleiche Bedeutung und

---

schen Grundrechte-Charta, 2006, Kapitel VII, Art. 52 GRCh, Rn. 59; a.A. *Borowsky*, der bzgl. der Bindung der Mitgliedstaaten bei der Durchführung des Rechts der Union gem. Art. 51 I GRCh die Meinung vertritt, dass die Bindung der Mitgliedstaaten durch die Charta nur in dem Maße geschehen kann, „wie diese als Vertragsparteien durch die EMRK und deren Zusatzprotokolle verpflichtet sind". Auch wenn dies im Ergebnis zu einem „Grundrechtsschutz à la carte im Verhältnis zu den Mitgliedstaaten" führe, dürften die zahlreichen und umfangreichen einzelstaatlichen Vorbehalte durch die materielle Inkorporation der EMRK und ihrer Protokolle in die Charta nicht „ausgehebelt" werden (*ders.*, in: Meyer (Hrsg.), Kommentar zur Charta der Grundrechte der Europäischen Union, 2006, Art. 52 GRCh, Rn. 35).

111 EuGH, Urteil vom 15.10.2002, verb. Rs. C-2238/99 P, C-244/99 P, C-245/99 P, C-247/99 P, C-250/99 P bis C-252/99 P und C-254/99 P, Slg. 2002, I-8375 – *Limburgse Vinyl Maatschappij*, Ziff. 59: Bei dem Grundsatz *ne bis in idem* handelt es sich um einen in Art. 4 I ZP Nr. 7 EMRK verankerten tragenden Grundsatz des Gemeinschaftsrechts, obwohl das ZP Nr. 7 EMRK noch nicht von allen Mitgliedstaaten ratifiziert wurde.

112 In diesem Sinne auch *Eisner*, Die Schrankenregelung der Grundrechtecharta der Europäischen Union. Gefahr oder Fortschritt für den Grundrechtsschutz in Europa?, 2005, S. 125.

113 Das bedeutet in der am 01.12.2009 geltenden Fassung der EMRK.

114 Art. 17 ZP Nr. 14 EMRK.

115 A.A. *Liisberg*, Does the EU Charter of Fundamental Rights Threaten the Supremacy of Community Law?, Article 53 of the Charter: a fountain of law or just an inkblot?, Harvard Jean Monnet Working Paper 04/01, chap. 3, p. 1.

Tragweite „verliehen wird“ wie den entsprechenden Konventionsrechten. Die Verwendung der Gegenwartsform in der Formulierung „verliehen wird“, eröffnet die Möglichkeit einer Ergänzung durch die Vokabel „derzeit“ als auch durch „jeweils“ vor dem Verb.[116] Dieser Zusatz ließe sich auch auf die englische Fassung der Charta übertragen, in der die Formulierung „as laid down by“ gebraucht wird und durch „currently“ bzw. „each time“ ergänzt werden könnte. Da der Wortlaut demnach kein Licht ins Dunkel bringt, ist weiter zu fragen nach dem Sinn und Zweck des maßgeblichen Verweises.

Art. 52 Abs. 3 S. 1 GRCh ausschließlich als „Kompatibilitäts-“ bzw. „Kongruenzsicherungsklausel“[117] für die Rechte der Charta und denen der EMRK einschließlich ihrer *gegenwärtigen* Zusatzprotokolle anzusehen, würde dem mittlerweile in Europa ausgeprägten Verständnis von Grundrechtsschutz nicht gerecht werden. Es geht vielmehr um die dauerhafte Angleichung an völkerrechtliche Standards, insbesondere an solche der Konvention und ihrer Zusatzprotokolle, welche bei einem statischen Verweis vollkommen eingefroren würden.

Für einen dynamischen Verweis spricht überdies das Streben nach einem umfassenden, fortschrittlichen und transparenten Grundrechtekatalog, welches letztlich in der Charta der Grundrechte mündete und im Falle eines statischen Verweises seinen Zweck verfehlen würde, da insofern nicht mehr von einem *umfassenden*, als eher von einem auf den status quo *beschränkten* Katalog gesprochen werden müsste. Auch bezüglich der Wahrung der Transparenz ist es sinnvoller, wenn die Charta nicht nur auf einige, in ihrem Text nicht bestimmte Zusatzprotokolle verweist, sondern auf alle – seien sie gegenwärtiger oder zukünftiger Natur.

Ein sehr ausschlaggebendes Argument für die dynamische Auslegung des Verweises auf die Zusatzprotokolle ist darüber hinaus in dem bereits festgestellten dynamischen Verweis auf die Rechtsprechung des EGMR zu erblicken. Diese Feststellung wird man auch auf die Frage nach der Einbeziehung zukünftiger Protokolle übertragen dürfen, da andernfalls der Anspruch auf die Sicherung eines einheitlichen Standards im Vergleich zur EMRK nicht gewahrt würde.[118] Auch kann sich die Rechtsprechung des Straßburger Gerichtshofes in der Normierung neuer Rechte in Form neuer Zusatzprotokolle zur EMRK niederschlagen, weshalb die Bestimmung des Verweises in Art. 52 Abs. 3 S. 1 GRCh auf die Zusatzprotokolle als dynamisch die einzig logische Konsequenz darstellt.

Schließlich heißt es in den Erläuterungen zu Art. 52 GRCh, dass „die Rechte, bei denen *derzeit – ohne die Weiterentwicklung des Rechts*, der Gesetzgebung und der Verträge *auszuschließen* – davon ausgegangen werden kann, dass sie Rechten aus der EMRK im Sinne dieses Absatzes entsprechen (…)“[119]. Diese Formulierung – in den zumindest „quasi-verbindlichen“ Erläuterungen – lässt ebenfalls ohne weiteres den Schluss auf einen dynamischen Verweis zu.

116 Vgl. dazu *Molthagen*, Das Verhältnis der EU-Grundrechte zur EMRK, 2003, S. 89.

117 Vgl. *Szczekalla*, Das Verhältnis zwischen dem Grundrechtsschutz in der EU und nach der EMRK, in: Heselhaus/Nowak (Hrsg.), Handbuch der Europäischen Grundrechte, § 2 III, 2006, Rn. 24.

118 Vgl. *Philippi*, Die Charta der Grundrechte der Europäischen Union: Entstehung, Inhalt und Konsequenzen für den Grundrechtsschutz in Europa, 2002, S. 44; *Weiß*, Grundrechtsquellen im Verfassungsvertrag, ZEuS 2005, 323 (332).

119 Abs. 6 S. 1 der Erläuterungen zu Art. 52 GRCh (Hervorhebung durch Verfasserin).

Somit muss sich der jeweils aktuelle Standard der EMRK auch in der Grundrechtecharta widerspiegeln, wobei diesbezüglich eine eindeutigere Bestimmung sehr wünschenswert wäre. Diese könnte durch die Einfügung eines einzigen Wortes in den Art. 52 Abs. 3 S. 1 GRCh herbeigeführt werden:

> „Soweit diese Charta Rechte enthält, die den durch die Europäische Konvention zum Schutz der Menschenrechte und Grundfreiheiten garantierten Rechten entsprechen, haben sie die gleiche Bedeutung und Tragweite, wie sie ihnen jeweils in der genannten Konvention verliehen wird."[120]

„Jeweils" macht deutlich, dass es sich bei dem Verweis um einen dynamischen handelt. Eine explizite Erwähnung auch der Zusatzprotokolle ist demgegenüber nicht dringend notwendig, da diese ohnehin unter den Begriff der „EMRK" subsumiert werden, sie mit der Konvention also praktisch eine sachliche Einheit bilden.

Da der Verweis in Art. 52 Abs. 3 S. 1 GRCh aus vorstehenden Gründen somit als dynamisch zu verstehen ist, gilt auch für das 14. Zusatzprotokoll zur EMRK, dass es in die Charta integriert wird.

d) Sich entsprechende Rechte i.S.v. Art. 52 Abs. 3 S. 1 GRCh

Nachdem der Umfang der Einbeziehung der Zusatzprotokolle zur EMRK feststeht, bleibt klärungsbedürftig, wann ein Chartarecht einem durch die Konvention garantierten Recht i.S.v. Art. 52 Abs. 3 S. 1 GRCh „entspricht".

Da sich der Normtext der Charta zu dieser Frage ausschweigt, ist es keineswegs immer offensichtlich, ob eine Entsprechung eines Rechts der Charta mit einer Bestimmung der EMRK vorliegt.[121] Die beiden Listen in den Erläuterungen zu Art. 52 GRCh[122] geben diesbezüglich – zumindest für eine gewisse Dauer – einen ersten Anhaltspunkt,[123] jedoch sind die Auflistungen der entsprechenden Rechte nicht abschließend.[124] Sollte

---

120 Ergänzung durch Verfasserin.

121 Vgl. *Benoît-Rohmer*, La Charte des droits fondamentaux de l'Union européenne, Le Dalloz 2001, 1483 (1491); *Lemmens*, The Relation between the Charter of Fundamental Rights of the European Union and the European Convention on Human Rights – Substantive aspects, MJ 2001, 49 (55 ff.); *Griller*, Der Anwendungsbereich der Grundrechtscharta und das Verhältnis zu sonstigen Gemeinschaftsrechten, Rechten aus der EMRK und zu verfassungsgesetzlich gewährleisteten Rechten, in: Duschanek/Griller (Hrsg.), Grundrechte für Europa. Die Europäische Union nach Nizza, 2002, S. 131 (153); *von Danwitz*, in: Tettinger/Stern (Hrsg.), Kölner Gemeinschaftskommentar zur Europäischen Grundrechte-Charta, 2006, Kapitel VII, Art. 52 GRCh, Rn. 53.

122 Bzgl. derer es heißt, dass „die Rechte, bei denen derzeit – ohne die Weiterentwicklung des Rechts, der Gesetzgebung und der Verträge auszuschließen – davon ausgegangen werden kann, dass sie Rechten aus der EMRK im Sinne dieses Absatzes entsprechen (…)".

123 Vgl. *Naumann*, Art. 52 Abs. 3 GRCh zwischen Kohärenz des europäischen Grundrechtsschutzes und Autonomie des Unionsrechts, EuR 2008, 424 (426); *von Danwitz*, in: Tettinger/Stern (Hrsg.), Kölner Gemeinschaftskommentar zur Europäischen Grundrechte-Charta, 2006, Kapitel VII, Art. 52 GRCh, Rn. 53.

124 Vgl. *Callewaert*, Die EMRK und die EU-Grundrechtecharta. Bestandsaufnahme einer Harmonisierung auf halbem Weg, EuGRZ 2003, 198 (199, Fn. 13); *von Danwitz*, in: Tettinger/Stern (Hrsg.), Kölner Gemeinschaftskommentar zur Europäischen Grundrechte-Charta, 2006, Kapitel VII, Art. 52 GRCh, Rn. 53; a.A. *Borowsky*, der bezweifelt, dass es über die beiden Listen hinaus noch weitere

die Anwendung des Art. 52 Abs. 3 S. 1 GRCh zu einem Ergebnis führen, das nicht in den Listen festgestellt wird, so ist dies aus diesem Grunde von vornherein unproblematisch.[125] Wortgleich übernimmt die Charta nur wenige Rechte der Konvention,[126] doch sind identische Formulierungen für eine Entsprechung nicht *conditio sine qua non*.[127] Dies ergibt sich bereits aus den Präsidiumserläuterungen des Konvents, welche auch Chartarechte enthalten, die mit den Bestimmungen der EMRK nicht identisch sind, sondern sich in der Formulierung geringfügig von denen der Konvention unterscheiden.[128] Aus diesem historischen Argument lässt sich schlussfolgern, dass ein Ähneln ausreichend sein sollte, um den Verweis auf die EMRK zur Geltung kommen zu lassen. Diesbezüglich lässt der Begriff „entsprechen" in Art. 52 Abs. 3 S. 1 GRCh einigen Raum für unterschiedliche Bezeichnungen; einerseits kann die genaue Übereinstimmung gemeint sein, andererseits auch das „Gleichkommen" zweier Begriffe. Auch an dieser Stelle hilft die englische Fassung der Grundrechtecharta weiter, da es dort „correspond to" heißt, was sich mit „gleichen" bzw. „gleichkommen" übersetzen lässt und auf die Zulässigkeit auch größerer Abweichungen hindeutet. Fraglich bleibt aber dennoch, in welchem Maße ein Recht der Charta einem Recht der EMRK ähneln muss, um von einem „entsprechen" ausgehen zu können.

Hält man sich den Sinn und Zweck der Norm des Art. 52 Abs. 3 S. 1 GRCh vor Augen, der in der Sicherung der Kohärenz von Charta und Konvention liegt, so darf auf einen weit auszulegenden „Ähnlichkeitsgrad" geschlossen werden. Art. 52 Abs. 3 S. 1 GRCh greift gerade, weil ein Konventionsrecht dem Chartarecht ähnelt, aber eben nicht wortgetreu mit diesem übereinstimmt, und „transferiert als Rechtsfolge den materiellen Grundrechtsschutz des entsprechenden Konventionsrechts in Gänze, damit dieser materielle Grundrechtsschutz im Unionsrecht statt dem des entsprechenden Chartarechts angewandt wird".[129] Wäre die explizite inhaltliche Übereinstimmung der Rechte mit der Formulierung „entsprechen" gemeint, so wäre die Norm zirkulär und würde ihr Ziel verfehlen, da die Rechte der EMRK in diesem Falle nur insoweit transferiert würden, als diese ohnehin bereits durch chartarechtliche Bestimmungen abgebildet sind.[130]

Bezüglich des „Entsprechens" bzw. „Ähnelns" kommt es somit nicht darauf an, was die Regelungen jeweils im Einzelnen zum Inhalt haben; ausschlaggebend ist vielmehr, dass das in Frage stehende Konventionsrecht den gleichen Lebensbereich erfasst wie

---

Rechte gibt, die Art. 52 III GRCh unterfallen (*ders.*, in: Meyer (Hrsg.), Kommentar zur Charta der Grundrechte der Europäischen Union, 2006, Art. 52 GRCh, Rn. 31a).

125 Vgl. *Ziegenhorn*, Der Einfluss der EMRK im Recht der EU-Grundrechtecharta. Genuin chartarechtlicher Grundrechtsschutz gemäß Art. 52 Abs. 3 GRCh, 2009, S. 161.

126 Vgl. beispielsweise das Folterverbot des Art. 3 EMRK in Art. 4 GRCh, das Verbot der Sklaverei und Zwangsarbeit nach Art. 5 I, II GRCh und Art. 4 I, II EMRK, das Recht auf Freiheit und Sicherheit gem. Art. 6 GRCh und Art. 5 I 1 EMRK.

127 Vgl. *von Danwitz*, in: Tettinger/Stern (Hrsg.), Kölner Gemeinschaftskommentar zur Europäischen Grundrechte-Charta, 2006, Kapitel VII, Art. 52 GRCh, Rn. 53.

128 Vgl. das Recht auf Leben gem. Art. 2 GRCh und Art. 2 II 1 EMRK, die Achtung des Familienlebens nach Art. 7 GRCh bzw. Art. 8 EMRK.

129 Vgl. *Ziegenhorn*, Der Einfluss der EMRK im Recht der EU-Grundrechtecharta. Genuin chartarechtlicher Grundrechtsschutz gemäß Art. 52 Abs. 3 GRCh, 2009, S. 154 f.

130 Vgl. ebenda, S. 155.

das entsprechende Chartarecht.[131] Ein Recht der EMRK entspricht also dann einem Recht der Charta, wenn es – auf den gleichen konkreten Lebenssachverhalt angewandt – möglicherweise zu einer differenten rechtlichen Bewertung führt, als dies bei der Anwendung des entsprechenden Chartarechts der Fall wäre. Vollkommen unterschiedliche Regelungen „entsprechen" sich nicht schon deshalb nicht, weil sie signifikante Unterschiedlichkeiten aufweisen, sondern weil sie nicht die gleiche Sphäre/den gleichen Kern betreffen.[132] Es geht „bloß" um die Regelung des gleichen Bereichs des Tatsächlichen, welcher durch den Schutzbereich des Grundrechts bestimmt wird[133] – dann ist der Tatbestand des Art. 52 Abs. 3 S. 1 GRCh erfüllt.

Da oben festgestellt wurde, dass die Zusatzprotokolle zur EMRK in dynamischer Form über die Charta ins Unionsrecht inkorporiert werden, gilt die „Lebenssachverhaltstheorie" auch in Bezug auf sich entsprechende Garantien der Charta und der Protokolle. Schließlich sind auch die Zusatzprotokolle zur EMRK „Rechte der Europäischen Konvention zum Schutze der Menschenrechte und Grundfreiheiten" i.S.d. Art. 52 Abs. 3 S. 1 GRCh.

aa) Mit der Rechtsprechung des EGMR korrespondierende Chartarechte

Allerdings wird vertreten, dass eine Entsprechung der Rechte dann nicht vorliegen soll, wenn Rechte der Charta inhaltlich zwar auch vom Schutzbereich eines Konventionsrechts erfasst sind, diese Inhalte jedoch noch nicht im Normtext der EMRK verankert sind, sondern ausschließlich in der Straßburger Rechtsprechung als vom jeweiligen Grundrecht geschützt angesehen werden können.[134] Der alleinige Rückgriff auf die Rechtsprechung des EGMR soll sich in einem solchen Falle verbieten, weil die Charta diese Rechte ausdrücklich gewährt; nicht bloß abgeleitet aus einem anderen Grundrecht.[135]

Von Danwitz schränkt diese Sichtweise indes ein, indem er der Auffassung ist, dass ein Recht der Charta erst dann nicht mehr einem Recht der EMRK entspricht, wenn es nur „punktuell" von der Rechtsprechung des Straßburger Gerichtshofes geschützt

---

131 A.A. *Borowsky*, nach dem punktuelle Berührungspunkte mit der EMRK und ihren Zusatzprotokollen nicht genügen (*ders.*, in: Meyer (Hrsg.), Kommentar zur Charta der Grundrechte der Europäischen Union, 2006, Art. 52 GRCh, Rn. 31a).

132 Vgl. *Grabenwarter*, Die Menschenrechtskonvention und Grundrechte-Charta in der europäischen Verfassungsentwicklung, in: Cremer/Giegerich/Richter/Zimmermann (Hrsg.), Tradition und Weltoffenheit des Rechts. Festschrift für Steinberger, 2002, S. 1129 (1136); *Ziegenhorn*, Der Einfluss der EMRK im Recht der EU-Grundrechtecharta. Genuin chartarechtlicher Grundrechtsschutz gemäß Art. 52 Abs. 3 GRCh, 2009, S. 156.

133 Insofern spricht *Volkmann* von der „Schleusenfunktion" des Schutzbereichs für die Grundrechtsprüfung (*ders.*, Veränderungen der Grundrechtsdogmatik, JZ 2005, 261 (265)).

134 Vgl. *Grabenwarter*, Die Menschenrechtskonvention und Grundrechte-Charta in der europäischen Verfassungsentwicklung, in: Cremer/Giegerich/Richter/Zimmermann (Hrsg.), Tradition und Weltoffenheit des Rechts. Festschrift für Steinberger, 2002, S. 1129 (1136); in diesem Sinne auch *Naumann*, Art. 52 Abs. 3 GRCh zwischen Kohärenz des europäischen Grundrechtsschutzes und Autonomie des Unionsrechts, EuR 2008, 424 (426); *Eisner*, Die Schrankenregelung der Grundrechtecharta der Europäischen Union. Gefahr oder Fortschritt für den Grundrechtsschutz in Europa?, 2005, S. 123 f.

135 Vgl. *Naumann*, Art. 52 Abs. 3 GRCh zwischen Kohärenz des europäischen Grundrechtsschutzes und Autonomie des Unionsrechts, EuR 2008, 424 (426).

wird.[136] Dieser Ansicht ist zuzustimmen, denn leitet man aus der horizontalen Klausel des Art. 52 Abs. 3 S. 1 GRCh eine einseitige Unterwerfungspflicht des EuGH unter die Rechtsprechung des EGMR in dem Sinne ab, dass der Luxemburger Gerichtshof – kraft Europäischer Grundrechtecharta, nicht durch die EMRK selbst – bei der Anwendung der Charta(rechte) nicht zu Ergebnissen gelangen darf, die hinter dem Grundrechtsschutz der Konvention ausschließlich „in Gestalt der Rechtsprechung des EGMR" zurückbleiben darf, so wäre der EuGH unionsrechtlich, also gewissermaßen im Innenverhältnis, so an die EMRK gebunden, wie er im Falle eines Beitritts der EU zur EMRK an sie gebunden wäre.[137] Dies hat selbstverständlich jedoch nur dann zu gelten, wenn sich eine bloß „punktuelle" Entsprechung in der Rechtsprechung des EGMR findet. Von einer solchen kann jedenfalls dann ausgegangen werden, wenn die Beschränkung eines – nicht in der EMRK normierten – Grundrechts erstmals an den Rechtfertigungsgründen eines Konventionsrechts gemessen wird,[138] der EGMR den Schutz des infrage stehenden Rechts also noch nicht ausdrücklich nennt, sondern nur andeutet. Hat die entsprechende Rechtsprechung bezüglich des in Frage stehenden Grundrechts allerdings bereits ausgeprägte Konturen angenommen, wurde sie konsequent weiterentwickelt und vertieft, so ist sie gefestigt und einer Entsprechung zu einem Chartarecht darf nichts mehr im Wege stehen. Es handelt sich demnach um eine konsolidierte Rechtsprechung, auf die der EuGH zu rekurrieren hat, wenn das betreffende Recht als integraler Bestandteil der Konvention gewertet werden kann.

In jedem Fall lässt sich auf Unionsebene aus Art. 52 Abs. 3 S. 1 GRCh ebenso wie aus dem fünften Erwägungsgrund der Charta und den genannten Erläuterungen, wobei letztere eben nicht abschließend sind,[139] das Bestreben nach Harmonisierung des Grundrechtsschutzes mit der Konvention unter Vermeidung von Rechtsprechungsdivergenzen von EuGH und EGMR herauslesen. Soweit eine Entsprechung i.S.v. Art. 52 Abs. 3 S. 1 GRCh abzulehnen ist, da sie nicht über die punktuelle Überschneidung von Straßburger Rechtsprechung und Chartarecht hinausgeht, ist nichtsdestotrotz eine auf Kohärenz bedachte Auslegung des einschlägigen Rechts anzustreben.[140] Als „saubere" Lösung dieser Problematik bliebe letztlich der Beitritt der EU zur EMRK, durch den die Union vertraglich an die EMRK gebunden wäre. Ein solcher Beitritt ist nun durch die Zustimmung Russlands zum 14. Zusatzprotokoll zur EMRK in greifbare Nähe gerückt.

136 Vgl. *von Danwitz*, in: Tettinger/Stern (Hrsg.), Kölner Gemeinschaftskommentar zur Europäischen Grundrechte-Charta, 2006, Kapitel VII, Art. 52 GRCh, Rn. 55.

137 Vgl. *Lindner*, Grundrechtsschutz in Europa – System einer Kollisionsdogmatik, EuR 2007, 160 (173).

138 So bspw. in: EGMR, Urteil vom 10.01.2002, Nr. 53574/99 – *Unison/Vereinigtes Königreich* = ÖJZ 2003, 276 (277 f.).

139 Es können sich durch gravierende Änderungen der Rechtsprechung des EGMR sowie auch durch zukünftige Zusatzprotokolle weitere, über die Auflistungen der Erläuterungen zu Art. 52 GRCh hinausgehende Entsprechungen ergeben.

140 Vgl. *Kober*, Der Grundrechtsschutz in der Europäischen Union. Bestandsaufnahme, Konkretisierung und Ansätze zur Weiterentwicklung der europäischen Grundrechtsdogmatik anhand der Charta der Grundrechte der Europäischen Union, 2009, S. 206.

bb) Beispiel sich entsprechender Rechte i.S.v. Art. 52 Abs. 3 S. 1 GRCh

Das Unionsrecht enthält in Art. 28 GRCh[141] und die Konvention in Art. 11 Abs. 1 EMRK[142] einen Schutzbereich bezüglich des Rechts auf Kollektivverhandlungen und Kollektivmaßnahmen, wobei es bereits eine fast wortgleiche Übereinstimmung der Rechte aus Art. 12 Abs. 1 GRCh[143] und Art. 11 Abs. 1 EMRK (Versammlungs- und Vereinigungsfreiheit) gibt. Wegen des hohen „Ähnlichkeitsgrades", der durch Hinweis in den Erläuterungen zu Art. 12 GRCh bestätigt wird[144], handelt es sich bei letztgenanntem Normenpaar auch zweifelsohne um „sich entsprechende Rechte" i.S.v. Art. 52 Abs. 3 S. 1 GRCh; dies betrifft jedoch nur den Lebenssachverhalt bzw. den Regelungsbereich der Versammlungs- und Vereinigungsfreiheit.

Die schon vorhandene teilweise Übereinstimmung zwischen den erstgenannten Rechten war auch Thema der Kontroverse in Bezug auf die Existenzberechtigung des Art. 28 in der Charta.[145] Noch kontroverser verlief die Debatte indes um die explizite Erwähnung des Streikrechts in Art. 28 GRCh: Ein solches war im ersten Entwurf der Charta bereits ausdrücklich vorgesehen,[146] wurde in der anschließenden Diskussion aber wieder in Frage gestellt, da das Streikrecht aufgrund von Art. 137 Abs. 6 EGV bzw. Art. 153 Abs. 5 AEUV in die Zuständigkeit der Mitgliedstaaten fällt. In der Folge wurde der Verweis auf das Streikrecht wieder aus dem Entwurf genommen[147] und selbst nach zahlreichen Änderungsanträgen für die Wiederaufnahme[148] nicht berücksichtigt. In der Schlussphase der Arbeiten fand das Streikrecht letztlich jedoch wieder Eingang in den Entwurf[149] und ist nun in Art. 28 GRCh manifestiert. Art. 28 GRCh wurde aber – angesichts der fehlenden Unionskompetenz für das materielle Streikrecht und der damit beschnittenen Möglichkeit eines unionsweit einheitlichen Schutzbereiches für dieses

141 Art. 28 GRCh lautet: „Die Arbeitnehmerinnen und Arbeitnehmer sowie die Arbeitgeberinnen und Arbeitgeber oder ihre jeweiligen Organisationen haben nach dem Unionsrecht und den einzelstaatlichen Rechtsvorschriften und Gepflogenheiten das Recht, Tarifverträge auf den geeigneten Ebenen auszuhandeln und zu schließen sowie bei Interessenkonflikten kollektive Maßnahmen zur Verteidigung ihrer Interessen, einschließlich Streiks, zu ergreifen."

142 In Art. 11 I EMRK heißt es: „Jede Person hat das Recht, sich frei und friedlich mit anderen zu versammeln und sich frei mit anderen zusammenzuschließen; dazu gehört auch das Recht, zum Schutz seiner Interessen Gewerkschaften zu gründen und Gewerkschaften beizutreten."

143 Art. 12 I GRCh lautet: „Jede Person hat das Recht, sich *insbesondere im politischen, gewerkschaftlichen und zivilgesellschaftlichen Bereich auf allen Ebenen* frei und friedlich mit anderen zu versammeln und sich frei mit anderen zusammenzuschließen, was das Recht jeder Person umfasst, zum Schutz ihrer Interessen Gewerkschaften zu gründen und Gewerkschaften beizutreten" (Hervorhebung bzgl. der Abgrenzung zu Art. 11 I EMRK durch Verfasserin).

144 In den Erläuterungen zu Art. 12 GRCh heißt es: „Absatz 1 dieses Artikels entspricht Artikel 11 EMRK (…)" (ABl. C 303 vom 14.12.2007, 22).

145 Vgl. insbesondere den Änderungsantrag von *Goldsmith* (Charte 4372/00, Convent 39). Für eine völlige Streichung auch die Änderungsanträge Nr. 90 von *Cederschiöld* und Nr. 91 von *Friedrich.*

146 Charte 4192/00, Convent 18.

147 Charte 4316/00, Convent 34; Charte 4383/00, Convent 41; Charte 4422/00, Convent 45.

148 Vgl. die Änderungsanträge Nr. 93 von *Korthals Altes*, Nr. 94 von *Dehousse*, Nr. 95 von *Rodotà, Paciotti* und *Manzella*, Nr. 96 von *Voggenhuber*, Nr. 97 von *Braibant*, Nr. 99 von *Dieulangard*, Nr. 102 von *Fayot*, Nr. 103 von *Berès* und Nr. 104 von *van den Burg* (Charte 4372/00, Convent 39).

149 Charte 4470/00, Convent 47.

Recht – durch den Verweis auf die „einzelstaatlichen Rechtsvorschriften und Gepflogenheiten“[150] geschwächt, weil dieser, im Falle mitgliedstaatlicher Einschränkungen von Chartarechten, großzügigere Beurteilungsspielräume bedingt.[151]

Sowohl der Wortlaut der Schutzbereiche der Bestimmungen aus Art. 28 GRCh und Art. 11 Abs. 1 EMRK als auch deren Rechtfertigungsvoraussetzungen – Art. 52 Abs. 1 GRCh[152] respektive Art. 11 Abs. 2 EMRK – sind unterschiedlich ausgestaltet. Die Rechtfertigungsvoraussetzungen des Art. 11 Abs. 2 EMRK sind enger formuliert als die des korrespondierenden Rechts auf Unionsebene; sie sind aber für den Vergleich im Rahmen der Prüfung des „Entsprechens“ ohnehin nicht zu berücksichtigen.[153] Im Hinblick auf die Schutzbereiche ist den Präsidiumserläuterungen zu Art. 28 GRCh zu entnehmen, dass sich dieser Artikel, neben Art. 6 der Europäischen Sozialcharta und den Nummern 12 bis 14 der Gemeinschaftscharta der sozialen Grundrechte der Arbeitnehmer, auf Art. 11 EMRK stützt. Genau heißt es dort:

> „Das Recht auf kollektive Maßnahmen wurde vom Europäischen Gerichtshof für Menschenrechte als einer der Bestandteile des gewerkschaftlichen Vereinigungsrechts anerkannt, das durch Artikel 11 EMRK festgeschrieben ist.“

Demnach handelt es sich bei den Rechten aus Art. 28 GRCh und Art. 11 Abs. 1 EMRK zwar nicht um sich entsprechende Rechte im Sinne der Listen zu Art. 52 GRCh, jedoch macht der Verweis auf die einschlägige Rechtsprechung des EGMR bezüglich des Rechts auf kollektive Maßnahmen deutlich, dass die jeweiligen Schutzbereiche sich ähneln, selbst wenn die Regelungen unterschiedlich sind. Ausgehend von diesen ähnlichen Schutzbereichen erfassen beide Rechte den gleichen Lebensbereich und „entsprechen“ sich folglich gemäß Art. 52 Abs. 3 S. 1 GRCh.

---

150 Dieser Verweis findet sich auch in Art. 52 VI GRCh wieder, der sich wegen der Formulierung „wie es in dieser Charta bestimmt ist“ auf die entsprechenden expliziten Hinweise in den einzelnen Chartarechten beschränkt.

151 Vgl. *Ladenburger*, in: Tettinger/Stern (Hrsg.), Kölner Gemeinschaftskommentar zur Europäischen Grundrechte-Charta, 2006, Kapitel VII, Art. 52 GRCh, Rn. 108.

152 Hervorzuheben ist diesbezüglich, dass bei den Chartarechten (mit Ausnahme des Eigentumsrechts in Art. 17 I 2, 2. HS, 3 GRCh und des Rechts auf Schutz personenbezogener Daten in Art. 8 II GRCh) auf die Normierung von eigenen Schranken verzichtet worden ist. Stattdessen wird die horizontale Tragweite der Chartarechte mittels einer allgemeinen Schrankenklausel geregelt. Diese findet sich in Art. 52 I GRCh und lautet:
„Jede Einschränkung der Ausübung der in dieser Charta anerkannten Rechte und Freiheiten muss gesetzlich vorgesehen sein und den Wesensgehalt dieser Rechte und Freiheiten achten. Unter Wahrung des Grundsatzes der Verhältnismäßigkeit dürfen Einschränkungen nur vorgenommen werden, wenn sie erforderlich sind und den von der Union anerkannten dem Gemeinwohl dienenden Zielsetzungen oder den Erfordernissen des Schutzes der Rechte und Freiheiten anderer tatsächlich entsprechen.“ Dieser horizontale Auffangschrankenvorbehalt lehnt sich an die Rechtsprechung des EuGH an, der etwa in der Rechtssache *Karlsson* (Urteil vom 13.04.2000, Rs. C-292/97, Slg. 2000, I-2737, 2777, Ziff. 45) ausführt:
„Nach gefestigter Rechtsprechung kann jedoch die Ausübung dieser Rechte, insbesondere im Rahmen einer gemeinsamen Marktorganisation, Beschränkungen unterworfen werden, sofern diese tatsächlich dem Gemeinwohl dienenden Zielen der Gemeinschaft entsprechen und nicht einen im Hinblick auf den verfolgten Zweck unverhältnismäßigen, nicht tragbaren Eingriff darstellen, der diese Rechte in ihrem Wesensgehalt antastet.“

153 Vgl. *Ziegenhorn*, Der Einfluss der EMRK im Recht der EU-Grundrechtecharta. Genuin chartarechtlicher Grundrechtsschutz gemäß Art. 52 Abs. 3 GRCh, 2009, S. 157.

Diese Folgerung dürfte auch in Bezug auf das Streikrecht gelten, welches nur in der Charta ausdrücklich festgeschrieben ist, vom EGMR jedoch ebenso in Art. 11 Abs. 1 EMRK hineingelesen wird.[154] Voraussetzung für eine Übertragung des „Entsprechens" auch auf das Streikrecht ist jedoch, dass sich in der genannten Straßburger Rechtsprechung ein nicht bloß „punktueller" Schutz widerspiegelt. Da der EGMR die entsprechende Rechtsprechung aber bereits wiederholt und somit gefestigt hat,[155] das Streikrecht als integraler Bestandteil der EMRK gewertet werden kann, geht der Schutz über einen nur punktuellen hinaus, weshalb auch das Streikrecht ein „entsprechendes" Recht nach Art. 52 Abs. 3 S. 1 GRCh darstellt. Auch die durch Art. 28 GRCh zu berücksichtigenden „einzelstaatlichen Rechtsvorschriften und Gepflogenheiten" werden aus diesem Grunde in der Weise „kompensiert", dass die Maßstäbe der EMRK (und damit die des EGMR) zu beachten sind.

Der durch Art. 11 EMRK vermittelte Grundrechtsschutz wird also in Gänze transferiert, einschließlich des Streikrechts und der besonderen Rechtfertigungsvoraussetzungen in Art. 11 Abs. 2 EMRK. Als Rechtsfolge ergibt sich damit aus Art. 52 Abs. 3 S. 1 GRCh, dass auch die den Grundrechtsschutz des Art. 11 EMRK konstituierenden Elemente anzuwenden sind und nicht Art. 28 i.V.m. Art. 52 Abs. 1 GRCh.

e) Zwischenergebnis

Als bisherige Bilanz kann festgehalten werden, dass die horizontale Klausel des Art. 52 Abs. 3 S. 1 GRCh die Kohärenz zwischen Charta und Konvention wahrt, indem bei gleichen Lebenssachverhalten und – im Falle fehlender Verankerung im Text der EMRK und Übersteigung eines bloß „punktuellen" Schutzes – bezüglich der Rechtsprechung des EGMR von einem Entsprechen auszugehen ist, welches den Chartarechten die gleiche „Bedeutung" und „Tragweite", das heißt den materiellen Grundrechtsschutz des jeweiligen Konventionsrechts, beimisst. Der Verweis auf die Konvention in Art. 52 Abs. 3 S. 1 GRCh umfasst dabei sowohl die Rechtsprechung des Straßburger Gerichtshofes als auch die Zusatzprotokolle zur EMRK in dynamischer Weise, wodurch es zu einer umfassenden Inkorporation des materiellen Konventionsgehalts in das Unions-

154 Lange Zeit war umstritten, ob der EGMR in Art. 11 EMRK auch das Streikrecht gewährleistet sieht. Für eine Umfassung vgl. *Marauhn*, Die wirtschaftliche Vereinigungsfreiheit zwischen menschenrechtlicher Gewährleistung und privatrechtlicher Ausgestaltung. Zur Bedeutung von Art. 11 EMRK für das kollektive Arbeitsrecht und das Gesellschaftsrecht, RabelsZ 1999, 537 (547); *Hilbrandt*, in: Heselhaus/Nowak (Hrsg.), Handbuch der Europäischen Grundrechte, § 35, Rn. 34. Dies wurde vom EGMR mittlerweile bestätigt (Urteil vom 12.11.2008, Nr. 34503/97 – *Demir und Baykara/Türkei* = AuR 2009, 269 sowie im Urteil vom 21.04.2009, Nr. 68959/01 – *Enerji Yapi-Yol Sen/Türkei* = AuR 2009, 274).

155 Zuletzt im Urteil vom 12.11.2008, Nr. 34503/97 – *Demir und Baykara/Türkei* = AuR 2009, 269 sowie im Urteil vom 21.04.2009, Nr. 68959/01 – *Enerji Yapi-Yol Sen/Türkei* = AuR 2009, 274.

recht kommt,[156] die aber erst durch den Beitritt der EU zur EMRK auch formell abgesichert wird.[157]

2. *Verhältnis von Art. 52 Abs. 3 S. 1 zu Art. 52 Abs. 2 GRCh*

Schließlich ist das Verhältnis der Harmonisierungsklausel des Art. 52 Abs. 3 S. 1 zu Art. 52 Abs. 2 GRCh[158] zu erörtern.

Während durch die erstgenannte Vorschrift entsprechende Konventionsrechte transferiert werden, präzisiert letztere die Ausübung eines Chartarechts, welches „in den Verträgen" – somit in dem Vertrag über die Europäische Union (EUV) und in dem Vertrag über die Arbeitsweise der Europäischen Union (AEUV) – begründet ist, dahingehend, dass dieses Recht den „Bedingungen und Grenzen" dieser Verträge unterworfen ist.

Ist der Zweck des Art. 52 Abs. 2 GRCh auch leicht zu ermitteln, so ist die Vorschrift en detail doch nicht problemlos nachzuvollziehen. Dies ist auch der Grund für die recht unterschiedlichen Bewertungen dieses Artikels in der Literatur, die bezüglich des diesem innewohnenden Gehalts zwischen einem „Rechtsgrundverweis"[159], einer „Anpassungs-Regel"[160] und einer „(ersten) Transferklausel"[161] divergieren. Wie die Funktion des Art. 52 Abs. 2 GRCh zu bewerten ist, ergibt letztlich erst die nähere Untersuchung seines Anwendungsbereiches und seines Umfangs.

a) *Anwendungsbereich des Art. 52 Abs. 2 GRCh*

Im Rahmen der Ausgestaltung der Charta bemühte sich der Grundrechtekonvent, den bisherigen *acquis communautaire* zu erhalten, indem möglichst sämtliche bereits im Primärrecht ausdrücklich verankerten Grundrechte und grundrechtsgleichen Bestimmungen in die Charta aufgenommen wurden. Im Interesse der Rechtssicherheit war es

---

156 A.A. *Vondung*, nach der mit der Kohärenzklausel in Art. 52 III 1 GRCh „kaum eine (…) Inkorporation der Konvention und erst recht nicht der Rechtsprechung des EGMR ins Unionsrecht bewirkt (wird)" (*dies.*, Die Architektur des europäischen Grundrechtsschutzes nach dem Beitritt zur EMRK, 2012, S. 26).

157 Bis dahin kann die Grundrechtecharta – aufgrund der durch Art. 52 III 1 GRCh gewährleisteten Kohärenzsicherung zwischen Charta und EMRK – als „the most suitable vehicle which could connect the two worlds" bezeichnet werden (so *Morano-Foadi/Andreadakis*, The Convergence of the European Legal System in the Treatment of Third Country Nationals in Europe: The ECJ and ECtHR Jurisprudence, EJIL 2011, 1071 (1088)).

158 Art. 52 II GRCh lautet: „Die Ausübung der durch diese Charta anerkannten Rechte, die in den Verträgen geregelt sind, erfolgt im Rahmen der in den Verträgen festgelegten Bedingungen und Grenzen."

159 Vgl. *Ziegenhorn*, Der Einfluss der EMRK im Recht der EU-Grundrechtecharta. Genuin chartarechtlicher Grundrechtsschutz gemäß Art. 52 Abs. 3 GRCh, 2009, S. 163; *Kingreen*, nach dessen Ansicht die Vorschrift der Auflösung von Normkonkurrenzen dient (*ders.*, in: Callies/Ruffert (Hrsg.), EUV/EGV Kommentar, Das Verfassungsrecht der Europäischen Union mit Europäischer Grundrechtecharta, 2007, Art. 52 GRCh, Rn. 3).

160 So *Dorf*, Zur Interpretation der Grundrechtecharta, JZ 2005, 126 (128).

161 Vgl. *Borowsky*, in: Meyer (Hrsg.), Kommentar zur Charta der Grundrechte der Europäischen Union, 2006, Art. 52 GRCh, Rn. 24; *Eisner*, Die Schrankenregelung der Grundrechtecharta der Europäischen Union. Gefahr oder Fortschritt für den Grundrechtsschutz in Europa?, 2005, S. 145; *Hilf*, Die Schranken der EU-Grundrechte, in: Merten/Papier (Hrsg.), Handbuch der Grundrechte in Deutschland und Europa, Band VI/1 Europäische Grundrechte I, 2010, § 164, S. 1158 (1177), Rn. 39.

diesbezüglich von Bedeutung, die vollständige Kompatibilität zwischen den Rechten der Charta und den „ausführlicheren Vorschriften, die sich derzeit im EG-Vertrag finden“[162], herzustellen.[163] Die bisherigen Positivierungen in anderen Teilen der Verträge, auf die sich Art. 52 Abs. 2 GRCh bezieht, sollten nicht durch wortlautidentische Chartarechte überholt werden; vielmehr sollten die „Bedingungen und Grenzen“, denen diese Rechte bislang unterlagen, beibehalten werden. Art. 52 Abs. 2 GRCh beinhaltet somit das Ziel, bei den erfassten Rechten keine Änderungen am status quo ante, also an der Rechtslage vor Inkrafttreten des Lissabonner Vertrags und damit auch vor Verbindlichwerden der Grundrechtecharta, herbeiführen zu wollen.[164] Welche Rechte sind es aber, die „erfasst“ werden?

Im Gegensatz zu den Präsidiumserläuterungen zu Art. 52 Abs. 3 GRCh enthalten die Erläuterungen zu Art. 52 Abs. 2 GRCh bedauerlicherweise keine Auflistung der Rechte, die in anderen Teilen der Verträge „begründet“ bzw. nunmehr „geregelt“ sind[165] und von der Charta „erfasst“ werden. Ein erster Vorschlag zur Sicherung der Kohärenz zwischen den Rechten der bisherigen Verträge und den Chartarechten sah dagegen eine explizite Aufzählung der entsprechenden Artikel vor (insbesondere das Recht auf Freizügigkeit und die europäischen Bürgerrechte).[166] Dieser Entwurf wurde aber zugunsten einer offenen Transferklausel, wie der in Art. 52 Abs. 2 GRCh, aufgegeben. Die einschlägige Erläuterung besagt allerdings, dass sich Art. 52 Abs. 2 GRCh auf die Rechte bezieht, „die bereits ausdrücklich im Vertrag zur Gründung der Europäischen Gemeinschaft garantiert waren und in der Charta anerkannt wurden und die nun in den Verträgen zu finden sind (insbesondere die Rechte aus der Unionsbürgerschaft)“.[167] Mit der Formulierung „*in* den Verträgen“ wird deutlich, dass Art. 52 Abs. 2 GRCh nur auf Rechte Bezug nimmt, die *selbst* in den Verträgen enthalten sind, wodurch eine Weiterverweisung auf die gemeinsamen Verfassungsüberlieferungen oder die Rechte der EMRK ausgeschlossen werden kann.[168] Letzteres lässt sich vor allem damit begründen, dass Art. 52 Abs. 3 GRCh, der dafür zuständig ist, die entsprechenden Bestimmungen

---

162 Schlussbericht der Arbeitsgruppe II über die Charta im Verfassungskonvent vom 22.10.2002, CONV 354/02, 6.

163 Vgl. *Borowsky*, in: Meyer (Hrsg.), Kommentar zur Charta der Grundrechte der Europäischen Union, 2006, Art. 52 GRCh, Rn. 24.

164 Vgl. *Ziegenhorn*, Der Einfluss der EMRK im Recht der EU-Grundrechtecharta. Genuin chartarechtlicher Grundrechtsschutz gemäß Art. 52 Abs. 3 GRCh, 2009, S. 162; *Ladenburger*, Chapter IX. Fundamental rights and citizenship of the Union, in: Amato/Bribosia/De Witte (éds.), Genèse et destinée de la Constitution européenne. Commentaire du Traité établissant une Constitution pour l'Europe à la lumière des travaux préparatoires et perspectives d'avenir, 2007, p. 311 (327).

165 Nach der Fassung des Grundrechtekonvents erfasste Art. 52 II GRCh nur Rechte, die in den Gemeinschaftsverträgen oder im Vertrag über die Europäische Union „begründet“ wurden. Aufgrund der vom Verfassungskonvent (und durch den Vertrag von Lissabon) veränderten Fassung werden nunmehr alle Rechte erfasst, die in den Verträgen „geregelt“ sind.

166 Vgl. CONVENT 27 vom 18.04.2000, 3, Art. H.3: „Die Ausübung der in den Artikeln (…) gewährleisteten Rechte erfolgt im Rahmen der im Vertrag zur Gründung der Europäischen Gemeinschaft festgelegten Bedingungen und Grenzen.“

167 Abs. 2 S. 1 der Erläuterungen zu Art. 52 GRCh.

168 Vgl. *Eisner*, Die Schrankenregelung der Grundrechtecharta der Europäischen Union. Gefahr oder Fortschritt für den Grundrechtsschutz in Europa?, 2005, S. 145 (Hervorhebungen durch Verfasserin).

der Konvention in das Unionsrecht zu inkorporieren, andernfalls sinnentleert wäre.[169] Art. 52 Abs. 2 GRCh ist darüber hinaus auch auf Rechte, die der Gerichtshof nach Art. 6 Abs. 3 EUV aus den allgemeinen Grundsätzen des Unionsrechts entwickelt, nicht anwendbar.[170] Bezüglich der Identifizierung der von der Grundrechtecharta „erfassten" Rechte ergeben sich Anhaltspunkte allein aus den Quellenangaben in den Erläuterungen zu den einzelnen Grundrechtsgewährleistungen. Anwendbar ist Art. 52 Abs. 2 GRCh demzufolge auf die unter den Begriff der Unionsbürgerschaft normierten Rechtspositionen[171] (Erläuterungen zu Art. 45 Abs.1 GRCh) und gemäß des dritten Absatzes der Erläuterungen zu Art. 15 Abs. 2 GRCh auf die Personenverkehrsfreiheiten (Art. 26, 45, 49, 56 AEUV).

Überdies bezieht sich Art. 52 Abs. 2 GRCh einschränkungslos auf alle Rechte, die anderweitig im EUV und AEUV geregelt sind, und gilt unabhängig davon, ob sie in den Erläuterungen genannt werden oder bereits durch den EGV gewährt wurden.[172] Er gilt für alle Rechte, die bereits im Primärrecht enthalten sind.[173] Bei diesen Rechten muss es sich indes um subjektiv-rechtliche Verbürgungen handeln, die die aus dem objektiven Recht abgeleitete Rechtsmacht vermitteln, ein bestimmtes Verhalten von dem verpflichteten Adressaten verlangen zu können.[174] Enthalten die Verträge keine dementsprechende Regelung, sondern nur eine Kompetenzzuweisung, so kommt Art. 52 Abs. 2 GRCh nicht zum Zuge.[175] Eine andere Sichtweise erwägt hingegen, dass Art. 52 Abs. 2 GRCh

---

169 Vgl. *Borowsky*, in: Meyer (Hrsg.), Kommentar zur Charta der Grundrechte der Europäischen Union, 2006, Art. 52 GRCh, Rn. 25; *Eisner*, Die Schrankenregelung der Grundrechtecharta der Europäischen Union. Gefahr oder Fortschritt für den Grundrechtsschutz in Europa?, 2005, S. 145.

170 Vgl. *von Danwitz*, in: Tettinger/Stern (Hrsg.), Kölner Gemeinschaftskommentar zur Europäischen Grundrechte-Charta, 2006, Kapitel VII, Art. 52 GRCh, Rn. 48. Dazu gehört auch der allgemeine Gleichheitssatz, welchen der EuGH als wesentlichen Grundsatz des Gemeinschaftsrechts anerkannte (vgl. EuGH, Urteil vom 17.04.1997, Rs. C-15/95, Slg. 1997, I-1961 – *Earl de Kerlast*, Ziff. 35; Urteil vom 13.04.2000, Rs. C-292/97, Slg. 2000, I-2737 – *Karlsson*, Ziff. 38).

171 EuGH, Urteil vom 20.09.2001, Rs. C-184/99, Slg. 2001, I-6193 – *Grzelczyk*, Ziff. 31; siehe bereits EuGH, Urteil vom 12.05.1998, Rs. C-85/96, Slg. 1998, I-2961 – *Sala*, Ziff. 62.

172 Vgl. *von Danwitz*, in: Tettinger/Stern (Hrsg.), Kölner Gemeinschaftskommentar zur Europäischen Grundrechte-Charta, 2006, Kapitel VII, Art. 52 GRCh, Rn. 48.

173 Vgl. Abs. 2 S. 1 der Erläuterungen zu Art. 52 GRCh; *Borowsky*, in: Meyer (Hrsg.), Kommentar zur Charta der Grundrechte der Europäischen Union, 2006, Art. 52 GRCh, Rn. 25; *Griller*, Der Anwendungsbereich der Grundrechtscharta und das Verhältnis zu sonstigen Gemeinschaftsrechten, Rechten aus der EMRK und zu verfassungsgesetzlich gewährleisteten Rechten, in: Duschanek/Griller (Hrsg.), Grundrechte für Europa. Die Europäische Union nach Nizza, 2002, S. 131 (145 f.); *von Danwitz*, in: Tettinger/Stern (Hrsg.), Kölner Gemeinschaftskommentar zur Europäischen Grundrechte-Charta, 2006, Kapitel VII, Art. 52 GRCh, Rn. 48; *Dorf*, Zur Interpretation der Grundrechtecharta, JZ 2005, 126 (128); *Peers*, Taking Rights Away? Limitations and Derogations, in: ders./Ward (eds.), The European Union Charter of Fundamental Rights. Politics, Law and Policy, 2004, S. 141 (169); a.A. *Koukoulis-Spiliotopoulos*, Towards a European Constitution: Does the Charter of Fundamental Rights "Maintain in Full" the *Aquis Communautaire*?, ERPL 2002, 57 (76).

174 Vgl. *Kingreen*, in: Calliess/Ruffert (Hrsg.), EUV/AEUV, Das Verfassungsrecht der Europäischen Union mit Europäischer Grundrechtecharta, Kommentar, 2011, Art. 52 GRCh, Rn. 4.

175 Vgl. *Borowsky*, in: Meyer (Hrsg.), Kommentar zur Charta der Grundrechte der Europäischen Union, 2006, Art. 52 GRCh, Rn. 25; *von Danwitz*, in: Tettinger/Stern (Hrsg.), Kölner Gemeinschaftskommentar zur Europäischen Grundrechte-Charta, 2006, Kapitel VII, Art. 52 GRCh, Rn. 48; *Dorf*, Zur Interpretation der Grundrechtecharta, JZ 2005, 126 (128).

schon dann zur Anwendung gelangen soll, sobald der Unionsgesetzgeber von einer Kompetenzzuweisung Gebrauch macht und sekundärrechtliche Maßnahmen erlässt.[176] Da sich die Reichweite des Grundrechtsschutzes der Charta auf diese Weise aber an den Bestimmungen des Sekundärrechts messen würde, wäre „die rechtsgestaltende und ordnende Kraft der neuen europäischen Grundrechte an einem entscheidenden Punkt in Frage gestellt".[177] Schließlich sollen die Grundrechte dem Sekundärrecht Grenzen setzen und diesem hierarchisch nicht nachgeordnet sein. Auch widerspräche eine solche Auslegung bereits dem Wortlaut des Art. 52 Abs. 2 GRCh, der ausdrücklich eine Regelung „*in* den Verträgen" verlangt.[178]

Nachdem der Anwendungsbereich eingegrenzt wurde, gilt es nunmehr festzustellen, in welchem Umfang Art. 52 Abs. 2 GRCh die in den Verträgen festgelegten „Bedingungen und Grenzen" übernimmt.

b) Umfang des Art. 52 Abs. 2 GRCh

Gemäß Art. 52 Abs. 2 GRCh werden sämtliche „festgelegten Bedingungen und Grenzen" der Regelungen in den Verträgen übernommen.

Diesbezüglich stellt sich zunächst die Frage, was überhaupt unter „Bedingungen" und was unter „Grenzen" zu verstehen ist. Im Gegensatz zum Wortlaut des Art. 52 Abs. 3 S. 1 GRCh, dessen Begrifflichkeit („Bedeutung und Tragweite") keine eindeutigen Rückschlüsse auf seinen Umfang zulässt, gestattet der Wortlaut des Art. 52 Abs. 2 GRCh bzw. das – wohl dem EGV entlehnte[179] – Begriffspaar „Bedingungen und Grenzen" die Vermutung, dass mit „Bedingungen" die *schutzbereichsspezifischen Inhalte* und mit „Grenzen" die *Schranken* und *Schranken-Schranken* der jeweiligen Rechte gemeint sein müssen.[180] Mithin dürfen die Rechte in der Charta nicht anders ausgelegt und eingeschränkt werden als ihr Gegenstück in den Verträgen, was vor allem zur Vermeidung von Widersprüchen beiträgt.[181] Hinsichtlich der Schutzbereiche kann in diesem Zusammenhang problemlos auf die Ausführungen in den Verträgen verwiesen werden, da die Chartarechte knapp formuliert sind. Schwierigkeiten ergeben sich jedoch beim Verweis auf die „Grenzen", das heißt bei der Bestimmung des Umfangs der Schranken bzw. Schranken-Schranken. So ist nicht ohne weiteres ersichtlich, ob Art. 52 Abs. 2 GRCh auch das Sekundärrecht und die Rechtsprechung des Gerichtshofes erfasst. Dies soll nachfolgend untersucht werden.

---

176 Vgl. *Lenaerts/de Smijter*, A „Bill of Rights" for the European Union, CML Rev. 2001, 273 (284 f., Fn. 68).

177 Vgl. *Dorf*, Zur Interpretation der Grundrechtecharta, JZ 2005, 126 (128).

178 Ebenso *von Danwitz*, in: Tettinger/Stern (Hrsg.), Kölner Gemeinschaftskommentar zur Europäischen Grundrechte-Charta, 2006, Kapitel VII, Art. 52 GRCh, Rn. 48 (Hervorhebung durch Verfasserin).

179 Vgl. Art. 18 I, 255 EGV, die von Bedingungen, Beschränkungen und Einschränkungen sprechen.

180 Vgl. *Eisner*, Die Schrankenregelung der Grundrechtecharta der Europäischen Union. Gefahr oder Fortschritt für den Grundrechtsschutz in Europa?, 2005, S. 147; *Borowsky*, in: Meyer (Hrsg.), Kommentar zur Charta der Grundrechte der Europäischen Union, 2006, Art. 52 GRCh, Rn. 26; *von Danwitz*, in: Tettinger/Stern (Hrsg.), Kölner Gemeinschaftskommentar zur Europäischen Grundrechte-Charta, 2006, Kapitel VII, Art. 52 GRCh, Rn. 45.

181 Vgl. *Borowsky*, in: Meyer (Hrsg.), Kommentar zur Charta der Grundrechte der Europäischen Union, 2006, Art. 52 GRCh, Rn. 26; *von Danwitz*, in: Tettinger/Stern (Hrsg.), Kölner Gemeinschaftskommentar zur Europäischen Grundrechte-Charta, 2006, Kapitel VII, Art. 52 GRCh, Rn. 45.

aa) Übernahme auch sekundärrechtlicher Vorschriften?

Auch im Rahmen der Untersuchung des Umfangs ist danach zu fragen, ob bloß primärrechtlich oder auch sekundärrechtlich geregelte „Bedingungen und Grenzen" eingreifen sollen. Während der Wortlaut des Art. 52 Abs. 2 GRCh („*in* den Verträgen") für die Einbeziehung ausschließlich primärrechtlich verankerter Regelungen spricht, wird in Teilen der Literatur erwogen, dieser Artikel übernehme nicht nur die Beschränkungsmöglichkeiten der Verträge, sondern erfasse darüber hinaus die Einschränkungsmöglichkeiten, die in den einschlägigen sekundärrechtlichen Bestimmungen enthalten sind.[182] Ein derart umfassendes Verständnis des Art. 52 Abs. 2 GRCh wird zumeist mit der Gewährleistung des bestehenden *acquis* und der gebotenen Rechtssicherheit begründet.[183] Auch für *Borowsky* führt die Anwendbarkeit des Art. 52 Abs. 2 GRCh zu einem „renvoi intégral" auf das in den Verträgen festgelegte einschlägige Primär- und Sekundärrecht, weil sich die geltende Rechtslage – die gerade nicht geändert werden sollte – nur aus der Zusammenschau von Primär- und Sekundärrecht ergebe.[184]

Von Danwitz hingegen ist der Auffassung, eine solch extensive Auslegung laufe der grundlegenden Zielsetzung beider Konvente zuwider, „die Grundrechte in einer Charta für die Bürger sichtbarer zu machen".[185] Den Nichtjuristen unter den Unionsbürgern würde die Ermittlung der Einschränkungsmöglichkeiten ihrer Rechte erheblich erschwert werden, könnten Ermächtigungsgrundlagen für Einschränkungen in beliebigen Vorschriften des Sekundärrechts enthalten sein. Außerdem würde „die von der Charta erstrebte Verstärkung des Grundrechtsschutzes (...) geradezu in ihr Gegenteil verkehrt, wenn der Gemeinschaftsgesetzgeber[186] durch den Erlass sekundärrechtlicher Bestimmungen das Niveau des Grundrechtsschutzes bestimmen und – möglicherweise – auch absenken könnte."[187] Dem ist grundsätzlich zuzustimmen, denn auch die betreffenden

182 Vgl. *Borowsky*, in: Meyer (Hrsg.), Kommentar zur Charta der Grundrechte der Europäischen Union, 2006, Art. 52 GRCh, Rn. 26; *Lenaerts/de Smijter*, A „Bill of Rights" for the European Union, CMLRev. 2001, 273 (285, Fn. 68); *Vranes*, The Final Clauses of the Charter of Fundamental Rights – Stumbling Blocks for the First and Second Convention, EIoP 2003, 5 f.; *Griller*, Der Anwendungsbereich der Grundrechtscharta und das Verhältnis zu sonstigen Gemeinschaftsrechten, Rechten aus der EMRK und zu verfassungsgesetzlich gewährleisteten Rechten, in: Duschanek/Griller (Hrsg.), Grundrechte für Europa. Die Europäische Union nach Nizza, 2002, S. 131 (146); *Barriga*, Die Entstehung der Charta der Grundrechte der Europäischen Union. Eine Analyse der Arbeiten im Konvent und kompetenzrechtlicher Fragen, 2003, S. 160, Fn. 755.

183 Vgl. *von Danwitz*, in: Tettinger/Stern (Hrsg.), Kölner Gemeinschaftskommentar zur Europäischen Grundrechte-Charta, 2006, Kapitel VII, Art. 52 GRCh, Rn. 49.

184 Vgl. *Borowsky*, in: Meyer (Hrsg.), Kommentar zur Charta der Grundrechte der Europäischen Union, 2006, Art. 52 GRCh, Rn. 26.

185 *Von Danwitz*, in: Tettinger/Stern (Hrsg.), Kölner Gemeinschaftskommentar zur Europäischen Grundrechte-Charta, 2006, Kapitel VII, Art. 52 GRCh, Rn. 50.

186 Nunmehr Unionsgesetzgeber.

187 Vgl. *von Danwitz*, in: Tettinger/Stern (Hrsg.), Kölner Gemeinschaftskommentar zur Europäischen Grundrechte-Charta, 2006, Kapitel VII, Art. 52 GRCh; a.A. *Borowsky*, der dem zum einen entgegen hält, dass sich aus der Menschenwürde in Art. 2 EUV n.F. zumindest ein „änderungsfester" Kernbestand ergeben dürfte, der die gänzliche Abschaffung von Unionsbürgerrechten verböte. Zum anderen dürfte für sämtliche Rechte ein allgemeines Rückschrittsverbot eingreifen, welches auch eine Absenkung sehr unwahrscheinlich mache (vgl. *ders.*, in: Meyer (Hrsg.), Kommentar zur Charta der Grundrechte der Europäischen Union, 2006, Art. 52 GRCh, Rn. 28).

Erläuterungen zu den einzelnen nach Art. 52 Abs. 2 GRCh beschränkbaren Rechten verweisen nicht auf das einschlägige Sekundärrecht, sondern beziehen sich ausschließlich auf Bestimmungen *in* den Verträgen.[188] Soweit die Verträge aber wiederum Einschränkungen aufgrund sekundärrechtlicher Vorschriften explizit zulassen oder in den Verträgen vorgesehene Einschränkungen durch das Sekundärrecht konkretisiert werden, so werden diese auch von Art. 52 Abs. 2 GRCh übernommen.

Als Bespiel sei hier das in Art. 39 Abs. 1 GRCh geregelte Unionsbürgerwahlrecht genannt, welches eine nahezu wortlautidentische Parallelbestimmung in Art. 20 Abs. 2 S. 2 lit. b AEUV hat und somit Art. 52 Abs. 2 GRCh zur Anwendung bringt. Die Ausübung des Unionsbürgerwahlrechts erfolgt also im Rahmen der in Art. 20 Abs. 2 S. 2 lit. b AEUV festgelegten „Bedingungen und Grenzen". Gemäß Art. 20 Abs. 2 S. 3 AEUV werden die in Art. 20 Abs. 2 S. 2 AEUV aufgezählten Rechte „unter den Bedingungen und innerhalb der Grenzen ausgeübt, die in den Verträgen und *durch die in Anwendung der Verträge erlassenen Maßnahmen* festgelegt sind."[189] Diese Maßnahmen sind solche des Sekundärrechts, die das Unionsbürgerwahlrecht konkretisieren und damit ebenfalls von Art. 52 Abs. 2 GRCh erfasst werden.

Indem Art. 52 Abs. 2 GRCh darüber hinaus jedoch nur die Regelungen bezüglich des Schutzbereichs und der Einschränkungsmöglichkeiten von Rechten übernimmt, die bereits *in* den Verträgen selbst geregelt sind, wird kein Einfallstor für eine Grundrechtsgeltung nach Maßgabe des Unionsgesetzgebers geschaffen.[190]

bb) Erfasst Art. 52 Abs. 2 GRCh die Rechtsprechung des EuGH?

Der Frage, ob Art. 52 Abs. 2 GRCh mit den festgelegten „Grenzen" der Regelungen in den Verträgen auch die Rechtsprechung des Luxemburger Gerichtshofs übernimmt, soll anhand von Art. 15 Abs. 2 GRCh nachgegangen werden, der seine Entsprechung in den Verträgen findet.

Art. 15 Abs. 2 GRCh bestimmt, dass „alle Unionsbürgerinnen und Unionsbürger (...) die Freiheit (haben), in jedem Mitgliedstaat Arbeit zu suchen, zu arbeiten, sich niederzulassen oder Dienstleistungen zu erbringen." Die Präsidiumserläuterungen bringen Gewissheit darüber, dass damit die drei Grundfreiheiten in die Charta aufgenommen

---

188 Beispielsweise findet das Recht auf Freizügigkeit gemäß der Erläuterung zu Art. 45 „im Rahmen der in den Verträgen festgelegten Bedingungen und Grenzen Anwendung". Die Erläuterungen nehmen nur auf sekundärrechtliche Vorschriften Bezug, soweit sich ein Recht nicht ausschließlich aus den Verträgen ergibt, sondern (zusätzlich) auf andere Rechtsgrundlagen gestützt wird. Wird eine Bestimmung der Charta auf Sekundärrecht und andere Rechtsgrundlagen gestützt, kann sie auch aufgrund von Sekundärrecht eingeschränkt werden. Vgl. dazu die Präsidiumserläuterungen zu Art. 8 GRCh, dort wird u.a. „auf die Verordnung (EG) Nr. 45/2001 des Europäischen Parlaments und des Rates zum Schutz natürlicher Personen bei der Verarbeitung personenbezogener Daten durch die Organe und Einrichtungen der Gemeinschaft und zum freien Datenverkehr (ABl. L 8 vom 12.01.2001, 1) verwiesen. Die genannte Richtlinie und Verordnung enthalten Bedingungen und Beschränkungen für die Wahrnehmung des Rechts auf den Schutz personenbezogener Daten". Vgl. dazu ausführlich *von Danwitz*, in: Tettinger/Stern (Hrsg.), Kölner Gemeinschaftskommentar zur Europäischen Grundrechte-Charta, 2006, Kapitel VII, Art. 52 GRCh, Rn. 50, Fn. 200.

189 Hervorhebung durch Verfasserin.

190 Vgl. *von Danwitz*, in: Tettinger/Stern (Hrsg.), Kölner Gemeinschaftskommentar zur Europäischen Grundrechte-Charta, 2006, Kapitel VII, Art. 52 GRCh, Rn. 50.

wurden[191], das heißt die Arbeitnehmerfreizügigkeit gemäß Art. 45 AEUV, die Niederlassungsfreiheit nach Art. 49 AEUV und die Dienstleistungsfreiheit i.S.v. Art. 56 AEUV. Aufgrund der kurzen Formulierung des Art. 15 Abs. 2 GRCh ist bezüglich der jeweiligen Schutzbereiche auf die ausführlichen Bestimmungen des IV. Titels des Lissabonner Vertrags zurückzugreifen. Probleme tauchen aber bei der Verweisung auf die „Grenzen“ der Rechte auf. Die Grundfreiheiten werden *in* den Verträgen – ähnlich den Grundrechten – nicht einschränkungslos gewährleistet, was sich über Art. 52 Abs. 2 GRCh unmittelbar auf die Einschränkbarkeit des Art. 15 Abs. 2 GRCh auswirkt. Während für die Beeinträchtigung der Grundfreiheiten zunächst eine ausreichend klare und bestimmte Rechtsgrundlage im Sinne des Vorbehalts des Gesetzes gefordert wird,[192] finden sich *in* den Verträgen weitere Schrankenregelungen für alle Grundfreiheiten. Diese Regelungen lassen Beschränkungen aus Gründen der öffentlichen Ordnung, Sicherheit und/oder Gesundheit zu, vgl. Art. 45 Abs. 3, Art. 52 Abs. 1, Art. 62 i.V.m. Art. 52 Abs. 1 AEUV. Da es sich bei den genannten Normen um geschriebene Schranken handelt, werden sie ohne Zweifel von Art. 52 Abs. 2 GRCh erfasst. Allerdings ist allgemein anerkannt, dass im Rahmen der Grundfreiheiten auch immanente Schranken existieren. Dies sind solche, die der EuGH – aufgrund der äußerst restriktiven Auslegung der Ausnahmen und der schrittweisen Fortentwicklung der Grundfreiheiten von reinen Diskriminierungs- zu (allgemeinen) Beschränkungsverboten[193] – entwickelte. In der bekannten „*Cassis*-Formel“ erkannte er „zwingende Erfordernisse“ der Mitgliedstaaten als ungeschriebene Rechtfertigungsgründe an,[194] zu denen insbesondere Erfordernisse einer wirksamen steuerlichen Kontrolle, der Schutz der öffentlichen Gesundheit, der Lauterkeit des Handelsverkehrs und des Verbraucherschutzes zu zählen sind.[195] Abgesehen von wirtschaftlichen protektionistischen Zielsetzungen können daneben grundsätzlich beliebige Allgemeinwohlbelange verfolgt werden.[196] Als Schranken-Schranken der Grundfreiheiten fungieren wiederum die Unionsgrundrechte und sonstiges Primärrecht, das sekundäre Unionsrecht und der Verhältnismäßigkeitsgrundsatz.[197] Übernimmt Art. 52 Abs. 2 GRCh neben den geschriebenen nun auch diese – durch den Gerichtshof entwickelten – immanenten bzw. herangetragenen Schranken?

---

191 Abs. 3 der Erläuterungen zu Art. 15 GRCh.

192 Vgl. *Jarass*, Elemente einer Dogmatik der Grundfreiheiten, EuR 1995, 202 (222); *Eisner*, Die Schrankenregelung der Grundrechtecharta der Europäischen Union. Gefahr oder Fortschritt für den Grundrechtsschutz in Europa?, 2005, S. 147. Gem. Art. 52 I GRCh gilt i.Ü. nichts anderes für die Einschränkung von Grundrechten („Jede Einschränkung der Ausübung der in dieser Charta anerkannten Rechte und Freiheiten muss gesetzlich vorgesehen sein (…)“).

193 Während das sich unmittelbar aus Art. 18 AEUV (Art. 12 EGV) ergebende Diskriminierungsverbot die Schlechterstellung von Ausländern gegenüber Inländern verbietet (Grundsatz der Inländergleichbehandlung), fordert ein Beschränkungsverbot, dass sich auch unterschiedslos auf In- und Ausländer anwendbare Vorschriften auf ihre Vereinbarkeit mit dem Unionsrecht am Maßstab der Verhältnismäßigkeit rechtfertigen lassen müssen.

194 Die „*Cassis*-Formel“ betraf zunächst nur den freien Warenverkehr, wurde später jedoch auf alle anderen Grundfreiheiten übertragen.

195 Vgl. EuGH, Urteil vom 20.02.1979, Rs. 120/78, Slg. 1979, 649 – *Cassis de Dijon*.

196 Vgl. EuGH, Urteil vom 28.04.1998, Rs. C-120/95, Slg. 1998, I-1831 – *Decker*.

197 Vgl. *Eisner*, Die Schrankenregelung der Grundrechtecharta der Europäischen Union. Gefahr oder Fortschritt für den Grundrechtsschutz in Europa?, 2005, S. 148.

Würde diese Frage bejaht werden, so würden die Rechte der Charta, die eine Entsprechung in den Verträgen haben, nach der Rechtsprechung des EuGH ihre Beschränkungen auch in zwingenden Erfordernissen bzw. in sonstigen im Allgemeininteresse liegenden Zwecken der Mitgliedstaaten finden. *Eisner* ist der Ansicht, dass die Chartarechte, auf die es hier ankommt, jedoch nicht einer so weit reichenden Einschränkung unterliegen sollen und bezieht sich diesbezüglich auf den eindeutigen Wortlaut des Art. 52 Abs. 2 GRCh, welcher auf die „*in* den Verträgen" festgelegten Bedingungen und Grenzen und somit allein auf die – im Beispielfall des Art. 15 Abs. 2 GRCh – im AEUV normierten Grenzen verweist.[198] Demzufolge käme es ausschließlich darauf an, dass die Schranken tatsächlich in den Verträgen *geschrieben* stehen, nicht darauf, dass weitere Bedeutungsgehalte in den Text hineingelesen werden. Der Grundrechtekonvent musste im Rahmen seiner Arbeit, die bisher schon im Gemeinschaftsrecht, in der EMRK und gemäß den gemeinsamen Verfassungstraditionen der Mitgliedstaaten verbürgten Grundrechte in einem prominent „greifbaren" Dokument zusammenzufassen, indes auf einen Bestand von Grundrechten und Grundfreiheiten in ihrer stetig weiterentwickelten Interpretation durch den EuGH zurückgreifen. Aufgrund dieser justiziellen Aktivitäten kam es erst zu einer Entfaltung und Mobilisierung dieser Grundrechte und Grundfreiheiten. Die Luxemburger Rechtsprechung im Fall *Cassis de Dijon*, welche – über die Warenverkehrsfreiheit hinaus – in die Bereiche der anderen Grundfreiheiten hineinwirkt, reagiert mit der Entwicklung ungeschriebener Schranken auf die ausdrücklich in den Verträgen festgelegten – aber auch auf die durch die Jurisdiktion in bestimmter Weise ausgelegten – Grenzen und Einschränkungen und nimmt somit eine Feintarierung zwischen dem Ausmaß der Binnenmarktliberalisierung und der Reichweite einer gegensteuernden Sozialregulierung vor. Wäre die Rechtsprechung des EuGH vom Umfang des Art. 52 Abs. 2 GRCh ausgenommen, würde diese sensible Gleichgewichtslage ins Schwanken geraten, und die in langen Lernprozessen entwickelten Rechtsgrundlagen für eine am Ziel der Sozialregulierung ausgerichtete Politikgestaltung würden in Frage gestellt werden. Schlüssig ist die Argumentation *Eisners* auch insofern nicht, als sie die Frage nach dem Verhältnis zwischen den durch Art. 15 Abs. 2 GRCh geschützten Grundfreiheiten und den subjektiven Grundfreiheiten des AEUV neu aufwirft, da ein und dieselben Grundfreiheiten unterschiedlichen Schranken unterlägen. Dies stünde im Konflikt mit der – in Art. 51 Abs. 2 GRCh formulierten – Zielsetzung, durch die Charta nicht die in den Verträgen festgelegten Zuständigkeiten und Aufgaben zu ändern. Die Chartarechte dürfen also nicht anders ausgelegt und eingeschränkt werden, als ihr Gegenstück in den Verträgen, oder, um es in *Borowskys* Worten zu sagen: Die „Duplizierung der Rechte erlaubt (…) keineswegs eine divergierende Auslegung und Handhabung".[199] Letztlich steht die Sichtweise *Eisners* auch im Widerspruch zu Abs. 4 S. 2 der Erläuterung zu Art. 52 GRCh, nach dem „die Bedeutung und Tragweite der garantierten Rechte (…) nicht nur durch den Wortlaut dieser Vertragswerke, sondern auch durch die Rechtsprechung des Europäischen Gerichtshofs für Menschenrechte und durch den Gerichtshof der Europäischen Union bestimmt (werden)".

198 Ebenda.

199 Vgl. *Borowsky*, in: Meyer (Hrsg.), Charta der Grundrechte der Europäischen Union, Kommentar, 2010, Art. 52 GRCh, Rn. 24.

Die Rechte der Charta, die Rechten *in* den Verträgen entsprechen, unterliegen folglich sowohl den geschriebenen als auch den immanenten „Grenzen“. Ungeachtet dessen müssen Eingriffe in die von Art. 52 Abs. 2 GRCh (sowie die von Art. 52 Abs. 3 GRCh) erfassten Rechte kumulativ dem in Art. 52 Abs. 1 GRCh verankerten Gesetzesvorbehalt, den Verhältnismäßigkeitsanforderungen und der Wesensgehaltsgarantie genügen.[200]

c) *Kollision des Art. 52 Abs. 2 mit Art. 52 Abs. 3 S. 1 GRCh*

Geklärt ist damit jedoch nicht, wie mit Rechten der Charta umzugehen ist, die sowohl eine Entsprechung *in* den Verträgen i.S.v. Art. 52 Abs. 2 GRCh als auch eine Entsprechung in der EMRK gemäß Art. 52 Abs. 3 S. 1 GRCh haben, denn Art. 52 GRCh schweigt sich bezüglich des Verhältnisses der verschiedenen Absätze zueinander aus.

Dieses Verhältnis nach allgemeinen Grundsätzen über Konkurrenzen zu klären, hält *Ziegenhorn* indes für nicht erforderlich, weil die Rechte, die spezifisch dem *acquis* entstammen und bisher keiner Kohärenzklausel bedurften, gar nicht erst in den Anwendungsbereich des Art. 52 Abs. 3 S. 1 GRCh fielen. Solche Rechte, die bereits *in* den Verträgen normiert sind, kämen bereits begrifflich nicht als „Rechte der Charta“ i.S.v. Art. 52 Abs. 3 S. 1 GRCh in Betracht, sondern als Rechte der Unionsverträge.[201] Dieser Auffassung ist jedoch nicht zuzustimmen, denn die Rechte des Art. 52 Abs. 2 GRCh sind sowohl Rechte der Unionsverträge als auch solche der Charta. Schließlich heißt es in benanntem Artikel, dass „diese“ Rechte durch die Charta *anerkannt* werden. Werden sie anerkannt, so sind sie Teil der Grundrechtecharta und damit auch Rechte i.S.v. Art. 52 Abs. 3 S. 1 GRCh. Mit dieser Feststellung stellt sich jedoch die Frage, welches der gegenläufigen Ziele sich im Falle einer Kollision letztlich durchsetzt: „dasjenige, keine Änderungen am *acquis communautaire* durch die Nennung dieser Rechte in der Charta herbeizuführen, oder dasjenige, umfassende Kohärenz mit der EMRK zu schaffen.“[202]

Das Unionsbürgerwahlrecht nach Art. 39 Abs. 1 GRCh ist ein Beispiel für ein in der Charta kodifiziertes Recht, welches *in* den Verträgen (Art. 20 Abs. 2 S. 2 lit. b AEUV) begründet ist und gleichzeitig einem Konventionsrecht entspricht, vgl. Art. 3 ZP Nr. 1 EMRK[203]. Die Einschränkbarkeit des Art. 39 Abs. 1 GRCh könnte sich also einerseits aus Art. 52 Abs. 2 GRCh (und damit aus Art. 20 Abs. 2 S. 2 lit. b, S. 3 AEUV), andererseits aus Art. 52 Abs. 3 S. 1 GRCh (also aus Art. 3 ZP Nr. 1 EMRK) ergeben. Für den Vorrang der unionsrechtlichen Schrankenregelungen könnten zunächst die Erläuterungen zu Art. 39 GRCh sprechen, in denen ausdrücklich auf Art. 52 Abs. 2 GRCh hinge-

200 Art. 52 I GRCh ist als allgemeine Schrankenklausel auch anwendbar soweit Art. 52 II oder Art. 52 III GRCh eingreift (vgl. *von Danwitz*, in: Tettinger/Stern (Hrsg.), Kölner Gemeinschaftskommentar zur Europäischen Grundrechte-Charta, 2006, Kapitel VII, Art. 52 GRCh, Rn. 29 f.; *Sadurski*, Charter and Enlargement, ELJ 2002, 340 (354); ähnlich auch *Eisner*, nach der Art. 52 I GRCh seinen Anwendungsbereich neben Art. 52 II GRCh finden und als gegenüber dem Vertragsrecht akzessorische Schranke gelten muss (*dies.*, Die Schrankenregelung der Grundrechtecharta der Europäischen Union. Gefahr oder Fortschritt für den Grundrechtsschutz in Europa?, 2005, S. 149).

201 Vgl. *Ziegenhorn*, Der Einfluss der EMRK im Recht der EU-Grundrechtecharta. Genuin chartarechtlicher Grundrechtsschutz gemäß Art. 52 Abs. 3 GRCh, 2009, S. 164.

202 Vgl. ebenda, S. 163.

203 Art. 3 ZP Nr. 1 EMRK lautet: „Die Hohen Vertragsparteien verpflichten sich, in angemessenen Zeitabständen freie und geheime Wahlen unter Bedingungen abzuhalten, welche die freie Äußerung der Meinung des Volkes bei der Wahl der gesetzgebenden Körperschaften gewährleisten.“

wiesen wird. Dagegen findet sich in den Erläuterungen zu Art. 39 GRCh, wie auch in den Listen der Erläuterungen zu Art. 52 GRCh, kein Verweis auf den entsprechenden Artikel der Konvention (Art. 3 ZP Nr. 1 EMRK). Bezüglich der Listen ist jedoch zu beachten, dass diese lückenhaft und nicht abschließend sind. Trotzdem erscheint es als nicht besonders sinnvoll, bestehende unionsrechtliche Schrankenregelungen aufgrund der Grundrechtecharta zu konterkarieren, indem dieses Unionsrecht zugunsten der Schrankenregelungen der Konvention außer Kraft gesetzt wird. Einerseits sollte den unionsrechtlichen Bestimmungen vor allem in den Fällen Vorrang eingeräumt werden, in denen den Strukturen und Zielen des Unionsrechts durch die „Grenzen" bzw. Schranken *in* den Verträgen besser entsprochen werden kann und diejenigen der EMRK nicht einmal einen höheren Gewährleistungsstandard der Rechte zur Folge haben.[204] Andererseits stellt Art. 52 Abs. 3 S. 1 GRCh – als umfassende Transferklausel – den Grundsatz auf, die Schrankenbestimmungen der Konvention an sich zu übernehmen, wobei Art. 52 Abs. 3 S. 2 GRCh wiederum einen höheren Standard durch das Recht der Union zulässt. Art. 52 Abs. 3 S. 2 GRCh ist in dem Sinne als „Ausnahme" von Art. 52 Abs. 3 S. 1 GRCh zu verstehen, dass zuletzt genannter Satz die vollständige Inkorporation der entsprechenden Konventionsrechte in die Charta bewirkt, welche somit den unionalen Mindeststandard bilden, dabei einen weitergehenden Schutz durch das Unionsrecht jedoch nicht ausschließen. Im Gegenteil: Ein höherer Schutzstandard durch die Charta ist immer möglich. Zunächst werden aber die Gehalte der EMRK in den Blick genommen.

Um einen möglichst umfangreichen Grundrechtsschutz zu gewährleisten, sollte das Ergebnis der hier in Frage stehenden Abwägung darin bestehen, Art. 52 Abs. 2 GRCh als „Ausnahme" vom Grundsatz des Art. 52 Abs. 3 S. 1 i.S.v. Art. 52 Abs. 3 S. 2 GRCh zu verstehen und grundsätzlich die Schrankenregelungen der Konvention anzuwenden. In Kollisionsfällen darf die von Art. 52 Abs. 2 GRCh bezweckte Sicherung des *acquis* der Sicherung der Kohärenz von Grundrechtecharta und Konvention demnach nicht entgegenstehen. Weisen die Unionsgrundrechte allerdings eine geringere Einschränkbarkeit auf, so ist diesen der Vorrang zu gewähren.[205]

d) Zwischenergebnis und Gehalt des Art. 52 Abs. 2 GRCh

Art. 52 Abs. 2 GRCh nimmt einschränkungslos auf sämtliche Rechte Bezug, die *in* den Verträgen geregelt sind, soweit es sich bei diesen um subjektiv-rechtliche Verbürgungen handelt. Während das Sekundärrecht im Rahmen dieser Bezugnahme grundsätzlich außen vor bleibt, wird die Rechtsprechung des EuGH in Form der immanenten Schranken über Art. 52 Abs. 2 GRCh einbezogen. Sollte der Fall vorliegen, dass ein Chartarecht einem Recht in den Verträgen und *gleichzeitig* einem Recht der Konvention entspricht, so ist der Schrankenregelung der EMRK in der Regel der Vorrang einzuräumen, es sei denn, das Unionsrecht gewährt einen weiter gehenden Schutz i.S.v. Art. 52 Abs. 3 S. 2 GRCh.

Der dem Art. 52 Abs. 2 GRCh damit immanente Rechtsgedanke, namentlich die angestrebte Kongruenz korrespondierender Vertragsbestimmungen innerhalb und außerhalb der Charta, spricht dafür, diese Norm als „Anpassungs-Regel" zu begreifen.[206] Das

204 Vgl. *Molthagen*, Das Verhältnis der EU-Grundrechte zur EMRK, 2003, S. 173.

205 In diesem Sinne ebenda, S. 174.

206 So auch *Dorf*, Zur Interpretation der Grundrechtecharta, JZ 2005, 126 (128).

Verständnis als „(erste) Transferklausel“ schießt ein wenig über das Ziel, Brüche in der Rechtsordnung zu vermeiden, hinaus und ist auch angesichts eines im Vergleich zu Art. 52 Abs. 3 S. 1 GRCh differenten Wortlauts nicht unbedingt geboten. Im Gegensatz zu Art. 52 Abs. 3 S. 1 GRCh sind die Gehalte, auf die sich Art. 52 Abs. 2 GRCh bezieht, ohnehin bereits im Primärrecht enthalten und müssen nicht erst aus einer fremden Quelle in das Unionsrecht transferiert werden.[207] Dennoch handelt es sich bei solchen Rechten, die auch in einem anderen Teil der Unionsverträge geregelt sind, um „Rechte der Charta“, nicht allein um Rechte *der anderen Teile der Unionsverträge*, weshalb Art. 52 Abs. 2 GRCh nicht als Rechtsgrundverweis, sondern als Anpassungsvorschrift auszulegen ist, welche in bestimmten Überschneidungsbereichen zu einer vertragskonformen Auslegung der Charta führt[208].

III. Bewertung des Komplementaritätsmodells

1. EMRK als Mindeststandard

Insgesamt kann als Bilanz der Untersuchung des Art. 52 Abs. 3 S. 1 GRCh – in seinem Verhältnis sowohl zu Abs. 7 als auch zu Abs. 2 GRCh – festgehalten werden, dass er als Harmonisierungsklausel das Schutzniveau der EMRK insgesamt garantiert.

Soweit die Charta und die Konvention übereinstimmende, das heißt „sich entsprechende“ Rechte enthalten, bestimmt Art. 52 Abs. 3 S. 1 GRCh, dass die EMRK einen Mindeststandard in der EU begründet, indem er das Absinken des Grundrechtsschutzes auf Unionsebene unter den durch die Konvention vermittelten Schutz verbietet. Mit der Regelung des Art. 52 Abs. 3 S. 1 GRCh gelang es dem Grundrechtekonvent also, die Charta in ein harmonisches Verhältnis zur EMRK zu setzen. Durch die Verkörperung eines Mindestschutzniveaus für das Recht der Union wird die Konvention an sich, zumindest in ihren von der Charta übernommenen Teilen, zu einem „verbindlichen Referenzpunkt bzw. mittelbaren Bestandteil des EU-Rechts“.[209] Sie entwickelt sich zu einer Art *droit commun* oder „hartem Kern des europäischen Grundrechtsschutzes“[210], welcher sämtlichen europäischen Rechtsordnungen – sei es mitgliedstaatlich oder unional – gemeinsam und daher systemübergreifend ist.[211]

207 Vgl. *Ziegenhorn*, Der Einfluss der EMRK im Recht der EU-Grundrechtecharta. Genuin chartarechtlicher Grundrechtsschutz gemäß Art. 52 Abs. 3 GRCh, 2009, S. 163.

208 Vgl. *Jarass*, in: ders. (Hrsg.), Charta der Grundrechte der Europäischen Union unter Einbeziehung der vom EuGH entwickelten Grundrechte und der Grundrechtsregelungen der Verträge, Kommentar, 2010, Art. 52 GRCh, Rn. 58.

209 Vgl. *Callewaert*, Die EMRK und die EU-Grundrechtecharta, Bestandsaufnahme einer Harmonisierung auf halbem Weg, EuGRZ 2003, 198 (200); *Eisner*, Die Schrankenregelung der Grundrechtecharta der Europäischen Union. Gefahr oder Fortschritt für den Grundrechtsschutz in Europa?, 2005, S. 125; ferner *Ludwig*, Zum Verhältnis zwischen Grundrechtecharta und allgemeinen Grundsätzen – die Binnenstruktur des Art. 6 EUV n.F., EuR 2011, 715 (716).

210 Vgl. *Callewaert*, Die EMRK und die EU-Grundrechtecharta, Bestandsaufnahme einer Harmonisierung auf halbem Weg, EuGRZ 2003, 198 (200).

211 Vgl. *Tulkens/Callewaert*, La Cour de justice, la Cour europóene des droits de l'homme et la protection des droits fondamentaux, in: Dony/Bribosia (éds.), L'avenir du système juridictionnel de l'Union européenne, 2002, p. 177 ff.

2. *Art. 52 Abs. 3 S. 2 GRCh*

Als Ausnahme von der grundsätzlichen Übereinstimmung zwischen den Rechten der Charta und solchen der Konvention, stellt der zweite Satz des Art. 52 Abs. 3 GRCh indes klar, dass die Transferklausel des ersten Satzes einen weiter gehenden Schutz durch das Recht der Union nicht verhindert.[212]

Der Charta gegenüber fungiert Art. 52 Abs. 3 S. 2 GRCh als Schutzklausel, indem er verhindert, dass die durch Art. 52 Abs. 3 S. 1 GRCh hergestellte enge Verbindung mit der EMRK zu einer Absenkung des Schutzes führt, welchen „das Recht der Union" bereits gewährt.[213] Mit anderen Worten soll weder die Charta zu einer Gefährdung des Konventionsstandards führen, noch soll umgekehrt die EMRK zu einer Gefährdung des Schutzstandards des Rechts der Union führen.[214] Die EMRK bildet demzufolge die Untergrenze, nicht aber das Höchstmaß für die Anwendung von Grundrechten.[215] Art. 52 Abs. 3 S. 2 GRCh stellt auf diese Weise eine Günstigkeitsregel zugunsten weiterreichender Rechte der Union dar – günstigeres Unionsrecht geht einem ungünstigeren Recht der Konvention vor. Art. 52 Abs. 3 S. 2 GRCh ist damit gewissermaßen als „Ausnahmeregelung" des Art. 52 Abs. 3 S. 1 GRCh zu qualifizieren. Dementsprechend gilt auch Art. 52 Abs. 2 als „Ausnahme" des Art. 52 Abs. 3 S. 1 i.S.v. Art. 52 Abs. 3 S. 2 GRCh.

Neben der Funktion als Schutzklausel wird Art. 52 Abs. 3 S. 2 GRCh die Funktion als „zukunftsorientierte Öffnungsklausel" zugesprochen, welche der Grundrechtekonvent in politischer Absicht aufgenommen hat, um die fortbestehende Autonomie des Unionsrechts zu unterstreichen.[216] Diese Absicht ergibt sich auch aus den Präsidiumserläuterungen zu Art. 52 GRCh, nach denen die Eigenständigkeit des Unionsrechts – trotz Inkorporation der Konventionsrechte – nicht berührt werden darf.[217] Somit gewährleistet Art. 52 Abs. 3 S. 2 GRCh die Weiterentwicklungsmöglichkeit der Unionsgrundrechte und eine uneingeschränkte, aber auch materiell fortbestehende Unabhängigkeit des unionalen Schutzniveaus gegenüber der Konvention.[218]

Diese insgesamt positive Bilanz und das in sich stimmige Konzept des Art. 52 Abs. 3 GRCh täuschen jedoch nicht darüber hinweg, dass sich die Harmonisierung der beiden

---

212 Art. 52 Abs. 3 S. 1 GRCh kann daher – der Definition *Sauers* folgend – als „Koexistenznorm" bezeichnet werden, weil sie einen grundrechtlichen Mindeststandard fixiert, über den parallel anwendbare Grundrechtsordnungen – hier im Sinne von Art. 52 Abs. 3 S. 2 GRCh – hinausgehen dürfen (*ders.*, Bausteine eines Grundrechtskollisionsrechts für das europäische Mehrebenensystem, EuGRZ 2011, 195 (197)).

213 Vgl. *Eisner*, Die Schrankenregelung der Grundrechtecharta der Europäischen Union. Gefahr oder Fortschritt für den Grundrechtsschutz in Europa?, 2005, S. 152.

214 Vgl. *Borowsky*, in: Meyer (Hrsg.), Kommentar zur Charta der Grundrechte der Europäischen Union, 2006, Art. 52 GRCh, Rn. 41.

215 Vgl. *Manhart/Maurer*, EU-Verfassungsvertrag und Grundrechtscharta: Welche Auswirkungen hat die Aufnahme der Grundrechtscharta in den Verfassungsvertrag auf den Grundrechtsschutz in Europa?, MRM 2005, 160 (166).

216 Vgl. *Borowsky*, in: Meyer (Hrsg.), Kommentar zur Charta der Grundrechte der Europäischen Union, 2006, Art. 52 GRCh, Rn. 39.

217 ABl. C 303 vom 14.12.2007, 33.

218 Vgl. *Braibant*, La Charte des droits fondamentaux de l'Union européenne, Témoignage et commentaires, 2001, Art. 52, p. 264; *von Danwitz*, in: Tettinger/Stern (Hrsg.), Kölner Gemeinschaftskommentar zur Europäischen Grundrechte-Charta, 2006, Kapitel VII, Art. 52 GRCh, Rn. 62.

Grundrechtsordnungen mit dem Inkrafttreten der Charta erst auf halbem Wege befindet, denn es fehlt noch der formelle Beitritt der EU zur EMRK.[219]

3. *Vorteile eines „doppelten" Grundrechtsschutzes*

> "Even the European Council underlined that incorporating the Charter into the Treaties and the European Union's accession to the European Convention will place the Union under: "[A] legal obligation to ensure that in all its areas of activity, fundamental rights are not only respected but also actively promoted."[220]

In diesem Sinne erkennt die Europäische Union einerseits mit Art. 6 Abs. 1 EUV nunmehr die in der Charta niedergelegten Rechte, Freiheiten und Grundsätze an, wodurch sie von einer Rechtserkenntnisquelle, die „Aufschluss über die durch die Gemeinschaftsrechtsordnung garantierten Grundrechte"[221] gibt, zu einer eigenständigen Grundrechtsquelle der Union mutiert,[222] welche den gegenwärtig anerkannten Grundrechtsstandard in Europa verkörpert.[223] Die EMRK andererseits findet mit dem Verbindlichwerden des Lissabonner Vertrags und dem Beitritt der Union zur Konvention in dreifacher Hinsicht Eingang in das Unionsrecht: „Sie stellt den grundrechtlichen Mindeststandard im Bereich der Grundrechtecharta, ist Rechtserkenntnisquelle zur Ermittlung der Grundrechte, wie sie durch die allgemeinen Rechtsgrundsätze des Unionsrechts nach Art. 6 Abs. 3 EU n.F. gewährleistet werden, und Rechtsquelle des völkerrechtlichen Grundrechtsschutzes."[224]

Die Anforderungen der verschiedenen Grundrechtsquellen sind infolge dessen kumulativ zu erfüllen, denn erst mit der Komplementarität der Maßnahmen wird gewährleistet, dass die Union die Grundrechte uneingeschränkt achtet.[225] Das heißt, dass sich die differenten Verbürgungen nicht relativieren, sondern ergänzen,[226] indem sie sich „wech-

---

219 Vgl. *Callewaert*, Die EMRK und die EU-Grundrechtecharta, Bestandsaufnahme einer Harmonisierung auf halbem Weg, EuGRZ 2003, 198 (201).

220 European Council Conclusions, November 4-5, 2004, zitiert in: *Toggenburg*, The role of the new EU Fundamental Rights Agency: Debating the „sex of angels" or improving Europe's human rights performence?, EL Rev. 2008, 385 (390).

221 Vgl. Schlussanträge der GAin *Kokott* vom 14.10.2004 zu EuGH, verb. Rs. C-387/02, C-391/02 und C-403/02, Slg. 2005, I-3565 – *Berlusconi*, Nr. 83: „Wenngleich diese Charta noch keine dem Primärrecht vergleichbaren bindenden Rechtswirkungen entfaltet, gibt sie doch zumindest als Rechtserkenntnisquelle Aufschluss über die durch die Gemeinschaftsrechtsordnung garantierten Grundrechte."

222 Vgl. *Weber*, Vom Verfassungsvertrag zum Vertrag von Lissabon, EuZW 2008, 7 (8).

223 Vgl. *Walter*, Geschichte und Entwicklung der Europäischen Grundrechte und Grundfreiheiten, in: Ehlers (Hrsg.), Europäische Grundrechte und Grundfreiheiten, 2005, Rn. 32; auch so *Schulte-Herbrüggen*, Der Grundrechtsschutz in der Europäischen Union nach dem Vertrag von Lissabon, ZEuS 2009, 343 (347).

224 Vgl. *Schulte-Herbrüggen*, Der Grundrechtsschutz in der Europäischen Union nach dem Vertrag von Lissabon, ZEuS 2009, 343 (363).

225 Vgl. *Paeffgen*, Haus ohne Hüter?, Die Justizgrundrechte im Mehr-Ebenen-System von EG-/EU-Vertrag, EMRK und Europäischem Verfassungsvertrags-Entwurf, ZStW 2006, 275 (346).

226 Vgl. *Schmitz*, Die Grundrechtecharta als Teil der Verfassung der Europäischen Union, EuR 2004, 691 (698); so auch *P. van Dijk*: "The adoption of the Charter nor its inclusion in a EU Constitutional Treaty would stand in the way of accession, nor make it less desirable", European Commission for

selseitig intern reflektieren".[227] Das Vorhandensein der Charta schmälert zum einen nicht den Nutzen, der von der Anwendung – auf die EU – des durch die EMRK eingeführten Mechanismus der externen Kontrolle erhofft wird.[228] Zum anderen würde ein Beitritt zur EMRK für die Union nicht bedeuten, dass es weniger zweckmäßig wäre, einen eigenen Grundrechtekatalog zu haben, dies umso mehr, als die EMRK ihren Vertragsparteien gemäß Art. 53 EMRK[229] zugesteht, über die mit der EMRK garantierten Rechte hinauszugehen.[230] Die Konvention kann also nicht als Ersatz für den breiter angelegten Grundrechtekatalog der Charta gelten, welcher auch von der EMRK nicht abgedeckte Grundrechte umfasst; sie ist aber als notwendige Ergänzung des eigenen Grundrechtekatalogs der EU unverzichtbar geworden.[231] Die Charta ist in diesem Sinne – wie die Grundrechtsteile in nationalen Verfassungen – „Fundament und Kontrapunkt der EMRK zugleich"[232] und die beiden Grundrechtskataloge können wie „verschiedene übereinander gespannte Netze" wirken.[233]

Überdies ist es wichtig, die Anomalie auszuräumen, die darin besteht, dass die Europäische Union, welche die ihr von ihren Mitgliedstaaten übertragenen Befugnisse ausübt, nicht Vertragspartei der EMRK neben eben diesen Mitgliedstaaten ist.[234] Wie die Arbeitsgruppe II „Charta" des Konvents bereits zutreffend bemerkt hat, würde mit der Charta und dem Beitritt der Union zur EMRK dieselbe Rechtslage herbeigeführt wie in den Mitgliedstaaten, die den Schutz der Grundrechte in ihren Verfassungen verankert

---

Democracy trough law (Venice Commission), Strasburg 17.09.2003, CDL (2003) 59, Opinion No. 256/2003.

227 Vgl. *Viellechner*, Berücksichtigungspflicht als Kollisionsregel, EuGRZ 2011, 203 (203). *Grewe* spricht in diesem Zusammenhang sogar von einer „Idealkonkurrenz", in der sich die Rechte ergänzen, aber nicht konkurrieren oder sich überschneiden (*dies*., Beitritt der EU zur EMRK und ZP 14: Wirksame Durchsetzung einer gesamteuropäischen Grundrechteverfassung?, EuR 2012, 285 (289)).

228 Vgl. Europäischer Konvent, Modalitäten und Auswirkungen einer Einbeziehung der Charta der Grundrechte in die Verträge sowie eines Beitritts der Gemeinschaft/Union zur EMRK vom 18.06.2002, CONV 116/02, 17.

229 Dort heißt es: „Diese Konvention ist nicht so auszulegen, als beschränke oder beeinträchtige sie Menschenrechte und Grundfreiheiten, die in den Gesetzen einer Hohen Vertragspartei oder in einer anderen Übereinkunft, deren Vertragspartei sie ist, anerkannt werden." Siehe hierzu ausführlich 3. Kap. B. V. 3.

230 Vgl. *Rodríguez Iglesias*, nach dessen Auffassung sich Konvention und Charta gegenseitig bereichern sollten, statt in Konkurrenz zueinander zu stehen und eine Spaltung des Schutzes der Grundrechte in Europa zu verursachen; sowie die Bemerkungen der Beobachter des Europarats zum endgültigen Entwurf der Charta, Dok. CHARTE 49/61/00, CONTRIB 356 vom 13.11.2000 und die Europäische Kommission in der Mitteilung vom 11.10.2000, KOM (2000) 644 endg., 9.

231 Vgl. *Callewaert*, Die EMRK und die EU-Grundrechtecharta, Bestandsaufnahme einer Harmonisierung auf halbem Weg, EuGRZ 2003, 198 (201).

232 Vgl. *Alber/Widmaier*, Die EU-Charta der Grundrechte und ihre Auswirkungen auf die Rechtsprechung. Zu den Beziehungen zwischen EuGH und EGMR, EuGRZ 2000, 497 (507).

233 Vgl. *Schmitz*, Die EU-Grundrechtecharta aus grundrechtsdogmatischer und grundrechtstheoretischer Sicht, JZ 2001, 833 (836).

234 Europäischer Konvent, Beitrag der Mitglieder des Konvents Herrn *Iñigo Mendez de Vigo*, Herrn *Klaus Hänsch* und Herrn *Andrew Duff* vom 25.10.2002, CONV 368/02, CONTRIB 128, 6.

und sich gleichzeitig in Bezug auf die Einhaltung der Menschenrechte der zusätzlichen externen Kontrolle des Straßburger Gerichtshofs unterworfen haben.[235]

Diesen Erwägungen zufolge stellt der Beitritt aus Gründen der Rechtsklarheit und Rechtssicherheit eine logische und sinnvolle Ergänzung zum Inkrafttreten der Grundrechtecharta dar, denn auf diese Weise wird ein kohärentes System des Menschenrechtsschutzes in Europa herbeigeführt.[236]

IV. Aktualisierung der EMRK zur Schaffung eines „höheren" unionalen Mindeststandards

Alle Probleme bzw. Gefahren bezüglich etwaiger Divergenzen oder Unzulänglichkeiten – vor allem in Bezug auf die Rechtsprechung der beiden europäischen Gerichtshöfe[237] – werden durch den formellen Beitritt der EU zur Konvention aber nicht gelöst. Zwar bildet die EMRK im Recht der Union gemäß Art. 52 Abs. 3 S. 1 GRCh einen Mindeststandard, der nicht unterschritten werden darf, jedoch gilt dies ausschließlich für sich „entsprechende" Rechte im Sinne dieses Artikels. Der durch die EMRK gewährte Mindestschutz kommt demnach nicht zum Tragen, wenn Rechte der Charta einschlägig sind, die nicht in der EMRK enthalten sind.

Dieser Missstand sollte durch eine Modernisierung bzw. Anpassung der „eingestaubten" Konvention an die Grundrechtecharta aufgehoben werden, denn nur auf diese Weise kann die EMRK einen umfänglichen unionalen Mindeststandard garantieren. Auch der von *Gil Carlos Rodríguez Iglesias* angeführte Einwand,[238] es könne „insbesondere wegen inhaltlicher und redaktioneller Unterschiede zwischen Charta und Konvention"[239] zu Divergenzen in der Rechtsprechung von EuGH und EGMR kommen, wäre mit der hier vorgeschlagenen Lösung entkräftet. Würde die EMRK also entsprechend aktualisiert, könnte mit Fug und Recht behauptet werden, dass der „alt gediente Veteran" nicht nur Einfluss auf den „Neuling" zu nehmen vermag, sondern der „Neuling" auch Einfluss auf „den alt gedienten Veteran" nehmen kann.[240]

1. Empfehlungsantrag auf Revision der EMRK

Bereits im Zuge der Diskussion um einen eigenständigen Grundrechtekatalog auf Unionsebene wurde auf der Sitzung der Parlamentarischen Versammlung des Europarates vom 17. April 2000 ein Antrag auf Verabschiedung einer Empfehlung betreffend die Revision der EMRK zwecks ihrer Anpassung an die neuen Bedürfnisse eingebracht.[241]

---

235 Europäischer Konvent, Schlussbericht der Gruppe II über die Charta vom 22.10.2002, CONV 354/02, 12.

236 Siehe *Krüger/Polakiewicz*, Vorschläge für ein kohärentes System des Menschenrechtsschutzes in Europa, EuGRZ 2001, 92 (95).

237 Vgl. dazu 5. Kap. B.

238 Siehe 3. Kap. A.

239 *Rodríguez Iglesias*, EuGRZ 2002, 206 (207).

240 Vgl. *Gerards*, Die Europäische Menschenrechtskonvention im Konstitutionalisierungsprozess einer gemeineuropäischen Grundrechtsordnung, 2007, S. 230.

241 Vgl. dazu Council of Europe, Parliamentary Assembly, Doc. 8728 vom 17.04.2000, Revision or preparation of an additional protocol to the European Convention on Human Rights to adapt it to

Sein Ziel sollte die Anpassung der fünfzig Jahre alten Konvention an die (damals) aktuellen Gegebenheiten sein.

Nichts anderes kann heute – ein Jahrzehnt später – gelten. Auch aus allgemeinen politischen Gründen des Rechtslebens bedürfen Charta und EMRK einer ausgereiften Kohärenzsicherung, welche durch Art. 52 Abs. 3 GRCh bereits weitestgehend zufrieden stellend gegeben ist, jedoch noch eines weiterführenden Gleichlaufs bedarf. Dieser ist über eine Angleichung der Rechtstexte der beiden Grundrechtsverbürgungen herzustellen.

2. Dynamische Auslegung der EMRK

Bezüglich der Annäherung von Charta- und Konventionsrechten ist zunächst an den elementaren Grundsatz der dynamischen Auslegung völkerrechtlicher Übereinkünfte zu denken, nach welchem dynamische Konzepte – wie die EMRK – schon ihrer Natur nach nicht von der Weiterentwicklung des Rechts unbeeinflusst bleiben können.

Gemäß Art. 31 WVK sind bei der Auslegung völkerrechtlicher Verträge insbesondere der Wortlaut, der historische Wille der Vertragsparteien, der systematische Zusammenhang sowie der Sinn und Zweck des gesamten Vertragswerks als maßgebliche Auslegungsmaximen heranzuziehen und zugrunde zu legen.[242] Dass jeder völkerrechtliche Vertrag einen durch seine ständige Anwendung bedingten „evolutiven (dynamischen) Charakter“[243] haben kann, ergibt sich dabei aus dem in Art. 31 Abs. 3 lit. b WVK enthaltenen Grundsatz der authentischen Vertragsauslegung.[244] Danach wird die spätere übereinstimmende Praxis der Vertragsparteien zu einem tragenden Pfeiler der Auslegung und somit zu einem konstitutiven Element der Bestimmung des Vertragsinhalts. Dies gilt insbesondere dann, wenn durch den völkerrechtlichen Vertrag sogar eigene Rechtsprechungsorgane zur Auslegung des Vertragswerks vorgesehen sind, wie im Bereich der EMRK der EGMR.[245]

---

current needs. Motion for a recommendation presented by MM. Behrendt, Binding, Wodarg and others. In dem Empfehlungsantrag heißt es u.a.: „(…) 5. i. human dignity is explicitly mentioned as the foundation of human rights; ii. the right to free elections (“democratic clause”) is stipulated with wider scope; iii. the right to asylum is provided for; iv. the right to protection against environmental damage is stipulated; v. the right to education is guaranteed; vi. the right to data-protection is established; vii. the protection of the human body, including its genetic basis, is guaranteed and is not patentable (...)”. Siehe *Alber/Widmaier*, Die EU-Charta der Grundrechte und ihre Auswirkungen auf die Rechtsprechung. Zu den Beziehungen zwischen EuGH und EGMR, EuGRZ 2000, 497 (500); *Eisner*, Die Schrankenregelung der Grundrechtecharta der Europäischen Union. Gefahr oder Fortschritt für den Grundrechtsschutz in Europa?, 2005, S. 112, Fn. 672; *Gerards*, Die Europäische Menschenrechtskonvention im Konstitutionalisierungsprozess einer gemeineuropäischen Grundrechtsordnung, 2007, S. 230.

242 Vgl. *Herdegen*, Völkerrecht, 2007, S. 117, Rn. 28.

243 Vgl. *Ress*, Verfassungsrechtliche Auswirkungen der Fortentwicklung völkerrechtlicher Verträge, in: Fürst/Herzog/Umbach (Hrsg.), Festschrift für Wolfgang Zeidler, 1987, S. 1775 (1776).

244 Vgl. *Bröhmer*, Transparenz als Verfassungsprinzip, 2004, S. 314.

245 Ebenda.

Die Angleichung der Konvention als ein „sich ständig entwickelndes System zum Schutz der Menschenrechte und Grundfreiheiten“[246] an die Charta findet demzufolge nicht zuletzt über den Weg der dynamischen Auslegung völkerrechtlicher Übereinkünfte statt. Nichtsdestotrotz wäre es – vor allem aus Gründen der Rechtsklarheit und Transparenz – wünschenswert, dass die entsprechenden Rechte auch im Text der Konvention normiert sind.

3. *Anpassung über Zusatzprotokolle zur EMRK*

Die Konvention ist im Gegensatz zur Grundrechtecharta änderungs- bzw. anpassungsfähig, was sie – der Charta gegenüber – insofern zum „moderneren“ europäischen Grundrechtekatalog macht. Dies liegt daran, dass die Charta, die den gegenwärtig anerkannten Grundrechtsstandard in Europa verkörpert, durch den Lissabonner Vertrag als eigenständiges Dokument bestehen bleibt, wogegen der Verfassungsvertrag noch ihre vollständige Inkorporation *in die Verträge* vorsah. Der aktuelle Vertrag gliedert die Charta damit – über den Verweis in Art. 6 Abs. 1 EUV – zwar in das Vertragswerk ein, jedoch nicht *in die Verträge* selbst, was wiederum zur Folge hat, dass das in Art. 48 EUV geregelte Änderungsverfahren nicht auf die Charta anwendbar ist.[247] Denn dort wird ausdrücklich auf „die Verträge“ abgestellt, bei denen es sich nach der Legaldefinition des Art. 1 Abs. 3 EUV nur um den EU-Vertrag und den Vertrag über die Arbeitsweise der EU handelt.[248] *Schulte-Herbrüggen* geht dennoch von einer Anwendbarkeit des ordentlichen Änderungsverfahrens nach Art. 48 EUV auch auf die Charta aus, weil diese durch Art. 6 Abs. 1 EUV jedenfalls „vertragsgleich“ gestellt wird und eine andere Sichtweise dieser Gleichstellung nicht gerecht würde.[249] Selbst wenn man eine solche – nicht abwegige – analoge Anwendung auf die Charta annimmt, so ist augenscheinig, dass die Konvention die Frage der Analogie gar nicht erst aufkommen lässt. Die EMRK als *living instrument* ist an gegenwärtige (Menschenrechts-)Bedürfnisse anpassbar – Angleichungen dieser Art erfolgen über die Zusatzprotokolle. Die Modernisierung der „flexiblen“ EMRK an die Grundrechtecharta ist demgemäß mit Hilfe ihrer Protokolle zu realisieren, indem diese – durch völkerrechtlichen Vertragsschluss der Konventionsstaaten – geändert bzw. sogar neu verfasst werden.

Auf diese Weise wird die Konvention auf den neuesten Stand und in Gleichlauf mit der Charta gebracht, womit auf Unionsebene ein noch „höherer“ Mindeststandard durch die EMRK garantiert wird. Dies gilt vor allem auch dann, wenn Rechte der Charta im Laufe der Zeit nicht mehr den modernsten Standard bieten, denn die Charta ist im Gegensatz zur Konvention eben nicht ohne weiteres änderungsfähig.

---

246 Siehe dazu die Entschließung des Europäischen Parlaments vom 09.05.2010 zu den institutionellen Aspekten des Beitritts der Europäischen Union zur Europäischen Konvention zum Schutz der Menschenrechte und Grundfreiheiten, ABl. C 161 E vom 31.05.2011, 73, Erwägung K.

247 Vgl. *Schulte-Herbrüggen*, Der Grundrechtsschutz in der Europäischen Union nach dem Vertrag von Lissabon, ZEuS 2009, 343 (348).

248 Vgl. ebenda, 343 (349).

249 Ebenda.

V. Art. 53 GRCh als „Geltungserhaltungs-“ bzw. „Meistbegünstigungsklausel“

Art. 53 GRCh regelt unter der Überschrift „Schutzniveau“:

> „Keine Bestimmung dieser Charta ist als eine Einschränkung oder Verletzung der Menschenrechte und Grundfreiheiten auszulegen, die in dem jeweiligen Anwendungsbereich durch das Recht der Union und das Völkerrecht sowie durch die internationalen Übereinkünfte, bei denen die Union oder alle Mitgliedstaaten Vertragsparteien sind, darunter insbesondere die Europäische Konvention zum Schutz der Menschenrechte und Grundfreiheiten, sowie durch die Verfassungen der Mitgliedstaaten anerkannt werden.“[250]

Den Präsidiumserläuterungen zufolge liegt der Zweck dieser Bestimmung in der „Aufrechterhaltung des durch das Recht der Union, das Recht der Mitgliedstaaten und das Völkerrecht in seinem jeweiligen Anwendungsbereich gegenwärtig gewährleisteten Schutzniveaus“.[251] Dabei findet die EMRK aufgrund ihrer Bedeutung ausdrückliche Erwähnung.

1. Diskussion im Grundrechtekonvent

Mit Blick auf den Entstehungsprozess des Art. 53 GRCh spricht *Liisberg* zu Recht von einem „fumbling approach“[252], da die Genese nicht in einer Linie verlief und von einigen Missverständnissen geprägt war.[253] Von Anfang an gab es aber Forderungen, dass die Charta weder zu einer Harmonisierung der nationalen Grundrechte[254] noch zu einer Unterschreitung des Schutzniveaus der Konvention[255] führen dürfe.

Im Mittelpunkt des ersten Präsidiumsentwurfs zu Art. 53 GRCh stand noch das Verhältnis der Charta zur EMRK mit der Präzisierung, dass der Schutzstandard der Konvention nicht von der Charta unterschritten werden sollte.[256] Diese Überlegungen verla-

---

250 Hervorhebung durch Verfasserin. Da Art. 53 GRCh davon ausgeht, dass die Union Vertragspartei einer internationalen Übereinkunft – insbesondere der EMRK – sein kann, ist sie bezüglich eines angestrebten Beitritts der EU zur EMRK zukunftsorientiert ausgerichtet.

251 Erläuterung zu Art. 53 GRCh.

252 Vgl. *Liisberg*, Does the EU Charter of Fundamental Rights threaten the supremacy of Community law?, CML Rev. 2001, 1171 (1181).

253 Vgl. *Borowsky*, in: Meyer (Hrsg.), Kommentar zur Charta der Grundrechte der Europäischen Union, 2006, Art. 53 GRCh, Rn. 2. Einen ausführlichen Überblick zur Entstehungsgeschichte des Art. 53 GRCh geben *Lemmens*, The Relation between the Charter of Fundamental Rights of the European Union and the European Convention on Human Rights – Substantive Aspects, MJ 2001, 49 (50 ff.) und *Liisberg*, Does the EU Charter of Fundamental Rights threaten the supremacy of Community law?, CML Rev. 2001, 1171 (1172 ff.).

254 Protokoll der 2. Sitzung des Konvents am 01./02.02.2000, in: Bernsdorff/Borowsky, Die Charta der Grundrechte der Europäischen Union. Handreichungen und Sitzungsprotokolle, 2002, S. 131.

255 Body 3 vom 20.01.2000, 5; 3. Protokoll der 3. Sitzung des Konvents am 24./25.02.2000, in: ebenda, 139 f.

256 Vgl. Art. Z in: CONTENT 5 vom 15.02.2000, 11: „Keine Bestimmung dieser Charta kann dahingehend ausgelegt werden, dass sie den gemäß Art. 6 des Vertrages über die Europäische Union durch die Europäische Menschenrechtskonvention gewährten Schutz einschränkt.“

gerten sich jedoch alsbald,[257] so dass sich die folgenden Vorschläge zunehmend an der Meistbegünstigungsklausel des Art. 53 EMRK orientierten.[258] Ausschlaggebend für diese Wende war die Besorgnis, dass das in Teilen hohe Schutzniveau der Mitgliedstaaten durch die Grundrechtecharta Einbußen erleiden könnte.[259] Da die Charta die nationalen Verfassungen aber weder ersetzen noch eindämmen dürfe, einigte man sich schließlich darauf, auf die „Verfassungen der Mitgliedstaaten"[260] zu verweisen.

Überdies wurde die Nennung weiterer Grundrechtsquellen in Art. 53 GRCh kontrovers diskutiert und zog zahlreiche Änderungsanträge nach sich.[261] Neben den Forderungen nach einem Verweis auf die Straßburger Rechtsprechung[262] befürworteten einige Diskutanten auch eine Bezugnahme auf die Rechtsprechung des EuGH[263] und der nationalen Verfassungsgerichte[264] sowie Verweisungen auf die Zusatzprotokolle zur EMRK[265], die Europäische Sozialcharta[266] und die Genfer Konventionen[267]. Diese Vorschläge wurden allesamt nicht vom Präsidium aufgegriffen; jedoch wurde der Passus „in ihrem jeweiligen Anwendungsbereich" eingefügt, um jeglichen Zweifel am Vorrang des Unionsrechts – auch den nationalen Verfassungen gegenüber – auszuschließen.[268]

Die Bezugnahme sowohl auf das Recht der Union und das Völkerrecht als auch auf die internationalen Übereinkommen – insbesondere die EMRK – und die Verfassungen der Mitgliedstaaten führt unabwendbar zu der Frage, nach welcher Grundrechtsordnung das durch die Charta gewährleistete Schutzniveau auszurichten ist, wenn ein Grundrecht

257 Der ursprünglich in den Erläuterungen zu Art. 53 GRCh enthaltene Hinweis darauf, dass das Schutzniveau der Charta nicht unter dem in der EMRK vorgesehenen Niveau liegen darf, dient nunmehr zur Begründung des Art. 52 Abs. 3 GRCh (vgl. CONVENT 49 vom 11.10.2000, 50 und jetzt ABl. C 303 vom 14.12.2007, 33).

258 Vgl. *Bühler*, Einschränkung von Grundrechten nach der Europäischen Grundrechtecharta, 2005, S. 397 ff.; *von Danwitz*, in: Tettinger/Stern (Hrsg.), Kölner Gemeinschaftskommentar zur Europäischen Grundrechte-Charta, 2006, Kapitel VII, Art. 53 GRCh, Rn. 1.

259 Vgl. Entschließung des Europäischen Parlaments vom 16.03.2000, Dokument CHARTE 4199/00, CONTRIB 80 vom 05.04.2000, 6; Entschließung des Deutschen Bundesrates vom 17.03.2000, BR-Drs. 47/00.

260 Änderungsvorschlag des finnischen Parlamentariers *Jansson*, den das Präsidium in seiner Synthese in Dokument CHARTE 4383/00, CONVENT 41 vom 03.07.2000 aufnahm.

261 Viele Änderungsanträge befinden sich in CONVENT 39 vom 16.06.2000, 458-475; vgl. Übersicht über die Änderungsanträge zu Art. 53 GRCh, CONVENT 41 vom 03.07.2000, 28.

262 3. Protokoll der 3. Sitzung des Konvents am 24./25.02.2000, in: Bernsdorff/Borowsky, Die Charta der Grundrechte der Europäischen Union. Handreichungen und Sitzungsprotokolle, 2002, S. 140; 16. Protokoll der 16. Sitzung des Konvents am 11./12.09.2001, in: ebenda, S. 358, 360.

263 9. Protokoll der 9. Sitzung des Konvents am 03./04.05.2000, in: ebenda, S. 236.

264 Vgl. ebenda, S. 239 f.; 13. Protokoll der 13. Sitzung des Konvents am 29./30.06.2000, in: ebenda, S. 249.

265 13. Protokoll der 13. Sitzung des Konvents am 29./30.06.2000, in: ebenda, S. 299.

266 Vgl. ebenda, S. 303; 16. Protokoll der 16. Sitzung des Konvents am 11./12.09.2001, in: ebenda, S. 360; 17. Protokoll der 17. Sitzung des Konvents am 25./26.09.2000, in: ebenda, S. 381 ff., 387, 389 ff.; vgl. auch *von Danwitz*, in: Tettinger/Stern (Hrsg.), Kölner Gemeinschaftskommentar zur Europäischen Grundrechte-Charta, 2006, Kapitel VII, Art. 53 GRCh, Rn. 3.

267 3. Protokoll der 3. Sitzung des Konvents am 24./25.02.2000, in: Bernsdorff/Borowsky, Die Charta der Grundrechte der Europäischen Union. Handreichungen und Sitzungsprotokolle, 2002, S. 140.

268 Vgl. *Borowsky*, in: Meyer (Hrsg.), Kommentar zur Charta der Grundrechte der Europäischen Union, 2006, Art. 53 GRCh, Rn. 5.

von unterschiedlichen Grundrechtsordnungen auf unterschiedlichem Niveau geschützt wird.[269] In einem solchen Kollisionsfall muss entschieden werden, wie das grundrechtliche Schutzniveau zu bestimmen ist.

Außerdem gilt es zu klären, welches Recht vorrangig sein soll, wenn die Charta bei einem „entsprechenden" Konventionsrecht i.S.v. Art. 52 Abs. 3 S. 1 GRCh einen weiter gehenden Schutz als die EMRK gemäß Art. 52 Abs. 3 S. 2 GRCh gewährt, dadurch aber ein anderes Konventionsrecht durch die Charta eingeschränkt wird. Das Recht der EMRK oder das Recht der Charta?

2. *„Hochzonung" der Grundrechtecharta auf das höchste Schutzniveau der genannten Grundrechtsordnungen?*

a) *Schutzniveausicherung nationaler Grundrechte?*

aa) *Renationalisierungsthese*

Teilweise wird Art. 53 GRCh im Schrifttum als Mindestschutzklausel in dem Sinne interpretiert, dass die Grundrechtsnormen der Mitgliedstaaten Minimalstandards formulierten,[270] an denen für den Fall, dass der Grundrechtsschutz der Grundrechtecharta dahinter zurückbliebe, auch Unionsrechtsakte zu messen seien.[271] Der nationalen Grundrechtsordnung mit dem jeweils höchsten Schutzniveau würde also im Konfliktfall der Vorrang eingeräumt werden, was praktisch der Abkehr vom Vorrang des Unionsrechts gleichkäme. Im Interesse eines möglichst intensiven Grundrechtsschutzes wird insofern auch von einer „Renationalisierung" der Grundrechte gesprochen, durch welche eine divergierende Grundrechtsgeltung unter den Mitgliedstaaten in Kauf ge-

---

269 Vgl. *Gerards*, Die Europäische Menschenrechtskonvention im Konstitutionalisierungsprozess einer gemeineuropäischen Grundrechtsordnung, 2007, S. 230; *von Danwitz*, in: Tettinger/Stern (Hrsg.), Kölner Gemeinschaftskommentar zur Europäischen Grundrechte-Charta, 2006, Kapitel VII, Art. 53 GRCh, Rn. 9.

270 Vgl. *Lenaerts/de Smijter*, A „Bill of Rights" for the European Union, CML Rev. 2001, 273 (287 f.); *Barriga*, Die Entstehung der Charta der Grundrechte der Europäischen Union. Eine Analyse der Arbeiten im Konvent und kompetenzrechtlicher Fragen, 2003, S. 168; *Besselink*, Entrapped by the Maximum Standard: On Fundamental Rights, Pluralism and Subsidiarity in the European Union, CML Rev. 1998, 629 (677); *Braibant*, La Charte des droits fondamentaux de l'Union européenne, Témoignage et commentaires, 2001, Art. 53, p. 268 f.; *Ruffert*, Schlüsselfragen der Europäischen Verfassung der Zukunft: Grundrechte – Institutionen – Kompetenzen – Ratifikation, EuR 2004, 165 (174); *Skouris*, Introducing a binding Bill of Rights for the European Union, Can three parallel systems of protection of fundamental rights coexist harmoniously?, in: Blankenagel/Pernice/Schulze-Fielitz (Hrsg.), Verfassung im Diskurs der Welt, Liber Amicorum für Peter Häberle zum siebzigsten Geburtstag, 2004, S. 261 (268); *Lemmens*, The Relation between the Charter of Fundamental Rights of the European Union and the European Convention on Human Rights – Substantive aspects, MJ 2001, 49 (54 f.); zurückhaltend *Garcia*, The General Provisions of the Charter of Fundamental Rights of the European Union, ELJ 2002, 492 (513 f.); ablehnend *Borowsky*, in: Meyer (Hrsg.), Kommentar zur Charta der Grundrechte der Europäischen Union, 2006, Art. 53 GRCh, Rn. 9; *von Danwitz*, in: Tettinger/Stern (Hrsg.), Kölner Gemeinschaftskommentar zur Europäischen Grundrechte-Charta, 2006, Kapitel VII, Art. 53 GRCh, Rn. 12.

271 Vgl. *Lindner*, Grundrechtsschutz in Europa – System einer Kollisionsdogmatik?, EuR 2007, 160 (168).

nommen wird.[272] Nationale Grundrechte würden Unionsgrundrechten vorgehen, wenn sie weiterreichende Garantien statuieren.[273] Zur Begründung dieser Ansicht wird ins Feld geführt, dass mit Art. 53 GRCh nur auf die „Verfassungen", nicht aber allgemein auf das *Recht* der Mitgliedstaaten Bezug genommen wird,[274] was auf eine besondere Stellung der mitgliedstaatlichen Verfassungen hindeute. Die Bezugnahme auf internationale Abkommen, deren Vertragspartner „alle" Mitgliedstaaten sind, könne darüber hinaus nur so verstanden werden, dass die in Art. 53 GRCh genannten Grundrechtsordnungen – darunter eben auch die nationalen Verfassungen – als „baseline" des Unionsrechts anzusehen seien.[275]

bb) Bewertung

Art. 53 GRCh würde nach dieser Lesart für den Bereich der Grundrechte – einer primärrechtlichen „Neo-Solange-I-Klausel" gleichkommend – den Vorrang des Unionsrechts, welcher einen grundlegenden Bestandteil des *acquis communautaire* bildet und nunmehr mit der 17. Erklärung zum Vertrag von Lissabon[276] bekräftigt wird, durchbrechen.[277] Das Verwerfungsmonopol des EuGH würde aufgeweicht und die einheitliche

---

272 Vgl. *Callies*, Die Charta der Grundrechte der Europäischen Union – Fragen der Konzeption, Kompetenz und Verbindlichkeit, EuZW 2001, 261 (267); *Griller*, Der Anwendungsbereich der Grundrechtscharta und das Verhältnis zu sonstigen Gemeinschaftsrechten, Rechten aus der EMRK und zu verfassungsgesetzlich gewährleisteten Rechten, in: Duschanek/Griller (Hrsg.), Grundrechte für Europa. Die Europäische Union nach Nizza, 2002, S 31 (175); *Barriga*, Die Entstehung der Charta der Grundrechte der Europäischen Union. Eine Analyse der Arbeiten im Konvent und kompetenzrechtlicher Fragen, 2003, S. 170 ff.

273 Vgl. *Arnold*, Begriff und Entwicklung des Europäischen Verfassungsrechts, in: Geis/Lorenz (Hrsg.), Staat – Kirche – Verwaltung. Festschrift für Hartmut Maurer zum 70. Geburtstag, 2001, S. 855 (864).

274 Vgl. *Bühler*, Einschränkung von Grundrechten nach der Europäischen Grundrechtecharta, 2005, S. 406.

275 Vgl. *Liisberg*, Does the EU Charter of Fundamental Rights threaten the supremacy of Community law?, CML Rev. 2001, 1171 (1192); Vgl. *Gerards*, Die Europäische Menschenrechtskonvention im Konstitutionalisierungsprozess einer gemeineuropäischen Grundrechtsordnung, 2007, S. 233.

276 ABl. C 83 vom 30.03.2010, 344: „Die Konferenz weist darauf hin, dass die Verträge und das von der Union auf der Grundlage der Verträge gesetzte Recht im Einklang mit der ständigen Rechtsprechung des Gerichtshofs der Europäischen Union unter den in dieser Rechtsprechung festgelegten Bedingungen Vorrang vor dem Recht der Mitgliedstaaten haben." Darüber hinaus hat die Konferenz beschlossen, dass das Gutachten des Juristischen Dienstes des Rates zum Vorrang in der Fassung des Dokuments 11197/07 (JUR 260) vom 22.06.2007 der Schlussakte beigefügt wird:
„Nach der Rechtsprechung des Gerichtshofs ist der Vorrang des EG-Rechts einer der Grundpfeiler des Gemeinschaftsrechts. Dem Gerichtshof zufolge ergibt sich dieser Grundsatz aus der Besonderheit der Europäischen Gemeinschaft. Zum Zeitpunkt des ersten Urteils im Rahmen dieser ständigen Rechtsprechung (Rechtssache 6/64, Costa gegen ENEL, 15. Juli 1964 war dieser Vorrang im Vertrag nicht erwähnt. Dies ist auch heute noch der Fall. Die Tatsache, dass der Grundsatz dieses Vorrangs nicht in den künftigen Vertrag aufgenommen wird, ändert nichts an seiner Existenz und an der bestehenden Rechtsprechung des Gerichtshofs."

277 Vgl. *Ziegenhorn*, Der Einfluss der EMRK im Recht der EU-Grundrechtecharta. Genuin chartarechtlicher Grundrechtsschutz gemäß Art. 52 Abs. 3 GRCh, 2009, S. 220. Im Verfassungsvertrag wurde der Vorrang des Unionsrechts mit Art. I-6 sogar ausdrücklich in der Haupturkunde festgeschrieben: „Die Verfassung und das von den Organen der Union in Ausübung der der Union übertragenen Zuständigkeiten gesetzte Recht haben Vorrang vor dem Recht der Mitgliedstaaten" (vgl. ABl. C 310 vom 16.12.2004, 12).

Geltung des sekundären Unionsrechts wäre in Frage gestellt.[278] Eine quasi automatische „Hochzonung“ der Chartarechte der beschriebenen Art hätte außerdem zur Konsequenz, dass ein bestimmter Mitgliedstaat seinen Schutzstandard für alle Mitgliedstaaten verbindlich vorschreiben und ihnen seine Lösung aufzwingen könnte.[279] Diese mit einem Maximalschutz verbundenen Folgen dürften kaum den Intentionen des Konvents bei der Ausarbeitung der Charta entsprechen. Dessen Befassung mit der Frage des Rangverhältnisses des Unionsrechts war vom Kölner Mandat ohnehin weder vorgesehen noch gedeckt.[280]

Auch der Verweis auf die „Verfassungen der Mitgliedstaaten“ ist kein Indiz für deren besonderen Rang im Sinne einer „baseline“, sondern vielmehr ein Kompromiss zwischen den Mitgliedern des Konvents, die eine explizite Bezugnahme auf das „Recht der Mitgliedstaaten“ begehrten,[281] und denen, die einen Verweis auf mitgliedstaatliche Vorschriften entweder vollständig ablehnten[282] oder bloß die Formel der „gemeinsamen Verfassungsüberlieferungen der Mitgliedstaaten“ in Art. 53 GRCh aufnehmen wollten[283]. Ein Verständnis des Art. 53 GRCh als „Renationalisierung“ des Grundrechtsschutzes würde darüber hinaus die einschränkende Formulierung „in dem jeweiligen Anwendungsbereich“ verkennen, die verdeutlicht, dass die mitgliedstaatlichen Grundrechte eben nur in ihrem Anwendungsbereich, das heißt nicht, wenn es um Hoheitsausübung der Union geht, beachtet werden sollen.[284]

Die Charta lässt den Vorrang des Unionsrechts somit unberührt und die Renationalisierungsthese ist nicht haltbar,[285] da damit die Einheit des Unionsrechts empfindlich

278 Vgl. *Lindner*, Grundrechtsschutz in Europa – System einer Kollisionsdogmatik?, EuR 2007, 160 (168); ebenso *Wiethoff*, Das konzeptionelle Verhältnis von EuGH und EGMR. Unter besonderer Berücksichtigung der aktuellen Verfassungsentwicklung der Europäischen Union, 2008, S. 85.

279 Vgl. *von Danwitz*, in: Tettinger/Stern (Hrsg.), Kölner Gemeinschaftskommentar zur Europäischen Grundrechte-Charta, 2006, Kapitel VII, Art. 53 GRCh, Rn. 12; *Griller*, Der Anwendungsbereich der Grundrechtscharta und das Verhältnis zu sonstigen Gemeinschaftsrechten, Rechten aus der EMRK und zu verfassungsgesetzlich gewährleisteten Rechten, in: Duschanek/Griller (Hrsg.), Grundrechte für Europa. Die Europäische Union nach Nizza, 2002, S. 131 (175); *Weiler*, The Constitution of Europe: "Do the new clothes have an emperor?" and other essays on European integration, 1999, p. 342 (357 ff.).

280 Vgl. *Kober*, Der Grundrechtsschutz in der Europäischen Union. Bestandsaufnahme, Konkretisierung und Ansätze zur Weiterentwicklung der europäischen Grundrechtsdogmatik anhand der Charta der Grundrechte der Europäischen Union, 2009, S. 252.

281 Vgl. Stellungnahme von *van den Burg* und *Brax*, 9. Protokoll der 9. Sitzung des Konvents am 03./04.05.2000, in: Bernsdorff/Borowsky, Die Charta der Grundrechte der Europäischen Union. Handreichungen und Sitzungsprotokolle, 2002, S. 236 f.

282 Vgl. Stellungnahme von *Altmeier* und *Gnauck*, 9. Protokoll der 9. Sitzung des Konvents am 03./04.05.2000, in: ebenda, S. 236, 238 f.

283 Vgl. Vorschlag von *Lallemand*, 13. Protokoll der 13. Sitzung des Konvents am 29./30.06.2000, in: ebenda, S. 303.

284 Vgl. *Weiß*, Grundrechtsquellen im Verfassungsvertrag, ZEuS 2005, 323 (336).

285 Ebenso *Bühler*, Einschränkung von Grundrechten nach der Europäischen Grundrechtecharta, 2005, S. 405 ff.; *Borowsky*, in: Meyer (Hrsg.), Kommentar zur Charta der Grundrechte der Europäischen Union, 2006, Art. 53 GRCh, Rn. 10; *Everling*, Durch die Grundrechtecharta zurück zu Solange I?, EuZW 2003, 225 (225).

gestört würde. Eine Überprüfung von primärem oder sekundärem Unionsrecht am Maßstab nationaler Grundrechte scheidet aus.[286]

b) Schutzniveausicherung der Konventionsrechte?

aa) Mindestgarantie gemäß Art. 52 Abs. 3 GRCh

Art. 53 GRCh ist demzufolge keine „Mindestschutz- oder Schutzverstärkungsklausel" dergestalt, dass die Chartarechte nicht hinter dem Schutzniveau der aufgeführten Instrumente zurückbleiben dürften.[287] Zwar bilden die Rechte aus den anderen Quellen keinen Minimalstandard, in Bezug auf die EMRK könnte jedoch etwas anderes gelten.

Dieser Gedanke wird bekräftigt durch die explizite Erwähnung der Konvention in Art. 53 GRCh und in der dazugehörigen Präsidiumserläuterung; tatsächlich gesichert wird der konventionsrechtliche Mindeststandard jedoch bereits durch Art. 52 Abs. 3 GRCh, der die entsprechenden Gehalte in die Charta transferiert. Dieser Harmonisierungsklausel zufolge darf der durch die Charta gewährleistete Schutz niemals geringer als der durch die EMRK garantierte Schutz sein. Insoweit sorgte es offenbar für Verwirrung, dass dieser Hinweis ursprünglich in den Erläuterungen zu Art. 53 GRCh zu lesen war. Wie *Borowsky* richtig anmerkt, zeigte der einst vorhandene Zusatz, dies würde ausdrücken, dass die in der Charta vorgesehene Einschränkungsregelung nicht unter dem in der EMRK vorgesehenen Niveau liegen dürfe, aber schon damals den richtigen Standort, nämlich die Transferklausel des Art. 52 Abs. 3 GRCh – dies sowohl entstehungsgeschichtlich als auch dogmatisch.[288] Es ist aus diesem Grunde als logische Konsequenz anzusehen, dass das Konventspräsidium die Erläuterungen inzwischen „nachgebessert" hat, indem der genannte Passus aus den Erläuterungen zu Art. 53 GRCh vollständig entfernt und stattdessen (in verkürzter Form) in die Erläuterungen zu Art. 52 Abs. 3 GRCh verschoben wurde.[289]

bb) Erfassung der EMRK-Zusatzprotokolle und der Rechtsprechung des EGMR?

Wie gesehen[290] bezieht sich Art. 52 Abs. 3 GRCh auch auf die Zusatzprotokolle zur EMRK, die nicht von allen Mitgliedstaten ratifiziert wurden. Eine interessante Detailabweichung des Art. 53 GRCh ist demgegenüber die Nennung der Konvention als Beispielsfall einer völkerrechtlichen Bindung „aller" Mitgliedstaaten. Angesichts dieses Wortlauts stellt sich die Frage, ob Art. 53 GRCh insoweit nur die EMRK selbst oder nur die Zusatzprotokolle, die für sämtliche Mitgliedstaaten verbindlich sind, als Maßstab einbeziehen will.[291]

286 Vgl. *Borowsky*, in: Meyer (Hrsg.), Kommentar zur Charta der Grundrechte der Europäischen Union, 2006, Art. 53 GRCh, Rn. 10.

287 Vgl. ebenda, Art. 53 GRCh, Rn. 9.

288 Vgl. ebenda.

289 Vgl. *Gerards*, Die Europäische Menschenrechtskonvention im Konstitutionalisierungsprozess einer gemeineuropäischen Grundrechtsordnung, 2007, S. 231.

290 Siehe 3. Kap. B. II. 1. c).

291 Vgl. *Weiß*, Grundrechtsquellen im Verfassungsvertrag, ZEuS 2005, 323 (335).

Wegen der parallel verlaufenden Entstehung der beiden Normen – Art. 52 Abs. 3 und Art. 53 GRCh – im Grundrechtekonvent,[292] sollten aus dieser minimal differenten Formulierung, die im Konvent nicht einmal thematisiert wurde und auch erst durch einen Blick in die Erläuterungen zu Art. 52 Abs. 3 GRCh deutlich wird, keine restriktiven Rückschlüsse für Art. 53 GRCh gezogen werden.[293] Schließlich sind die Zusatzprotokolle als Bestandteil der EMRK anzusehen, weshalb sie bereits aus diesem Grunde über Art. 53 GRCh aufgenommen werden.

Fraglich ist weiterhin, ob – vor allem in Anbetracht der ausdrücklichen Erwähnung der EMRK in Art. 53 GRCh – eine Bindung der Grundrechtecharta nur an den geschriebenen Konventionstext oder auch an die Straßburger Rechtsprechung gewollt ist.[294] Zur Beantwortung dieser Frage ist zum einen wiederum auf die gemeinsame Entstehungsgeschichte der Art. 53 und 52 Abs. 3 GRCh zu verweisen, da letzterer auch die Rechtsprechung des EGMR einbezieht[295] und davon auszugehen ist, dass die beiden Regelungen in einem harmonischen Verhältnis zueinander stehen sollen. Zum anderen ist der Menschenrechtsschutz in der EMRK maßgeblich durch die Rechtsprechung des EGMR geprägt,[296] weswegen augenscheinlich auch im Rahmen des Art. 53 GRCh eine Bindung an diese Rechtsprechung gemeint sein muss.

Die explizite Bezugnahme auf die Konvention in Art. 53 GRCh erstreckt sich demnach – trotz der Ablehnung des Präsidiums die entsprechend geforderten ausdrücklichen Hinweise betreffend[297] – sowohl auf die Zusatzprotokolle der EMRK (unabhängig davon, ob sie von allen Mitgliedstaaten ratifiziert wurden) als auch auf die Rechtsprechung des Gerichtshofes in Straßburg. Insofern ist der betreffende Verweis auf die Konvention als dynamisch im doppelten Sinne anzusehen.

3. *Zweck des Art. 53 GRCh*

Zur Identifizierung des Zweckes von Art. 53 GRCh ist ein Vergleich mit Art. 53 EMRK anzustellen, da dieser dem Art. 53 GRCh – neben Art. 27 der Erklärung zu den Grundrechten und Grundfreiheiten des Europäischen Parlaments von 1989[298] – als Vorbild

292 Vgl. zur Entstehungsgeschichte *Borowsky*, in: Meyer (Hrsg.), Kommentar zur Charta der Grundrechte der Europäischen Union, 2006, Art. 52 GRCh, Rn. 8 ff. und Art. 53 GRCh, Rn. 2 ff.

293 Ebenso *Weiß*, Grundrechtsquellen im Verfassungsvertrag, ZEuS 2005, 323 (335); anders *Grabenwarter*, Europäisches und nationales Verfassungsrecht, VVDStRL 2001, 290 (341).

294 Vgl. *Eisner*, Die Schrankenregelung der Grundrechtecharta der Europäischen Union. Gefahr oder Fortschritt für den Grundrechtsschutz in Europa?, 2005, S. 127.

295 Vgl. 3. Kap. B. II. 1. b).

296 Vgl. *Philippi*, Die Charta der Grundrechte der Europäischen Union: Entstehung, Inhalt und Konsequenzen für den Grundrechtsschutz in Europa, 2002, S. 45; *Eisner*, Die Schrankenregelung der Grundrechtecharta der Europäischen Union. Gefahr oder Fortschritt für den Grundrechtsschutz in Europa?, 2005, S. 127.

297 Siehe dazu 3. Kap. A. V. 1.

298 Abgedruckt in EuGRZ 1989, 204 ff. Art. 27 der Erklärung des Europäisches Parlaments vom 12.04.1989 lautet: „Keine Bestimmung dieser Erklärung darf als Beschränkung des durch das Gemeinschaftsrecht, das Recht der Mitgliedstaaten, das Völkerrecht und die internationalen Verträge und Abkommen über die Grundrechte und Grundfreiheiten gebotenen Schutzes oder als Hindernis für seine Weiterentwicklung ausgelegt werden."

diente; auch wenn die betreffenden Erläuterungen dies nicht erwähnen.[299] Der beinahe gleichlautende und mit „Wahrung der allgemeinen Menschenrechte“ überschriebene Art. 53 EMRK führt aus, dass die „Konvention (…) nicht so auszulegen (ist), als beschränke oder beeinträchtige sie Menschenrechte und Grundfreiheiten, die in den Gesetzen einer Hohen Vertragspartei oder in einer anderen Übereinkunft, deren Vertragspartei sie ist, anerkannt werden.“

Treffen nationale Grundrechtsverbürgungen demzufolge mit solchen der Konvention zusammen, so ist diese Kollision in einer Weise aufzulösen, die erstere unberührt lässt, wenn sie einen Schutz verbürgen, der über den der EMRK hinausgeht – sei es dass die EMRK ein grundrechtlich geschütztes Interesse in geringerem Umfang schützt, sei es dass sie ein entsprechendes Grundrecht überhaupt nicht kennt.[300] Auch Art. 53 EMRK bewirkt folglich keine „Hochzonung“ der Konventionsrechte durch schutzintensivere mitgliedstaatliche Bestimmungen oder anderer Übereinkommen des Völkerrechts. Überdies ist der Konvention eine „geltungsreduzierende Kollisionsregel“[301] fremd; vielmehr enthält sie mit Art. 53 EMRK eine „Meistbegünstigungsklausel“, nach der Rechte und Freiheiten nationaler Gesetze oder anderer völkerrechtlicher Übereinkünfte – im Falle eines unter dem Konventionsstandard liegenden Schutzniveaus – nicht beeinträchtigt werden, sondern in Geltung bleiben.[302]

In Entsprechung zu Art. 53 EMRK macht Art. 53 GRCh deutlich, dass die Charta auch „parallel“ zu den von dieser Norm benannten Grundrechtsordnungen gilt.[303] Für den gleichermaßen Grundrechtsberechtigten ergibt sich damit eine Meistbegünstigung im Zusammenspiel mit anderen „parallel“ anwendbaren Grundrechtsordnungen.[304] Sinn und Zweck des Art. 53 GRCh – als eher deklaratorischer Norm[305] – erschöpfen sich also darin, den Grundrechtsnormen anderer Grundrechtsordnungen ihre Geltung zu belassen,[306] ohne den Grundsatz vom Vorrang des Unionsrechts in Frage zu stellen. Aus diesem Grunde liegt es nahe, Art. 53 GRCh in Anlehnung an Art. 53 EMRK als „Gel-

299 Vgl. *Borowsky*, in: Meyer (Hrsg.), Kommentar zur Charta der Grundrechte der Europäischen Union, 2006, Art. 53 GRCh, Rn. 15.

300 Vgl. *Lindner*, der als Beispiel die allgemeine Handlungsfreiheit anführt, welche das Grundgesetz im Sinne eines Auffanggrundrechts gewährt, während die EMRK ein solches nicht kennt. Art. 2 I GG bleibt in seiner weiten Auslegung durch das BVerfG (*Elfes*-Urteil, BVerfGE 6, 32, st. Rechtspr. des BVerfG, vgl. Beschluss vom 16.02.2006, 2 BvR 951/04) infolge des Art. 53 EMRK unberührt (*ders.*, Grundrechtsschutz in Europa – System einer Kollisionsdogmatik?, EuR 2007, 160 (166)).

301 Vgl. ebenda.

302 Vgl. *Weiß*, Grundrechtsquellen im Verfassungsvertrag, ZEuS 2005, 323 (338).

303 Vgl. *Ziegenhorn*, Der Einfluss der EMRK im Recht der EU-Grundrechtecharta. Genuin chartarechtlicher Grundrechtsschutz gemäß Art. 52 Abs. 3 GRCh, 2009, S. 229; *Jarass*, Die EU-Grundrechte, 2005, § 3 Rn. 16: „kumulative Anwendung, die als Meistbegünstigung bezeichnet wird.“

304 Vgl. *Ziegenhorn*, Der Einfluss der EMRK im Recht der EU-Grundrechtecharta. Genuin chartarechtlicher Grundrechtsschutz gemäß Art. 52 Abs. 3 GRCh, 2009, S. 229.

305 Vgl. *Pernice*, The Charter of Fundamental Rights in the Constitution of the European Union, WHI Paper 14/02, 26.

306 So hat auch die Europäische Kommission in ihrer Mitteilung „Zum Status der Grundrechtscharta der Europäischen Union“ vom 11.10.2000 betont, dass außer Zweifel stehe, „dass die Charta in ihrem Geltungsbereich nicht an die Stelle der nationalen Verfassungen tritt, wenn es gilt, die Achtung der Grundrechte auf innerstaatlicher Ebene durchzusetzen“, CONTRIB 355 vom 18.10.2000, 6 f.

tungserhaltungsklausel“[307] bzw. „Rechtswahrungsklausel“[308] zu begreifen, die den heutigen menschenrechtlichen status quo sichert.

Infolgedessen handelt es sich bei der vorliegenden Norm im Gegensatz zu Art. 52 Abs. 3 GRCh nicht um eine Transfer- oder Inkorporationsklausel,[309] sondern um eine Auffangregel[310]. Die Menschenrechte und Grundfreiheiten der in Art. 53 GRCh aufgezählten Instrumente werden daher über diesen Artikel nicht Bestandteil der Charta. Es geht vielmehr um eine schonende Einbettung der Grundrechtecharta in das bereits bestehende Geflecht der Grundrechtsverbürgungen auf nationaler, europäischer und internationaler Ebene,[311] ohne dadurch eine Anpassung des Grundrechtsschutzes nach unten zu bewirken.[312] Diesem Grundgedanken des Konvents trägt Art. 53 GRCh gebührend Rechnung.

VI. Kollisionen in mehrpoligen Grundrechtsverhältnissen

Weitere Komplexität stellt sich ein, wenn es um mehrpolige Grundrechtsverhältnisse geht, wie vorliegend um das Verhältnis transferierter Konventionsrechte zu genuinen Chartarechten. Mit den horizontalen Klauseln der Art. 52 Abs. 3 und Art. 53 GRCh treffen unterschiedliche Günstigkeitsprinzipien aufeinander, deren materielle Beziehung zueinander klärungsbedürftig ist.

Während Art. 52 Abs. 3 S. 2 GRCh[313] – im Falle sich entsprechender Rechte i.S.v. Art. 52 Abs. 3 S. 1 GRCh – eine Günstigkeitsklausel zugunsten weiterreichender Rechte der Union aufstellt, bildet Art. 53 GRCh eine Günstigkeitsklausel zum Vorteil der EMRK, da keine Bestimmung der Charta als deren Einschränkung ausgelegt werden darf.[314] Im Verhältnis zwischen Staat und Bürger führen diese Günstigkeitsprinzipien ohne weiteres zur Anwendung des jeweils höchsten Schutzniveaus.[315] Oftmals be-

---

307 Vgl. *Lindner*, Grundrechtsschutz in Europa – System einer Kollisionsdogmatik?, EuR 2007, 160 (168).

308 Vgl. *Borowsky*, in: Meyer (Hrsg.), Kommentar zur Charta der Grundrechte der Europäischen Union, 2006, Art. 53 GRCh, Rn. 11.

309 Vgl. *Huber*, Der Beitritt der Europäischen Union zur Europäischen Menschenrechtskonvention. Art. 6 Abs. 2 S. 1 EUV, 2008, S. 131; *Borowsky*, in: Meyer (Hrsg.), Kommentar zur Charta der Grundrechte der Europäischen Union, 2006, Art. 53 GRCh, Rn. 8; *Weiß*, Grundrechtsquellen im Verfassungsvertrag, ZEuS 2005, 323 (334).

310 Diesen Begriff verwendet auch *Schwartmann*, Europäischer Grundrechtsschutz nach dem Verfassungsvertrag, AVR 2005, 129 (135).

311 Vgl. Schlussbericht der Arbeitsgruppe II des Verfassungskonvents vom 22.10.2002, WG II 16, CONV 354/02, 7.

312 *Lenaerts* spricht sich demgemäß dafür aus, Art. 53 GRCh als „Stillhalteklausel“ zu verstehen, „der zufolge die Charta keine Reduzierung des gegenwärtig im Unionsrecht erreichten Grundrechtsschutzniveaus erlaubt“ (*ders.*, Die EU-Grundrechtecharta: Anwendbarkeit und Auslegung, EuR 2012, 3 (17)).

313 Vgl. dazu nochmals den Wortlaut des Art. 52 III 2 GRCh: „Diese Bestimmung steht dem nicht entgegen, dass das Recht der Union einen weiter gehenden Schutz gewährt.“

314 Ebenso *Eisner*, Die Schrankenregelung der Grundrechtecharta der Europäischen Union. Gefahr oder Fortschritt für den Grundrechtsschutz in Europa?, 2005, S. 127 f.

315 Vgl. *Gerards*, Die Europäische Menschenrechtskonvention im Konstitutionalisierungsprozess einer gemeineuropäischen Grundrechtsordnung, 2007, S. 236; *Eisner*, Die Schrankenregelung der Grundrechtecharta der Europäischen Union. Gefahr oder Fortschritt für den Grundrechtsschutz in Europa?, 2005, S. 128.

schränkt sich die Sachlage jedoch nicht darauf, dass die Freiheitssphäre des Einzelnen durch einen Eingriff der Hoheitsgewalt verletzt wird. Im Rahmen mehrpoliger Grundrechtsverhältnisse, denen Sachverhalte mit mehr als einem Grundrechtsberechtigten[316] und gegenläufigen, grundrechtlich fundierten Interessen zugrunde liegen, erfolgt die Auflösung daher nicht gleichermaßen reibungslos. Kollidieren in einem dreipoligen Grundrechtsverhältnis zwei von Art. 52 Abs. 3 GRCh erfasste Grundrechte – das heißt solche Chartarechte, die eine Entsprechung in der EMRK finden und denen daher dieselbe Bedeutung und Tragweite wie den korrespondierenden Konventionsrechten beigemessen wird – und geraten aufgrund dieser Kollision die Günstigkeitsklausel des Art. 52 Abs. 3 S. 2 GRCh und die Günstigkeitsklausel des Art. 53 GRCh in Konflikt, so stellt sich die Frage, wie dieser Widerspruch aufzulösen ist.

Gegenläufige Grundrechte beschränken sich wechselseitig – die Ausweitung des in eine Richtung drängenden Grundrechts des einen Betroffenen führt unweigerlich zu einer reziproken Beschneidung der Freiheitssphäre des anderen Betroffenen.[317] Je nachdem welcher Günstigkeitsklausel man den Vorrang gewährt, gelangt man zu unterschiedlichen Ergebnissen.[318] Dass eine der Günstigkeitsprinzipien jedoch vorrangig behandelt werden muss, liegt indes auf der Hand, da die betroffenen Grundrechtsträger andernfalls versuchen würden, die Streitentscheidung vor jenes Gericht zu bringen, von dem sie sich jeweils Erfolg versprechen – EuGH oder EGMR.[319]

1. „Weiter gehender Schutz" i.S.v. Art. 52 Abs. 3 S. 2 GRCh

Zweck des Art. 52 Abs. 3 S. 1 GRCh, der den Gehalt der entsprechenden Konventionsrechte – im Sinne einer Mindestgarantie – in die Charta transferiert, ist es, umfassende Kohärenz mit den grundrechtlichen Gewährleistungen der EMRK herzustellen; auch um einen Völkerrechtsverstoß zu umgehen. Nach Art. 52 Abs. 3 S. 2 GRCh ist jedoch ein Chartarecht als Anwendungsfall des „weiter gehenden Schutzes" dann einschlägig, wenn ein Bürger durch dieses günstiger steht, als nach dem korrespondierenden Recht der EMRK.[320] Sofern nun der Fall vorliegt, dass sich zwei Bürger auf ein transferiertes Konventionsrecht berufen können, taucht die Frage auf, ob Art. 52 Abs. 3 S. 2 GRCh so zu verstehen ist, dass er – neben Art. 52 Abs. 3 S. 1 GRCh – eine weitere Abweichung des entsprechenden Rechts der EMRK zulässt, indem dem Chartarecht der Vorzug ge-

---

316 Vgl. *Starck*, in: von Mangoldt/Klein/Starck (Hrsg.), Kommentar zum Grundgesetz, 2005, Art. 1 III Rn. 319 ff.

317 Vgl. *Kober*, Der Grundrechtsschutz in der Europäischen Union. Bestandsaufnahme, Konkretisierung und Ansätze zur Weiterentwicklung der europäischen Grundrechtsdogmatik anhand der Charta der Grundrechte der Europäischen Union, 2009, S. 260 f.

318 Vgl. *Eisner*, Die Schrankenregelung der Grundrechtecharta der Europäischen Union. Gefahr oder Fortschritt für den Grundrechtsschutz in Europa?, 2005, S. 128; *Gerards*, Die Europäische Menschenrechtskonvention im Konstitutionalisierungsprozess einer gemeineuropäischen Grundrechtsordnung, 2007, S. 236.

319 Vgl. *Grabenwarter*, Die Menschenrechtskonvention und Grundrechte-Charta in der europäischen Verfassungsentwicklung, in: Cremer/Giegerich/Richter/Zimmermann (Hrsg.), Tradition und Weltoffenheit des Rechts. Festschrift für Steinberger, 2002, S. 1129 (1141).

320 Vgl. *Ziegenhorn*, Der Einfluss der EMRK im Recht der EU-Grundrechtecharta. Genuin chartarechtlicher Grundrechtsschutz gemäß Art. 52 Abs. 3 GRCh, 2009, S. 252.

währt wird, oder ob dies dem gefundenen Ergebnis der absoluten Untergrenze der EMRK-Garantien zuwider läuft.

Es wird die Auffassung vertreten, auf die Konvention zum Vorteil der Charta zu verzichten.[321] Zur Begründung dieser Sichtweise wird auf die angestrebte Rechtsklarheit und Rechtssicherheit hingewiesen, die ausschlaggebend dafür sei, dass man sich infolge der fortschreitenden Angleichung zwischen EMRK und Charta zugunsten des letzteren, da zukunftsorientierten Grundrechtskatalogs, entscheiden müsse.[322] Sowohl die Union und ihre Mitglieder als auch die Konventionsmitglieder setzen einander entgegengesetzte Zeichen – zum einen mit dem angestrebten Beitritt der Union zur EMRK und zum anderen mit Art. 53 GRCh.[323]

2. *Konventionsverstoßvermeidende Auslegung des Art. 52 Abs. 3 S. 2 GRCh*

In der Literatur gibt es eine allgemeine Tendenz, dem Recht der Konvention innerhalb des Unionsrechts den Vorzug zu geben.[324] Auch hier wird vertreten, das dargestellte komplexe Spannungsverhältnis unter Rückgriff auf Art. 53 GRCh aufzulösen, indem die Konventionsrechte – in Übereinstimmung mit *Szczekalla* zumindest „relativ"[325] – präferierend behandelt werden, selbst wenn sie keine Entsprechung i.S.v. Art. 52 Abs. 3 S. 1 GRCh in der Charta finden. *Transferiert* werden die Rechte der EMRK zwar nur, soweit die Charta entsprechende Rechte enthält. Kennt die Konvention also ein Recht, welches in der Charta normiert ist, nicht, so kann es aufgrund des fehlenden Pendants auch nicht implementiert werden. Dennoch müssen die Konventionsrechte – auch bei fehlender Entsprechung – insgesamt im Recht der EU Beachtung finden. Diese wird durch Art. 53 GRCh gewährleistet.

Dass das Schutzniveau der EMRK nicht von der Charta unterschritten werden darf, indizieren bereits Wortlaut und systematische Stellung der einschlägigen Vorschriften.

---

321 Vgl. *Knecht*, Die Charta der Grundrechte der Europäischen Union. Eine Würdigung der Entstehung und rechtsvergleichende grundrechtsdogmatische Analyse, 2005, S. 226, 246; *Herzog*, Europäischer Grundrechtsschutz für Ehe und Familie, Bitburger Gespräche, Jahrbuch 2001, S. 7 (9).

322 Vgl. *Knecht*, Die Charta der Grundrechte der Europäischen Union. Eine Würdigung der Entstehung und rechtsvergleichende grundrechtsdogmatische Analyse, 2005, S. 246.

323 Vgl. *Huber*, die darüber hinaus die Sonderregelungen Großbritanniens und Polens bzgl. der Geltung der Charta im Vertrag von Lissabon anführt, welche die Charta weniger zukunftsorientiert erscheinen ließen (*dies.*, Der Beitritt der Europäischen Union zur Europäischen Menschenrechtskonvention. Art. 6 Abs. 2 S. 1 EUV, 2008, S. 133).

324 Vgl. *Grabenwarter*, Europäische Menschenrechtskonvention, 2005, § 4 Rn. 16; *Jacqué*, La démarche initiée par le Conseil européen de Cologne, RUDH 2000, 3 (4); *Eisner*, Die Schrankenregelung der Grundrechtecharta der Europäischen Union. Gefahr oder Fortschritt für den Grundrechtsschutz in Europa?, 2005, S. 128; *Borowsky*, in: Meyer (Hrsg.), Kommentar zur Charta der Grundrechte der Europäischen Union, 2006, Art. 53 GRCh, Rn. 20; *Tridimas*, The General Principles of EU Law, Oxford University Press, 2006, 365; *Uerpmann-Wittzack*, Doppelter Grundrechtsschutz für die zukünftige Europäische Union, DÖV 2005, 152 (156); nach *Lenaerts/de Smijter* soll aus Art. 52 II und III und Art. 53 GRCh herauszulesen sein, dass im Falle von Überschneidungen diejenige Norm, die den höchsten Schutz gewährt, bezüglich der Charta den Referenzpunkt zur Bestimmung des Mindestschutzniveaus bildet (*dies.*, A „Bill of Rights" for the European Union, CML Rev. 2001, 273 (294)).

325 *Szczekalla* nimmt einen „relativen Vorrang" der Konvention an (*ders.*, Das Verhältnis zwischen dem Grundrechtsschutz in der EU und nach der EMRK, in: Heselhaus/Nowak (Hrsg.), Handbuch der Europäischen Grundrechte, 2006, § 2 III Rn. 25).

Während Art. 52 Abs. 3 S. 2 GRCh lediglich die Möglichkeit eines weiter gehenden Schutzes gewährt, jedoch nicht dazu zwingt, schließt Art. 53 GRCh jede Verletzung eines Konventionsrechts durch eine Norm der Charta aus[326] – unabhängig davon, ob eine Entsprechung vorliegt oder nicht. Dies geht nicht zuletzt aus der Hervorhebung der EMRK unter den völkerrechtlichen Übereinkommen in Art. 53 GRCh selbst und der dazugehörigen Erläuterung hervor. Bestätigt wird diese Sichtweise ferner durch die Formulierung „Keine Bestimmung dieser Charta (…)" in Art. 53 GRCh, die neben den materiellen Grundrechtsgewährleistungen eben auch Art. 52 Abs. 3 S. 2 GRCh erfasst.[327] Ebenso weist der Begriff „Schutzniveau" in der Überschrift des Art. 53 GRCh in diese Richtung.[328]

Wird einem Recht der EMRK – auch genuinen Chartarechten gegenüber – nicht der unionale Mindestschutz beigemessen, scheint dies im Vergleich zur völkerrechtlichen Lage außerdem als Relativierung des betreffenden Konventionsrechts und damit – anders als von der horizontalen Klausel des Art. 52 Abs. 3 S. 1 GRCh vorgesehen – als Schmälerung der angestrebten Kohärenz zwischen den beiden Grundrechtskatalogen.[329] Demnach ist die Stärkung der Chartagrundrechte nach Art. 52 Abs. 3 S. 2 GRCh ausgeschlossen, wenn diese zu einer Verletzung eines in der Konvention garantierten Rechts führen würde, auch wenn dieses keine Entsprechung in der Charta findet. Art. 52 Abs. 3 S. 2 GRCh darf das in Satz 1 verwirklichte Ziel der Kohärenzsicherung nicht durchbrechen. Auch müssen die völkerrechtlichen Verpflichtungen der Mitgliedstaaten aus der EMRK respektiert werden.[330]

3. *Zwischenergebnis*

Schlussfolgerung dieses Befundes ist, dass die EMRK als unantastbare Mindestgarantie stets gewahrt bleiben muss. Dies ergibt sich bereits aus Art. 52 Abs. 3 S. 1 GRCh. Im Falle der Kollision zwischen Gewährleistungen der Charta und solchen der Konvention wird letzterer gemäß der Auffangregel des Art. 53 GRCh der Vorrang eingeräumt. Dies

---

326 *Naumann*, Art. 52 Abs. 3 GRCh zwischen Kohärenz des europäischen Grundrechtsschutzes und Autonomie des Unionsrechts, EuR 2008, 424 (433).

327 Vgl. *Grabenwarter*, Die Menschenrechtskonvention und Grundrechte-Charta in der europäischen Verfassungsentwicklung, in: Cremer/Giegerich/Richter/Zimmermann (Hrsg.), Tradition und Weltoffenheit des Rechts. Festschrift für Steinberger, 2002, S. 1129 (1143); *Eisner*, Die Schrankenregelung der Grundrechtecharta der Europäischen Union. Gefahr oder Fortschritt für den Grundrechtsschutz in Europa?, 2005, S. 128; *Gerards*, Die Europäische Menschenrechtskonvention im Konstitutionalisierungsprozess einer gemeineuropäischen Grundrechtsordnung, 2007, S. 236.

328 Vgl. *Grabenwarter*, Die Menschenrechtskonvention und Grundrechte-Charta in der europäischen Verfassungsentwicklung, in: Cremer/Giegerich/Richter/Zimmermann (Hrsg.), Tradition und Weltoffenheit des Rechts. Festschrift für Steinberger, 2002, S. 1129 (1143).

329 Siehe *Ziegenhorn*, der dennoch zu dem Ergebnis gelangt, dass das Recht der EMRK im Unionsrecht selbst, als transferiertes Recht nicht „uneingeschränkte Wahrung" genießt (*ders.*, Der Einfluss der EMRK im Recht der EU-Grundrechtecharta. Genuin chartarechtlicher Grundrechtsschutz gemäß Art. 52 Abs. 3 GRCh, 2009, S. 251).

330 Vgl. *Eisner*, Die Schrankenregelung der Grundrechtecharta der Europäischen Union. Gefahr oder Fortschritt für den Grundrechtsschutz in Europa?, 2005, S. 129; *Grabenwarter*, Die Menschenrechtskonvention und Grundrechte-Charta in der europäischen Verfassungsentwicklung, in: Cremer/Giegerich/Richter/Zimmermann (Hrsg.), Tradition und Weltoffenheit des Rechts. Festschrift für Steinberger, 2002, S. 1129 (1142 ff.).

hat in mehrpoligen Grundrechtsverhältnissen zur Folge, dass ein „weiter gehender Schutz“ i.S.v. Art. 52 Abs. 3 S. 2 GRCh für den einen Grundrechtsberechtigten lediglich insoweit eingeräumt werden darf, als gewährleistet ist, dass hinsichtlich des kollidierenden Rechts des anderen Grundrechtsberechtigten – Art. 53 GRCh entsprechend – der uneingeschränkte Mindeststandard der EMRK sichergestellt ist.[331] Ein Bürger kann sich also nicht auf die – durch Art. 52 Abs. 3 S. 2 GRCh gegebene – Mehrbegünstigung berufen, wenn diese eine Abweichung vom Völkerrecht bedeuten würde.[332]

4. Abstraktes Beispiel

Zur Problemverdeutlichung soll hier als Beispiel eines mehrpoligen Grundrechtsverhältnisses die Konstellation dienen, in der sich ein Berechtigter, welcher sich auf eine Personenverkehrsfreiheit beruft, und ein Grundrechtsberechtigter, der dem Schutz eines Konventionsrechts unterliegt, gegenüberstehen.

Die Grundfreiheiten sind in Art. 15 Abs. 2 GRCh normiert, wobei deren „Bedingungen und Grenzen“, das heißt die schutzbereichsspezifischen Inhalte sowie die Schranken und Schranken-Schranken, über die Anpassungsvorschrift des Art. 52 Abs. 2 GRCh übernommen werden. Bedeutend ist diesbezüglich, dass sich sowohl die geschriebenen als auch die immanenten Schranken der – in Art. 26, 45, 49 und 56 AEUV geregelten – Personenverkehrsfreiheiten unmittelbar auf die Einschränkbarkeit des Art. 15 Abs. 2 GRCh auswirken. Mit anderen Worten sind die in Art. 15 Abs. 2 GRCh gewährleisteten Grundfreiheiten – wegen der Regelung in Art. 52 Abs. 2 GRCh – aufgrund der öffentlichen Ordnung, Sicherheit und/oder Gesundheit (vgl. Art. 45 Abs. 3, Art. 52 Abs. 1, Art. 62 i.V.m. Art. 52 Abs. 1 AEUV) sowie aufgrund zwingender Allgemeinwohlbelange einschränkbar.[333] Kommt es nun zu der Situation, in der ein Recht der Charta einem Recht „in den Verträgen“ – an dieser Stelle ist dies Art. 15 Abs. 2 GRCh – und gleichzeitig einem Recht der EMRK i.S.v. Art. 52 Abs. 3 S. 1 GRCh entspricht, so ist der Blick im Rahmen der Prüfung zunächst auf die Schrankenregelung des transferierten, da „entsprechenden“ Konventionsrechts zu richten, weil die EMRK die Mindestgarantie im Recht der Union bildet und die Kohärenzsicherung zwischen Charta und Konvention nicht gestört werden darf. Soweit die Charta allerdings gemäß Art. 52 Abs. 3 S. 2 GRCh einen weiter gehenden Schutz als die Konvention gewährt, kommt diese zur Anwendung. Diese Vorgehensweise entspricht dem Grundsatz, dass die Konvention zwar die zu schützende Untergrenze im Unionsrecht bildet, jedoch nicht das Höchstmaß des Schutzes vorgibt.

---

331 So auch *Fischbach*, Le Conseil de l'Europe et la Charte des droits fondamentaux de l'Union européenne, RUDH 2000, 7 (8 f.); *Jacqué*, La démarche initiée par le Conseil européen de Cologne, RUDH 2000, 3 (4 f.); *Grabenwarter*, Die Menschenrechtskonvention und Grundrechte-Charta in der europäischen Verfassungsentwicklung, in: Cremer/Giegerich/Richter/Zimmermann (Hrsg.), Tradition und Weltoffenheit des Rechts. Festschrift für Steinberger, 2002, S. 1129 (1144); *Eisner*, Die Schrankenregelung der Grundrechtecharta der Europäischen Union. Gefahr oder Fortschritt für den Grundrechtsschutz in Europa?, 2005, S. 129.

332 Vgl. *Szczekalla*, Das Verhältnis zwischen dem Grundrechtsschutz in der EU und nach der EMRK, in: Heselhaus/Nowak (Hrsg.), Handbuch der Europäischen Grundrechte, 2006, § 2 III Rn. 25.

333 Siehe 4. Kap. B. II. 2. bb).

Im Rahmen der Grundfreiheiten taucht nun das Problem auf, dass diese nicht von der EMRK geschützt werden und es sich bei diesen demzufolge auch nicht um sich entsprechende Rechte i.S.v. Art. 52 Abs. 3 S. 1 GRCh handelt. Wie jedoch aufgezeigt wurde,[334] ist es für die Verwirklichung eines vollumfänglichen und einheitlichen Grundrechtsschutzes von hoher Bedeutsamkeit, dass die EMRK „modernisiert" bzw. aktualisiert und an die Charta angepasst wird, damit der durch die Konvention vermittelte Mindestschutz auf Unionsebene insgesamt angehoben wird. Dies bedeutet, dass auch die Personenverkehrsfreiheiten in der Konvention Erwähnung finden sollten. Die entsprechende Konventionsaktualisierung könnte über eine Ergänzung des Art. 2 Abs. 1 des 4. Zusatzprotokolls zur EMRK erfolgen, der unter der Überschrift „Freizügigkeit" regelt, dass „jede Person, die sich rechtmäßig im Hoheitsgebiet eines Staates aufhält, (...) das Recht (hat), sich dort frei zu bewegen und ihren Wohnsitz frei zu wählen." Dieser Absatz könnte um einen zweiten Satz derart ergänzt werden, dass auch die Grundfreiheiten in den Schutzbereich der Freizügigkeit aufgenommen werden. Ein „modernisierter" Art. 2 Abs. 1 ZP Nr. 4 EMRK könnte lauten:

> „Jede Person, die sich rechtmäßig im Hoheitsgebiet eines Staates aufhält, hat das Recht, sich dort frei zu bewegen und ihren Wohnsitz frei zu wählen. *Auch obliegt ihr das Recht dort Arbeit zu suchen, zu arbeiten, sich niederzulassen oder Dienstleistungen zu erbringen.*"

Die vorgeschlagene Formulierung lässt erkennen, dass auch die Charta der EMRK als Vorbild dienen kann, sich die beiden Grundrechtskataloge sogar gegenseitig inspirieren können und auf diese Weise schließlich das Potenzial in sich bergen, zu einem gesteigerten Grundrechtsschutz in der Union beizutragen.

Würde die Konvention wie dargelegt ergänzt, so würde es sich bei den – in Art. 15 Abs. 2 GRCh – geschützten Grundfreiheiten nicht nur um Rechte handeln, die Rechten „in den Verträgen" i.S.d. Art. 52 Abs. 2 GRCh entsprechen, sondern ebenfalls um solche, die mit Art. 2 Abs. 1 S. 2 ZP Nr. 4 EMRK eine Entsprechung in der EMRK finden und somit über Art. 52 Abs. 3 S. 1 GRCh in die Charta transferiert werden. Allerdings besteht gemäß Art. 52 Abs. 3 S. 2 GRCh die Möglichkeit, dass die Union einen Schutz gewährt, der über dem der EMRK liegt.

Wie aufgezeigt, übernimmt Art. 52 Abs. 2 GRCh sowohl die geschriebenen Schranken des AEUV als auch die vom EuGH entwickelten immanenten Schranken. Während die Personenverkehrsfreiheiten demgemäß aus Gründen der öffentlichen Ordnung, Sicherheit und/oder Gesundheit oder aufgrund zwingender Erfordernisse des Allgemeinwohls eingeschränkt werden können, bestimmen sich die Schranken des entsprechenden Konventionsrechts insbesondere nach Art. 2 Abs. 3 ZP Nr. 4 EMRK. Danach dürften die Grundfreiheiten Einschränkungen unterworfen werden, „die gesetzlich vorgesehen und in einer demokratischen Gesellschaft notwendig sind für die nationale oder öffentliche Sicherheit, zur Aufrechterhaltung der öffentlichen Ordnung, zur Verhütung von Straftaten, zum Schutz der Gesundheit oder der Moral oder zum Schutz der Rechte und Freiheiten anderer". Eine Gegenüberstellung der Schrankenregelungen zeigt, dass diese sich in den meisten Punkten stark ähneln. Sie lassen jeweils Einschränkungen aufgrund der öffentlichen Ordnung, Sicherheit und/oder der Gesundheit zu, wobei die Ausübung der Konventionsgarantien nur Einschränkungen unterworfen werden darf, die gesetzlich

334 Vgl. 4. Kap. B. IV.

vorgesehen sind. Zusätzlich können die Rechte aus Art. 2 Abs. 1 ZP Nr. 4 EMRK Beschränkungen zur Verhütung von Straftaten und zum Schutz der Moral unterliegen. Eine sehr weit gehende Einschränkungsmöglichkeit ergibt sich indessen aus den *Rechten und Freiheiten anderer*. Im Gegensatz zu den immanenten Schranken, das heißt den zwingenden Gründen des Allgemeinwohls im Sinne der *Cassis*-Formel, denen die Rechte aus Art. 15 Abs. 2 GRCh unterliegen, lässt der Wortlaut der Schranke aus Art. 2 Abs. 3 a.E. ZP Nr. 4 EMRK zumindest den Schluss zu, dass der Schutz eines Rechts bzw. einer Freiheit eines Einzelnen ausreicht, um die betreffenden Konventionsgarantien im Falle einer Kollision einschränken zu können. Überdies beinhaltet Art. 2 Abs. 4 ZP Nr. 4 EMRK eine weitere Schrankenregelung. Danach können „die in Absatz 1 anerkannten Rechte (…) ferner für bestimmte Gebiete Einschränkungen unterworfen werden, die gesetzlich vorgesehen und in einer demokratischen Gesellschaft durch das öffentliche Interesse gerechtfertigt sind".

Zwar handelt es sich vorliegend um ein hypothetisches Modell, welches erst zur Anwendung gelangt, wenn die Konvention um die Gewährleistung unternehmerischer Grundfreiheiten angereichert wird, doch zeigt der Vergleich der Schrankenregelungen, dass Art. 2 Abs. 3, 4 ZP Nr. 4 EMRK – der Charta gegenüber – sehr viel weiter gehende Einschränkungsmöglichkeiten enthalten, so dass hier auf den „weiter gehenden Schutz" des Art. 52 Abs. 3 S. 2 GRCh zurückgegriffen werden kann.

Die Prüfung ist an diesem Punkt jedoch noch nicht zu Ende; die Auffangvorschrift des Art. 53 GRCh ist zu beachten. Sie räumt den Vorschriften der EMRK materiell den Vorrang vor den Bestimmungen der Charta ein und kommt dann zur Anwendung, wenn ein Recht der Charta (Art. 15 Abs. 2 GRCh) über die entsprechende Bestimmung der Konvention (Art. 2 Abs. 1 S. 2 ZP Nr. 4 EMRK) hinausgeht und dies die Einschränkung einer anderen Bestimmung der EMRK – gleich, ob es sich um ein entsprechendes Recht i.S.v. Art. 52 Abs. 3 S. 1 GRCh handelt oder nicht – zur Folge hätte. Wird durch den über Art. 52 Abs. 3 S. 2 GRCh gewährten weiter gehenden Schutz also ein Recht der Konvention eingeschränkt, so kommt diese Günstigkeitsklausel zugunsten des Günstigkeitsprinzips des Art. 53 GRCh nicht zur Anwendung. Die EMRK bildet insgesamt die unionale Untergrenze des Grundrechtsschutzes.

Dieses Ergebnis könnte beträchtliche Auswirkungen auf die zukünftige ‚Luxemburger' Rechtsprechung haben, wie im nächsten Schritt zu untersuchen sein wird. Dafür soll das hier dargestellte abstrakte Beispiel auf den konkreten Fall übertragen werden.

5. Rs. Viking[335] *und* Laval[336] *als konkrete Beispiele*

Zur Verdeutlichung des oben gefundenen Ergebnisses bezüglich der Auflösung von Kollisionen in mehrpoligen Grundrechtsverhältnissen wird nachfolgend die Jurisdiktion des EuGH in den Entscheidungen *Viking* und *Laval* angeführt, durch welche der Gerichtshof in die Kritik geraten ist, weil er die sozialen Grundrechte sowie die Tarifautonomie und das Streikrecht den wirtschaftlichen Grundfreiheiten unterordnete.

---

335 EuGH, Urteil vom 11.12.2007, Rs. C-438/05, Slg. 2007, I-10779 – *International Transport Workers' Federation u.a./Viking Line ABP u.a.*

336 EuGH, Urteil vom 18.12.2007, Rs. C-341/05, Slg. 2007, I-11767 – *Laval un Partneri Ltd/Svenska Byggnadsarbetareförbundet.*

Um zu zeigen, dass das angeführte abstrakte Beispiel sowie die dazugehörigen bisherigen Ausführungen besonders auf diese Rechtsstreitigkeiten übertragen werden können und damit vor allem die Möglichkeit bieten, den andauernden Konflikt zwischen Grundfreiheiten und Grundrechten[337] zu lösen, sollen zunächst die jeweiligen Sachverhalte mit der dazugehörigen rechtlichen Würdigung des EuGH wiedergegeben und im Anschluss daran herausgearbeitet werden, in welche Richtung sich die zukünftige ‚Luxemburger' Judikatur entwickeln wird.

a) *Rs.* Viking

aa) *Ausgangssachverhalt*

Die finnische Fährgesellschaft *Viking Line ABP*, Klägerin des Ausgangsverfahrens, ist Betreiberin des Schiffes „Rosella", welches unter finnischer Flagge auf der Route zwischen Helsinki und der estnischen Hauptstadt Tallinn verkehrt. Die auf diesem Fährschiff beschäftigten Arbeitnehmer werden nach dem Tarifvertrag der finnischen Gewerkschaft *Finnish Seamen's Union* (FSU) vergütet, deren Tarif über dem der estnischen Konkurrenz liegt. Da die unter estnischer Flagge fahrenden Schiffe demzufolge auf der gleichen Route mit geringeren Lohnkosten operieren können und die „Rosella" ohnehin Verluste einfuhr, beabsichtigte das Fährunternehmen *Viking* ihr Schiff umzuflaggen, in Estland registrieren zu lassen und einen neuen Tarifvertrag mit einer der Gewerkschaften dieses Landes abzuschließen, um die Lohnkosten zu senken. Von dieser Absicht wurde die FSU – wiederum Mitglied *der Internationalen Transportarbeiter-Föderation* (ITF), deren Hauptanliegen im Kampf gegen die Umgehung arbeitsrechtlicher Vorschriften am Sitz des Reeders durch den Einsatz von „Billigflaggen" besteht[338] – unterrichtet, welche daraufhin Einwände erhob. Sie verlangte für den Fall des Umflaggens der „Rosella", dass für die Schiffsbesatzung weiterhin finnisches Recht, der bisherige Tarifvertrag sowie die sonstigen Vereinbarungen für das Bordpersonal gelten und es keine Entlassungen gibt. Zugleich drohte sie mit Streik und bat die ITF, alle Mit-

---

337 Vgl. zu dieser Problematik *Gramlich*, Grundfreiheiten contra Grundrechte im Gemeinschaftsrecht? – Überlegungen aus Anlaß der EuGH-Entscheidung „Bosman", DÖV 1996, 801 ff.; *Tridimas*, The General Principles of EC Law, Oxford University Press 1999, 339; *Schindler*, Die Kollision von Grundfreiheiten und Gemeinschaftsgrundrechten. Entwurf eines Kollisionsmodells unter Zusammenführung der Schutzpflichten- und der Drittwirkungslehre, 2001; *Müller-Graff*, Grundfreiheiten und Gemeinschaftsgrundrechte, in: Cremer/Giegerich/Richter/Zimmermann (Hrsg.), Tradition und Weltoffenheit des Rechts. Festschrift für Steinberger, 2002, S. 1281 ff.; *Nicolaysen*, Die gemeinschaftsrechtliche Begründung von Grundrechten, EuR 2003, 719 (737 ff.); *Kadelbach/Petersen*, Europäische Grundrechte als Schranken der Grundfreiheiten, EuGRZ 2003, 693 ff.; *Kingreen*, Theorie und Dogmatik der Grundrechte im europäischen Verfassungsrecht, EuGRZ 2004, 570 ff.; *Ehlers*, in: ders. (Hrsg.), Europäische Grundrechte und Grundfreiheiten, 2005, § 14, 387 f.; *Blanke*, in: Tettinger/Stern (Hrsg.), Kölner Gemeinschaftskommentar zur Europäischen Grundrechte-Charta, 2006, Art. 15 Rn. 5 ff.; *Morijn*, Balancing Fundamental Rights and Common Market Freedoms in Union Law: Schmidberger and Omega in the Light of the European Constitution, ELJ 2006, 15 ff.; *Skouris*, Das Verhältnis von Grundfreiheiten und Grundrechten im europäischen Gemeinschaftsrecht, DÖV 2006, 89 ff.; *ders.*, Das Verhältnis der Grundfreiheiten zu den Gemeinschaftsgrundrechten, RdA-Beil. 2009, 25 ff.

338 In den Statuten der ITF heißt es diesbezüglich: Wenn die nutznießende Eigentümerschaft und Kontrolle eines Schiffes außerhalb des Landes liegt, unter dessen Flagge das betreffende Schiff registriert ist, ist dieses Schiff als ein Billigflaggenschiff zu betrachten."

gliedsgewerkschaften anzuweisen, nicht mit dem Unternehmen *Viking* über die Beschäftigungsbedingungen zu verhandeln. Die ITF kam dieser Bitte in Form eines Rundschreibens an die der Föderation angehörenden Gewerkschaften nach. Zuwiderhandlungen hätten Sanktionen nach sich ziehen können, im schlimmsten Fall hätte sogar der Ausschluss aus dem Gewerkschaftsverband gedroht.

Infolgedessen hatte die Klägerin praktisch keine Möglichkeit, mit einer estnischen Gewerkschaft Vertragsverhandlungen bezüglich der Beschäftigungskonditionen der Besatzung nach einer angestrebten Umflaggung zu führen. Obwohl *Viking* ihr Vorhaben auf den gewerkschaftlichen Druck hin zunächst nicht weiter betrieb, wurde der Boykottaufruf der ITF aufrechterhalten und mehrmals Streik durch die FSU angekündigt. Weil sie ihr Umflaggungsvorhaben indes zu einem späteren Zeitpunkt durchführen wollte, erhob die Fährgesellschaft vor einem britischen Gericht Klage auf Feststellung, dass das Rundschreiben der ITF und die Maßnahmen der FSU gegen Art. 43 EGV (Art. 49 AEUV) verstoßen und darauf, den Gewerkschaften aufzutragen, die *Viking* aus Gemeinschaftsrecht erwachsenden Rechte nicht zu beeinträchtigen. Die Klageanträge waren in erster Instanz erfolgreich, die Beklagten legten hiergegen Berufung ein.

In der Folge setzte der *Court of Appeal* das Verfahren aus und legte dem EuGH die Frage zur Vorabentscheidung vor, ob die kollektiven Maßnahmen von ITF und FSU am Maßstab der Grundfreiheiten aus Art. 43 EGV (Art. 49 AEUV) und Art. 49 EGV (Art. 56 AEUV) zu messen seien. Ferner bat es um Klärung, ob die Beklagten befugt seien, die Ausübung der Niederlassungs- und Dienstleistungsfreiheit des Fährunternehmens durch Boykottaufrufe zu behindern.

bb) Entscheidung des EuGH

Der Luxemburger Gerichtshof entschied, dass kollektive Maßnahmen, wie die im vorliegenden Fall in Rede stehenden, dem Anwendungsbereich der Niederlassungsfreiheit nach Art. 43 EGV (Art. 49 AEUV) nicht entzogen sind. Zwar geht aus Art. 137 Abs. 5 EGV (Art. 153 Abs. 5 AEUV) die Zuständigkeit der Mitgliedstaaten für das Koalitions- und Streikrecht hervor, doch löst der EuGH diesen Umstand mit einem Verweis auf die entwickelte Rechtsprechung, nach welcher die Grundfreiheiten ebenfalls einen Geltungsanspruch in den Gegenstandsbereichen haben, in denen die Gemeinschaft über keine Kompetenzen verfügt.[339]

Daneben erkannte der EuGH im Rahmen der Beurteilung des Falles *Viking* erstmals an, dass das Recht auf Durchführung kollektiver Maßnahmen einschließlich des Streikrechts als soziales Grundrecht auch im Sinne des Gemeinschaftsrechts anzuerkennen sei.[340] Jedoch schließe dies die Anwendbarkeit des Art. 43 EGV (Art. 49 AEUV) nicht aus. Der gewährte Grundrechtsschutz, der noch einmal durch Art. 28 GRCh bekräftigt würde, stünde nicht außerhalb des Anwendungsbereichs der Bestimmungen des EG-Vertrages, sondern sei ein berechtigtes Interesse, das grundsätzlich geeignet sei, eine

339 EuGH, Urteil vom 11.12.2007, Rs. C-438/05, Slg. 2007, I-10779 – *International Transport Workers' Federation u.a./Viking Line ABP u.a.*, Ziff. 40.

340 Ebenda, Ziff. 43 f.

Behinderung der Grundfreiheiten zu rechtfertigen.[341] Sofern eine wirtschaftliche Grundfreiheit durch gewerkschaftliche Aktionen beschränkt werde, könne diese Beschränkung – der ‚Luxemburger' Judikatur zufolge – „durch zwingende Gründe des Allgemeininteresses" gerechtfertigt werden.[342] Ein entsprechendes Allgemeininteresse könne auch der Arbeitskampf zum Schutz der Arbeitnehmerinteressen sein.[343] Voraussetzung sei indes, dass die kollektiven Maßnahmen geeignet sind, die Erreichung des Ziels zu gewährleisten und dass sie nicht über das hinausgehen, was zur Erreichung des Ziels erforderlich ist.[344]

Hinsichtlich der Eignung hat der Gerichtshof im Ergebnis keine Zweifel, da kollektive Maßnahmen sowie Tarifverhandlungen eines der Hauptmittel der Gewerkschaften zum Schutz der Interessen ihrer Mitglieder sein können.[345] Was die Erforderlichkeit betrifft, könnten die Maßnahmen der FSU zwar auf den ersten Blick „mit guten Gründen als dem Ziel des Arbeitnehmerschutzes dienend angesehen werden",[346] doch würde sich erweisen, dass die fraglichen Arbeitsplätze bzw. Arbeitsbedingungen gar nicht gefährdet oder ernsthaft bedroht waren, so ließe sich diese Beurteilung nicht aufrechterhalten. Dies festzustellen, sei jedoch Aufgabe des nationalen Gerichts.[347] Auch sollen die Maßnahmen der FSU, die es für *Viking* „weniger attraktiv und sogar zwecklos (…) machen, von ihrer Niederlassungsfreiheit Gebrauch zu machen",[348] durch das nationale Gericht daraufhin überprüft werden, ob es nicht mildere Mittel gab und ob diese ausgeschöpft wurden.[349] Im Hinblick auf die ITF betont der EuGH, dass deren Politik – der Kampf gegen Billigflaggen – sich objektiv nicht rechtfertigen lasse, soweit sie darauf hinaus läuft, die Reeder grundsätzlich an der Errichtung von ausländischen Niederlassungen und der Umflaggung zu hindern.[350] Mit anderen Worten schießt der durch die ITF angedrohte Boykott als Teil einer generellen, nicht auf den Einzelfall bezogenen Strategie nach Auffassung des EuGH übers Ziel hinaus.

b) *Rs.* Laval

aa) *Sachverhalt*

Das lettische Bauunternehmen *Laval* entsandte Arbeitnehmer zur Durchführung von Bauarbeiten nach Vaxholm in Schweden. Die Arbeiten wurden von einer Tochtergesellschaft (*L&P Baltic Bygg AB*) ausgeführt. Bezüglich der Festlegung der Lohnsätze der entsandten Arbeitnehmer nahmen *Laval*, die Tochtergesellschaft und die örtliche schwedische Bauarbeitergewerkschaft (*Svenska Byggnadsarbetareförbundet*) zwar Ver-

341 Ebenda, Ziff. 45. Vgl. auch *Bücker*, Die Rosella-Entscheidung des EuGH zu gewerkschaftlichen Maßnahmen gegen Standortverlagerungen: der Vorhang zu und viele Fragen offen, NZA 2008, 212 (213).

342 Ebenda, Ziff. 75.

343 Ebenda, Ziff. 77.

344 Ebenda, Ziff. 75.

345 Ebenda, Ziff. 86.

346 Ebenda, Ziff. 81.

347 Ebenda, Ziff. 83.

348 Ebenda, Ziff. 72.

349 Ebenda, Ziff. 87.

350 Ebenda, Ziff. 88.

handlungen auf, kamen allerdings zu keinem Abschluss. Ein solcher hätte zu einer Verpflichtung *Lavals* geführt, bestimmte Mindestlöhne zu zahlen und weitere Arbeits- und Beschäftigungsbedingungen einzuhalten. Indessen unterzeichnete die Firma Tarifverträge mit der lettischen Baugewerkschaft, der 65 % der Arbeitnehmer angehörten. Daneben fanden die schwedischen Gesetze über Mindestarbeitsbedingungen Anwendung, welche die Entsenderichtlinie[351] teilweise umsetzen, jedoch keinen Mindestlohn bestimmen.

Aufgrund des Scheiterns der Bautarifverhandlungen leitete die schwedische Gewerkschaft kollektive Maßnahmen in Form einer Blockade der mittlerweile eröffneten Baustelle in Vaxholm ein, um den in Schweden üblichen Durchschnittslohn auch für die entsandten Arbeitnehmer durchzusetzen. In der Folge wurden zahlreiche Solidaritätsmaßnahmen eingeleitet, die dazu führten, dass sämtliche Baustellen *Lavals* in Schweden boykottiert wurden. Wegen dieser Blockaden kam es schließlich auch zur Rückkehr der lettischen Arbeitnehmer, zum Rücktritt der Stadt Vaxholm vom Vertrag mit dem Bauunternehmen *Laval* sowie zur Insolvenz der Tochterfirma.

Laval sah sich daher veranlasst, Klage vor dem zuständigen schwedischen Arbeitsgericht zu erheben. Das Gericht ersuchte sodann den Luxemburger Gerichtshof um Antwort auf die Frage, ob das Gemeinschaftsrecht im Hinblick auf die Dienstleistungsfreiheit gemäß Art. 49 EGV (Art. 56 AEUV) solche kollektiven Maßnahmen, die in Schweden an sich erlaubt sind, zulässt.

bb) Beurteilung des Luxemburger Gerichtshofes

In seinem Urteil entschied der EuGH, dass sowohl die Dienstleistungsfreiheit i.S.v. Art. 49 EGV (56 AEUV) als auch die Entsenderichtline einer gesetzlichen Regelung entgegenstehen, welche die Mindestlohnsätze den Kollektivverhandlungen überantwortet.

Zwar liege eine Beschränkung des Art. 49 EGV (Art. 56 AEUV) vor, doch sei diese einer Rechtfertigung mit Hilfe der zwingenden Erfordernisse des Arbeitnehmerschutzes und des Kampfes gegen Sozialdumping zugänglich.[352] Im konkreten Fall kam der Gerichtshof in Interpretation der Arbeitnehmerentsenderichtlinie allerdings zu dem Ergebnis, dass Art. 3 Abs. 7 der RL 96/71 EG nicht derart auszulegen sei, dass ein Aufnahmemitgliedstaat einem Dienstleistungserbringer die Einhaltung von Arbeits- und Beschäftigungsbedingungen auftragen könne, die über ein Mindestmaß an Schutz hinausgehen.[353] Ein entsprechendes Mindestmaß könne durch staatlich fixierte Mindestlöhne festgelegt werden; existieren in dem betreffenden Land indes keine Mindestlohnvorschriften – in Schweden ist es den Sozialpartnern überlassen, die Lohnsätze, die die inländischen Unternehmen ihren Arbeitnehmern zahlen müssen, im Wege von Tarifverhandlungen festzulegen[354] – seien Arbeitskampfmaßnahmen zum Schutz der Arbeitnehmer nicht legitim. Somit behandelt der EuGH die RL 96/71 EG als Obergrenze für den Schutz vor Sozialdumping im Aufnahmemitgliedstaat[355] mit der Folge, dass alle

---

351 RL 96/71 EG vom 16.12.1996 (ABl. L 18 vom 21.01.2007, 1 ff.).

352 EuGH, Urteil vom 18.12.2007, Rs. C-341/05, Slg. 2007, I-11767 – *Laval un Partneri Ltd/Svenska Byggnadsarbetareförbundet*, Ziff. 103.

353 Ebenda, Ziff. 80.

354 Ebenda, Ziff. 69.

355 Ebenda, Ziff. 81.

darüber hinausgehenden Tarifverträge sowie die darauf gerichteten Arbeitskämpfe rechtswidrig sind.[356]

Negativ ins Gewicht falle überdies die absente Rechtsklarheit und Rechtssicherheit, als es für ein ausländisches Unternehmen unmöglich oder unzumutbar erschwert ist, herauszufinden, welche tariflichen Arbeitsbedingungen auf die Arbeitsverhältnisse entsandter Arbeitnehmer in Schweden Anwendung fänden.[357]

c) Würdigung der EuGH-Judikatur in den Fällen Viking *und* Laval

Der EuGH hatte sich im Rahmen der Rechtssachen *Viking* und *Laval* mit dem Recht auf Ergreifung und Durchführung kollektiver Maßnahmen und dessen Einordnung in das System des europäischen Binnenmarktes zu befassen. Im Laufe dieser Verfahren wurden immer wieder Stimmen laut, es handle sich dabei um für die Union richtungweisende Entscheidungen zwischen absoluter Verpflichtung zu dem Konzept des schrankenlos freien Marktes auf der einen Seite und kollektiver Ausübung des Grundrechts auf Streik auf der anderen Seite, bzw. – um in den Worten *Maduros* zu sprechen – dem Recht der Arbeitnehmer, mittels Vereinigungsfreiheit und dem Recht auf kollektive Maßnahmen „Regierungen und Arbeitgeber dazu anzuhalten, ihren Teil des Gesellschaftsvertrags zu erfüllen".[358]

Der Gerichtshof war mit der Lösung des Konflikts zwischen den Arbeitskampfmaßnahmen der Gewerkschaften und der Verwirklichung der ökonomischen Grundfreiheiten durch die Unternehmen vor eine politisch sowie wirtschaftspolitisch heikle Entscheidung gestellt – *Blanke* spricht bezüglich dieser Aufgabe sogar von einer „Quadratur des Kreises".[359] Letztlich löste der EuGH die bestehende Normkollision in den Fällen *Viking* und *Laval* zugunsten der wirtschaftlichen Freiheitsrechte, namentlich der Niederlassungsfreiheit gemäß Art. 43 EGV (Art. 49 AEUV) und der Dienstleistungsfreiheit nach Art. 49 EGV (Art. 56 AEUV), auf. So jedenfalls ist die betreffende ‚Luxemburger' Judikatur – richtigerweise – durchweg verstanden worden.[360] Die sozialen

---

356 Vgl. *Schubert*, Europäische Grundfreiheiten und nationales Arbeitskampfrecht im Konflikt – Zugleich eine Besprechung der Entscheidungen des EuGH v. 11.12.2007 – Rs. C-438/05 – Viking und v. 18.12.2007 – Rs. C-341/05 – Laval, RdA 2008, 289 (291).

357 EuGH, Urteil vom 18.12.2007, Rs. C-341/05, Slg. 2007, I-11767 – *Laval un Partneri Ltd/Svenska Byggnadsarbetareförbundet*, Ziff. 110.

358 Schlussanträge des GAs *Maduro* vom 23.05.2007 zu EuGH, Rs. C-438/05, Slg. 2007, I-10779 – *International Transport Workers' Federation u.a./Viking Line ABP u.a.*, Ziff. 60; vgl. auch *Bercusson*, The Trade Union Movement and the European Union: Judgment Day, ELJ 2007, 279 (279 ff.); *Blanke*, Viking und Laval vor dem Europäischen Gerichtshof, AuR 2007, 249 (249 ff.); *Lengauer*, Drittwirkung von Grundfreiheiten. Ein Beitrag zu dem Konzept des Normadressaten im Gemeinschaftsrecht, 2011, S. 146; *Mestre*, Some preliminary comments on the Opinion of Advocate-General Mengozzi in the Laval case, EL Rev. 2007, 174.

359 Vgl. *Blanke*, Die Entscheidungen des EuGH in den Fällen Viking, Laval und Rueffert – Domestizierung des Streikrechts und europaweite Nivellierung der industriellen Beziehungen, Oldenburger Studien zur Europäisierung und zur transnationalen Regulierung 2008, 7.

360 Die Urteile des EuGH sowie die vorangegangenen Stellungnahmen der Generalanwälte sind insgesamt auf breite Resonanz auch in der juristischen Literatur gestoßen: Vgl. *Ahlberg/Bruun/Malmberg*, The Vaxholm case from a Swedish and European perspective, in: Transfer: European Review of Labour and Research 2006, 155 ff.; *Blanke*, The Viking case, in: Transfer European Review of Labour and Research 2006, 251 ff.; *ders.*, Viking und Laval vor dem Europäischen Ge-

Grundrechte gehen im Verhältnis zu den ‚überinterpretierten' Grundfreiheiten sang- und klanglos unter, indem sie lediglich als Ausnahmebestände gelten und stets unter Rechtfertigungszwang stehen.[361]

Zwar stimmen die zugrunde liegenden Urteile insoweit positiv, als sie erstmals in aller Klarheit hervorheben, dass es sich bei der Koalitionsfreiheit und dem Streikrecht um Grundrechtsgarantien handelt, die auch auf Gemeinschaftsebene gewährleistet sind,[362] doch zeigen sie auch deutlich auf, dass der Rekurs auf soziale Werte angesichts der ökonomischen Grundausrichtung des europäischen Einigungsprojekts nicht hinreicht, um diesen Grundrechten „eine verlässliche Gestalt und soziale Durchsetzungsfähigkeit zu verleihen".[363] Dies, obwohl Art. 28 GRCh die kollektivvertragliche Befugnis nunmehr ausdrücklich zu einem Grundrecht ausformt.[364] Immerhin nimmt der EuGH auf diesen – zum damaligen Zeitpunkt noch nicht verbindlichen Artikel – Bezug, doch schließt er mit seinen Entscheidungen in den Rechtssachen *Viking* und *Laval* für die kollektiven sozialen Rechte so manche der – von der Rechtsverbindlichkeit – erhofften Wirkungen bereits vor Inkrafttreten des Vertrages von Lissabon (und somit vor der förmlichen Verbindlichkeit der Charta) aus.[365] Dies wiegt umso schwerer, als dass Art. 11 Abs. 1 EMRK, der ebenfalls die Koalitionsfreiheit schützt, gar keine Erwähnung in der Rechtsprechung des EuGH findet. Diese „fundamentale Asymmetrie in der politi-

---

richtshof, AuR 2007, 249 ff.; *Chaumette*, Les actions collectives syndicales dans le maillage des libertés communautaires des enterprises, Droit Social 2008, 210 ff.; *Joerges/Rödl*, „Das soziale Defizit des Europäischen Integrationsprojekts", Von der Entformalisierung europäischer Politik und dem Formalismus europäischer Rechtsprechung im Umgang mit dem „sozialen Defizit" des Integrationsprojekts, KJ 2008, 149 ff.; *dies.*, Informal Politics, Formalised Law and the ‚Social Deficit' of European Integration: Reflections after the Judgments of the ECJ in Viking and Laval, ELJ 2009, 1 ff.; *Junker*, Standortverlagerung und Niederlassungsfreiheit – das Rosella-Verfahren vor dem EuGH, EWS 2007, 49 ff.; *Kocher*, Kollektivverhandlungen und Tarifautonomie – welche Rolle spielt das europäische Recht?, AuR 2008, 13 ff.; *Pießkalla*, Unmittelbare Drittwirkung der Grundfreiheiten des EG-Vertrages bei Boykottaufrufen durch Gewerkschaften, NZA 2007, 1144 (1147); *Reich*, Free Movement v. Social Rights in an Enlarged Union – the *Laval* and *Viking* Cases before the ECJ – Part I/II, German Law Journal 2008, 125 ff.

361 Vgl. *Schulz*, Der Europäische Gerichtshof und das soziale Europa, in: Der EuGH und das soziale Europa. Für eine Aufwertung sozialer Grundrechte im EU-Rechtssystem, Internationale Politikanalyse der Friedrich-Ebert-Stiftung 2009, 3 (4).

362 So auch *Heuschmid*, Mitentscheidung durch Arbeitnehmer – ein europäisches Grundrecht? Die Wirkung der Grundrechte als Korrektiv der Grundfreiheiten dargestellt am Beispiel der Beteiligung der Arbeitnehmer im Unternehmen, 2008, S. 200.

363 *Blanke*, Die Entscheidungen des EuGH in den Fällen Viking, Laval und Rueffert – Domestizierung des Streikrechts und europaweite Nivellierung der industriellen Beziehungen, Oldenburger Studien zur Europäisierung und zur transnationalen Regulierung 2008, 17.

364 Siehe bezüglich der Anwendung der Charta auch das Commission Staff Working Document, Accompanying document to the Report from the Commission to the European Parliament, the Council, the European Economic and Social Committee and the Committe of the Regions, 2010 Report on the Application of the EU Charter of Fundamental Rights (30.03.2011), COM(2011) 160 final, 36 f.

365 Vgl. *Rödl*, Wirklich auf einem „guten Mittelweg"?, in: Der EuGH und das soziale Europa. Für eine Aufwertung sozialer Grundrechte im EU-Rechtssystem, Internationale Politikanalyse der Friedrich-Ebert-Stiftung 2009, 42 (42).

schen Ökonomie der EU"[366] kann und darf zukünftig nicht aufrechterhalten werden; vielmehr muss das unionale Rechtssystem in Bezug auf die sozialen Grundrechte eine Aufwertung erfahren.[367] Das dafür notwendige normative Konzept wurde oben schon anhand eines abstrakten Beispiels dargestellt,[368] welches nun auf die Fälle *Viking* und *Laval* übertragen werden soll.

d) Anwendung des abstrakten Beispiels auf die Rs. Viking *und* Laval

Das mehrpolige Grundrechtsverhältnis besteht hier in der Situation, dass sich sowohl *Viking* als auch *Laval* als Unternehmen auf ihre Freiheiten aus Art. 43 EGV (Art. 49 AEUV) bzw. Art. 49 EGV (Art. 56 AEUV) berufen, während die betroffenen Gewerkschaften (FSU, ITF und *Svenska Byggnadsarbetareförbundet*) in den jeweiligen Fällen von der – auch durch Art. 11 Abs. 1 EMRK gewährleisteten – Koalitionsfreiheit in Form von Streik(androhung) und Boykott Gebrauch machen wollen.

Die Niederlassungsfreiheit der *Viking Line ABP* wie auch die Dienstleistungsfreiheit, welche *Laval* geltend macht, werden über Art. 15 Abs. 2 GRCh in die Charta aufgenommen.[369] Ihre „Bedingungen und Grenzen", womit zum einen die *schutzbereichsspezifischen Inhalte* und zum anderen die *Schranken* und *Schranken-Schranken* gemeint sind, werden über Art. 52 Abs. 2 GRCh in das Unionsrecht eingegliedert. Dabei wirken sich sowohl die geschriebenen als auch die – durch den EuGH entwickelten – ungeschriebenen Schranken der Grundfreiheiten direkt auf die Einschränkbarkeit des Art. 15 Abs. 2 GRCh aus. Die hier in Frage stehenden und über Art. 15 Abs. 2 GRCh geschützten Freiheitsrechte sind somit aus Gründen der öffentlichen Ordnung, Sicherheit oder Gesundheit (Art. 52 Abs. 1 AEUV bzw. Art. 62 i.V.m. Art. 52 Abs. 1 AEUV) wie auch aufgrund zwingender Allgemeinwohlbelange einschränkbar.

Taucht nun in der vorliegenden Normenkollision zwischen Grundfreiheiten und dem Recht auf Ergreifung und Ausübung kollektiver Maßnahmen das Problem auf, dass das fragliche Chartarecht sowohl einem Recht „in den Verträgen" – hier wäre dies Art. 15 Abs. 2 GRCh – und gleichzeitig einem Recht der Konvention gemäß Art. 52 Abs. 3 S. 1 GRCh „entspricht"? Wäre diese Frage zu bejahen, so würde zunächst die Schrankenregelung der transferierten, da „entsprechenden" Garantie der EMRK herangezogen wer-

---

366 Vgl. *Schulz*, Der Europäische Gerichtshof und das soziale Europa, in: Der EuGH und das soziale Europa. Für eine Aufwertung sozialer Grundrechte im EU-Rechtssystem, Internationale Politikanalyse der Friedrich-Ebert-Stiftung 2009, 3 (6).

367 In diesem Sinne forderte auch der Ausschuss für Beschäftigungen und soziale Angelegenheiten des Europäischen Parlaments die Europäische Kommission mit Beschluss vom 10. September 2008 auf, die derzeitige Entsenderichtlinie zu überarbeiten, weil der EuGH sie in den Urteilen *Viking* und *Laval* entgegen der gesetzgeberischen Absicht und des Wortlauts als Maximal- und nicht als Minimalschutz für entsandte Arbeitnehmer auslegte. Der Ausschuss sieht in dieser Rechtsprechung eine ausdrückliche Aufforderung zum unlauteren Wettbewerb in Bezug auf Löhne und Arbeitsbedingungen und fordert daher eine neue Rechtsgrundlage, um diese Rechtsprechung zu beenden – z.B. durch Unterwerfung der Entsenderichtlinie unter das Recht der Arbeitnehmerfreizügigkeit und nicht unter das Recht des freien Dienstleistungsverkehrs (siehe dazu die EU-Informationen des Deutschen Anwaltvereins vom 12.09.2008, 2).

368 Siehe 4. Kap. B. VI. 4.

369 Dies geht v.a. hervor aus Abs. 3 der Präsidiumserläuterungen zu Art. 15 GRCh (ABl. C 303 vom 14.12.2007, 23).

den, weil die Konvention im Unionsrecht den Mindestschutzstandard vorschreibt, welcher nicht unterschritten werden darf. Würde die Grundrechtecharta indessen einen weiter gehenden Schutz i.S.v. Art. 52 Abs. 3 S. 2 GRCh als die Konvention gewähren, so würde sich diese durchsetzen.

Gegenwärtig werden die Grundfreiheiten jedoch nicht von der Konvention geschützt; diese kennt keine entsprechende Bestimmung, weshalb es sich bei der Niederlassungsfreiheit und der Dienstleistungsfreiheit, die von Art. 15 Abs. 2 GRCh erfasst werden, nicht um sich „entsprechende" Rechte i.S.d. Art. 52 Abs. 3 S. 1 GRCh handelt. In dieser Arbeit wurde aber bereits dargelegt, dass eine „Modernisierung" der EMRK an aktuelle Standards – wie sie die Charta enthält – für das europäische Grundrechtsschutzsystem positive Effekte nach sich ziehen würde.[370] So würde der durch die Konvention vermittelte Mindestschutz insgesamt im Recht der Union angehoben werden, was für den Individualrechtsschutz durchweg profitabel wäre. Im Rahmen einer solchen Aktualisierung der Konvention sollten auch die Grundfreiheiten Berücksichtigung finden. Möglich wäre diese über eine entsprechende Ergänzung des Schutzbereichs des Art. 2 Abs. 1 des 4. Zusatzprotokolls zur EMRK.[371] Sodann bestünde die Sachlage, dass es sich bei den – in den Rechtssachen *Viking* und *Laval* in Betracht kommenden – Rechten aus Art. 15 Abs. 2 GRCh nicht ausschließlich um Rechte handelt, die eine Entsprechung „in den Verträgen" nach Art. 52 Abs. 2 GRCh finden (Art. 43 EGV bzw. Art. 49 AEUV und Art. 49 EGV bzw. Art. 56 AEUV), sondern über Art. 2 Abs. 1 ZP Nr. 4 EMRK gleichzeitig eine Entsprechung in der EMRK haben, so dass letztere gemäß Art. 52 Abs. 3 S. 1 GRCh in das Unionsrecht transferiert werden. Angemerkt sei an dieser Stelle nochmals, dass die Charta in einer solchen Konstellation nach Art. 52 Abs. 3 S. 2 GRCh durchaus einen Schutz gewähren kann, der über den der EMRK hinausgeht. Im Rahmen einer solchen Situation würde sich also die Frage stellen, welcher Grundrechtekatalog die Grundfreiheiten umfassender schützt – die Charta oder die EMRK.

Art. 52 Abs. 2 GRCh übernimmt, wie dargetan, zum einen die geschriebenen Schranken des AEUV, zum anderen die durch den Luxemburger Gerichtshof herangetragenen, weshalb sich Einschränkungsmöglichkeiten der Niederlassungsfreiheit und der Dienstleistungsfreiheit nicht bloß aus Gründen der öffentlichen Ordnung, Sicherheit und/oder Gesundheit ergeben können, sondern auch aufgrund zwingender Gründe des Allgemeinwohls. In der Folge einer „modernisierten" Konvention, würden sich die Schranken der entsprechenden Garantie der EMRK aus Art. 2 Abs. 3 ZP Nr. 4 EMRK ergeben. Die Niederlassungsfreiheit des Fährunternehmens *Viking* sowie die Dienstleistungsfreiheit der Baufirma *Laval* würden dadurch Einschränkungen unterliegen, „die gesetzlich vorgesehen und in einer demokratischen Gesellschaft notwendig sind für die nationale und öffentliche Sicherheit, zur Aufrechterhaltung der öffentlichen Ordnung, zur Verhütung von Straftaten, zum Schutz der Gesundheit oder der Moral oder zum Schutz der Rechte und Freiheiten anderer". Stellt man die Schrankenregelungen der Art. 52 Abs. 1 AEUV bzw. Art. 62 i.V.m. Art. 52 Abs. 1 AEUV und Art. 2 Abs. 3 ZP Nr. 4 EMRK vergleichend gegenüber, so ergibt sich – wie gesehen – eine weiter reichende Einschränkungsmöglichkeit aus dem Konventionsrecht.[372] Dieses Ergebnis ist vor allem

---

370 4. Kap. B. IV.

371 Siehe bereits 4. Kap. B. VI. 4.

372 Ebenda.

der sehr weiten Einschränkungsmöglichkeit des Art. 2 Abs. 3 a.E. ZP Nr. 4 EMRK geschuldet, die in *Rechten und Freiheiten anderer* begründet liegt. Die Verletzung eines Rechts bzw. einer Freiheit einer Einzelperson – hier eines durch *Viking* oder *Laval* beschäftigten Arbeitnehmers – wäre demzufolge ausreichend, um die Grundfreiheiten der betroffenen Unternehmen einzuschränken. Hingegen verlangen die immanenten Schranken der in Art. 15 Abs. 2 GRCh geregelten Grundfreiheiten, das Entgegenstehen zwingender Interessen des *Allgemein*wohls. Es muss demnach eine Vielzahl von Menschen betroffen sein. Auch wenn es in den vorliegenden Fällen um den Schutz mehrerer Arbeitnehmer geht, so erhielten *Viking* und *Laval* im Zweifel einen „weiter gehenden Schutz" i.S.v. Art. 52 Abs. 3 S. 2 GRCh durch die Grundrechtecharta, mit dem (vorläufigen) Ergebnis, das diese zum Tragen kommt.

Über Art. 52 GRCh hinaus ist allerdings noch Art. 53 GRCh zu beachten, welcher – als Auffangregel – jede Verletzung eines Konventionsrechts durch eine Bestimmung der Grundrechtecharta ausschließt und in dem Fall angewendet wird, dass ein Chartarecht über die entsprechende Norm der EMRK hinausgeht (Art. 52 Abs. 3 S. 2 GRCh) mit der Folge, dass eine andere Konventionsgarantie eingeschränkt wird. Bezüglich der hier in Frage stehenden Rechtssachen, in denen Art. 15 Abs. 2 GRCh i.S.v. Art. 52 Abs. 3 S. 2 GRCh den Unternehmen *Viking* und *Laval* einen höheren Schutz als Art. 2 Abs. 1 ZP Nr. 4 EMRK gewährt, ist demzufolge danach zu fragen, ob durch diesen weiter gehenden (Charta)schutz ein anderes Recht der Konvention – wobei gleichgültig ist, ob es sich dabei um ein „entsprechendes" Recht gemäß Art. 52 Abs. 3 S. 1 GRCh handelt oder nicht – eingeschränkt wird.

An dieser Stelle kommt Art. 11 EMRK ins Spiel, welcher in den Urteilen des EuGH zu den Fällen *Viking* und *Laval* keine Berücksichtigung fand. Diese Vorschrift schützt die Koalitionsfreiheit, wobei der Straßburger Gerichtshof in den Entscheidungen *Demir und Baykara/Türkei* vom 12. November 2008[373] und *Enerji Yapi-Yol Sen/Türkei* vom 21. April 2009[374] anerkannte, dass davon ebenfalls das Recht auf Kollektivverhandlungen und das Streikrecht erfasst sind.[375] Diese – über einen bloß „punktuellen" Schutz hinausgehende[376] – Rechtsprechung bewirkt, dass Art. 11 Abs. 1 EMRK einen umfassenden Schutz des Rechts auf Durchführung kollektiver Maßnahmen bietet. Dabei ist ohne Belang, dass die entsprechende Jurisdiktion des EGMR nicht ausdrücklich in dieser Bestimmung erwähnt wird, da der Verweis in den Erläuterungen zu Art. 52 Abs. 3 GRCh, – welcher hervorhebt, dass die Bedeutung und Tragweite der garantierten Rechte nicht nur durch den Wortlaut der EMRK und ihrer Zusatzprotokolle bestimmt werden, „sondern auch durch die Rechtsprechung des Europäischen Gerichthofs für Menschenrechte und durch den Gerichtshof der Europäischen Union (…)"[377] – dynamischer Natur sowohl im Hinblick auf die bisherige als auch auf die zukünftige Rechtsprechung des EGMR ist. Wie oben festgestellt, misst der EuGH den geltend gemachten Grundfreiheiten *Vikings* und *Lavals* größeres Gewicht bei als den sozialen Grundrechten, die die FSU, die ITF und die *Svenska Byggnadsarbetareförbundet* mit ihren Maßnahmen

---

373 EGMR, Urteil vom 12.11.2008, Nr. 34503/97 – *Demir und Baykara/Türkei* = AuR 2009, 269.

374 EGMR, Urteil vom 21.04.2009, Nr. 68959/01 – *Enerji Yapi-Yol Sen/Türkei* = AuR 2009, 274.

375 Siehe dazu 4. Kap. B. II. 1. b) cc).

376 Vgl. 4. Kap. B. II. 1. d) aa).

377 Abs. 4 S. 2 der Erläuterungen zu Art. 52 GRCh (ABl. C 303 vom 14.12.2007, 33).

durchzusetzen versuchten. Somit schränkt der Gerichtshof Art. 28 GRCh stärker ein als es Art. 11 Abs. 2 EMRK zulässt, so dass die Günstigkeitsklausel des Art. 52 Abs. 3 S. 2 GRCh in Bezug auf die Freiheitsrechte aus Art. 15 Abs. 2 GRCh (ausnahmsweise) aufgrund der Auffangvorschrift des Art. 53 GRCh nicht zur Anwendung gelangt. Dies hätte zur Folge, dass der Luxemburger Gerichtshof seine Judikatur nunmehr revidieren und zugunsten der Gewerkschaften entscheiden müsste. Damit erhielten die sozialen Grundrechte im Recht der Union auch ihre erwünschte Geltung.

VII. Zusammenfassung und Ergebnis

Mit ihrem Verbindlichwerden am 1. Dezember 2009 steht die Charta der Grundrechte, als erster kodifizierter *unionaler* Grundrechtekatalog, einem zweiten Grundrechtekatalog auf *völkerrechtlicher* Ebene – der Europäischen Menschenrechtskonvention – gegenüber. Auch diese hat durch das 11. Zusatzprotokoll zur EMRK und vor allem durch das nunmehr in Kraft getretene 14. Zusatzprotokoll zur EMRK eine beachtliche Europäisierung erfahren. Indem die Konvention – als völkerrechtlicher Vertrag – ihre Vertragsstaaten bindet, obwohl diese bereits auf der jeweiligen nationalen Ebene über Grundrechtsschutz verfügen, kann sie gewissermaßen als „völkerrechtliche Auffangordnung" für den Fall angesehen werden, dass eine staatliche Grundrechtsverletzung durch das Raster des nationalen Grundrechtsschutzes fällt.[378]

Durch den Beitritt der EU zur EMRK, welcher in Art. 6 Abs. 2 EUV vorgesehen ist, soll eine vergleichbare (Auffang-)Situation für das Verhältnis zur Union hergestellt werden.

Bereits ohne diesen angestrebten *formellen* Beitritt der Union zur EMRK wurde aber eine vorerst zufriedenstellende Lösung für das Verhältnis von Unions- und Völkerrecht gefunden. Diese Lösung findet sich in der Grundrechtecharta, in deren Art. 52 Abs. 3 S. 1, der sogenannten Kohärenzsicherungsklausel. Sie bringt die beiden europäischen Grundrechtskataloge in ein kohärentes Verhältnis, indem diese eng miteinander verknüpft werden. So wird durch die dynamische Transfer- und Inkorporationsklausel des Art. 52 Abs. 3 S. 1 GRCh beinahe der gesamte materielle Rechtsschutz der EMRK und ihrer Zusatzprotokolle – einschließlich der Rechtsprechung des EGMR – in die Charta übernommen, was insofern einem *materiellen* Beitritt der Union zur EMRK gleichkommt. Voraussetzung für eine Übernahme der Konventionsgehalte ist indes, dass die zu transferierenden Rechte ein Pendant in der Charta finden, das heißt, dass es sich um „entsprechende" Rechte i.S.v. Art. 52 Abs. 3 S. 1 GRCh handeln muss. Bezüglich des „Entsprechens" bedarf es dabei keiner wortgleichen Übereinstimmung der Rechte der Charta und denen der EMRK; vielmehr ist ein gleicher Lebensbereich bzw. ein gleicher konkreter Kern ausreichend, um diese Voraussetzung zu erfüllen. Was die Straßburger Rechtsprechung betrifft, die sich noch nicht im Normtext der Konvention niedergeschlagen hat, so muss diese über einen bloß „punktuellen" Schutz hinausgehen und – als integraler Bestandteil der EMRK – bereits gefestigt sein, um in die Charta transferiert werden zu können.

378 So auch *Ziegenhorn*, Der Einfluss der EMRK im Recht der EU-Grundrechtecharta. Genuin chartarechtlicher Grundrechtsschutz gemäß Art. 52 Abs. 3 GRCh, 2009, S. 259.

Kann ein „Entsprechen" bejaht werden, so erhalten die Rechte der Charta sodann die gleiche „Bedeutung" und „Tragweite", will meinen den materiellen Grundrechtsschutz des jeweiligen Rechts der EMRK, Art. 52 Abs. 3 S. 1 GRCh.

Diese Form der Inkorporation der Konventionsrechte lässt die EMRK zu einem unionalen Mindeststandard werden, der nicht unterschritten werden darf. Wünschenswert wäre in diesem Zusammenhang eine Anpassung bzw. „Modernisierung" der flexiblen EMRK an aktuelle Gegebenheiten und damit auch an die Charta, damit die Konvention insgesamt einen höheren Mindestschutz im Recht der Union gebietet. Eine entsprechende Aktualisierung ist möglich über die Zusatzprotokolle zur EMRK.

Bildet die EMRK zwar die rechtlich zu schützende Untergrenze, so wird der Union gemäß Art. 52 Abs. 3 S. 2 GRCh gestattet, einen weiter gehenden Schutz zu gewähren. Dabei dürfen jedoch die jeweiligen Schutzbereiche und Rechtfertigungsvoraussetzungen von Konventions- und Chartarechten nicht auseinander gerissen werden. Es dürfen nicht etwa die Rechtfertigungsvoraussetzungen der Charta auf Eingriffe in konventionsrechtliche Schutzbereiche angewandt werden[379] oder umgekehrt konventionsrechtliche Rechtfertigungsvoraussetzungen auf Schutzbereiche der Chartarechte[380] – eine „Rosinenpickerei" der jeweils günstigeren Bedingungen verbietet sich.[381]

Die Möglichkeit eines weiter gehenden Schutzes i.S.v. Art. 52 Abs. 3 S. 2 GRCh kann sich auch aus der „Anpassungs-Regel" des Art. 52 Abs. 2 GRCh ergeben, welche den *acquis communautaire* zu wahren versucht, indem Chartarechte mit subjektivrechtlichem Gehalt, die bereits im EUV oder AEUV geregelt sind, den dort *geschriebenen* wie auch den ungeschriebenen „Bedingungen und Grenzen" unterlegen sind. Entspricht ein Recht der Charta sowohl einem Recht *„in* den Verträgen" als auch einem Konventionsrecht – liegt also eine Kollision zwischen Art. 52 Abs. 3 S. 1 und Art. 52 Abs. 2 GRCh vor, so ist Art. 52 Abs. 2 GRCh als „Ausnahme" von Art. 52 Abs. 3 S. 1 i.S.v. Art. 52 Abs. 3 S. 2 GRCh zu begreifen. Mit anderen Worten: Grundsätzlich ist der EMRK und deren Schrankenregelungen der (relative) Vorrang einzuräumen, es sei denn das Unionsrecht gewährt einen darüber hinausgehenden Schutz bzw. weist eine geringere Einschränkbarkeit auf.

Allerdings gilt für den Fall einer möglichen Anwendung des Art. 52 Abs. 3 S. 2 GRCh, dass darüber hinaus die „Geltungserhaltungsklausel" des Art. 53 GRCh zu beachten ist. Diese Auffangregel schließt jede Verletzung eines Konventionsrechts durch Normen der Charta aus, weshalb sie vor allem in mehrpoligen Grundrechtsverhältnissen zur Anwendung gelangt. Diese Auslegung der horizontalen Klauseln trägt dem Anspruch der Kohärenzsicherung zwischen Charta und EMRK Rechnung.

---

379 Für eine ausschließliche Anwendung: *Philippi*, Die Charta der Grundrechte der Europäischen Union: Entstehung, Inhalt und Konsequenzen für den Grundrechtsschutz in Europa, 2002, S. 44; *Uerpmann-Wittzack* spricht sich für eine kumulative Anwendung aus (*ders.*, Doppelter Grundrechtsschutz für die zukünftige Europäische Union, DÖV 2005, 152 (156)); *Schmitz*, Die Grundrechtecharta als Teil der Verfassung der Europäischen Union, EuR 2004, 691 (710); *ders.*, Die EU-Grundrechtecharta aus grundrechtsdogmatischer und grundrechtstheoretischer Sicht, JZ 2001, 833 (839); *Borowsky*, in: Meyer (Hrsg.), Kommentar zur Charta der Grundrechte der Europäischen Union, 2006, Art. 53 GRCh, Rn. 18.

380 Vgl. *Bühler*, Einschränkung von Grundrechten nach der Europäischen Grundrechtecharta, 2005, S. 324 f.

381 Vgl. *Ziegenhorn*, Der Einfluss der EMRK im Recht der EU-Grundrechtecharta. Genuin chartarechtlicher Grundrechtsschutz gemäß Art. 52 Abs. 3 GRCh, 2009, S. 184.

Insgesamt wird die Charta durch Art. 52 Abs. 3 S. 1 GRCh in ein harmonisches Verhältnis zur Konvention gesetzt und es wird deutlich, dass weder die Charta noch die EMRK (nach dem Vorbild Österreichs) als alleiniger Grundrechtekatalog fungieren sollte; sie sind keinesfalls als Alternativen anzusehen. Vielmehr ergänzen und befruchten sich die beiden Grundrechtsordnungen gegenseitig und helfen somit, den europäischen Grundrechtsschutz insgesamt zu optimieren. Nichtsdestotrotz kann erst mit dem formellen Beitritt der EU zur EMRK gemäß Art. 6 Abs. 2 EUV von einer vollständigen Harmonisierung gesprochen werden.

Wie sich das hier gefundene *theoretische* Ergebnis eines Verbotes des Absinkens des Grundrechtsschutzes auf Unionsebene unter den durch die EMRK vermittelten Schutz letztlich auf das Verhältnis von EuGH und EGMR in *praktischer* Hinsicht auswirkt, wird Gegenstand der Untersuchungen im 5. und 6. Kapitel sein.

5. Kapitel: Das Verhältnis der europäischen Gerichtshöfe vor dem Beitritt der EU zur EMRK

A. Einführung in die Problematik

Welche Konsequenzen die vorstehenden Erwägungen des 3. und 4. Kapitels in praktischer Hinsicht auf das Verhältnis des EuGH und des EGMR zueinander und damit für den Rechtsschutz des Einzelnen haben, soll innerhalb des 5. und 6. Kapitels dieser Arbeit untersucht werden. Während das 5. Kapitel das entsprechende Verhältnis *vor* dem Beitritt der EU zur EMRK behandelt und die bereits vorhandenen Mechanismen und Lösungsstrategien bezüglich eventueller Rechtsprechungskonflikte darstellt und bewertet, soll es im 6. Kapitel um die Beziehung zwischen EuGH und EGMR *nach* dem Beitritt gehen. Diese Analysen werden besonders vor dem Hintergrund durchgeführt, dass beide europäischen Gerichte einer jeweils anderen und rechtlich autonomen Rechtsordnung angehören und eine verfahrensrechtliche Verbindung nicht gegeben ist.

Prüfungsmaßstab des Straßburger Gerichtshofes ist gemäß Art. 19 Abs. 1 EMRK ausschließlich die Konvention mit ihren Zusatzprotokollen, während der EuGH am Maßstab der Grundrechtecharta prüft. Zwar trifft der EuGH Aussagen zur Vereinbarkeit von Rechtsakten der Union mit der EMRK, doch bleibt das jeweils einschlägige Chartarecht Prüfungsmaßstab; allerdings werden dessen „Bedeutung und Tragweite" i.S.v. Art. 52 Abs. 3 S. 1 GRCh unter Rückgriff auf das entsprechende Konventionsrecht bestimmt.[1] Obwohl die Prüfungsmaßstäbe der beiden europäischen Gerichte also einer *formalen* Trennung unterliegen, wird durch die Kohärenzsicherungsklausel des Art. 52 Abs. 3 S. 1 GRCh – welcher insofern die Funktion eines institutionellen Bandes zugesprochen werden kann – im Wesentlichen ein materieller Gleichlauf hergestellt,[2] welchen es gleichwohl noch zu „modernisieren" gilt.[3]

Dennoch bleiben Rechtsprechungsdivergenzen zwischen EuGH und EGMR nicht aus. Trotz diesen entgegensteuernder, verschiedener wertvoller Mechanismen der Konfliktvermeidung und Konfliktlösung[4] ist noch nicht geklärt, ob einem und vor allem welchem Gericht im europäischen Grundrechtshaus – gleichsam als Hüter des Grundrechtsfundaments – das letzte Wort zukommt.[5] Wie sind Überlappungsfelder bezüglich der Zuständigkeit von EuGH und EGMR aufzulösen?

---

1 Vgl. 4. Kap. B. II. 1. a).

2 So auch *Sauer*, Jurisdiktionskonflikte in Mehrebenensystemen. Die Entwicklung eines Modells zur Lösung von Konflikten zwischen Gerichten unterschiedlicher Ebenen in vernetzten Rechtsordnungen, 2008, S. 276.

3 Siehe 4. Kap. B. IV.

4 Vgl. *Jaeger*, Menschenrechtsschutz im Herzen Europas. Zur Kooperation des Bundesverfassungsgerichts mit dem Europäischen Gerichtshof für Menschenrechte und dem Gerichtshof der Europäischen Gemeinschaften, EuGRZ 2005, 193 (194).

5 Vgl. *Schmahl*, Grundrechtsschutz im Dreieck von EU, EMRK und nationalem Verfassungsrecht, EuR 2008, 7 (7 f.).

Sofern überhaupt die Notwendigkeit besteht, einem der Gerichtshöfe die Letztentscheidungskompetenz zuzuschreiben, soll zur Klärung dieser Frage zunächst die Lage vor dem Beitritt der EU zur EMRK dargelegt werden, um die Folgen, die sich aus diesem Beitritt ergeben, zu verdeutlichen. Zur diesbezüglichen Aufklärung kann die *Kadi*-Rechtsprechung des EuGH eventuell Rückschlüsse bieten (6. Kapitel). Vielleicht lässt sich auf diese Weise herausfinden, wie das zukünftige praktische Verhältnis des EuGH zum EGMR optimal ausgestaltet sein könnte bzw. sollte.

I. Rechtsschutz vor den europäischen Gerichten

Bevor die Rechtsprechungsdivergenzen zwischen EuGH und EGMR und eventuelle Lösungsmöglichkeiten vorgestellt werden, soll ein allgemeiner Überblick über den Grundrechtsschutz vor den europäischen Gerichten gegeben werden. Es gilt zu klären, wie die Grund- und Menschenrechte vor dem EuGH und dem EGMR durchgesetzt werden können; wer die Gerichtshöfe mobilisieren kann. Dies auch mit Blick darauf, dass sich die beiden Systeme gegenseitig befruchten könnten. Bislang wurden die vom Straßburger Gerichtshof entwickelten Rechtsschutzmaßstäbe nur vereinzelt auf den Europäischen Gerichtshof in Luxemburg angewandt.[6] Darüber hinaus wurden die prozessrechtlichen Erfahrungen des EuGH für die Reformdiskussion beim EGMR fast gar nicht nutzbar gemacht, obwohl auf konzeptioneller Ebene immer wieder darüber nachgedacht wird, auch in Straßburg ein Vorlageverfahren einzuführen.[7]

Jedenfalls bildet die Existenz effektiver gerichtlicher Kontrollmöglichkeiten seitens der Bürger gegenüber der unionsrechtlichen Hoheitsgewalt ein Kernstück der von Art. 2 EUV (Art. 6 Abs. 1 EUV a.F.) geforderten europäischen Rechtsstaatlichkeit.[8] Dementsprechend ist das Recht auf effektiven individuellen Rechtsschutz in den Verfassungstraditionen der Mitgliedstaaten,[9] in Art. 6 und 13 EMRK und in Art. 47 Abs. 1 GRCh verankert.[10] Der EuGH hat dieses Gebot als allgemeinen Grundsatz des Unionsrechts

---

6 Vgl. den wegen Erledigung nicht entschiedenen Fall *Senator Lines*, in welchem es um den einstweiligen Rechtsschutz vor dem EuGH ging (EGMR, Urteil vom 10.03.2004 (Große Kammer), Nr. 56672/00 – *Senator Lines gegen 15 EU-Staaten* = EuGRZ 2004, 279 ff.) und die weiterhin umstrittene Frage, ob das Gebot eines fairen Verfahrens verlangt, dass nach der Abgabe der Schlussanträge der Generalanwälte die Parteien noch einmal die Möglichkeit haben müssen, sich dazu zu äußern (siehe dazu EGMR, Urteil vom 07.06.2001 (Große Kammer), Nr. 39594/98, ECHR 2001-VI – *Kress*; EGMR, Urteil vom 13.01.2005, Nr. 62023/00 – *Emesa Sugar gegen Niederlande* = EuGRZ 2005, 234).

7 Report of Group of Wise Persons to the Committee of Ministers, CM (2006) 203 vom 15.11.2006, Ziff. 76 ff., HRLJ 2006, 279 (284).

8 Dazu EuGH, Urteil vom 23.04.1986, Rs. 294/83, Slg. 1986, 1339 – *Les Verts*, Ziff. 23; vgl. *Calliess*, Kohärenz und Konvergenz beim europäischen Individualrechtsschutz – Der Zugang zum Gericht im Lichte des Grundrechts auf effektiven Rechtsschutz, NJW 2002, 3577 (3577).

9 Erstmals EuGH, Urteil vom 15.05.1986, Rs. 222/84, Slg. 1986, 1651 – *Johnston*, Ziff. 18; Urteil vom 01.04.2004, Rs. C-263/02 P, Slg. 2004, I-3425 – *Jégo-Quéré*, Ziff. 30.

10 Vgl. *Kokott/Dervisopoulos/Henze*, Aktuelle Fragen des effektiven Rechtsschutzes durch die Gemeinschaftsgerichte, EuGRZ 2008, 10 (10).

anerkannt,[11] und durch den vorgesehenen Beitritt der EU zur EMRK in Art. 6 Abs. 2 EUV wird es nochmals bestätigt und bekräftigt.[12]

Da die Union bisher keine Vertragspartei der Konvention ist, haben die Bürger Europas keine Möglichkeit, unmittelbar Beschwerden gegen die Institutionen der EU vor den Straßburger Gerichtshof zu bringen. Obwohl auf nationaler Ebene alle Gesetze, Verordnungen, Gerichtsurteile und sonstigen Akte der Jurisdiktion des EGMR unterliegen, gilt gleiches nicht für Rechtsakte der EU.[13] Diese Sachlage erscheint zunehmend anachronistisch,[14] zumal sich die Frage stellt, ob die dadurch entstehende Lücke im Rechtsschutz durch den EuGH vollständig ausgefüllt wird bzw. werden kann. Während sich ein Kläger einerseits „vor dem Gemeinschaftsrichter[15] nicht unmittelbar auf die EMRK berufen“[16] kann, sind andererseits der Geltendmachung einer Verletzung von Unionsgrundrechten Grenzen gesetzt. Ein Verstoß durch primäres Unionsrecht oder den EuGH selbst kann vor dem EGMR grundsätzlich nicht geltend gemacht werden. Wie dem entgegenzuwirken ist, wird Bestandteil der folgenden Untersuchung sein.

1. Rechtsschutz vor dem EuGH

a) Nichtigkeitsklage gemäß Art. 263 Abs. 4 AEUV

Bezüglich des sekundären Unionsrechts waren die Prozessvoraussetzungen für Privatklagen – nicht privilegierter Kläger – in der Fassung des Maastrichter Vertrages noch relativ eng begrenzt. Kausal dafür war Art. 230 Abs. 4 EGV[17], nach welchem natürliche oder juristische Personen gegen Maßnahmen der Gemeinschaftsorgane nur Klagen vor dem EuGH erheben konnten, wenn sie „unmittelbar und individuell“ betroffen waren. Vor allem die Geltendmachung der individuellen Betroffenheit unterlag großen Hürden, da dieses Kriterium nach der sog. *Plaumann*-Formel erst dann erfüllt war, wenn die Entscheidung den Kläger „wegen bestimmter persönlicher Eigenschaften oder besonderer, ihn aus dem Kreis aller übrigen Personen heraushebender Umstände berührt und ihn deshalb in ähnlicher Weise individualisiert wie den Adressaten“[18]. Ohne Vorliegen dieser Voraussetzungen mussten die Kläger – wie bei nationalen Gesetzen – zunächst den Vollzugsakt abwarten, um dann gegen diesen das zuständige Gericht anzurufen. Prob-

11 EuGH, Urteil vom 13.03.2007, Rs. C-432/05, Slg. 2007, I-2271 – *Unibet*, Ziff. 37 = EuGRZ 2007, 439.

12 Vgl. *Fredriksen*, Individualklagemöglichkeiten vor den Gerichten der EU nach dem Vertrag für eine Verfassung für Europa, ZEuS 2005, 99 (102).

13 Vgl. *Krüger/Polakiewicz*, Vorschläge für ein kohärentes System des Menschenrechtsschutzes in Europa, EuGRZ 2001, 92 (95).

14 Vgl. *Jacqué*, L'adhésion de la Communauté Européenne à la Convention européene des droits de l'homme. Aspects juridiques et techniques, in: Iliopoulos-Strangas (Hrsg.), Grundrechtsschutz im europäischen Raum. Der Beitritt der Europäischen Gemeinschaften zur Europäischen Menschenrechtskonvention, 1993, S. 302 (317).

15 Nunmehr Unionsrichter.

16 EuG, Urteil vom 20.02.2001, Rs. T-112/98, Slg. 2001, II-729 – *Mannesmannröhren-Werke*, Ziff. 75.

17 Art. 230 IV EGV lautete: „Jede natürliche oder juristische Person kann unter den gleichen Voraussetzungen gegen die an sie ergangenen Entscheidungen sowie gegen diejenigen Entscheidungen Klage erheben, die, obwohl sie als Verordnung oder als eine an eine andere Person gerichtete Entscheidung ergangen sind, sie unmittelbar und individuell betreffen.“

18 EuGH, Urteil vom 15.07.1963, Rs. 25/63, Slg. 1963, 211 (283) – *Plaumann*.

lematisch an dieser Lösung war, dass sie versagte, sobald der Unionsakt unmittelbare Verpflichtungen begründete, welche zu ihrer Anwendung keiner Durchführungsmaßnahmen bedurften.[19] Die einzige Möglichkeit der Betroffenen, dennoch zu klagen, bestand darin, gegen die in Frage stehende Regelung zu verstoßen und die drohende Sanktion zu riskieren, um dann gegen diese vorzugehen.[20] Da dieser komplizierte und risikoreiche Weg nach Rechtsstaatlichkeitsgrundsätzen unzumutbar ist,[21] wurden die engen Voraussetzungen der Klagebefugnis von Vertretern der Wirtschaft und auch der Wissenschaft kritisiert,[22] weil sich dadurch eine – zumindest partielle – Rechtsschutzlücke ergebe, die die vom EuGH anerkannte allgemeine Rechtsschutzgewähr verletze.[23] Diese grundrechtliche Schutzlücke konnte auch weder durch die Möglichkeit einer gegen die Gemeinschaft gerichteten Amtshaftungsklage gemäß Art. 288 Abs. 2 EGV[24] noch durch Verfahren geschlossen werden, die der objektiven Rechtmäßigkeitskontrolle dienen.[25]

---

19 Vgl. *Everling*, Lissabon-Vertrag regelt Dauerstreit über Nichtigkeitsklage Privater, EuZW 2010, 572 (572).

20 Vgl. *Borchardt*, Die rechtlichen Grundlagen der Europäischen Union, 2010, S. 300; *Lenaerts*, Le traité de Lisbonne et la protection juridictionnelle des particuliers en droit de l'Union, CDE 2009, 711 (719); *Everling*, Lissabon-Vertrag regelt Dauerstreit über Nichtigkeitsklage Privater, EuZW 2010, 572 (573).

21 Vgl. i.d.S. auch die Schlussanträge des GAs *Jacobs* vom 21.03.2002 zu EuGH, Rs. C-50/00 P (Slg. 2002, I-6677 – *Unión Pequeños Agricultores/Rat*, Ziff. 38 f.), denen das EuG Rechnung trug, indem es betonte, „(d)em Einzelnen (könne) nicht zugemutet werden, dass er gegen das Gesetz verstößt, um Zugang zu den Gerichten zu erlangen" (vgl. Urteil vom 03.05.2002, Rs. T-177/01, Slg. 2002, II-2365 – *Jegó-Quéré & Cie SA*, 2382, Ziff. 45 f.).

22 Vgl. dazu *Toth*, The European Union and Human Rights: The Way forward, CML Rev. 1997, 491 (495); *Mancini/di Bucci*, Die Entwicklung der Grundrechte als Teil des Gemeinschaftsrechts, in: Iliopoulos-Strangas (Hrsg.), Grundrechtsschutz im europäischen Raum. Der Beitritt der Europäischen Gemeinschaften zur Europäischen Menschenrechtskonvention, 1993, S. 208 (226); ebenfalls *de Witte*, The Past and Future Role of the European Court of Justice in the Protection of Human Rights, in: Alston/Bustelo/Heenan (eds.), The EU and Human Rights, Oxford University Press 1999, 859 (886); *Gaja*, New Instruments and Institutions for Enhancing the Protection of Human Rights in Europe?, in: Alston/Bustelo/Heenan (eds.), The EU and Human Rights, Oxford University Press 1999, 781 (794).

23 Vgl. allgemein zu dieser Problematik *Borowsky*, Die Nichtigkeitsklage gem. Art. 230 Abs. 4 EGV, EuR 2004, 879; *Thiele*, Individualrechtsschutz vor dem Europäischen Gerichtshof durch die Nichtigkeitsklage, 2006; *Ward*, Judicial Review and the Right of Private Parties in the EC-Law, Oxford University Press 2000; *Schohe*, Das Urteil Bosphorus: Zum Unbehagen gegenüber dem Grundrechtsschutz durch die Gemeinschaft, EuZW 2006, 33 (33).

24 Nunmehr Art. 340 II AEUV.

25 Mit einer Amtshaftungsklage lässt sich ein grundrechtswidriger Rechtsakt nicht beseitigen, der Grundrechtsverstoß wird lediglich finanziell liquidiert. Außerdem kann der Einzelne nicht darauf verwiesen werden, dass die Europäische Kommission grundrechtswidrige Akte des Rates und des Europäischen Parlaments ihrerseits mittels einer Nichtigkeitsklage angreift (vgl. *Haratsch*, Die *Solange*-Rechtsprechung des Europäischen Gerichtshofs für Menschenrechte. Das Kooperationsverhältnis zwischen EGMR und EuGH, ZaöRV 2006, 927 (937)).

Trotz der Anträge mehrerer Konventsmitglieder[26] ist es jedoch nicht gelungen, die Einklagbarkeit der europäischen Grundrechte – aufgrund des durch Art. 230 Abs. 4 EGV nicht ausreichend gewährleisteten Grundrechts auf effektiven gerichtlichen Rechtsschutz – im Verfassungsvertrag speziell zu sichern. Dies hätte beispielsweise in Form einer Grundrechtsbeschwerde[27] direkt zum EuGH, nach dem Vorbild von in einigen Mitgliedstaaten bestehenden Verfahren wie der deutschen „Verfassungsbeschwerde“ oder der „recurso de amparo“ in Spanien, verwirklicht werden können.

Statt einer allgemeinen Klagemöglichkeit gegen primäre und sekundäre Rechtsakte der EU vor den Unionsgerichten, hat es allerdings – als Kompromiss – eine Neufassung der Bestimmung über die Zulässigkeit der Nichtigkeitsklage natürlicher und juristischer Personen gegeben, welche zunächst in Art. III-366 VVE enthalten war und mit Art. 263 Abs. 4 AEUV unverändert Eingang in den Vertrag von Lissabon fand. Für eine Klage gegen sekundäre Unionsrechtsakte (Rechtsakte mit Verordnungscharakter) ist es danach nicht mehr notwendig, dass der private Kläger „individuell“ betroffen ist; vielmehr ist es ausreichend, dass die Regelung ihn unmittelbar, das heißt ohne weiteren Vollzugsakt betrifft.[28] Der Einzelne ist danach nicht mehr gezwungen, das unionsrechtliche Verbot zu übertreten, bevor er gegen die mitgliedstaatliche Sanktion und damit indirekt gegen das Verbot vorgehen kann. Diese punktuelle Neuerung für selbstvollziehende Rechtsnormen kann – gegenüber der Rechtslage *vor* Lissabon – als eine „gewisse Verbesserung“[29] bzw. „a small step in the right direction“[30] angesehen werden, da sie das Rechtsschutzsystem der Union verbessert und durch eine abgewogene, die Handlungsfähigkeit des Gerichtshofes wahrende Lösung eine lange kritisierte Rechtsschutzlücke schmälert.[31] Letztlich ändert sie aber – aufgrund der nach wie vor erforderlichen „un-

---

26 Siehe dazu den Beitrag von *Meyer* bzgl. der „Einklagbarkeit der Charta-Grundrechte und Verbesserung des Individualrechtsschutzes" vom 29.11.2002 (Europäischer Konvent, CONV 439/02, CONTRIB 160), die Anmerkung des Präsidiums im Synthesebericht über die Plenartagung vom 27.05.2003 (CONV 748/03) und die „Vorschläge für Vertragsänderungen“ des Europäischen Bürgerbeauftragten *Södermann* vom 26.07.2002 (Europäischer Konvent, CONV 221/02, CONTRIB 76).

27 Vgl. *Meyer/Hölscheidt*, Die Europäische Verfassung des Europäischen Konvents, EuZW 2003, 613 (619).

28 Dies ist u.a. als Folge der Schlussanträge des GAs *Jacobs* in der Rechtssache *Unión de Pequeños Agricultores/Rat* (Rs. C-50/00 P, Slg. 2002, I-6677 = EuGRZ 2002, 420) anzusehen, in denen dieser für eine wesentliche Ausdehnung der Individualklagebefugnis nach Art. 230 IV EGV plädierte; vgl. *Kokott/Dervisopoulos/Henze*, Aktuelle Fragen des effektiven Rechtsschutzes durch die Gemeinschaftsgerichte, EuGRZ 2008, 10 (14); *Kottmann*, Plaumanns Ende: Ein Vorschlag zu Art. 263 Abs. 4 AEUV, ZaöRV 2010, 547 (557). Der bisherigen Rechtsprechung zufolge, ist die „unmittelbare Betroffenheit“ dann gegeben, „wenn die beanstandete Maßnahme der Gemeinschaft sich auf die Rechtsstellung dieser Person unmittelbar auswirkt und ihren Adressaten, die mit ihrer Durchführung betraut sind, keinerlei Ermessensspielraum lässt, ihr Erlass vielmehr rein automatisch erfolgt und sich allein aus der Gemeinschaftsregelung ergibt, ohne dass weitere Durchführungsvorschriften angewandt werden“ (EuGH, Urteil vom 05.05.1998, Rs. C-404/96 P, Slg. 1998, I-2435 – *Glencore*, Ziff. 41).

29 Vgl. *Mayer*, Individualrechtsschutz im Europäischen Verfassungsrecht, DVBl. 2004, 606 (616); *ders.*, Wer soll Hüter der europäischen Verfassung sein?, AöR 2004, 411 (430).

30 Vgl. *Fredriksen*, Individualklagemöglichkeiten vor den Gerichten der EU nach dem Vertrag für eine Verfassung für Europa, ZEuS 2005, 99 (133).

31 Vgl. *Everling*, Rechtsschutz in der Europäischen Union nach dem Vertrag von Lissabon, EuR 2009, 71 (74).

mittelbaren Betroffenheit“ des Klägers – nichts an der restriktiv gehandhabten Klagebefugnis.[32]

Problematisch an der Direktklage des Art. 263 Abs. 4 AEUV bleibt darüber hinaus, dass im Rahmen primärer Unionsrechtsakte sogar das Erfordernis der „individuellen Betroffenheit“ im Sinne der *Plaumann*-Formel bestehen bleibt, welches faktisch als Zugangsbeschränkung angesehen werden kann.[33] Der Kläger muss also wie der Adressat einer Entscheidung betroffen sein. Dies wird besonders deutlich in Urteilen, die aus der klägerischen individuellen Betroffenheit folgern, dass die angefochtene Maßnahme „ihm gegenüber Entscheidungscharakter“[34] habe.[35] Individualklagen gegen Rechtsakte mit allgemeiner Geltung waren so bislang in der Praxis regelmäßig aussichtslos.[36] Die Nichtigkeitsklage dient folglich weniger dem subjektiven Rechtsschutz, was für die Unionsbürger zur Folge hat, dass – Grundrechtsfragen betreffend – nicht sie unmittelbar in Luxemburg, sondern die nationalen Gerichte bis auf weiteres die Gesprächspartner des EuGH im Wege des Vorlageverfahrens bleiben.[37]

b) Vorabentscheidungsverfahren nach Art. 267 AEUV

Nach Art. 267 AEUV entscheidet der Gerichtshof im Wege der Vorabentscheidung auf Vorlage oder Anrufung von Gerichten der Mitgliedstaaten über Fragen der Auslegung der Verträge sowie über die Gültigkeit und die Auslegung der Rechtsakte der Organe, Einrichtungen oder sonstigen Stellen der Union. Die Vorabentscheidung ergeht in Form eines Urteils und bindet das vorlegende Gericht sowie alle anderen Gerichte, die mit der betreffenden Streitsache befasst werden.[38] Das Vorlageverfahren, welches im Laufe der Zeit eine immer wichtigere und umfänglichere Bedeutung gewonnen hat,[39] verfolgt dabei ein doppeltes Ziel: Einerseits geht es um den Individualrechtsschutz, andererseits

32 *Reich* zufolge dürften Direktklagen gegen Richtlinien, „die ungeachtet des in ihnen vom EuGH anerkannten Geltungsbefehls doch primär an die Mitgliedstaaten gerichtet sind und nur als Reflex die Rechtsstellung von Individuen betreffen“, damit bereits ausgeschlossen sein (*ders.*, Wer hat Angst vor Straßburg? Bemerkungen zur europäischen Grundrechtsarchitektur – Einheit in der Vielfalt?, EuZW 2011, 379 (381)).

33 Vgl. *Karper*, Reformen des Europäischen Gerichts- und Rechtsschutzsystems, 2011, S. 134.

34 EuGH, Urteil vom 25.07.2002, Rs. C-50/00 P, Slg. 2002, I-6677 – *Unión de Pequeños Agricultores*, Ziff. 36.

35 *Kottmann*, Plaumanns Ende: Ein Vorschlag zu Art. 263 Abs. 4 AEUV, ZaöRV 2010, 547 (550).

36 *Ders.*, 547 (551).

37 Vgl. *Mayer*, Der Vertrag von Lissabon und die Grundrechte, EuR 2009, 87 (88).

38 *Lumma* beschreibt die faktische *erga-omnes*-Wirkung von Urteilen des Luxemburger Gerichtshofes in Vorabentscheidungen als „Transmissionsriemen, mit dessen Hilfe die Interpretation des Gemeinschaftsrechts (nunmehr Unionsrechts) über den konkreten Ausgangsfall hinaus übertragen wird“ (*ders.*, Verfahrensbeschleunigung und Kohärenz beim EuGH – Die Perspektive des Bevollmächtigten der Bundesregierung beim EuGH, EuGRZ 2008, 381 (381)).

39 Die Zahl der im Jahr 2010 vorgelegten Vorabentscheidungsersuchen ist im zweiten Jahr hintereinander die höchste je erreichte Zahl und bedeutet gegenüber dem Vorjahr eine Steigerung um 27,4 % (385 Rechtssachen im Jahr 2010 gegenüber 302 Rechtssachen im Jahr 2009). Die durchschnittliche Dauer der Vorabentscheidungsverfahren betrug dabei durchschnittlich 16,1 Monate, was auf eine generelle Verkürzung der Verfahrensdauer schließen lässt (vgl. EuGH, Pressemitteilung vom 02.03.2011 = EuZW 2011, 244).

um die einheitliche Auslegung und gleichmäßige Anwendung des Rechts der Union innerhalb sämtlicher Mitgliedstaaten.

Letzteres betrifft die (ursprüngliche) „Kernmission" des EuGH, die nicht etwa darin besteht, Spannungen zwischen den Unionsorganen oder zwischen der Union und den Mitgliedstaaten zu lenken und beizulegen, sondern vielmehr in der „Wahrung des Rechts bei der Auslegung und Anwendung der Verträge" i.S.v. Art. 19 Abs. 1 EUV.[40] Aufgabe des Gerichtshofes ist es demnach, mit Hilfe des Vorabentscheidungsverfahrens, – das heißt im Wege des justiziellen Dialogs und in vertrauensvoller Kooperation mit den nationalen Gerichten – dafür Sorge zu tragen, dass die gemeinsamen Normen ihren unionsrechtlichen Charakter bewahren und für alle den gleichen Inhalt haben.[41] Insofern ist das Verfahren nach Art. 267 AEUV, das sich – mangels einer hierarchischen Über- oder Unterordnung der Gerichte – sehr schonend in das nationale Rechtsschutzsystem einordnet,[42] die „eigentliche Grundlage für das Funktionieren des Binnenmarktes", da jegliche Beeinträchtigung der gleichen Auslegung und Anwendung der Verträge die Gefahr einer Rechtszersplitterung in sich birgt und zu Wettbewerbsverzerrungen und Diskriminierungen führen kann.[43]

Auch für den Individualrechtsschutz der Bürger in den einzelnen Mitgliedstaaten ist das Vorabentscheidungsverfahren – jedenfalls mittelbar – von erheblicher Bedeutung; vor allem, weil deren subjektive Klagemöglichkeiten vor dem EuGH durch die Verträge und die Rechtsprechung des Gerichtshofes eher restriktiver Natur sind.[44] Durch das „dezentrale Rechtsschutzmodell"[45] des Art. 267 AEUV wird den Bürgern aber die Möglichkeit gegeben, sich vor den mitgliedstaatlichen Gerichten, welche sich mit Vorabentscheidungsersuchen an den EuGH wenden können[46] bzw. müssen[47] und damit zugleich europäische Gerichte mit selbstständiger Verantwortung für die einheitliche und wirksame Anwendung des Unionsrechts[48] sind, auf die Rechte zu berufen, die ihnen durch

---

40 Vgl. *Kokott*, Der *pouvoir neutre* im Recht der Europäischen Union, ZaöRV 2009, 275 (287).

41 Vgl. *Middeke*, in: ders./Rengeling/Gellermann (Hrsg.), Handbuch zum Rechtsschutz in der Europäischen Union, 2003, § 10 Rn. 6.

42 Vgl. *Karper*, Reformen des Europäischen Gerichts- und Rechtsschutzsystems, 2011, S. 56.

43 EuGH, Bericht über bestimmte Aspekte der Anwendung des Vertrages über die Europäische Union, Luxemburg, 1995 = EuGRZ 1995, 316 (318); vgl. *Skouris*, Stellung und Bedeutung des Vorabentscheidungsverfahrens im europäischen Rechtsschutzsystem, EuGRZ 2008, 343 (343).

44 Vgl. *Skouris*, Stellung und Bedeutung des Vorabentscheidungsverfahrens im europäischen Rechtsschutzsystem, EuGRZ 2008, 343 (343).

45 Vgl. *Mayer*, Individualrechtsschutz im Europäischen Verfassungsrecht, DVBl. 2004, 606 (607).

46 Art. 267 II AEUV.

47 Letztinstanzliche Gerichte, deren Entscheidungen nicht mehr mit nationalen Rechtsmitteln angegriffen werden können, sind zur Vorlage verpflichtet (vgl. Art. 267 III AEUV). Die Vorlagepflicht entsteht prinzipiell, wenn in einem anhängigen Verfahren eine Frage des Unionsrechts gestellt wird und diese für die Entscheidung erheblich ist (EuGH, Urteil vom 06.10.1982, Rs. 283/81, Slg. 1982, 3415 – *Cilfit*, Ziff. 14).

48 Vgl. *Kokott/Henze/Sobotta*, Die Pflicht zur Vorlage an den Europäischen Gerichtshof und die Folgen ihrer Verletzung, JZ 2006, 633 (633); *Streinz/Herrmann*, Vorabentscheidungsverfahren und Vorlagepflicht im europäischen Markenrecht, GRUR Int. 2004, 459: „funktionale Gemeinschaftsgerichte"; Dagegen betont GA *Léger* die nur symbolische Bedeutung der Beschreibung als „ordentliche Gemeinschaftsgerichte" (Schlussanträge vom 08.04.2003 zu EuGH, Rs. C-224/01, Slg. 2003, I-10239 – *Köbler*, Nr. 66).

das Unionsrecht verliehen werden.[49] Das Vorabentscheidungsverfahren gleicht somit den eingeschränkten direkten Zugang zum Gerichtshof aus; es ist sozusagen als „funktionelles Äquivalent“ zur Nichtigkeitsklage gemäß Art. 263 AEUV anzusehen.[50] Dabei hat der Bürger jedoch keinen Anspruch auf Vorlage beim EuGH, er kann sie bloß anregen,[51] erzwingen kann er sie dagegen (praktisch) nicht.[52] Darüber hinaus hat er keinen Einfluss auf die Formulierung der Vorlagefrage. In gewisser Hinsicht ist er demzufolge abhängig von der unionsrechtlichen Sensibilität und Kreativität des nationalen Richters.

Bezüglich der Waagschale von Individualrechtsschutz und wirtschaftlichen Belangen des Binnenmarktes ist der EuGH der Auffassung, dass sich die Gewährleistung der Grundrechte vor allem auch „in die Struktur und die Ziele der Gemeinschaft[53]“ einfügen muss.[54] Diese Formulierung wirft ein Schlaglicht auf die Vorgehensweise des Gerichtshofes, der den Belangen des freien Binnenmarktes im Zweifel oftmals den Vorrang vor gegenläufigen Interessen des Einzelnen einräumt bzw. einräumte.[55] Allerdings ist ein Wandel dieser binnenmarktorientierten Praxis von einer Wirtschafts- hin zu einer Wertegemeinschaft zu beobachten, indem die Grundrechte durchaus die Grundfreiheiten einschränken können[56] und im Recht der Union einen stetig steigenden Stellenwert einnehmen.[57]

aa) Verletzung der Vorlagepflicht

Diese Tendenz schlägt sich auch in unterschiedlichen Optimierungsvorschlägen zum Vorabentscheidungsverfahren nieder; sowohl auf institutioneller, verfahrensrechtlicher als auch auf organisatorischer Ebene.[58] Als herausragendes Modell soll hier nur auf die

---

49 Vgl. *Middeke*, in: ders./Rengeling/Gellermann (Hrsg.), Handbuch zum Rechtsschutz in der Europäischen Union, 2003, § 10 Rn. 8.

50 So schon *Dauses*, Empfiehlt es sich, das System des Rechtsschutzes und der Gerichtsbarkeit in der Europäischen Gemeinschaft, insbesondere die Aufgaben der Gemeinschaftsgerichte und der nationalen Gerichte, weiterzuentwickeln?, Gutachten D zum 60. Deutschen Juristentag, München 1994, D 55.

51 Vgl. *Allkemper*, Wege zur Verbesserung des Individualschutzes im Vorabentscheidungsverfahren nach Art. 177 EG-Vertrag, EWS 1994, 253 (254); *Hüßtege*, Vorabentscheidungsverfahren nach Art. 234 des Vertrages zur Gründung der EG, in: Beck´sches Richterhandbuch, 1999, Kapitel I Rn. 4.

52 Vgl. *Rengeling*, Brauchen wir die Verfassungsbeschwerde auf Gemeinschaftsebene? Zur Effektuierung des Individualrechtsschutzes gegen grundrechtsverletzende Gemeinschaftsnormen, in: Due/Lutter/Schwarze (Hrsg.), Festschrift für Ulrich Everling zum 70. Geburtstag, Band II, 1995, S. 1187 (1195 f.); im Falle einer willkürlichen Unterlassung der Vorlage würde in Deutschland ein Verstoß gegen Art. 101 I 2 GG vorliegen, so dass dann eine Verfassungsbeschwerde an das Bundesverfassungsgericht möglich wäre.

53 Nunmehr Union.

54 EuGH, Urteil vom 17.12.1970, Rs. 11/70, Slg. 1970, 1125 – *Internationale Handelsgesellschaft mbH* = NJW 1971, 343.

55 Vgl. *Ritgen*, Grundrechtsschutz in der Europäischen Union, ZRP 2000, 371 (372); *Schermers*, The European Communities Bound by Fundamental Human Rights, CML Rev. 1990, 249 (256).

56 Vgl. EuGH, Urteil vom 12.06.2003, Rs. C-112/00, Slg. 2003, I-05659 – *Schmidberger*; Urteil vom 14.10.2004, Rs. C-36/02, Slg. 2004, I-9609 – *Omega Spielhallen.*

57 So beispielsweise in EuGH, Urteil vom 03.09.2008, Rs. C-402/05 P und C-415/05 P, Slg. 2008, I-6351 – *Kadi und Al Barakaat International Foundation/Rat und Kommission.*

58 Diesbezüglich sei auf die Ausführungen *Karpers* (Reformen des Europäischen Gerichts- und Rechtsschutzsystems, 2011, S. 95 ff.) verwiesen.

Reformansätze bezüglich der Verletzung der Vorlagepflicht eingegangen werden.[59] In der Praxis erreicht den EuGH nur ein Bruchteil der an sich gebotenen Vorlagen.[60] Häufig sehen die mitgliedstaatlichen Gerichte – mit oft fadenscheinigen Begründungen – von einer Vorlage ab.[61] Auch kann von einer hohen Dunkelziffer vorlagebedürftiger Verfahren ausgegangen werden, in denen der zuständige Richter mangels Erfahrung oder aufgrund praktischer Erwägungen davon absieht.[62]

Eine Nichtvorlagebeschwerde, welche jeder Partei, die vor einem letztinstanzlichen nationalen Gericht mit ihrem Antrag auf Einholung einer Vorabentscheidung des EuGH unterlegen ist, durch eine Erweiterung des Art. 267 AEUV eingeräumt werden könnte, ist nicht vorgesehen.[63] Art. 267 AEUV verlangt bisher auch nicht, dass das innerstaatliche Recht gegen Verletzungen der beschriebenen Art Rechtsbehelfe eröffnet. Sieht eine mitgliedstaatliche Rechtsordnung einen entsprechenden Rechtsbehelf dennoch vor,[64] so ergeben sich aus dem Unionsrecht selbst keine Vorgaben für die Intensität der Kontrolle.[65] Hier besteht Änderungsbedarf dahingehend, dass die Hindernisse auf dem Weg zum gesetzlichen Richter im Unionsrecht beseitigt werden müssen. So betonte jüngst auch der Rat der Europäischen Union die Bedeutsamkeit der Einführung von Bestimmungen

> „of soft law encouraging national courts, especially courts of last instance to consider a more strict interpretation of the obligation to refer a case to the EJC according to Article 267 (3) TFEU where the compatibility of an act of EU law with fundamental rights is raised before them."[66]

Triebfeder könnte insofern das BVerfG sein, das die „unvertretbare" Unterlassung der gebotenen Einleitung eines Vorabentscheidungsverfahrens als eine Verletzung des Rechts auf den gesetzlichen Richter i.S.v. Art. 101 Abs. 1 S. 2 GG einstuft,[67] gegen welche die Erhebung einer Verfassungsbeschwerde gemäß Art. 93 Abs. 1 Nr. 4 lit. a GG möglich ist. Unter bestimmten Voraussetzungen erhebt das BVerfG die fachgerichtliche Vorlage nunmehr sogar zur Prozessvoraussetzung der konkreten Normenkontrolle

---

59 Vor allem der Gerichtshof hat ein großes Interesse an der Vermeidung solcher Verletzungen und gibt den nationalen Gerichten beispielsweise entsprechendes Informationsmaterial an die Hand, so z.B. das Hinweispapier des EuGH „zur Vorlage von Vorabentscheidungsersuchen durch die nationalen Gerichte" (ABl. C 297 vom 05.12.2009).

60 Vgl. *Everling*, Justiz im Europa von morgen, DRiZ 1993, 5 (10).

61 Vgl. *Meilicke*, Hindernislauf zum gesetzlichen Richter. Plädoyer für die Vollendung des Rechtsstaates im europäischen Gemeinschaftsrecht, BB 2000, 17 (17).

62 Vgl. *Zuleeg*, Die Rolle der rechtsprechenden Gewalt in der europäischen Integration, JZ 1994, 1 (8); *Wägenbaur*, Stolpersteine des Vorabentscheidungsverfahrens, EuZW 2000, 37 ff.; *Karper*, Reformen des Europäischen Gerichts- und Rechtsschutzsystems, 2011, S. 96.

63 Ebenda, 17 (24).

64 In Deutschland könnte in die ZPO und in die VwGO ein Antrag – z.B. analog zu § 124 VwGO – auf Zulassung einer Vorlage an den EuGH aufgenommen werden.

65 Vgl. *Kokott/Henze/Sobotta*, Die Pflicht zur Vorlage an den Europäischen Gerichtshof und die Folgen ihrer Verletzung, JZ 2006, 633 (637).

66 Council of the European Union, Draft Council Decision authorising the Commission to negotiate the Accession Agreement of the European Union to the European Convention for the protection of Human Rights and Fundamental Freedoms (ECHR), 02.06.2010, 10568/10, FREMP 24, JAI 509, COHOM 143, COSCE 14, 6.

67 Vgl. BVerfGE 73, 339 (366 ff.) – *Solange II*; BVerfGE 82, 159 (194 ff.) – *Absatzfonds*.

nach Art. 100 Abs. 1 GG.[68] Indem das BVerfG die Fachgerichte – vor Einleitung einer konkreten Normenkontrolle – damit in die Pflicht nimmt, die Regelungsdichte des Unionsrechts im Dialog mit dem EuGH zu klären,[69] stärkt es die Rolle des Luxemburger Gerichtshofes in seiner Aufgabe, das Unionsrecht europaweit einheitlich zu wahren.[70] Die mitgliedstaatlichen Obergerichte sollten sich demgemäß insgesamt bewusst sein, dass die Vorlage zum EuGH ihnen die Chance bietet, wichtige Beiträge zur europäischen Rechtsentwicklung zu leisten.

(1) Einleitung eines Vertragsverletzungsverfahrens durch die Kommission[71]

Bislang bleibt dem Einzelnen bei ausbleibender Vorlage eines innerstaatlichen Gerichts nur die Möglichkeit, diese Verletzung an die Europäische Kommission heranzutragen, in der Hoffnung, dass diese ein Vertragsverletzungsverfahren nach Art. 258 AEUV wegen Verstoßes gegen das Unionsrecht anstrengt. Die Kommission ist zwar nicht verpflichtet, entsprechenden Anregungen Folge zu leisten,[72] doch ist sie bestimmte Selbstverpflichtungen in Bezug auf Bürgerbeschwerden eingegangen.[73] Dies bedeutet, dass sie jede Beschwerde prüfen und dem Betroffenen begründen wird, warum sie die Einleitung eines Vertragsverletzungsverfahrens unterlässt. Die Gerichte der Union überprüfen allerdings nicht, ob diese (Selbst-)Verpflichtungen durch die Kommission eingehalten werden.[74] An dieser Stelle spielt aber der Europäische Ombudsmann eine wichtige Rolle.[75] Seine Aufgabe besteht hauptsächlich in der Untersuchung von Beschwerden über Missstände in der Verwaltungstätigkeit der Organe und Institutionen der EU. Das heißt, dass er auch bezüglich der Missachtung der angezeigten Verpflichtungen der Kommission, auf Beschwerde des Betroffenen (Art. 228 AEUV i.V.m. Art. 43 GRCh) Funktionen übernimmt, die einer Rechtsmittelinstanz nahe kommen.[76]

68 BVerfG, Beschluss vom 04.10.2011, 1 BvL 3/08 – Investitionszulagengesetz = EuZW 2012, 232.

69 Dies sei – der Auffassung *Wendels* folgend – „gerade angesichts der restriktiven Ausgestaltung des direkten Rechtsschutzes auf EU-Ebene (…) ein für die Effektivität des unionalen Grundrechtsschutzes nicht zu unterschätzender Faktor“ (*ders.*, Neue Akzente im europäischen Grundrechtsverbund. Die fachgerichtliche Vorlage an den EuGH als Prozessvoraussetzung der konkreten Normenkontrolle, EuZW 2012, 213 (217)).

70 Ebenda, 215.

71 U.a. angeregt durch *Kokott/Henze/Sobotta*, Die Pflicht zur Vorlage an den Europäischen Gerichtshof und die Folgen ihrer Verletzung, JZ 2006, 633 (640).

72 Vgl. insofern EuGH, Urteil vom 14.02.1989, Rs. 247/87, Slg. 1989, 291 – *Star Fruit/Kommission*, Ziff. 11 sowie Urteil vom 17.07.1998, Rs. C-422/97 P, Slg. 1998, I-4913 – *Sateba/Kommission*, Ziff. 42.

73 Mitteilung der Europäischen Kommission an das Europäische Parlament und den Europäischen Bürgerbeauftragten über die Beziehungen zum Beschwerdeführer bei Verstößen gegen das Gemeinschaftsrecht (ABl. C 244 vom 10.10.2002, 5 ff.).

74 EuGH, Urteil vom 14.02.1989, Rs. 247/87, Slg. 1989, 291 – *Star Fruit/Kommission*; EuGH, Urteil vom 17.07.1998, Rs. C-422/97 P, Slg. 1998, I-4913 – *Sateba/Kommission*; EuG, Beschluss vom 25.05.2005, Rs. T-443/03, Slg. 2005, II-1803 – *Retecal u.a./Kommission*, Ziff. 44 f.; EuG, Beschluss vom 14.01.2004, Rs. T-202/02, Slg. 2004, II-181 – *Makedoniko Metro u.a./Kommission*, Ziff. 43.

75 Der Ombudsmann bzw. Bürgerbeauftragte der EU ist seit dem 01.04.2003 *Nikiforos Diamandouros*.

76 Vgl. *Kokott/Henze/Sobotta*, Die Pflicht zur Vorlage an den Europäischen Gerichtshof und die Folgen ihrer Verletzung, JZ 2006, 633 (640).

Da der Kommission trotz dieser Einrichtung ein Ermessensspielraum bei der Entscheidung, ob und gegebenenfalls wann sie ein Vertragsverletzungsverfahren wegen Verletzung der Vorlagepflicht einleitet, bleibt, sind die Erfolgsaussichten eines solchen Bemühens nicht berechenbar und eher gering. Bisher hat die Kommission jedenfalls kein förmliches Vertragsverletzungsverfahren aufgrund der Verletzung von Art. 267 AEUV angestrengt,[77] selbst wenn immer wieder von Vorermittlungen der Kommission berichtet wird.[78] Für den effektiven Individualrechtsschutz ist diese Möglichkeit somit – zumindest bislang – nur sehr untergeordnet relevant[79] und es bedarf zusätzlicher Maßnahmen, um die Verletzung der Vorlagepflicht zu ahnden.

(2) Vorschlag Timmermans[80]

Im Rahmen der am 18. März 2010 stattgefundenen Anhörung des Ausschusses des Europäischen Parlaments konstitutionelle Fragen „(the) Accession of the European Union to the European Convention on Human Rights" betreffend, machte sich *Timmermans*, der als Richter am EuGH tätig ist, für einen Mechanismus stark, welcher es dem Kläger – im Falle einer Grundrechtsverletzung – ermöglicht, den EuGH zu kontaktieren, bevor er sich an den EGMR wendet.[81] Ein solcher Mechanismus könne auf unionaler Ebene darin bestehen, dass der Europäischen Kommission eine Feststellungsklage vor dem Luxemburger Gerichtshof möglich gemacht wird, wenn nationale Gerichte einen entscheidungserheblichen Fall nicht vorgelegt haben, welcher später zu einem Verfahren in Straßburg führt. Wird die Frage im Zuge dessen vorgelegt, solle das Verfahren vor dem EGMR bis zur Entscheidung des EuGH ausgesetzt werden.[82] Ein Mechanismus dieser Art sei notwendig und würde dem bereits exzellenten Verhältnis der europäischen Gerichtshöfe zueinander entsprechen.

bb) Stellungnahme

Da die Europäische Kommission bislang kein Vertragsverletzungsverfahren i.S.v. Art. Art. 258 AEUV (bzw. Art. 226 EGV) eingeleitet hat, um eine Nichtvorlage eines mitgliedstaatlichen Gerichts anzugreifen, ist dieser Weg – trotz der Möglichkeit, sich darüber hinaus an den Europäischen Bürgerbeauftragten zu wenden – in der Vergangenheit nicht sehr vielversprechend gewesen. Der Umstand, dass sich die Unionsbürger – im

---

77 Vgl. *Hess*, Europäisches Zivilprozessrecht, 2010, S. 668.

78 Vgl. *Thiele*, Europäisches Prozessrecht: Verfahrensrecht vor dem EuGH: ein Studienbuch, 2007, § 9 Rn. 75; *Schima*, Das Vorabentscheidungsverfahren vor dem EuGH: Änderung der Verfahrensordnung, Berücksichtigung des Vertrages von Nizza, Muster für Vorlagen und Schriftsätze, 2005, S. 67; *Sellmann/Augsberg*, Entwicklungstendenzen des Vorlageverfahrens nach Art. 234 EGV, DÖV 2006, 533 (540).

79 A.A. *Everling*, welcher den Einzelnen dank dieser Option als „nicht schutzlos" zumindest gegenüber nationalem Unrecht einschätzt (*ders*., Justiz im Europa von morgen, DRiZ 1993, 5 (10)).

80 Stellungnahme bei der Anhörung des Ausschusses für konstitutionelle Fragen des Europäischen Parlaments am 18.03.2010 (Accession of the European Union to the European Convention on Human Rights), <http://www.europarl.europa.eu/document/activities/cont/201003/20100324ATT71235/20100324ATT71235EN.pdf> (abgerufen am 05.11.2010).

81 Ebenda, 6.

82 Ebenda, 7; siehe dazu auch *Kokott/Sobotta*, Die Charta der Grundrechte der Europäischen Union nach dem Inkrafttreten des Vertrags von Lissabon, EuGRZ 2010, 265 (267).

Falle einer Grundrechtsverletzung – nicht unmittelbar an den EuGH wenden können, sondern auf die Vorlage der nationalen Gerichte angewiesen sind, macht die Ahndung einer unterbliebenen Vorlage jedoch unumgänglich.

Der aktuelle Vorschlag *Timmermans* verfolgt mit der Einführung einer Feststellungsklage durch die Kommission ebenfalls das Ziel, Nichtvorlagen beim Luxemburger Gerichtshof anzuzeigen. Allerdings könnte an diesem Modell kritisiert werden, dass der einzelne Unionsbürger von der Gnade der Europäischen Kommission abhängig wäre, eine Feststellungsklage vor dem EuGH zu erheben oder nicht. Man könnte meinen, dass die Kommission unter Umständen mehr Rücksicht auf die Interessen der Mitgliedstaaten als auf die des einzelnen Bürgers dieser Mitgliedstaaten nimmt. Schließlich sind es die Mitgliedstaaten, die den Haushalt der Kommission finanzieren und die „Anziehungskraft des größeren Budgets" ist nicht zu unterschätzen. Jedoch würde diese Kritik verkennen, dass es sich die Europäische Kommission ausdrücklich zum Ziel gemacht hat, die Garantien der Grundrechtecharta und damit auch die der EMRK (Art. 52 Abs. 3 S. 1 GRCh) durchzusetzen.[83] Von einer Nichterhebung einer gebotenen Feststellungsklage aus finanziellen Gründen seitens der Kommission ist demnach nicht auszugehen. Da aber auch hier – ähnlich dem Vertragsverletzungsverfahren nach Art. 258 AEUV – nicht sicher davon ausgegangen werden kann, dass die Kommission eine Feststellungsklage an den Luxemburger Gerichtshof heranträgt, sollte das Problem in erster Linie an der Wurzel gepackt werden, indem die mitgliedstaatlichen Gerichte stärker für Vorlagen an den EuGH sensibilisiert und ausgebliebene „gebotene" Vorlagen – im Gegensatz zu einem „acte clair"[84] – sanktioniert werden.

Das BVerfG, das unvertretbare Nichtvorlagen als Verweigerung des gesetzlichen Richters i.S.v. Art. 101 Abs. 1 S. 2 GG einstuft, hat die deutschen Gerichte mit seiner Einschätzung bereits in erhöhtem Maße zu Vorabentscheidungsersuchen veranlasst. Damit hat es gewissermaßen dem Art. 19 Abs. 1 UAbs. 2 EUV vorgegriffen, der den Mitgliedstaaten die Einführung eines erforderlichen Rechtsbehelfs auferlegt, „damit ein wirksamer Rechtsschutz in den vom Unionsrecht erfassten Bereichen gewährleistet ist". Es ist demzufolge die Aufgabe der Mitgliedstaaten, ein System von Rechtsbehelfen vorzusehen, mit dem die Einhaltung des Unionsrechts überwacht werden kann.[85] Das BVerfG könnte insofern als Vorbild fungieren. Selbst wenn das Prinzip des gesetzlichen Richters in anderen Rechtsordnungen nicht derart ausgeprägt ist oder sogar gänzlich

83 Siehe die „Strategie zur wirksamen Umsetzung der Charta der Grundrechte der Europäischen Union", Mitteilung der Europäischen Kommission vom 19.10.2010, KOM(2010) 573 endg. Vgl. dazu auch 6. Kap. C. II. 2. c) bb) (2) β).

84 Ein „acte clair" liegt vor, wenn die Auslegung des Unionsrechts derart offenkundig ist, dass für einen vernünftigen Zweifel kein Platz bleibt (vgl. *Schröder*, Die Vorlagepflicht zum EuGH aus europarechtlicher und nationaler Perspektive, EuR 2011, 808 (809)).

85 Vgl. *Karper*, Reformen des Europäischen Gerichts- und Rechtsschutzsystems, 2011, S. 95. Diesbezüglich erscheint es *Terhechte* zweifelhaft, „ob aus dem Unionsrecht mit dem Vertrag von Lissabon eine Verpflichtung der Mitgliedstaaten zur Schaffung eines speziellen Rechtsbehelfs entstanden ist." Zwar könne man Art. 19 Abs. 1 UAbs. 2 EUV „nicht als unverbindlichen Programmsatz interpretieren (...), sondern als (abstrakte) Rechtspflicht der Mitgliedstaaten." Es ließen sich jedoch „keine konkreten Handlungspflichten aus der Vorschrift ableiten, d.h. solange die Ausgestaltung der mitgliedstaatlichen Verfahrensrechte wirksamen Rechtsschutz ermöglicht", bedürfe es keines Umbaus der nationalen Prozessrechte (*ders.*, Konstitutionalisierung und Normativität der europäischen Grundrechte, 2011, S. 78).

fehlt, muss dies nicht bedeuten, dass es in diesen Staaten an einem entsprechenden Rechtsbehelf fehlen muss.[86] In diesem Sinne hat auch der EuGH die letztinstanzlichen Gerichte der Mitgliedstaaten in seiner jüngeren Rechtsprechung unter Druck gesetzt, ihrer Pflicht aus Art. 267 Abs. 3 AEUV nachzukommen, das heißt ausreichenden Individualrechtsschutz – in Form eines Rechtsmittels zur Überprüfung einer Nichtvorlageentscheidung – zu gewähren.[87] Dem grundsätzlichen Anspruch auf Durchführung eines Vorabentscheidungsverfahrens sollte auch ein Mittel zu seiner Durchsetzung korrespondieren. Die Optimierung des mitgliedstaatlichen Rechtsschutzes bildet dabei die Basis der Reform des unionalen Rechtsschutzsystems.[88]

2. *Rechtsschutz vor dem EGMR: Das Individualbeschwerdeverfahren i.S.v. Art. 34 EMRK*

Die EMRK eröffnet als erstes Instrument des Menschenrechtsschutzes auf völkerrechtlicher Ebene effektive Durchsetzungsmechanismen im Rahmen eines justizförmigen Verfahrens.[89] Seit 1998 ist der EGMR dabei allein – ohne die vorherige Filterfunktion der EKMR – für den Rechtsschutz gegen Konventionsverstöße zuständig.[90] Der umfassende Zugang des Einzelnen zum Straßburger Gerichtshof ist zwangsläufig mit der Ratifikation der EMRK verbunden: Nach Art. 34 EMRK kann jede natürliche Person, nichtstaatliche Organisation oder Personengruppe, die behauptet, durch eine der Vertragsparteien in ihren Garantien aus der Konvention oder den dazugehörigen Protokollen verletzt worden zu sein, den EGMR anrufen. Es handelt sich dabei um ein völkerrechtliches Verfahren, in welchem der Einzelne dem Verletzerstaat auf gleicher Ebene gegenübertritt.[91] Zulässigkeitsvoraussetzung für jede Konventionsbeschwerde ist die Erschöpfung der innerstaatlichen Rechtsbehelfe,[92] wozu in Deutschland auch die Verfassungsbeschwerde an das Bundesverfassungsgericht i.S.v. Art. 93 Abs. 1 Nr. 4 lit. a GG gehört.[93] Eine *actio popularis* schließt die Individualbeschwerde aus, da sie von der Betroffenheit des Beschwerdeführers abhängig ist.[94]

Dem revolutionären und effektiven Individualbeschwerderecht – das der deutschen Verfassungsbeschwerde funktional angenähert ist – ist auch der Erfolg des EGMR geschuldet, welcher sich im Laufe der letzten Jahrzehnte zu einer wahren Festung zum Schutz der Menschenrechte entwickelt hat. Er kann auf eine breit gefächerte Rechtsprechung zurückblicken, die inzwischen sämtliche Konventionsrechte, solche des 1. Zu-

---

86 Ebenda, S. 98.

87 Vgl. *Bäcker*, Rechtsschutz gegen gerichtliche Verfahrensfehler als grundrechtliches Gebot, EuGRZ 2011, 222 (222).

88 So auch *Karper*, Reformen des Europäischen Gerichts- und Rechtsschutzsystems, 2011, S. 95.

89 Vgl. *Voßkuhle*, Der europäische Verfassungsgerichtsverbund, NVwZ 2010, 1 (2).

90 Die EKMR wurde abgeschafft und die Rolle des Ministerkomitees auf die Überwachung der Durchführung der Urteile beschränkt (Art. 46 II EMRK).

91 Vgl. dazu *Badenhop*, Normtheoretische Grundlagen der Europäischen Menschenrechtskonvention, 2010, S. 138.

92 Art. 35 I EMRK.

93 EGMR, Urteil vom 12.06.2003, Nr. 44672/98 – *Herz/Deutschland*.

94 Vgl. *Villinger*, Handbuch der Europäischen Menschenrechtskonvention (EMRK), 1999, S. 73, Rn. 102; auch *Karper*, Reformen des Europäischen Gerichts- und Rechtsschutzsystems, 2011, S. 176.

satzprotokolls zur EMRK und allmählich auch die verschiedenen Freiheiten der übrigen EMRK-Protokolle einbezieht.[95] Hervorzuheben ist, dass dabei auch der gesellschaftliche Aspekt in die Rechtsprechung des Straßburger Gerichtshofes hineinfließt. Dies ist nicht zuletzt dem 1978 aufgenommenen Grundsatz zu verdanken, nach dem die EMRK im Lichte der heutigen gesellschaftlichen Verhältnisse auszulegen ist.[96] Die Bürger finden aus diesem Grunde selbst dann Gehör in Straßburg, wenn sich die Behörden und Gerichte ihres jeweiligen Mitgliedstaats wegen der neuen Fragestellung noch schwer tun, eine Antwort zu finden.[97] So entschied der EGMR in den letzten Jahren beispielsweise bezüglich folgender Fragen: Eheschließung für Transsexuelle,[98] Kopftuchverbot für Schülerinnen, Studentinnen und Lehrerinnen,[99] Adoption durch alleinstehende Homosexuelle[100] und künstliche Befruchtung für die Partnerin eines Häftlings.[101]

a) *Umsetzung der Urteile des EGMR*

Sobald der Straßburger Gerichtshof in einem nach Art. 44 EMRK endgültigen Urteil eine Verletzung der Konvention feststellt, ist die betroffene Vertragspartei gemäß Art. 46 Abs. 1 EMRK verpflichtet, in allen Rechtssachen, in denen sie Partei ist, dieses Urteil – im Sinne einer *völkerrechtlichen* Umsetzungspflicht – zu befolgen.[102] Im Verhältnis zu den Grundsätzen der völkerrechtlichen Verantwortlichkeit ist das Besondere hieran, dass diese Umsetzungspflicht nicht nur einem anderen (Vertrags-)Staat gegenüber,[103] sondern in erster Linie der beschwerdeführenden Einzelperson gegenüber erwächst – unabhängig von ihrer Staatsangehörigkeit.[104] Es besteht die Pflicht, den ursprünglichen Zustand wiederherzustellen (*restitutio in integrum*).[105] Ist die Verletzung

95 Vgl. *Meyer-Ladewig/Petzold*, 50 Jahre Europäischer Gerichtshof für Menschenrechte, NJW 2009, 3749 (3750).

96 EGMR, Urteil vom 25.04.1978, Serie A 26 – *Tyrer*, S. 15 Nr. 31 = NJW 1979, 1089.

97 Vgl. *Meyer-Ladewig/Petzold*, 50 Jahre Europäischer Gerichtshof für Menschenrechte, NJW 2009, 3749 (3750).

98 EGMR, Urteil vom 11.07.2002, Nr. 28957/95 – *Christine Goodwin/Vereinigtes Königreich* = NJW-RR 2004, 289 ff.

99 EGMR, Urteil vom 10.11.2005, Nr. 44774/98 – *Leyla Şahin/Türkei*.

100 EGMR, Urteil vom 22.01.2008, Nr. 43546/02 – *E.B./Frankreich*.

101 EGMR, Urteil vom 18.04.2006, Nr. 44362/04 – *Dickson/Vereinigtes Königreich*.

102 Die Entscheidungen des Straßburger Gerichtshofes sind demnach nur in den Grenzen der Rechtskraft unmittelbar verbindlich (so *Grabenwarter*, Grundrechtsvielfalt und Grundrechtskonflikte im europäischen Mehrebenensystem – Wirkungen von EGMR-Urteilen und der Beurteilungsspielraum der Mitgliedstaaten, EuGRZ 201, 229 (229)).

103 In Art. 33 EMRK ist die Möglichkeit einer Staatenbeschwerde vorgesehen. Einen diesbezüglichen Gesamtüberblick liefert *Prebensen*, Inter-State Complaints under Treaty Provisions – The Experience under the European Convention on Human Rights, HRLJ 1999, 446 ff.

104 Vgl. *Tomuschat*, Individueller Rechtsschutz: das Herzstück des „ordre public européen" nach der Europäischen Menschenrechtskonvention, EuGRZ 2003, 95 (96); *Schmahl*, Piloturteile des EGMR als Mittel der Verfahrensbeschleunigung, EuGRZ 2008, 369 (369).

105 Siehe *Polakiewicz*, Die Verpflichtung der Staaten aus den Urteilen des Europäischen Gerichtshofs für Menschenrechte, 1993, S. 97 ff.; *Frowein/Peukert*, in: dies. (Hrsg.), Europäische Menschenrechtskonvention. EMRK-Kommentar, 1996, Art. 53 Rn. 4; *Schneiders*, Die Grundrechte der EU und die EMRK. Das Verhältnis zwischen ungeschriebenen Grundrechten, Grundrechtecharta und Europäischer Menschenrechtskonvention, 2010, 259 f.

der EMRK nicht Resultat eines nur die Streitpartei verletzenden Einzelakts, sondern folgt er aus einem Normativakt, so ist der Staat in der Pflicht, diesen zu ändern bzw. aufzuheben.[106] Allerdings beschränkt sich diese Verpflichtung auf die völkerrechtliche Ebene; aus Respekt vor der staatlichen Souveränität entfalten die Urteile des EGMR keine Durchgriffswirkung auf die innerstaatlichen Rechtsordnungen.[107] Die Wirkungen der Urteile des Gerichtshofes hängen von den internen Rechtsordnungen der Vertragsstaaten selbst ab.[108] Der EGMR kann nationale Entscheidungen daher nicht aufheben oder für nichtig bzw. unanwendbar erklären, er kann lediglich Feststellungsurteile erlassen. Die Vertragsparteien haften also auf völkerrechtlicher Ebene für die Erfüllung der Umsetzungspflicht – auf welchem Wege sie der festgestellten Konventionsverletzung abhelfen, ist aber grundsätzlich der Entscheidung ihrer Organe überlassen.[109] Die zur Beseitigung des EMRK-Verstoßes ausgewählten Mittel müssen i.S.v. Art. 46 EMRK nur zu einem Ergebnis führen, welches den Anforderungen Rechnung trägt, die der Straßburger Gerichtshof in seinem Urteil für die Behebung der festgestellten Konventionsverletzung aufgestellt hat.[110]

Da der EGMR regelmäßig nur das Vorhandensein einer Verletzung feststellt, ist es sinnvoll, dass die Durchführung seiner Urteile überwacht wird. Dieser Aufgabe nimmt sich das Ministerkomitee – die „Exekutive" des Europarates – gemäß Art. 46 Abs. 1 EMRK an. Unter Anwendung unterschiedlicher Druckmittel soll dieses Organ den beklagten Vertragsstaat zur Erfüllung der im Urteil festgelegten Handlungen veranlassen, was oftmals – jedoch längst nicht in allen Fällen – mit Erfolg geschieht.[111]

---

106 *Polakiewicz*, Die Verpflichtung der Staaten aus den Urteilen des Europäischen Gerichtshofs für Menschenrechte, 1993, S. 156 ff.; *Sauer*, Jurisdiktionskonflikte in Mehrebenensystemen. Die Entwicklung eines Modells zur Lösung von Konflikten zwischen Gerichten unterschiedlicher Ebenen in vernetzten Rechtsordnungen, 2008, S. 264.

107 Vgl. *Schmahl*, Piloturteile des EGMR als Mittel der Verfahrensbeschleunigung, EuGRZ 2008, 369 (369); *Cremer*, Entscheidung und Entscheidungswirkung, in: Grote/Marauhn (Hrsg.), EMRK/GG, Konkordanzkommentar zum europäischen und deutschen Grundrechtsschutz, 2006, Kap. 32 Rn. 63 ff.

108 Dies geht bereits aus Art. 41 EMRK hervor, der davon ausgeht, dass das innerstaatliche Recht einer vollständigen Umsetzung des Urteils entgegenstehen kann und hierfür die Möglichkeit einer gerechten Entschädigung vorsieht. Diese Entschädigung kann einerseits den Ersatz für materiellen oder immateriellen Schaden, andererseits den Ersatz der Kosten und Auslagen im Verfahren umfassen (vgl. dazu im Einzelnen *Dörr*, Entschädigung und Schadenersatz, in: Grote/Marauhn (Hrsg.), EMRK/GG, Konkordanzkommentar zum europäischen und deutschen Grundrechtsschutz, 2006, Kap. 33 Rn. 18 ff.).

109 Grundlegend dazu EGMR, Urteil vom 13.06.1979 (Plenum), Nr. 6833/74, Série A no. 31 – *Marckx/Belgien*, Ziff. 58 = EuGRZ 1979, 454.

110 *Cremer*, Entscheidung und Entscheidungswirkung, in: Grote/Marauhn (Hrsg.), EMRK/GG, Konkordanzkommentar zum europäischen und deutschen Grundrechtsschutz, 2006, Kap. 32 Rn. 59 ff.; *Ress*, Wirkung und Beachtung der Urteile und Entscheidungen der Straßburger Konventionsorgane, EuGRZ 1996, 350 ff.; *Schmahl*, Piloturteile des EGMR als Mittel der Verfahrensbeschleunigung, EuGRZ 2008, 369 (370).

111 In einem Memorandum des EGMR („Effects of Judgments or Cases 1969-1998") werden 294 Fälle genannt, wo es aufgrund einer erfolgreichen Individualbeschwerde und der anschließenden Überwachung des Ministerkomitees zu einer generellen Änderung der Rechtslage gekommen ist, vgl. *Tomuschat*, Human Rights, Between Idealism and Realism, Oxford University Press 2003, p. 210 (Fn. 78).

b) *Arbeitsüberlastung des EGMR*

Die Achtung, die dem Gerichtshof somit zuteil wird, und die Hoffnung, die in ihn gesetzt wird, spiegeln sich auch in der Zahl der eingereichten Beschwerden wider, die stetig steigt.[112] Allerdings ist die rapide Zunahme der Individualbeschwerden[113] und die daraus resultierende Überlastung des EGMR darüber hinaus auf die schnelle Osterweiterung des Europarates nach dem Fall des Eisernen Vorhangs 1989 zurückzuführen.[114] So waren die postkommunistischen Übergangsdemokratien in ihren institutionellen Strukturen noch keinesfalls auf einem Niveau angelangt, welches für einen Beitritt zum Europarat erforderlich ist.[115] Die immense Beschwerdeflut ist demzufolge nicht alleinig auf den Erfolg des Konventionssystems an sich zurückzuführen – zuweilen wird insofern vom „Fluch des Erfolges“ gesprochen[116] –, sondern auch darauf, dass in zahlreichen Staaten strukturelle Probleme dahingehend herrschen, dass rechtskräftige innerstaatliche Gerichtsurteile systematisch nicht vollstreckt werden.[117] Der Straßburger Gerichtshof ist nicht nur Opfer seines eigenen Erfolges,[118] sondern zugleich Opfer der rechtstaatlichen Defizite bestimmter Vertragsstaaten.[119]

Trotzdem muss es das primäre Ziel des EGMR sein und bleiben, prozessual effektiven Individualrechtsschutz zu gewährleisten, denn dieser macht die Einzigartigkeit des Systems erst aus.[120] Es ist nicht ausreichend, wenn der Gerichtshof die Menschenrechte nach Gutdünken „von oben“ gewährt.[121] In diesem Sinne äußerte sich auch der ehemalige Präsident des EGMR *Luzius Wildhaber* in seiner Rede zur Eröffnung des neuen Gerichtsjahres 2005 wie folgt:

---

112 Ausführlich dazu *Karper*, die angesichts der immensen Beschwerdenflut sogar von einem unmittelbar bevorstehenden Kollaps des EGMR spricht (*dies.*, Reformen des Europäischen Gerichts- und Rechtsschutzsystems, 2011, S. 205 f.).

113 Im Februar 2010 waren es 123.000 anhängige Verfahren (vgl. *Engel*, Strukturreformen zur Entlastung des EGMR/EMRK-Protokoll Nr. 14 zum 1. Juni 2010 in Kraft/Interlaken-Konferenz/Neuregelung zur sozialen Absicherung der EGMR-Richter verabschiedet, EuGRZ 2010, 148 (148)).

114 Ebenda.

115 Ebenda. Mehr als 50 % aller anhängigen Fälle kommen allein aus fünf osteuropäischen Staaten (Russland, 28 %; Rumänien, 9,1 %; Ukraine, 8,5 %; Polen, 3,6 %; Slowenien, 3,3 %), siehe Statistik 2008 bei *Frowein/Peukert*, Europäische Menschenrechtskonvention. EMRK-Kommentar, 2009, S. 438.

116 Vgl. *Schwaighofer*, Das Verfahren des EGMR im Lichte der Neuerungen des 14. Protokolls, in: Karl/Czech (Hrsg.), Der Europäische Gerichtshof für Menschenrechte vor neuen Herausforderungen. Aktuelle Entwicklungen in Verfahren und Rechtsprechung, 2007, S. 17.

117 Vgl. *Frowein/Peukert*, Europäische Menschenrechtskonvention. EMRK-Kommentar. 2009, Art. 6 Rn. 235 (insbes. Fn. 563).

118 So *Keller*, 50 Jahre danach: Rechtsschutzeffektivität trotz Beschwerdeflut? Wie sich der EGMR neuen Herausforderungen stellt, EuGRZ 2008, 359 (360).

119 Vgl. *Engel*, Strukturreformen zur Entlastung des EGMR/EMRK-Protokoll Nr. 14 zum 1. Juni 2010 in Kraft/Interlaken-Konferenz/Neuregelung zur sozialen Absicherung der EGMR-Richter verabschiedet, EuGRZ 2010, 148 (148).

120 Vgl. *Keller*, 50 Jahre danach: Rechtsschutzeffektivität trotz Beschwerdeflut? Wie sich der EGMR neuen Herausforderungen stellt, EuGRZ 2008, 359 (360).

121 So *Keller/Bertschi*, Erfolgspotenzial des 14. Protokolls zur Europäischen Menschenrechtskonvention, EuGRZ 2005, 204 (211).

„Indeed the main aim of the Convention is not to have as many applications as possible declared inadmissible, but rather to secure effective protection of human rights in the Member States.“[122]

Effektiver Rechtsschutz kann nur durch die Einhaltung angemessener Fristen und die Möglichkeit, in bestimmten Fällen sofort Entscheidungen treffen zu können, gewährleistet werden. Die große Beschwerdenzahl hat aber zu einem nicht unbeträchtlichen Stand an offenen Verfahren geführt, und ein Großteil der Kapazität des Gerichtshofes wird für die Bearbeitung von offensichtlich unzulässigen sowie inhaltlich ähnlich gelagerten Fällen beansprucht. Insofern gilt auch für den EGMR: *Justice delayed is justice denied.*[123] Er muss mit geeigneten Maßnahmen eigenen Verzögerungen entgegenwirken. Den richtigen Weg schlägt nun das 14. Zusatzprotokoll ein, das am 1. Juni 2010 in Kraft trat und hauptsächlich der Verfahrensbeschleunigung dient.

c) *Neuerungen durch das 14. Zusatzprotokoll zur EMRK*

Zwar nimmt das Protokoll Nr. 14 keinen unmittelbaren Einfluss auf die Anzahl der neu eingereichten Konventionsbeschwerden und es sieht auch keine grundlegende Reform des Systems der EMRK vor – wie etwa die Einführung eines freien Annahmeverfahrens nach dem Vorbild des *Certiorari*-Verfahrens des amerikanischen Supreme Court[124] –, doch werden dem EGMR insbesondere mit der Einführung von Einzelrichtern und dem summarischen Verfahren für Wiederholungsfälle wichtige Instrumente an die Hand gegeben, um offensichtlich unzulässige Beschwerden schneller zurückzuweisen und offensichtlich begründete Beschwerden schneller zu entscheiden.[125]

aa) *Einführung von Einzelrichtern gemäß Art. 26 Abs. 1 EMRK*[126]

Als wesentliche Entlastungsmaßnahme führt das 14. Zusatzprotokoll zur EMRK den Einzelrichter ein, der – neben den schon bisher dafür zuständigen Dreierausschüssen und Kammern[127] – gemäß Art. 27 Abs. 1 EMRK über die Kompetenz verfügt, Individu-

---

122 Vgl. *Wildhaber*, The European Court of Human Rights, 1998-2006: History, Achievements, Reform, 2006, S. 60.

123 Vgl. *Keller*, 50 Jahre danach: Rechtsschutzeffektivität trotz Beschwerdeflut? Wie sich der EGMR neuen Herausforderungen stellt, EuGRZ 2008, 359 (361, Fn. 10).

124 Expertengruppen und die Lehre halten nahezu einmütig fest, dass ein entsprechendes Verfahren für den EGMR nicht in Frage komme (Evaluation Group, Report to the Committee of Ministers on the European Court of Human Rights, EG Court (2001)1, 27.09.2001, HRLJ 2001, 308-329, Ziff. 91; Reflection Group on the Reinforcement of the Human Rights Protection Mechanism, Activity Report, 15.06.2001, CDDH-GDR (2001)10 [HRLJ 2001, 331-333], Appendix II Ziff. 9 ff.; Explanatory Report to the Protocol No. 14 to the Convention for the Protection of Human Rights and Fundamental Freedoms, amending the control system of the Convention (CETS No. 194), Ziff. 34; *Canevascini*, Cour européenne des droits de l'homme: peut-on réformer les conditions de recevabilité? L'Europe des Libertés 2003, pp. 10-16, Ziff. III; *Lambert*, Quelle réforme pour la Cour européenne des droits de l'homme? Conclusions, RUDH 2002, 327 (329); *Zoller*, Avantages et inconvénients du sytème américan du *writ of certiorari*, RUDH 2002, 278 (281)).

125 Vgl. *Keller*, 50 Jahre danach: Rechtsschutzeffektivität trotz Beschwerdeflut? Wie sich der EGMR neuen Herausforderungen stellt, EuGRZ 2008, 359 (361).

126 In der Fassung des Protokolls Nr. 14 zur EMRK.

127 Art. 28 und 29 I EMRK.

albeschwerden i.S.v. Art. 34 EMRK für unzulässig zu erklären oder im Register zu streichen, wenn diese Entscheidung keiner näheren Prüfung bedarf. Die Entscheidung des Einzelrichters ist endgültig.[128] Unterstützt wird er von einem nichtrichterlichen Berichterstatter der Kanzlei des Gerichtshofes, welcher die Sprache und das Rechtssystem des Vertragsstaates beherrscht.[129] Indem die Zurückweisung offensichtlich unzulässiger und damit aussichtsloser Beschwerden durch nur einen Richter anstatt zuvor durch drei Richter in einstimmiger Entscheidung erfolgt, soll der Filtermechanismus des Gerichtshofes gestärkt werden. Ob dessen Belastung durch diese Neuverteilung personeller Strukturen tatsächlich minimiert wird, bedarf einer noch genaueren Betrachtung.

bb) Summarisches Verfahren für offensichtlich begründete Fälle

Vor Inkrafttreten des Protokolls Nr. 14 waren die Dreiergremien nur zu Unzulässigkeitsentscheidungen und Streichungen von der Liste befugt. Nun erhalten sie nach Art. 28 Abs. 1 lit. b EMRK zusätzlich die Befugnis, durch einstimmigen Beschluss vollumfänglich über Wiederholungsfälle bzw. Beschwerden, deren zugrunde liegende Frage der Auslegung oder Anwendung der EMRK Gegenstand einer gefestigten Rechtsprechung des EGMR ist, zu entscheiden.[130] Durch dieses summarische Verfahren sollen die entsprechenden Fälle ohne großen zeitlichen Aufwand gehandhabt werden können und somit der Arbeitsüberlastung des Straßburger Gerichtshofes entgegenwirken.

cc) Art. 35 Abs. 3 lit. b EMRK – neues Zulässigkeitskriterium

Die umstrittenste Neuerung des 14. Zusatzprotokolls ist die Einführung des Art. 35 Abs. 3 lit. b EMRK, mit dem ein neues Zulässigkeitskriterium für die Individualbeschwerde einhergeht. Danach erklärt der Gerichtshof eine Beschwerde für unzulässig, „wenn er der Ansicht ist, dass dem Beschwerdeführer kein erheblicher Nachteil entstanden ist, es sei denn, die Achtung der Menschenrechte (...) erfordert eine Prüfung der Begründetheit der Beschwerde, und vorausgesetzt, es wird aus diesem Grund nicht eine Rechtssache zurückgewiesen, die noch von keinem innerstaatlichen Gericht gebührend geprüft worden ist.“ Sind diese drei Voraussetzungen kumulativ erfüllt, kann der EGMR eine Konventionsbeschwerde auch dann zurückweisen, wenn sie begründet erscheint.

Dieses neue – heftig diskutierte und mehrfach geänderte[131] – Merkmal gibt dem Gerichtshof zwar mehr Flexibilität, doch könnte es das Individualbeschwerderecht einschränken. Zudem ist es sehr unbestimmt formuliert[132] und es bleibt abzuwarten, ob es

128 Art. 27 II EMRK.

129 Art. 24 II EMRK.

130 60 % der zulässigen Beschwerden betreffen Wiederholungsfälle (vgl. *Keller*, 50 Jahre danach: Rechtsschutzeffektivität trotz Beschwerdeflut? Wie sich der EGMR neuen Herausforderungen stellt, EuGRZ 2008, 359 (362, Fn. 25)).

131 Vgl. *Siess-Scherz*, Die Bedeutung des Subsidiaritätsprinzips für den Reformprozess des EGMR, in: Karl (Hrsg.), Internationale Gerichtshöfe und nationale Rechtsordnung. Internationales Symposium am Österreichischen Institut für Menschenrechte am 28. und 29. November 2003 in Salzburg zu Ehren von em. o. Univ.-Prof. DDr. Dr. h.c. Franz Matscher, 2005, S. 83 (103 ff.).

132 Vgl. *Caflisch/Keller*, Le Protocole additionnel n° 15 à la Convention européenne des droits de l'homme, in: Caflisch/Callewaert/Liddell/Mahoney/Villinger (eds.), Liber Amicorum Luzius Wildhaber. Human Rights – Strasbourg Views, 2007, S. 91 (112).

zur Entlastung des EGMR überhaupt wird beitragen können.[133] Ohnehin darf das neue Kriterium gemäß der Übergangsbestimmungen in den ersten zwei Jahren nach Inkrafttreten des Protokolls Nr. 14 nur von den Kammern und den Großen Kammern angewandt werden.[134]

dd) Maßnahmen zur Förderung der Umsetzung der Urteile des EGMR

Mit den Neuerungen in Art. 46 EMRK sollen Verbesserungen bei der Umsetzung der Urteile des Gerichtshofes herbeigeführt werden, indem die Überwachung durch das Ministerkomitee, welches weder ein Weisungsrecht noch eine Vollstreckungsbefugnis besitzt,[135] verstärkt wird. Diesem wird nun die Möglichkeit eingeräumt, sofern es die dafür notwendige Zweidrittelmehrheit bildet und die betreffende Partei zuvor gemahnt hat, Verfahren vor den Gerichtshof zu bringen, in denen der Vertragsstaat der Umsetzung des Urteils noch nicht nachgekommen ist (*infringement proceeding*).[136] Mit dieser Neuerung wird dem Problem begegnet, dass *ratio materiae* ein Beschwerdeverfahren wegen Nichtbefolgung eines Straßburger Urteils nach bereits erfolgter Feststellung der Konventionsverletzung nicht möglich war.[137] Auf das Recht der Union übertragen, entspricht die Regelung des Art. 46 Abs. 4 EMRK dem Vertragsverletzungsverfahren i.S.v. Art. 260 Abs. 2 AEUV. Die dort vorgesehene Sanktionierung in Form eines zu zahlenden Pauschalbetrags oder Zwangsgelds[138] gegenüber dem säumigen Mitgliedstaat, wurde im Rahmen des *infringement proceedings* allerdings nicht übernommen.[139]

Darüber hinaus kann das Ministerkomitee den Gerichtshof zur Interpretation eines Urteils auffordern.[140] Da die Begründungen der Urteile des EGMR eher allgemeiner Natur sind und innerstaatliche Ursachen des Konventionsverstoßes regelmäßig nicht identifizieren,[141] könnte sich das Interpretationsverfahren dergestalt auf die Begründungspraxis des EGMR auswirken, dass er von vornherein versuchen wird, seine Urteile mit möglichst geringem Auslegungsspielraum zu begründen.[142] Trotz der damit möglicherweise verbundenen Beschneidung der Umsetzungsfreiheit des betroffenen Staates, könnte sich diese Vorgehensweise positiv auf die Behebung des konventionswidrigen Zustandes auswirken. So geht mit der Identifizierung der Ursachen eine Erleichterung insofern einher, dass der verurteilte Staat sofort geeignete Maßnahmen ergreifen kann, um seine Rechtsprechung konventionskonform auszugestalten.[143]

---

133 Eher kritisch *Keller*, 50 Jahre danach: Rechtsschutzeffektivität trotz Beschwerdeflut? Wie sich der EGMR neuen Herausforderungen stellt, EuGRZ 2008, 359 (362).

134 Art. 20 II EMRK.

135 Vgl. *Villinger*, Handbuch der Europäischen Menschenrechtskonvention (EMRK), 1999, S. 150.

136 Art. 46 IV EMRK.

137 Vgl. *Karper*, Reformen des Europäischen Gerichts- und Rechtsschutzsystems, 2011, S. 187.

138 Vgl. Art. 260 II 2 AEUV.

139 Vgl. *Karper*, die ein entsprechendes gerichtsförmiges Sanktionsverfahren indes auch für das Konventionssystem befürwortet (*dies*., Reformen des Europäischen Gerichts- und Rechtsschutzsystems, 2011, S. 225 ff.).

140 Art. 46 III EMRK.

141 Vgl. *Okresek*, Die Umsetzung der EGMR-Urteile und ihre Überwachung, EuGRZ 2003, 168 (174).

142 Vgl. *Karper*, Reformen des Europäischen Gerichts- und Rechtsschutzsystems, 2011, S. 186.

143 Ebenda, S. 187.

Wenn auch die Verhängung von Sanktionen finanzieller Art durch den EGMR nicht vorgesehen ist,[144] so sollen diese Regelungen dem Ministerkomitee bei seiner Aufgabe helfen, die Urteilsvollstreckung zu überwachen und weiteren diesbezüglichen (politischen) Druck auf die Staaten auszuüben. Schließlich ist auch die mangelhafte Umsetzung der Urteile ursächlich für die vielen repetitiven Beschwerden an den Gerichtshof.[145]

ee) Weitere Änderungen gemäß dem 14. Protokoll zur EMRK

Weitere Bestimmungen betreffen die Dauer der Amtszeit der Richter,[146] eine Liste für *ad-hoc*-Richter,[147] eine aktivere Rolle des EGMR im Hinblick auf gütliche Einigungen[148] und vor allem die Möglichkeit des Beitritts der Europäischen Union zur EMRK, die der neue Art. 59 Abs. 2 EMRK vorsieht.

d) Bewertung der Reformbemühungen durch Protokoll Nr. 14

Auch in Anbetracht der in dieser Arbeit geforderten Aktualisierung bzw. „Modernisierung“ der Konvention, durch die diese um einige Rechte erweitert würde,[149] und der damit unweigerlich verbundenen weiter steigenden Anzahl an Individualbeschwerden, ist die Notwendigkeit einer Reform des Straßburger Gerichtshofes offensichtlich und vor allem unausweichlich. Das 14. Zusatzprotokoll zur EMRK ist eines der Ergebnisse eines langen und breit abgestützten Reformprozesses. Kann es ausreichend zur Entlastung des EGMR und damit zur Aufrechterhaltung dessen Effektivität beitragen oder bedarf es einer Reform der Reform?

Sowohl die Einführung der Einzelrichter als auch die Möglichkeit der beschleunigten Gutheißung offensichtlich begründeter Beschwerden dienen dazu, das Verfahren vor dem EGMR zu straffen und so wenig personelle Ressourcen wie möglich auf unzulässi-

144 Vgl. Explanatory Report to the Protocol No. 14 to the Convention for the Protection of Human Rights and Fundamental Freedoms, amending the control system of the Convention (CETS No. 194), Ziff. 99.

145 Ebenda, Ziff. 95 ff.; *Keller/Bertschi*, Erfolgspotenzial des 14. Protokolls zur Europäischen Menschenrechtskonvention, EuGRZ 2005, 204 (216).

146 Vgl. Art. 23 I EMRK: neun Jahre ohne Wiederwahl (zuvor sechs Jahre mit Möglichkeit der Wiederwahl).

147 Art. 26 IV EMRK; für *Sicilianos* stellt diese Regelung „une petite révolution“ dar (vgl. *ders*., La ‚réforme de la réforme’ du système de protection de la Convention européenne des droits de l’homme, Annuaire français de droit international 2003, 611 (622 f.)).

148 Art. 39 IV EMRK sieht ausdrücklich vor, dass das Ministerkomitee die Durchführung der „friendly settlements“ überwacht. Dies ermöglicht im Fall einer gütlichen Einigung die Rechtssache durch eine *Entscheidung* im Register zu streichen. Vor Inkrafttreten des 14. Protokolls erledigte der EGMR eine entsprechende Beschwerde durch *Urteil*, um die anschließende Überwachung des Ministerkomitees zu ermöglichen, welches bis dato (Art. 46 II EMRK) nur bei Urteilen zum Tragen kam. Mit der neuen Fassung soll eine psychologische Barriere gegenüber gütlichen Einigungen abgebaut werden (vgl. Explanatory Report to the Protocol No. 14 to the Convention for the Protection of Human Rights and Fundamental Freedoms, amending the control system of the Convention (CETS No. 194), Ziff. 94).

149 Vgl. dazu 3. Kap. B. IV.

ge bzw. zulässige, aber unkomplizierte Fälle zu verwenden.[150] Vor dem Hintergrund, dass rund 96 % der Konventionsbeschwerden für unzulässig erklärt werden und 60 % der zulässigen Beschwerden Wiederholungsfälle betreffen,[151] können die dargestellten prozeduralen Maßnahmen als dringend und sinnvoll zur Verringerung des Drucks angesehen werden, welcher auf dem Gerichtshof lastet. Dieser wird mit Hilfe der Änderungen in der Organisationsstruktur die enorme Zahl an Beschwerden schneller bewältigen können, indem ihm die Möglichkeit gegeben wird, sich gezielter auf solche Fälle zu konzentrieren, die einer vertieften Prüfung bedürfen.[152] Jedoch sollten nicht die Augen davor verschlossen werden, dass damit eine Gefahr für die Kohärenz der Rechtsprechung verbunden ist, insbesondere vor dem Hintergrund der zahlreichen unterschiedlichen Rechtstraditionen.[153] In Anbetracht der großen Verantwortung, die im Rahmen so weit reichender grundrechtlicher Entscheidungen auf einem Einzelrichter lastet, könnte außerdem die Neigung verstärkt werden, zur eigenen Entlastung Beschwerden als offensichtlich unbegründet abzulehnen.[154] Aus diesen Gründen ist die Beziehung zwischen dem Einzelrichter und dem nichtrichterlichen Rapporteur, der diesen gemäß Art. 24 Abs. 2 EMRK unterstützt und der Sprache und den Eigenheiten des Rechtssystems des betreffenden Vertragsstaates mächtig ist, von herausragender Bedeutung. Arbeiten sie effektiv zusammen, so kann der Einführung des Einzelrichters durchaus Positives im Hinblick auf die gewünschte Verfahrensbeschleunigung abgewonnen werden.

Das neue Zulässigkeitskriterium des Art. 35 Abs. 3 lit. b EMRK soll dem EGMR überdies eine gewisse Flexibilität verschaffen, um mit der Belastung durch die exponentiell wachsende Beschwerdenanzahl umgehen zu können.[155] Allerdings besteht damit wiederum die Gefahr einer Schwächung des Individualbeschwerderechts,[156] was gegenüber dem zu erwartenden eher geringen Entlastungspotenzial dieser Regelung in keinem Verhältnis steht. Besonders das Kriterium des *nicht erheblichen Nachteils für den Beschwerdeführer* ist ein wenig zu ungenau formuliert und bedarf der näheren Konkretisierung. Wann kann davon ausgegangen werden, dass der Schutzsuchende keinen erheblichen Nachteil erleidet?[157] Dieser selbst wird selbstredend immer vom Gegenteil

---

150 Vgl. *Arndt/Großmann*, Entlastung des Europäischen Gerichtshofs für Menschenrechte durch aktuelle Reformen der Organisationsstruktur, Wissenschaftliche Dienste des Deutschen Bundestages vom 20.07.2009, Nr. 62/09, 2.

151 Ebenda.

152 Ebenda.

153 Vgl. *Walter* im Rahmen der Podiumsdiskussion aus Anlass der Tagung am 25./26.01.2008 an der Universität Münster, Bedeutung der Gerichts- und Verfahrensorganisation für den effektiven Rechtsschutz, EuGRZ 2008, 390 (392). Er sprach sich bei derartigen Unzulässigkeitsentscheidungen mindestens für das 4- oder 6-Augen-Prinzip aus.

154 So auch *Lenz*, ebenda, 390 (393).

155 Explanatory Report Report to the Protocol No. 14 to the Convention for the Protection of Human Rights and Fundamental Freedoms, amending the control system of the Convention (CETS No. 194), Ziff. 78 und 80.

156 Die begründete Kritik rührt daher, dass das neue Zulässigkeitskriterium auf einem Werturteil des EGMR in der Sache beruht und damit zulässt, dass grundsätzlich begründete Beschwerden nicht mehr an die Hand genommen werden (vgl. *Keller/Bertschi*, Erfolgspotenzial des 14. Protokolls zur Europäischen Menschenrechtskonvention, EuGRZ 2005, 204 (222)).

157 Folgt man dem Bericht einer Studiengruppe der Kanzlei des Gerichtshofes, so liegt ein „ernsthafter" Nachteil jedenfalls bei einer Verletzung der „notstandsfesten" Bestimmungen vor: grundsätzlich

ausgehen, andernfalls hätte er sich kaum an den EGMR gewandt. Schließlich ist die Individualbeschwerde auch so konzipiert, dass jede Person beschwerdebefugt ist, die lediglich „behauptet", Opfer einer Konventionsverletzung zu sein.[158] Der bisherigen Rechtsprechung zufolge ist daher auch kein konkreter Schaden erforderlich,[159] der einen erheblichen Nachteil i.S.d. Art. 35 Abs. 3 lit. b EMRK begründen könnte. *De facto* müsste demnach ein strengerer Maßstab an die Betroffenheit und Beschwer gestellt werden.[160] Sieht man eine Parallele zu dem deutschen Verfahren des § 93a Abs. 2 lit. b BVerfGG, welches einen „besonders schweren Nachteil" zur Annahme von Verfassungsbeschwerden erfordert, so würde ein erheblicher Nachteil sogar nur bei existenzieller Betroffenheit vorliegen.[161] Dies würde der Ausrichtung der EMRK als „ordre public européen" indes zuwiderlaufen und ihren besonderen Stellenwert untergraben.

Das neue Zulässigkeitskriterium birgt daneben zumindest das Risiko, dass es in Abhängigkeit der Anzahl zu bewältigender Konventionsbeschwerden ausgelegt wird[162] und auch die Interpretation des Begriffs der „offensichtlich unzulässigen Beschwerde" und die Verhältnismäßigkeitsprüfungen könnten zu Lasten des Beschwerdeführers beeinflusst werden.[163] Ob die beiden kumulativ zu erfüllenden Schutzklauseln des Art. 35 Abs. 3 lit. b EMRK verhindern können, dass das Fehlen eines erheblichen Nachteils automatisch zur Unzulässigkeit der Beschwerde führt, wird abzuwarten sein. Eine Antwort auf diese Frage gibt es jedoch erst nach der zweijährigen „Schonfrist".[164] Fest steht aber, dass die Entlastung des Gerichtshofes nicht durch eine Aushöhlung des Individualbeschwerderechts vollzogen werden darf.

Anders sind die Neuerungen in Art. 46 EMRK als sehr positiv zu bewerten, weil eine Verstärkung des Drucks auf die säumigen Vertragsstaaten notwendig ist, um den Gerichtshof vor Wiederholungsfällen zu bewahren, die vor allem aus der inkonsequenten

immer bei Beschwerden betreffend Art. 2 und 3 EMRK, betreffend Art. 5 EMRK sowie Art. 12 EMRK; nach dem Grad der Bertoffenheit in den Fällen von Art. 8 bis 11 und 14 EMRK sowie nach Art. 6 EMRK (vgl. Study Group of the Registry, Impact Assessments of some of the reform proposals under consideration, 12.03.2003, CDDH-GDR(2003)017, Annex).

158 Vgl. *Karper*, Reformen des Europäischen Gerichts- und Rechtsschutzsystems, 2011, S. 182; *Frowein/Peukert*, Europäische Menschenrechtskonvention. EMRK-Kommentar. 2009, Art. 25, Rn. 20.

159 EGMR, Urteil vom 10.03.1972, Serie A Nr. 14 – *De Wilde, Ooms, Versyp/Belgien*, Rn. 23 f.; Urteil vom 15.07.1982, Serie A Nr. 51 – *Eckle/Deutschland*, Rn. 66; auch *Karper*, Reformen des Europäischen Gerichts- und Rechtsschutzsystems, 2011, S. 182.

160 Vgl. *Egli*, Zur Reform des Rechtsschutzsystems der Europäischen Menschenrechtskonvention, ZaöRV 2004, 759 (780).

161 BVerfGE 90, 22 (25 f.); ebenso *Karper*, Reformen des Europäischen Gerichts- und Rechtsschutzsystems, 2011, S. 182.

162 So auch *Cohen-Jonathan*, Garantir l'efficacité à long terme de la Cour européenne des droits de l'homme: quelques observations à partir des derniers travaux du Comité directeur pour les droits de l'homme, RTDH 2003, 1125 (1148 f.); *Schürmann*, Das Protokoll Nr. 14 zur EMRK: Jüngste Änderungen im Strassburger Kontrollmechanismus, in: Epiney/Theuerkauf/Rivière (Hrsg.), Schweizerisches Jahrbuch für Europarecht 2003 (2004), S. 69 (74).

163 Vgl. *Ohms*, Bewertung des Diskussionsstandes über die Entlastung des Europäischen Gerichtshofs für Menschenrechte, EuGRZ 2003, 141 (148).

164 Vgl. Art. 20 II EMRK.

Urteilsumsetzung resultieren. Diesbezüglich ist vor allem auch auf eine Optimierung des nationalen Rechtsschutzes hinzuwirken.[165]

Von überragender Bedeutung ist außerdem, dass die Union aufgrund des neuen Art. 59 Abs. 2 EMRK der Konvention beitreten wird, wodurch eine Überprüfung von Akten der EU vor dem Straßburger Gerichtshof ermöglicht wird.

Zusammenfassend nimmt das 14. Zusatzprotokoll zur EMRK zwar keine tiefgreifende Umgestaltung des Gerichts- und Rechtsschutzsystems vor,[166] es enthält aber einige sehr wichtige Regelungen, die zur Verfahrensbeschleunigung und Produktivitätssteigerung des EGMR beitragen können,[167] selbst wenn sie manchmal übers Ziel hinausschießen. Dennoch gibt es Maßnahmen, die überdies ergriffen werden sollten, um das Rechtsschutzsystem der EMRK langfristig wirksam zu sichern.[168] Bereits angedachte, jedoch wieder verworfene Vorschläge, wie die Schaffung eines Gerichtshofs erster Instanz oder die Einführung der Institution der Generalanwälte nach dem Vorbild des EuGH,[169] der Errichtung erstinstanzlicher regionaler Gerichtshöfe,[170] der Einführung des *Certiorari*-Verfahrens[171] oder eines Vorlageverfahrens der innerstaatlichen Gerichte an den EGMR,[172] werden hierbei nicht näher konkretisiert. Jüngst hat sich jedenfalls auch der Deutsche Bundestag dafür stark gemacht, die Erfahrungen mit der Umsetzung des 14. Zusatzprotokolls auszuwerten und erforderlichenfalls auf eine weitere Verbesserung der Prüfmechanismen zur Zulässigkeit von Klagen beim EGMR hinzuwirken, um den Gerichtshof von unzulässigen Klagen entlasten zu können.[173]

---

165 Siehe dazu ausführlich *Karper*, Reformen des Europäischen Gerichts- und Rechtsschutzsystems, 2011, S. 209 ff.

166 Ebenda, S. 203.

167 Insgesamt wird aufgrund des Protokolls Nr. 14 mit einer Effizienzsteigerung des EGMR um 20 bis 25 % gerechnet (siehe dazu *Arndt/Großmann*, Entlastung des Europäischen Gerichtshofs für Menschenrechte durch aktuelle Reformen der Organisationsstruktur, Wissenschaftliche Dienste des Deutschen Bundestages vom 20.07.2009, Nr. 62/09, 2).

168 *Keller* und *Bertschi* sprechen insofern von einer „Atempause" für den überlasteten Gerichtshof, die von dem 14. Zusatzprotokoll zu erwarten sei, denn von einer definitiven Lösung (vgl. *dies.*, Erfolgspotenzial des 14. Protokolls zur Europäischen Menschenrechtskonvention, EuGRZ 2005, 204 (228)).

169 Vgl. *Cohen-Jonathan*, Garantir l'efficacité à long terme de la Cour européenne des droits de l'homme: quelques observations à partir des derniers travaux du Comité directeur pour les droits de l'homme, RTDH 2003, 1125 (1153 ff.); *Wachsmann*, Droit de recours individuel et protection de la fonction jurisprudentielle de la Cour, RUDH 2002, 309 (312).

170 Vgl. *Badinter*, Du Protocole N^0 11 au Protocole N^0 12, in: Mélanges en hommage à Louis Edmond Pettiti, 1998, S. 103 ff.

171 Vgl. 4. Kap. A. I. b) cc).

172 Vgl. *Benoît-Rohmer*, Les perspectives de réformes à long terme de la Cour européenne des droits de l'homme: "certiorari" versus renvoi préjudiciel, in: Quelle réforme pour la Cour européenne des droits de l'homme?, Actes du colloque de Strasbourg des 21 et 22 juin 2002, RUDH 2002, 314 (315 f.).

173 Vgl. Antrag der Fraktionen CDU/CSU, SPD, FDP und BÜNDNIS 90/DIE GRÜNEN, 60 Jahre Europäische Menschenrechtskonvention, BT-Drs. 17/3423 vom 27.10.2010, S. 4, Ziff. 7.

e) Weitere Maßnahmen zur Effektivitätssicherung des EGMR

Notwendig ist vor allem eine Aufstockung der finanziellen Ressourcen des Gerichtshofes, der – im Vergleich zum EuGH – über einen sehr bescheidenen Etat verfügt.[174] Damit wäre auch ein erhöhter Personalstand gewährleistet, welcher in Anbetracht der Zahl der Beschwerden überaus angebracht ist. Ferner sollten – im Hinblick auf einen gezielten Einsatz dieser Mittel – die Budgetautonomie und die Personalverantwortung des EGMR gestärkt werden.[175] Außerdem zur Verbesserung des Menschenrechtsschutzes beitragend wären eine umfangreichere Information der Bevölkerung, die EMRK und das Straßburger Rechtsschutzsystem betreffend, sowie die entsprechende Förderung der Ausbildung bzw. Weiterbildung der Anwaltschaft und des Behörden- und Justizapparats in den Mitgliedstaaten.[176] Ersteres betreffend wurde am 07. Mai 1999, flankierend zur EMRK, im Europarat das Amt des Europäischen Menschenrechtskommissars geschaffen, der sich – allerdings in einem „nur“ politischen Sinne – der Bewusstseinsbildung und der Informationsverbreitung im Bereich der europäischen Menschenrechte widmen soll.[177]

Dessen Pendant auf europäischer Ebene findet sich in der „Agentur der Europäischen Union für Grundrechte“, deren Öffentlichkeitsarbeit ebenfalls ausbaufähig ist.[178] Dieses in Wien ansässige „Menschenrechts-Informationssystem“ könnte desgleichen eine entlastende Funktion für den Straßburger Gerichtshof haben. Auch *von Bogdandy* und *von Bernstorff* sind der Auffassung, dass die Arbeit der Grundrechteagentur auf lange Sicht gesehen einen Beitrag zur Reduzierung der ständig zunehmenden Anzahl von Beschwerden leisten kann. Ihr durchaus gelungener Vorschlag geht dahin, dass die Agentur Fälle des EGMR, in denen dieser „strukturelle Grundrechtsverletzungen in Mitgliedstaaten der EU festgestellt hat, weiterverfolgen und dann einen wohlabgestimmten Einsatz unionaler Regelungskompetenzen empfehlen (könnte), um solchen Problemen entgegen zu treten“.[179] Diese Anregung birgt, neben den prozeduralen Änderungen des 14.

---

174 Im Jahre 2010 konnte der Straßburger Gerichtshof über einen Etat von 58,588.000 € verfügen (vgl. <http://www.emrk.at/gerichtshof_egmr.htm>, abgerufen am 11.09.2010), während der EuGH im selben Jahr mit einem Budget von 329,300.000 € ausgestattet war (vgl. Entwurf des Gesamthaushaltsplans der Europäischen Union für das Haushaltsjahr 2011 vom 15.06.2010, IV/7).

175 Ebenso *Engel*, Status, Ausstattung und Personalhoheit des Inter-Amerikanischen und des Europäischen Gerichtshofs für Menschenrechte. Facetten und Wirkungen des institutionellen Rahmens, EuGRZ 2003, 122 (131 ff.); *Mahoney*, Separation of Powers in the Council of Europe: The Status of the European Court of Human Rights vis-à-vis the Authorities of the Council of Europe, HRLJ 2003, 152 (159 ff.).

176 Vgl. *Keller/Bertschi*, Erfolgspotenzial des 14. Protokolls zur Europäischen Menschenrechtskonvention, EuGRZ 2005, 204 (228). I.d.S. ist auch *Rudolf* der Ansicht, dass die Anwaltschaft „tatsächliche und rechtliche Entwicklungen auf der rechtpolitischen Ebene kritisch begleiten und im Interesse ihrer Mandantschaft bestehende gerichtliche Verfahren ausschöpfen (muss)“ (vgl. *dies.*, Die neue europäische Grundrechtsarchitektur – Auftrag für Anwälte. Nationaler, europäischer und internationaler Grundrechts- und Menschenrechtsschutz, Anwaltsblatt 2011, 153 (153)).

177 Vgl. *Härtel*, Die Europäische Grundrechteagentur: unnötige Bürokratie oder gesteigerter Grundrechtsschutz?, EuR 2008, 489 (508).

178 Vgl. *Cassebohm*, Die Agentur der Europäischen Union für Grundrechte – überflüssige Bürokratie oder echter Mehrwert im europäischen Grundrechtsschutzsystem?, ZEuS 2010, 189 (204 f.).

179 Vgl. *von Bogdandy/von Bernstorff*, Die Europäische Agentur für Grundrechte in der europäischen Menschenrechtsarchitektur und ihre Fortentwicklung durch den Vertrag von Lissabon, EuR 2010, 141 (161 f.).

Zusatzprotokolls und der wünschenswerten finanziellen und personellen Aufstockung, erhebliches Potential in sich, um die Arbeitslast des Gerichtshofes in Straßburg langfristig wirkungsvoll herabzusetzen.

f) Interlakener Erklärung zur Reform des EGMR vom 19. Februar 2010[180]

Anfang 2010 hat die Schweiz im Rahmen ihrer Präsidentschaft des Ministerkomitees des Europarats eine Konferenz in Interlaken durchgeführt, um die Reform des überlasteten Straßburger Gerichtshofes voranzubringen. Mit der Verabschiedung einer gemeinsamen Grundsatzerklärung bekräftigten Vertreter der 47 Mitgliedstaaten des Europarats ihren Willen, die langfristige Zukunft des EGMR zu sichern.

Die Deklaration beinhaltet insbesondere das Ziel, ein Gleichgewicht zwischen eingehenden und erledigten Fällen zu schaffen, wofür der Rückstand von heute ungefähr 120.000 anhängigen Verfahren abgebaut und sichergestellt werden muss, dass neue Beschwerden in angemessener Frist erledigt werden können. Um dies zu erreichen, enthält die politische Erklärung von Interlaken einen zeitlichen Aktionsplan für die nächsten Jahre.[181] Dieser hält etwa fest, dass die Mitgliedstaaten bis Ende 2011 aufzeigen müssen, welche Maßnahmen sie getroffen haben, um den Gerichtshof zu entlasten. Angeführt ist darüber hinaus die Aufforderung an die Vertragsstaaten mit dem Ministerrat zu kooperieren, um zu verhindern, dass Fälle nach Straßburg gelangen, welche eine Ähnlichkeit mit bereits erfolgten Urteilen aufweisen. Außerdem wird ihnen nahe gelegt, die Urteile des EGMR „voll und ganz, effektiv und schnell" umzusetzen.

Die Minister bekräftigen in der Erklärung überdies die Bedeutung der Individualbeschwerde sowie die Klarheit und die Schlüssigkeit der Rechtsprechung des Gerichtshofes, weshalb der Aktionsplan auch detaillierte Einzelmaßnahmen zum Individualbeschwerderecht auflistet.[182] Bedauernswert ist indes, dass die Deklaration keine Aussagen über zusätzliche finanzielle Mittel für den Gerichtshof trifft und konkrete Angaben über die Ausgestaltung von Filtermechanismen für die Zulassung von Klagen fehlen, welche über diejenigen hinausgehen, die bereits im Zusatzprotokoll Nr. 14 zur EMRK festgehalten sind. Dennoch wurden mit der Interlaken-Konferenz politisch die Weichen für die künftig noch anstehenden Reformarbeiten des EGMR gestellt.

g) Technik der Piloturteile

Auch der EGMR selbst hat sich den neuen Herausforderungen,[183] die zu einer Lähmung des Konventionssystems insgesamt führen können,[184] gestellt, indem er mit den soge-

---

180 High Level Conference on the Future of the European Court of Human Rights, Interlaken Declaration, <http://www.eda.admin.ch/etc/medialib/downloads/edazen/topics/europa/euroc.Par.0133.File.tmp/final_en.pdf> (abgerufen am 11.09.2010).

181 Ebenda, S. 3.

182 Vgl. *Engel*, Strukturreformen zur Entlastung des EGMR/EMRK-Protokoll Nr. 14 zum 1. Juni 2010 in Kraft/Interlaken-Konferenz/Neuregelung zur sozialen Absicherung der EGMR-Richter verabschiedet, EuGRZ 2010, 148 (149).

183 Damit gemeint sind die grundlegenden strukturellen Defizite in den Rechtssystemen mancher Vertragsstaaten wie etwa überlange Verfahrensdauer vor Gerichten oder sonstige konventionswidrige Zustände in der Gesetzgebung (einen Gesamtüberblick gebend: *Schmahl*, Piloturteile des EGMR als Mittel der Verfahrensbeschleunigung, EuGRZ 2008, 369 (370)).

nannten Piloturteilen eine neuartige Technik entwickelte, die auf effektiven innerstaatlichen Rechtsschutz hinwirkt. Erstmals erließ der Gerichtshof im Fall *Broniowski gegen Polen*[185] ein entsprechendes Urteil.

Voraussetzung solcher Piloturteile ist, dass eine große Zahl – gegebenenfalls mehrere tausend – gleichgelagerter Fälle anhängig ist, dass ein systematischer Mangel in der innerstaatlichen Rechtsordnung vorliegt und dass bis zur (vergleichsweisen) Erledigung und Erlass der generellen und individuellen Maßnahmen alle gleichartigen anhängigen Verfahren suspendiert werden.[186] Die „*Broniowski*-Technik" dient vor allem dazu, die Mitgliedstaaten des Europarats mittels Anordnung von Abhilfemaßnahmen dabei zu unterstützen, innerstaatliche endemische Probleme aufzudecken und dadurch zu lösen, dass die Konventionsstaaten ihr nationales Recht auf Vereinbarkeit mit der EMRK – in der Auslegung des EGMR – kontrollieren und die Einrichtung wirksamer Rechtsmittel sicherstellen.[187] Mit dieser „Stärkung der objektiven Dimension des Konventionssystems"[188] ist dem EGMR ein probates Mittel an die Hand gegeben, einer Paralysierung durch eine Vielzahl identischer Beschwerden vorzubeugen und gleichzeitig dem einzelnen Beschwerdeführer sein Recht auf eine Entscheidung in der Sache zu gewähren. Die daraus resultierende Verfahrensbeschleunigung erleichtert darüber hinaus die Überprüfung der Urteile durch das Ministerkomitee, welches den Gerichtshof schon 2004 ausdrücklich hierzu aufforderte,[189] und leistet vor allem einen ganz entscheidenden Beitrag zur Arbeitsentlastung des Gerichtshofes. Dessen Reform ist also mit dem Inkrafttreten des 14. Zusatzprotokolls und der damit einhergehenden Neuordnung des Prozessrechts, dem Ziel der Grundsatzerklärung von Interlaken, welches von sämtlichen Vertragsstaaten verabschiedet wurde, und der Technik der Piloturteile auf dem richtigen Weg, damit die notwendige „Ausbalancierung von Individualrechtsschutz, Grundrechtsfragen und Massebewältigung"[190] gelingen kann, wenngleich über weitergehende Maßnahmen nachgedacht werden sollte.

---

184 Vgl. *Cohen-Jonathan*, Garantir l'efficacité à long terme de la Cour européenne des droits de l'homme: quelques observations à partir des derniers travaux du Comité directeur pour les droits de l'homme, RTDH 2003, 1125.

185 EGMR, Urteil vom 22.06.2004, Nr. 31443/96 – *Broniowski gegen Polen* = EuGRZ 2004, 472. In diesem Fall, bei dem es um die Spätwirkung der Verschiebung der Grenze von Polen nach dem Zweiten Weltkrieg ging, konnte nach dem Urteil sowohl ein „friendly settlement" erzielt (Urteil vom 28.09.2005 = EuGRZ 2005, 563) als auch eine verallgemeinernde innerstaatliche Lösung gefunden werden.

186 Vgl. *Ress*, Der Europäische Gerichtshof für Menschenrechte als *pouvoir neutre*, ZaöRV 2009, 289 (298).

187 Vgl. *Schmahl*, Piloturteile des EGMR als Mittel der Verfahrensbeschleunigung, EuGRZ 2008, 369 (380); *Caflisch*, Rechtsfolgen von Normenkontrolle – Die Rechtsprechung des EGMR: Die Technik der Pilot-Fälle, EuGRZ 2006, 521 (523).

188 Vgl. *Baumann*, Auf dem Weg zu einem doppelten EMRK-Schutzstandard? Die Fortschreibung der Bosphorus-Rechtsprechung des EGMR im Fall Nederlandse Kokkelvisserij, EuGRZ 2011, 1 (10).

189 Resolution (2004) 3 of the Committee of Ministers on judgments revealing an underlying systemic problem, HRLJ 2005, 119.

190 Vgl. *Jaeger*, Menschenrechtsschutz im Herzen Europas. Zur Kooperation des Bundesverfassungsgerichts mit dem Europäischen Gerichtshof für Menschenrechte und dem Gerichtshof der Europäischen Gemeinschaften, EuGRZ 2005, 193 (201).

II. Zwischenergebnis

Bisher lässt sich sagen, dass sowohl der Rechtsschutz vor dem EuGH als auch der Rechtsschutz vor dem EGMR nicht in ganzer Linie befriedigend, sondern teilweise defizitär ausgestaltet ist. Die jeweiligen Systeme weisen zwar diverse Stärken, aber auch einige Schwächen auf – was läge also näher, als die Vorzüge beider Rechtssysteme zu nutzen, um dem Bürger vollumfänglich gerecht zu werden, wenn es um den Schutz seiner elementaren Rechte geht? Natürlich können zwei unterschiedliche Systeme nicht ohne weiteres zusammengefügt werden, doch der dahinter stehende Gedanke zeigt abermals, dass die beiden europäischen Gerichtshöfe Hand in Hand arbeiten sollten und keinesfalls in ein Konkurrenzverhältnis zueinander treten dürfen. Dass es solche Konkurrenzen in Form von Rechtsprechungsdivergenzen dennoch gegeben hat und wie eine konfliktvermeidende Zusammenarbeit von EuGH und EGMR aussehen kann, wird in Abschnitt B. dieses Kapitels dargestellt werden.

Zunächst jedoch noch einmal zu den Vor- und Nachteilen eines Schutzsuchenden vor den europäischen Gerichten: Bedauerlich ist, dass die Idee einer Grundrechtsbeschwerde direkt an den Luxemburger Gerichtshof nicht durchgesetzt werden konnte, denn auf Ebene der Union fehlt es an einer allgemeinen Klagemöglichkeit gegen abstrakt-generelle Rechtsakte der EU. Es bleiben weiterhin die nationalen Gerichte, die – aufgrund des Vorlageverfahrens – im Dialog mit dem EuGH stehen, nicht die verletzten Verfahrensbeteiligten selbst. Genießen diese somit zwar einen mittelbaren Schutz, so bleibt ihnen (im Falle einer nicht letztinstanzlichen Entscheidung) nur die Hoffnung, dass der zuständige Richter den EuGH anruft. An dieser Stelle gibt es jedoch Maßnahmen zur Verbesserung des Grundrechtsschutzes: die Einführung einer Feststellungsklage vor dem EuGH durch die Kommission, wenn ein nationales Gericht eine an sich gebotene Vorlage verweigert, und verstärkte Investitionen in eine qualifiziertere Ausbildung der Spruchkörper bezüglich Fragen des Europarechts, denn nicht allzu selten scheuen die zuständigen Richter – auch aus Unkenntnis – eine Vorlage. Kommt es aber zu einer solchen, so bietet sie weiters keine subjektiv-verfahrensrechtliche Gewähr[191], der Verletzte hat keinen Einfluss auf die Formulierung der Frage. Dieser Einwand sollte jedoch nicht unbeachtet lassen, dass der EuGH ein gutes Kooperationsverhältnis zu den Mitgliedstaaten pflegt, welches sich auch in der dortigen starken Prägekraft seiner Urteile widerspiegelt.[192] Diesbezüglich übte der EGMR bislang größere Zurückhaltung, was sich durch die Technik der Piloturteile und den stärkeren Druck auf die Vertragsstaaten zur (völkerrechtlichen) Urteilsumsetzung zukünftig ändern wird; eventuell kann auch die Grundrechteagentur ihren Beitrag dazu, das heißt zur Verbesserung des innerstaatlichen Grundrechtsschutzes, leisten.

Ein weiterer Vorteil des Luxemburger Gerichtshofes ist, dass er zahlenmäßig längst nicht einer so starken Beschwerdebelastung wie der EGMR ausgesetzt ist und dabei noch über ein Vielfaches des Budgets verfügen kann. Diese Vorzüge resultieren unter anderem aus den differenten Zielsetzungen der Gerichte: Während der EuGH bisher eher als „Binnenmarktgericht" fungierte, ist der EGMR ein „Menschenrechtsgerichts-

---

191 Vgl. *Reich*, Zur Notwendigkeit einer Europäischen Grundrechtsbeschwerde, ZRP 2000, 375 (376).

192 Siehe EuGH, Urteil vom 15.07.1964, Rs. 6/64, Slg. 1964, 1253 (1270) – *Costa/E.N.E.L.*; Urteil vom 05.02.1963, Rs. 26/62, Slg. 1963, 1 (3) – *Van Gend & Loos*; Urteil vom 19.11.1991, Rs. C-6/90, Slg. 1991, I-5357 – *Francovich*.

hof", an den sich jedermann (über 800 Millionen) wenden kann. Letzteres hat jedoch auch zu der dargestellten Arbeitsüberlastung in Straßburg beigetragen, bezüglich welcher die notwendigen Reformschritte aber eingeleitet sind und stetig vorangetrieben werden.

B. Divergenzen im Grundrechtsschutz

Weil der EuGH[193] wie auch der EGMR[194] im Kern Funktionen einer Verfassungsgerichtsbarkeit ausüben, kann es in Bereichen überlappender Kompetenzen zu Rechtsprechungsdivergenzen kommen.[195] Vor Inkrafttreten des Vertrages von Lissabon galt, dass die Konvention als Quelle der ungeschriebenen EU-Grundrechte bzw. infolge der Transferklausel des Art. 6 Abs. 2 EUV a.F. als Bestandteil der Gemeinschaftsrechtsordnung von der Union zu „achten" ist.[196] Vom Wortlaut her steht „achten" wohl einer Pflicht zur Berücksichtigung näher, als einer uneingeschränkten Rechtsbindung.[197] Dieser – der Norm innewohnende – Wertungsspielraum, ermöglichte es dem EuGH, zu einer vom EGMR abweichenden Interpretation eines Konventionsrechts zu kommen, weshalb in der Vergangenheit bereits Divergenzen der infrage stehenden Art aufgetreten sind.[198] Auch zukünftig sind Konflikte zwischen ‚Luxemburg' und ‚Straßburg' nicht ausgeschlossen, wobei insgesamt zwischen materiellen und möglichen formellen Abweichungen zu unterscheiden ist.

Problematisch ist dabei, dass Rechtsprechung durch Streitbeilegung letztlich Rechtsfrieden schaffen und der Rechtsstaatlichkeit dienen soll, während Jurisdiktionskonflikte genau das Gegenteil bewirken. Sie stiften Unsicherheit unter den Bürgern in Form von

---

193 Er ist „Verfassungsgericht" zur Erledigung von Streitigkeiten zwischen Mitgliedstaaten und Unionsorganen (vgl. *Stock*, Der Beitritt der Europäischen Union zur Europäischen Menschenrechtskonvention als Gemischtes Abkommen?, 2010, S. 116).

194 Siehe 3. Kap. A. II. 1.

195 Vgl. *Oeter*, Rechtsprechungskonkurrenz zwischen nationalen Verfassungsgerichten, Europäischem Gerichtshof und Europäischem Gerichtshof für Menschenrechte, VVDStRL 2007, 361 (374 f.).

196 Art. 6 II EUV wurde i.Ü. von Art. I-9 III VVE und nun auch von Art. 6 III EUV n.F. aufrechterhalten und nimmt Bezug auf die beiden externen Quellen als Anhaltspunkte für die Rechtsprechung.

197 Vgl. *Hilf/Schorkopf*, in: Grabitz/Hilf/Nettesheim (Hrsg.), Das Recht der Europäischen Union, 2008, Art. 6 EUV, Rn. 61.

198 Vgl. die unterschiedlichen Entscheidungen in den Fällen: EuGH, Urteil vom 21.09.1989, verb. Rs. 46/87 und 227/88, Slg. 1989, 2859 – *Hoechst* im Ggs. zu EGMR, Urteil vom 16.12.1992, Serie A 251-B – *Niemitz* = EuGRZ 1993, 65 ff.; EuGH, Urteil vom 18.10.1989, Rs. 374/87, Slg. 1989, 3283 – *Orkem* im Ggs. zu EGMR, Urteil vom 25.02.1993, Serie A 256-A – *Funke/Frankreich* = ÖJZ 1993, 532; EuGH, Urteil vom 18.06.1991, Rs. C-260/89, Slg. 1991, I-2925 – *ERT* im Ggs. zu EGMR, Urteil vom 24.11.1993, Serie A 276 – *Informationsverein Lentia/Österreich* = EuGRZ 1994, 549; EuGH, Urteil vom 04.10.1991, Rs. C-159/90, Slg. 1991, I-4685 – *Society for the Protection of Unborn Children Ireland Ltd./Stephen Grogan u.a.* im Ggs. zu EGMR, Urteil vom 29.10.1992, Nr. 14234/88, Serie A 246-A – *Open Door and Dublin Well Woman/Irland* = EuGRZ 1992, 484; ausführlich dazu *Philippi*, Divergenzen im Grundrechtsschutz zwischen EuGH und EGMR, ZEuS 2000, 97 ff.

Loyalitätskonflikten und beeinträchtigen den effektiven Rechtsschutz, da für die Streitparteien nicht erkennbar ist, was nun als Recht gelten soll.[199] Dabei ist zu beachten: Je bedeutsamer die verletzten Rechte, desto einschneidender die Beeinträchtigung dieses Schutzes. Die hier infrage stehenden Rechte betreffen Grundrechte der Verfahrensbeteiligten, die von zwei Gerichten unterschiedlich ausgelegt wurden. Der besonders hohe Rang dieser Rechte lässt die Folgen von Rechtsprechungsdivergenzen bzw. Jurisdiktionskonflikten besonders schwer wiegen. Aufgrund dessen müssen (rechtliche) Vorkehrungen dafür getroffen werden, dass entsprechende Konflikte vermieden werden. Ein Ringen um Macht und Einflussnahme der europäischen Höchstgerichte ist in Anbetracht des Individualrechtsschutzes absolut fehl am Platze.

Allerdings entschärft der EuGH das Problem möglicher divergenter Grundrechtsauslegung und -anwendung bisweilen dadurch, dass er die Vorreiterrolle des EGMR inhaltlich in vielem respektiert, sich also bemüht, dessen grundrechtsbezogene Rechtsprechung als Orientierung für den eigenen Umgang mit Grundrechten zu nehmen.[200] Auch der EGMR hat bereits auf die Charta der Grundrechte als Auslegungshilfe für die Garantien der Konvention zurückgegriffen.[201] Dies schließt Konflikte in der Rechtsprechung zwischen EuGH und EGMR im Einzelfall – wie bereits angedeutet – dennoch nicht aus.

I. Fälle formeller Divergenz

Fälle formeller Divergenz sind solche, bei denen derselbe Sachverhalt bzw. die gleiche Rechtssache von verschiedenen Gerichten unterschiedlich entschieden wird.[202] Im unionsrechtlichen Kontext würde das bedeuten, dass sich der Beschwerdeführer an den EGMR wendet, um ein Urteil des EuGH überprüfen zu lassen. Dies scheint zunächst nicht möglich, weil Entscheidungen des Luxemburger Gerichtshofes wie auch Rechtsakte anderer Unionsorgane vor dem EGMR bisher nicht unmittelbar angegriffen werden können, sie sind bereits *ratione personae* unzulässig. Dieser Missstand wird sich jedoch mit einem Beitritt der Union zur EMRK i.S.v. Art. 6 Abs. 2 EUV ändern, so dass es diesbezüglich in der Zukunft durchaus zu formellen Divergenzen zwischen ‚Straßburg' und ‚Luxemburg' kommen kann.

Handeln die Mitgliedstaaten in Durchführung von Unionsrecht, besteht allerdings bereits vor dem Beitritt die Möglichkeit, dass formelle Konflikte auftreten. Angenommen, ein Durchführungsakt der beschriebenen Art wird vor einem nationalen Gericht ange-

---

199 So auch *Sauer*, Jurisdiktionskonflikte in Mehrebenensystemen. Die Entwicklung eines Modells zur Lösung von Konflikten zwischen Gerichten unterschiedlicher Ebenen in vernetzten Rechtsordnungen, 2008, S. 60 f.

200 Vgl. *Hoffmann-Riem*, Kohärenz der Anwendung europäischer und nationaler Grundrechte, EuGRZ 2002, 473 (478).

201 Z.B. EGMR, Urteil vom 11.07.2002, Nr. 25680/94 – *I. v. United Kingdom*, Ziff. 80; Urteil vom 11.07.2002, Nr. 28957/95 – *Christine Goodwin/Vereinigtes Königreich*, Ziff. 100 = NJW-RR 2004, 289 ff.

202 Vgl. *Defeis*, Human Rights and the European Union: Who decides? Possible conflicts between the European Court of Justice and the European Court of Human Rights, Dick. J. Int'l L. 2001, 301 (317); *Stock*, Der Beitritt der Europäischen Union zur Europäischen Menschenrechtskonvention als Gemischtes Abkommen?, 2010, S. 133.

griffen, welches Zweifel an der Rechtmäßigkeit des Unionsrechtsaktes hegt, so kann es diesem „nicht auf Grund eines vermeintlichen Verstoßes gegen Grundrechte den Gehorsam verweigern, seien es nun Grundrechte aus den nationalen Verfassungen oder aus der (EMRK)"[203]. Das innerstaatliche Gericht kann in dieser Situation entweder über die Zweifel hinwegsehen, das einschlägige Unionsrecht anwenden und die Klage abweisen, oder aber die Frage dem EuGH im Rahmen des Vorabentscheidungsverfahrens gemäß Art. 267 AEUV vorlegen.[204] Die erste Variante ist indes nur möglich, wenn es sich nicht um eine Entscheidung eines letztinstanzlichen Gerichtes handelt, andernfalls besteht eine Pflicht zur Vorlage. Wie bereits erwähnt, gibt es diesbezüglich Änderungsbedarf, damit das Vorabentscheidungsverfahren verstärkt angewandt wird.[205] Kommt der EuGH sodann, im Falle einer erfolgten Vorlage, zu der Entscheidung, dass keine allgemeinen Rechtsgrundsätze – und damit auch nicht die betroffenen Konventionsrechte – verletzt sind, so ist dieses Urteil für das vorlegende Gericht verbindlich, woraufhin es die Klage abweisen muss. Wendet sich der Beschwerdeführer nun an den EGMR, überprüft dieser die Entscheidung auf ihre Konventionskonformität und es kann zu einer differenten Auslegung des in Frage stehenden Rechts kommen.

Bereits zu Zeiten der EKMR deutete sich die Bereitschaft zu einer solchen Überprüfung an, als diese in dem Fall *Procola*[206] über die Vereinbarkeit einer luxemburgischen Milchquotenregelung mit der EMRK zu entscheiden hatte, welche in Durchführung zweier EG-Verordnungen[207] ergangen war.[208] Einige Jahre zuvor erklärte der EuGH eine erste luxemburgische Durchführungsverordnung für gemeinschaftsrechtswidrig, weshalb die Norm geändert wurde. Gegen diese Änderung bzw. gegen die neue Verordnung richtete sich die Beschwerde der *Procola*. Dass der EuGH die erste Regelung als nicht gemeinschaftskonform erachtete, hinderte die EKMR nicht an einer eigenen Überprüfung. Solch eine Situation ebnet den Weg für mögliche formelle Divergenzen.

Ein weiteres Beispiel dafür ist das Ergebnis der *Bosphorus*-Entscheidung[209], das darin besteht, dass grundsätzlich die Vermutung eines äquivalenten Grundrechtsschutzes auf Unionsebene besteht, welche jedoch im Falle eines „offensichtlich unzulänglichen" Schutzes widerlegt werden kann.[210] Im konkreten Fall ging der EGMR zwar von einem vergleichbaren Schutz aus, doch zeigt diese Konstellation abermals, dass formelle Di-

203 Vgl. *Stein*, Das Verhältnis zwischen dem Grundrechtsschutz durch die Organe der Europäischen Menschenrechtskonvention und der Europäischen Gemeinschaften, in: Mosler/Bernhardt/Hilf (Hrsg.), Grundrechtsschutz in Europa, S. 147 (153); *Stock*, Der Beitritt der Europäischen Union zur Europäischen Menschenrechtskonvention als Gemischtes Abkommen?, 2010, S. 133.

204 Vgl. *Stock*, Der Beitritt der Europäischen Union zur Europäischen Menschenrechtskonvention als Gemischtes Abkommen?, 2010, S. 134.

205 5. Kap. A. I. 1. b).

206 EKMR, Entscheidung vom 01.07.1993, DR 75, 5.

207 VO (EG) 856/84 und VO (EG) 857/84 vom 31.03.1984.

208 Vgl. insofern *Stock*, Der Beitritt der Europäischen Union zur Europäischen Menschenrechtskonvention als Gemischtes Abkommen?, 2010, S. 134.

209 EGMR, Urteil vom 30.06.2005, Nr. 45036/98 – *Bosphorus/Irland* = EuGRZ 2007, 662. Zu dieser Rechtsprechung siehe 5. Kap. D. II.

210 Vgl. *Bröhmer*, Die Bosphorus-Entscheidung des Europäischen Gerichtshofs für Menschenrechte – Schutz der Grund- und Menschenrechte in der EU und das Verhältnis zur EMRK, EuZW 2006, 71 (75).

vergenzen zwischen ‚Luxemburg' und ‚Straßburg' möglich sind, wenn der EGMR von seiner „Reservejurisdiktion" Gebrauch macht.[211]

II. Fälle der materiellen Divergenz

Eine materielle Divergenz entsteht, wenn in unterschiedlichen Rechtssachen mit ähnlichen Sachverhalten zwei Gerichte zu differenten Auslegungen des Inhalts und der Tragweite eines Grundrechts gelangen.[212] Unter menschenrechtlichen Gesichtspunkten hieße dies, dass EuGH und EGMR in verschiedenen Fällen ein- und dasselbe Konventionsrecht unterschiedlich interpretieren. Derart gelagerte Fälle können wegen der Unverbundenheit der Rechtssachen wesentlich häufiger auftreten, als solche der formellen Divergenz. Beispielhaft für mögliche materielle Abweichungen sollen nachfolgend Entscheidungen des EuGH und des EGMR zur Unverletzlichkeit der Wohnung gemäß Art. 8 EMRK, bezüglich des Selbstbezichtigungsverbots aus Art. 6 EMRK und zum Anspruch auf rechtliches Gehör, der ebenfalls aus Art. 6 EMRK hervorgeht, dargestellt werden.[213]

1. Unverletzlichkeit der Wohnung nach Art. 8 EMRK

Art. 8 EMRK betrifft das Recht auf Achtung des Privat- und Familienlebens, der Wohnung und der Korrespondenz. Die Rechtssachen *Hoechst*[214], *Chappell*[215], *Niemitz*[216], *Stés Colas Est*[217] und *Roquette Frères*[218] haben diesbezüglich Bekanntheit erlangt. Dabei geht es um die grundsätzliche Anwendbarkeit der Rechte aus Art. 8 EMRK auf juristische Personen sowie um die Frage, ob der Begriff „Wohnung" neben Privaträumen auch Geschäftsräume umfasst.

---

211 Ebenso *Stock*, Der Beitritt der Europäischen Union zur Europäischen Menschenrechtskonvention als Gemischtes Abkommen?, 2010, S. 134 f.

212 Vgl. *Defeis*, Human Rights and the European Union: Who decides? Possible conflicts between the European Court of Justice and the European Court of Human Rights, Dick. J. Int'l L. 2001, 301 (317).

213 Ebenfalls unterschiedliche Rechtsauffassungen gab es in Entscheidungen zur Rundfunkfreiheit gemäß Art. 10 EMRK (siehe dazu EuGH, Urteil vom 18.06.1991, Rs. C-260/89, Slg. 1991, I-2925 – *ERT* sowie EGMR, Urteil vom 24.11.1993, Serie A 276 – *Informationsverein Lentia/Österreich* = EuGRZ 1994, 549) und zur Informationsverbreitung über Abtreibung nach Art. 10 EMRK (dazu EuGH, Urteil vom 04.10.1991, Rs. C-159/90, Slg. 1991, I-4685 – *Society for the Protection of Unborn Children Ireland Ltd./Stephan Grogan u.a.* und EGMR, Urteil vom 29.10.1992, Nr. 14234/88, Serie A 246-A – *Open Door and Dublin Well Woman/Irland* = EuGRZ 1992, 484). Da es sich bei diesen Fällen m.E. nicht um solche einer eindeutigen materiellen Divergenz, sondern vielmehr um justizielle Zurückhaltung handelt, sollen sie hier nicht näher untersucht werden. Diesbezüglich sei auf die Ausführungen bei *Philippi* (*dies.*, Divergenzen im Grundrechtsschutz zwischen EuGH und EGMR, ZEuS 2000, 97 (114 ff.)) und *Busch* (*ders.*, Die Bedeutung der Europäischen Menschenrechtskonvention für den Grundrechtsschutz in der Europäischen Union. Grundrechtskontrolle des EGMR über das Recht der EU, 2003, S. 134 ff.) verwiesen.

214 EuGH, Urteil vom 21.09.1989, verb. Rs. 46/87 und 227/88, Slg. 1989, 2859 – *Hoechst*.

215 EGMR, Urteil vom 30.03.1989, Serie A 152-A – *Chappell*.

216 EGMR, Urteil vom 16.12.1992, Serie A 251-B – *Niemitz* = EuGRZ 1993, 65 ff.

217 EGMR, Urteil vom 16.04.2002, Nr. 37971/97 – *Stés Colas Est*.

218 EuGH, Urteil vom 22.10.2002, Rs. C-94/00, Slg. 2002, I-9011 – *Roquette Frères*.

a) *Rs.* Hoechst

Dem Unternehmen *Hoechst* wurde von der Kommission vorgeworfen, mit anderen Herstellern von PVC und Polyäthylen wettbewerbswidrige Absprachen bzw. aufeinander abgestimmte Verhaltensweisen über die Festsetzung von Preisen und Lieferquoten getroffen zu haben. Infolgedessen erließ sie am 15. Januar 1987 eine Entscheidung zur Durchsuchung der Geschäftsräume der Firma *Hoechst*, die diese jedoch – aufgrund einer fehlenden vorausgehenden richterlichen Anordnung – als rechtswidrig erachtete. Nachdem mehrere Durchsuchungsversuche gescheitert waren, verhängte die Kommission am 3. Februar 1987 ein Zwangsgeld von 1.000 ECU pro Tag gegen das Unternehmen, falls es sich der Nachprüfung weiterhin widersetzte. Am 31. März 1989 erwirkte das Bundeskartellamt einen Durchsuchungsbefehl, woraufhin die Durchsuchung durchgeführt wurde. Gegen *Hoechst* wurde ein endgültiges Zwangsgeld von 55.000 ECU festgesetzt.

In dem Verfahren vor dem EuGH stellte sich die Frage, ob das Unternehmen durch die Durchsuchung ihrer Geschäftsräume in Art. 8 Abs. 1 EMRK verletzt wurde. Der EuGH lehnte den Schutz von Geschäftsräumen sowohl im Hinblick auf eine wertende Vergleichung der Geltung dieses Grundrechts in den Mitgliedstaaten als auch durch eine entsprechende Interpretation des Art. 8 EMRK ab. Dem Gerichtshof zufolge ergebe sich ein Grundrecht der Unverletzlichkeit der Wohnung als ein dem Recht der Mitgliedstaaten gemeinsamer Grundsatz „zwar für die Privatwohnung natürlicher Personen (…), nicht aber für Unternehmen, da die Rechtsordnungen der Mitgliedstaaten in Bezug auf Art und Umfang des Schutzes von Geschäftsräumen gegen behördliche Eingriffe nicht unerhebliche Unterschiede aufweisen". Etwas anderes lasse sich auch nicht aus Art. 8 EMRK ableiten, nach dessen Absatz 1 „jedermann (…) Anspruch auf Achtung seines Privat- und Familienlebens, seiner Wohnung und seines Briefverkehrs" hat, zumal dieser Artikel die freie Entfaltung der Persönlichkeit betreffe und nicht auf Geschäftsräume ausdehnbar sei. Im Übrigen liege zu dieser Frage keine Rechtsprechung des EGMR vor.[219] Es ist anzunehmen, dass der Gerichtshof diese Aussage zur Absicherung und Rechtfertigung seiner eigenständig-restriktiven Auslegung eines der EMRK entnommenen Rechts tätigte.[220]

b) *Rs.* Chappell

Die letztgenannte Feststellung des EuGH in der *Hoechst*-Entscheidung, der EGMR habe sich bislang noch nicht dazu geäußert, ob der Schutzbereich des Art. 8 Abs. 1 EMRK auch Geschäftsräume umfasse, ist allerdings nur bedingt richtig.[221]

Gegenstand des Verfahrens *Chappell*, welches der EGMR am 30. März 1989 – also bereits vor der *Hoechst*-Rechtsprechung – entschied, war die Frage, ob eine Hausdurchsuchung, die in erster Linie Geschäftsräume, jedoch auch im selben Haus befindliche Privaträume betrifft, mit Art. 8 EMRK vereinbar ist. Der Brite *Chappell* kopierte illegal Videofilme, um diese anschließend in einem Austauschring mit anderen auszutauschen,

219 EuGH, Urteil vom 21.09.1989, verb. Rs. 46/87 und 227/88, Slg. 1989, 2859 – *Hoechst*, 2924.

220 So auch *Gebauer*, Parallele Grund- und Menschenrechtssysteme in Europa. Ein Vergleich der Europäischen Menschenrechtskonvention und des Straßburger Gerichtshofs mit dem Grundrechtsschutz in der Europäischen Gemeinschaft und dem Luxemburger Gerichtshof, 2007, S. 302.

221 Ebenso *Philippi*, Divergenzen im Grundrechtsschutz zwischen EuGH und EGMR, ZEuS 2000, 97 (109).

weshalb die Polizei eine Hausdurchsuchung bei ihm durchführte. *Chappell* wandte sich daraufhin an den EGMR mit der Rüge, dass im Rahmen der Durchsuchung nicht nur Beweismittel hinsichtlich der Videofilme sichergestellt worden seien, sondern auch „private, vertrauliche und persönliche Dokumente“.[222]

Bezüglich der Beantwortung der Frage, ob Art. 8 EMRK verletzt sei, stellte der Gerichtshof zwar kurz fest, dass nach übereinstimmender Ansicht des Beschwerdeführers und der britischen Regierung ein Eingriff in das Recht auf Achtung des Privatlebens und der Wohnung vorliege, verneinte aber nach ausführlicher Erörterung der Schrankenregelungen des Art. 8 Abs. 2 EMRK eine Verletzung des Art. 8 Abs. 1 EMRK.[223] Dabei problematisierte der EGMR allerdings nicht, ob auch Geschäftsräume vom Schutzbereich des Art. 8 EMRK umfasst sind. Wenn auch diese Frage – aufgrund des Fehlens genauerer Ausführungen – noch unklar blieb, so ist zumindest deutlich geworden, dass der EGMR Geschäftsräume nicht ausdrücklich vom Schutz des Art. 8 EMRK ausnehmen wollte. Die Anmerkung des EuGH im *Hoechst*-Urteil, es mangle an einer einschlägigen Rechtsprechung des EGMR, mutet folglich auf den ersten Blick nicht ganz zutreffend an. Es ist zunächst schwerlich nachvollziehbar, warum der EuGH das Urteil *Chappell* nicht erwähnte. Dass er es einfach übersehen hat oder bewusst davon abgewichen ist, ist eher unwahrscheinlich.[224] Vielmehr liegt die Annahme nahe, dass der EuGH die Rechtsprechung des EGMR mangels Vergleichbarkeit der Sachverhalte nicht für einschlägig hielt und daher nicht als relevant heranzog.[225]

c) *Rs.* Niemitz

Deutlicher als im Fall *Chappell* entschied der EGMR über die Weite des Schutzbereichs von Art. 8 Abs. 1 EMRK in der Rechtssache *Niemitz*. Der Beschwerdeführer *Niemitz* war Rechtsanwalt in Freiburg und gleichzeitig Vorsitzender einer im Stadtrat vertretenen Partei, der sogenannten „Bunten Liste“. Aufgrund seiner Funktion wurde ein Teil der Post dieser kommunalpolitischen Partei an die Kanzleiadresse des Herrn *Niemitz* gesendet. Namens des Arbeitskreises der „Bunten Liste“ wurde ein beleidigendes Schreiben unter falschem Namen an einen Freiburger Richter geschickt. Um den Urheber dieses Schreibens aufspüren zu können, wurde in der Kanzlei *Niemitz* eine Hausdurchsuchung durchgeführt, wobei jedoch keine belastenden Dokumente gefunden wurden.[226] Auf die Beschwerde des Herrn *Niemitz*, die Durchsuchung seiner Anwaltskanzlei habe gegen Art. 8 EMRK verstoßen, beschäftigte sich der EGMR diesmal ausführlich mit den Begriffen „home“ in der englischen Fassung bzw. „domicile“ in der

---

222 EGMR, Urteil vom 30.03.1989, Serie A 152-A – *Chappell*, 11. Vgl. auch *Lawson*, Confusion and Conflict? Diverging Interpretations of the European Convention on Human Rights in Strasbourg and Luxembourg, in: Lawson/de Blois (eds.), The Dynamics of the Protection of Human Rights in Europe. Essays in Honour of Henry G. Schermers, 1994, p. 219 (241).

223 EGMR, Urteil vom 30.03.1989, Serie A 152-A – *Chappell*, 17.

224 A.A. *Lawson*, Confusion and Conflict? Diverging Interpretations of the European Convention on Human Rights in Strasbourg and Luxembourg, in: Lawson/de Blois (eds.), The Dynamics of the Protection of Human Rights in Europe. Essays in Honour of Henry G. Schermers, 1994, p. 219 (241).

225 So auch *Stock*, Der Beitritt der Europäischen Union zur Europäischen Menschenrechtskonvention als Gemischtes Abkommen?, 2010, S. 129.

226 EGMR, Urteil vom 16.12.1992, Serie A 251-B – *Niemitz*, 65 = EuGRZ 1993, 65 ff.

französischen Originalfassung der Konvention. Dabei kam er zu dem Ergebnis, dass die Durchsuchung der Kanzlei vom weiten Wortlaut des französischen Begriffs erfasst war und somit in den Schutzbereich des Art. 8 Abs. 1 EMRK fiel. Eine klare Trennung von Privat- und Berufsleben, von Wohnung und Geschäftsräumen sei gerade bei freiberuflich tätigen Personen oft kaum möglich, weshalb eine Einbeziehung der Geschäftsräume in den Schutzbereich des Art. 8 EMRK auch aus Gründen des Gleichheitsgrundsatzes unvermeidlich sei. Mit ausdrücklicher Bezugnahme auf die Rechtssache *Chappell* wies der EGMR darauf hin, dass er eine derartige Differenzierung auch in der Vergangenheit nicht vorgenommen habe.[227]

Im Ergebnis erachtet der EGMR, im Unterschied zum EuGH im Fall *Hoechst*, Geschäftsräume demnach als „Wohnungen" i.S.v. Art. 8 Abs. 1 EMRK. Die *Niemitz*-Entscheidung lässt sich allerdings nur eingeschränkt zur Feststellung einer materiellen Rechtsprechungsdivergenz zwischen ‚Luxemburg' und ‚Straßburg' heranziehen, da der Beschwerdeführer – anders als im Fall *Hoechst* – eine natürliche Person war. Es fehlt eine direkte Vergleichbarkeit der beiden Sachverhalte.[228] Es erscheint aus diesem Grunde zu stark vereinfachend, wenn die Fälle *Niemitz* und *Hoechst* deswegen als materiell divergierende Urteile dargestellt werden, weil in dem einen Fall Geschäftsraume unter den Begriff „Wohnung" subsumiert werden, in dem anderen aber nicht.[229]

d) *Rs.* Stés Colas Est

In der Rechtssache *Stés Colas Est* hatte der EGMR – 10 Jahre nach *Niemitz* – aber tatsächlich einen mit *Hoechst* vergleichbaren Sachverhalt zu entscheiden.

Nachdem bekannt wurde, dass mehrere große Bauunternehmen in illegale Geschäfte verwickelt waren, stellte das französische Untersuchungsamt eine Liste der betroffenen Firmen zusammen. Da auch die antragstellende Sozietät *Stés Colas Est* auf dieser Liste zu finden war, wurde eine behördlich angeordnete Durchsuchung ihrer Räumlichkeiten durchgeführt. Daraufhin rügte die Firma eine Verletzung ihres Rechts aus Art. 8 EMRK und der EGMR verwies in dem ergangenen Urteil auf die Rechtssachen *Chappell* und *Niemitz* mit der Maßgabe, dass es sich in diesen Fällen um Durchsuchungen der Geschäftsräume natürlicher Personen gehandelt hatte.[230] Darüber hinaus betonte der Gerichtshof allerdings, dass die EMRK ein „living instrument" sei, welches dynamisch ausgelegt werden müsse.[231] Der Schutzbereich des Art. 8 Abs. 1 EMRK sei aufgrund dessen nunmehr so auszulegen, dass er unter gewissen Umständen auch Geschäftsräume von Unternehmen umfasst.[232]

---

227 Ebenda, 66.

228 Ebenso *Stock*, Der Beitritt der Europäischen Union zur Europäischen Menschenrechtskonvention als Gemischtes Abkommen?, 2010, S. 129.

229 Vgl. *Gebauer*, Parallele Grund- und Menschenrechtssysteme in Europa. Ein Vergleich der Europäischen Menschenrechtskonvention und des Straßburger Gerichtshofs mit dem Grundrechtsschutz in der Europäischen Gemeinschaft und dem Luxemburger Gerichtshof, 2007, S. 305.

230 EGMR, Urteil vom 16.04.2002, Nr. 37971/97 – *Stés Colas Est*, Ziff. 30.

231 Ebenda, Ziff. 41.

232 Ebenda, Ziff. 44 ff.

Erst mit dieser Entscheidung konnte nun von einer „echten" materiellen Rechtsprechungsdivergenz der beiden Gerichtshöfe gesprochen werden.[233]

e) *Rs.* Roquette Frères

In der Entscheidung *Roquette Frères* hat der EuGH allerdings die zwischenzeitlich ergangene Rechtsprechung des EGMR in den Fällen *Niemitz* und *Stés Colas Est* aufgenommen.

Die Firma *Roquette Frères*, die im Vertrieb von Natriumgluconat und Glucono-delta-Lacton tätig war, wurde durch Anordnung der Kommission einer Nachprüfung wegen wettbewerbswidriger Verhaltensweisen in Form verbotener (Preis-)Absprachen unterzogen. *Roquette Frères* kooperierte bei den Nachprüfungsvorgängen, wandte sich anschließend jedoch mit der Rüge an die *Cour de cassation*, dass der zugrunde liegende Genehmigungsbeschluss nicht rechtmäßig ergangen sei. Nachdem das nationale Gericht dem EuGH vorgelegt hatte, hatte dieser – im Rahmen des Vorabentscheidungsverfahrens – wiederum die Rechtmäßigkeit einer Durchsuchung der Geschäftsräume eines Unternehmens zu bewerten. Zwar verwies der EuGH auf die Straßburger Entscheidungen *Niemitz* und *Stés Colas Est*[234] und erkannte sowohl an, dass der Schutz der Wohnung i.S.v. Art. 8 EMRK unter bestimmten Umständen auf Geschäftsräume ausgedehnt werden kann, als auch, dass der Eingriffsvorbehalt nach Art. 8 Abs. 2 EMRK bei beruflichen und geschäftlichen Tätigkeiten oder Räumen weiter gehen kann, als in anderen Fällen.[235] Er *berücksichtigt* also die Judikatur des EGMR,[236] im Übrigen unterlässt der Gerichtshof es aber, die nach der *Hoechst*-Entscheidung eingetretenen neuen Entwicklungen – insbesondere die erweiternde Rechtsprechung des EGMR in den angeführten Urteilen – mit den (Grund-)Rechten von Firmen einerseits und den Kompetenzen der Kommission andererseits, zu einem befriedigenden Ausgleich zu bringen.[237] Er deutet auch mit keinem Satz an, selbst den Schutzbereich des Art. 8 EMRK auf Geschäftsräume erstrecken zu wollen, weshalb sich das *Roquette Frères*-Urteil in einer schlichten Fortschreibung des *Hoechst*-Urteils erschöpft.[238]

f) *Bewertung*

Die Entwicklung der Jurisdiktion zu Art. 8 EMRK – die Durchsuchung von Geschäftsräumen betreffend – ist beispielhaft dafür, dass sich der EuGH der Rechtsprechung des

---

233 Siehe dazu *Hilf/Hörmann*, Der Grundrechtsschutz von Unternehmen im europäischen Verfassungsverbund, NJW 2003, 1 (8 f.).

234 EuGH, Urteil vom 22.10.2002, Rs. C-94/00, Slg. 2002, I-9011 – *Roquette Frères*, Ziff. 29.

235 Ebenda.

236 So heißt es auch im Urteil, dass „die Rechtsprechung des Europäischen Gerichtshofes für Menschenrechte zu berücksichtigen" sei (vgl. ebenda).

237 So *Feddersen*, Anmerkung zum Urteil des EuGH in der Rs. C-94/00 – „Roquette Frères", EuZW 2003, 22 (23); auch *Dippel*, Die Kompetenzabgrenzung in der Rechtsprechung von EGMR und EuGH, 2004, S. 72.

238 Ebenso *Stock*, Der Beitritt der Europäischen Union zur Europäischen Menschenrechtskonvention als Gemischtes Abkommen?, 2010, S. 130; *Feddersen*, Anmerkung zum Urteil des EuGH in der Rs. C-94/00 – „Roquette Frères", EuZW 2003, 22 (23); *Dippel*, Die Kompetenzabgrenzung in der Rechtsprechung von EGMR und EuGH, 2004, S. 72.

EGMR weitestgehend beugt.[239] In der Rechtssache *Hoechst* entschied der EuGH – unter nachvollziehbarer Außerachtlassung der *Chappell*-Rechtsprechung – noch, dass von der Unverletzlichkeit der Wohnung Geschäftsräume nicht erfasst sind, während der EGMR in den Fällen *Niemitz* und *Stés Colas Est* zu einem gegenteiligen Ergebnis kam. Den Endpunkt in dieser Kontroverse setzte der EuGH im Urteil *Roquette Frères*, in dem er im Grunde genommen auf die Linie des EGMR einschwenkte.[240] Dabei sollte jedoch nicht außer Acht gelassen werden, dass der EuGH im Rahmen der inhaltlichen Prüfung der letztgenannten Entscheidung besonders auf die vorhandenen, vom EGMR zwischenzeitlich herausgearbeiteten Grundsätze zu Untersuchungen von Geschäftsräumen juristischer Personen hätte zurückgreifen sollen.[241] Dass er dies nicht tat, mag damit im Zusammenhang stehen, dass es sich bei dem betroffenen Bereich des Wettbewerbsrechts um einen Kernbereich unionsrechtlicher Kompetenzen handelt.

Mittlerweile hat sich der EuGH jedoch von dieser schlicht binnenmarktorientierten Praxis gelöst und ist schon gemäß Art. 52 Abs. 3 S. 1 GRCh verpflichtet, den durch die Konvention gebotenen Minimalstandard einzuhalten. Jüngst hat denn auch Generalanwalt *Geelhoed* in seinen Schlussanträgen vom 19. Januar 2006 in der Rechtssache *Kommission/SGL Carbon AG* die Rechtsprechung des EGMR in den Fällen *Niemitz* und *Stés Colas Est* erwähnt und in diesem Zusammenhang darauf hingewiesen, dass „das Gleiche (…) im Rahmen des Gemeinschaftsrechts und der Grundrechtecharta der Europäischen Union (gelte)“.[242]

2. *Art. 6 EMRK: Nemo tenetur se ipsum accusare*

Der Grundsatz, dass niemand gezwungen werden darf, gegen sich selbst auszusagen (*nemo tenetur se ipsum accusare*), ist in den Verfahrensgarantien des Art. 6 EMRK nicht ausdrücklich enthalten. Daher stellte sich den beiden Gerichtshöfen, wie auch dem EuG, in unterschiedlichen Verfahren die Frage, ob sich das Selbstbezichtigungsverbot implizit aus der generellen Garantie des fairen Verfahrens ergibt.

a) Rs. Orkem[243]

Der Luxemburger Gerichtshof hatte in der Rechtssache *Orkem* aus dem Jahre 1989 über die Nichtigkeitsklage eines Unternehmens gegen eine Entscheidung der Kommission im Rahmen eines Kartellverfahrens zu befinden, in der die klagende Firma zur Beantwortung von Fragen bezüglich wettbewerbsbeschränkender Absprachen oder aufeinander abgestimmter Verhaltensweisen verpflichtet worden war.[244] In ihrer Klage machte die

239 Siehe *Schwartmann*, Europäischer Grundrechtsschutz nach dem Verfassungsvertrag, AVR 2005, 129 (146).

240 Vgl. *Tomuschat*, Die Europäische Union und ihre völkerrechtliche Bindung, EuGRZ 2007, 1 (5).

241 Vgl. *Gebauer*, Parallele Grund- und Menschenrechtssysteme in Europa. Ein Vergleich der Europäischen Menschenrechtskonvention und des Straßburger Gerichtshofs mit dem Grundrechtsschutz in der Europäischen Gemeinschaft und dem Luxemburger Gerichtshof, 2007, S. 305.

242 Schlussanträge des GAs *Geelhoed* vom 19.01.2006 zu EuGH, Rs. C-301/04 P, Slg. 2006, I-5915 – *Kommission/SGL Carbon AG*, Ziff. 64.

243 EuGH, Urteil vom 18.10.1989, Rs. 374/87, Slg. 1989, 3283 – *Orkem*.

244 Ebenda, Ziff. 3344.

Orkem SA unter anderem geltend, dass ihre Verteidigungsrechte verletzt worden seien, indem die Kommission sie quasi gezwungen habe, sich durch das Eingeständnis der Zuwiderhandlung gegen die Regeln des Wettbewerbs selbst zu beschuldigen.[245] Darin liege ein Verstoß gegen den allgemeinen *nemo tenetur*-Grundsatz, der sowohl in den gemeinsamen Verfassungsüberlieferungen der Mitgliedstaaten als auch in der EMRK und dem IPbpR[246] niedergelegt und aufgrund dessen auch Bestandteil des Gemeinschaftsrechts sei.

Der EuGH lehnte diese Argumentation ab. In seiner Urteilsbegründung führte er aus, dass die Rechtsordnungen der Mitgliedstaaten lediglich natürlichen Personen in Strafverfahren ein Recht zur Verweigerung der Zeugenaussage gegen sich selbst einräumten, nicht aber juristischen Personen in Bezug auf Verstöße wirtschaftlicher Art.[247] Im Hinblick auf Art. 6 EMRK sei zwar einzuräumen, dass sich auch Unternehmen in Wettbewerbsverfahren auf diese Regelung berufen könnten, jedoch ergebe sich weder aus dem Wortlaut der Vorschrift noch aus der Straßburger Rechtsprechung, dass das Recht auf ein faires Verfahren auch ein Selbstbelastungsverbot enthalte. Im Anschluss an diese Feststellung prüfte der EuGH indes weiter, ob sich aus dem Erfordernis der Wahrung der Rechte der Verteidigung, die er als „fundamentalen Grundsatz der Gemeinschaftsrechtsordnung" angesehen hat, Beschränkungen der Untersuchungsbefugnis der Kommission ergeben. Dabei kam er zu dem differenzierenden Ergebnis, dass eine indirekte Selbstbelastung durch das Zurverfügungstellen von belastendem Beweismaterial keinen Verstoß gegen die Verteidigungsrechte darstelle, während eine direkte Selbstbelastung durch das Eingeständnis eines Rechtsverstoßes hingegen nicht gefordert werden kann.[248]

b) *Rs.* Funke[249]

In dem Verfahren *Funke* hatte sich der EGMR wenige Jahre später ebenfalls mit der Frage auseinanderzusetzen, ob sich aus Art. 6 EMRK ein Selbstbezichtigungsverbot ableiten lasse. Die französischen Steuerbehörden warfen dem in Frankreich lebenden deutschen Staatsbürger *Funke* vor, gegen Steuervorschriften verstoßen zu haben. Aufgrund dessen fand eine Hausdurchsuchung statt, im Rahmen welcher sich Herr *Funke* den Behörden gegenüber verpflichtete, bestimmte Bankunterlagen vorzulegen. Als er sich später jedoch weigerte, die entsprechenden Dokumente, die gegebenenfalls Hinweise auf von ihm begangene strafbare Handlungen hätten liefern können, auszuhändigen, wurde ein Strafverfahren gegen ihn eröffnet und eine Geldstrafe verhängt. *Funke* sah darin eine Verletzung seines in Art. 6 EMRK gewährleisteten Rechts auf ein faires Verfahren.[250] Der EGMR war derselben Auffassung und führte aus, dass die betreffende

245 Ebenda, Ziff. 3348.

246 Internationaler Pakt über bürgerliche und politische Rechte, Art. 14 III g).

247 EuGH, Urteil vom 18.10.1989, Rs. 374/87, Slg. 1989, 3283 – *Orkem*, Ziff. 3350.

248 Ebenda, Ziff. 3351. Dazu ausführlich *Philippi*, Divergenzen im Grundrechtsschutz zwischen EuGH und EGMR, ZEuS 2000, 112 f.

249 EGMR, Urteil vom 25.02.1993, Serie A 256-A – *Funke/Frankreich* = ÖJZ 1993, 532.

250 Vgl. *Stock*, Der Beitritt der Europäischen Union zur Europäischen Menschenrechtskonvention als Gemischtes Abkommen?, 2010, S. 132.

Regelung das Recht des Beklagten beinhalte, zu schweigen und nicht dazu beizutragen, sich selbst zu belasten.[251]

Anders als der EuGH erachtete der EGMR demnach also auch eine nur indirekte Selbstbezichtigung durch die Bereitstellung belastenden Materials als einen Verstoß gegen Art. 6 Abs. 1 EMRK.

c) *Rs.* Mannesmannröhren-Werke[252]

Die EuGH-Entscheidung *Orkem* wurde im Jahr 2001 in vollem Umfang vom EuG in der Rechtssache *Mannesmannröhren-Werke* bestätigt. Das klagende Unternehmen befand sich in der gleichen Situation wie *Orkem* und berief sich im gerichtlichen Verfahren – unter ausdrücklichem Verweis auf das Straßburger *Funke*-Urteil – ebenfalls auf die Selbstbelastungsfreiheit aus Art. 6 Abs. 1 EMRK.

Seine Grundrechtsprüfung leitete das EuG mit der Feststellung ein, dass es eine wettbewerbsrechtliche Untersuchung anhand der Konventionsbestimmungen nicht beurteilen könne, da diese als solche nicht Teil des Gemeinschaftsrechts seien.[253] Ansonsten stimmte die Prüfung des Gerichts inhaltlich mit der Rechtsprechung des EuGH in *Orkem* überein, so dass es ebenso zu dem Ergebnis gelangte, eine indirekte Selbstbelastung im Kartellverfahren könne nicht als Verstoß gegen die Rechte der Verteidigung angesehen werden.[254] Darüber hinaus führte das EuG an, dass die Grundsätze des Gemeinschaftsrechts für den wettbewerbsrechtlichen Bereich einen Schutz böten, welcher dem durch Art. 6 EMRK vermittelten Schutz gleichwertig sei.[255] Damit wollte das Gericht wohl zum Ausdruck bringen, dass er sich der Problematik bezüglich der parallel laufenden europäischen Grundrechtsschutzsysteme im Klaren und grundsätzlich bemüht ist, inhaltliche Differenzen zu umgehen.[256] Indes widerspricht sich das EuG mit dieser Feststellung selbst, weil es einen Rechtsschutz vor direkter Selbstbelastung versagte, obwohl der EGMR ein solches Recht in *Funke* als von der Konvention umfasst angesehen und die *Mannesmannröhren-Werke AG* sich explizit auf diese Straßburger Rechtsprechung berufen hatte.[257] Selbst unter dem Gesichtspunkt, dass sich das EuG als erst-

---

251 EGMR, Urteil vom 25.02.1993, Serie A 256-A – *Funke/Frankreich*, Ziff. 44 = ÖJZ 1993, 532. Diese Rechtsprechung bestätigte der EGMR in seiner Entscheidung *Saunders* vom 17.12.1996 (RJD 1996-VI, 2044, Ziff. 68) vollständig.

252 EuG, Urteil vom 20.02.2001, Rs. T-112/98, Slg. 2001, II-729 – *Mannesmannröhren-Werke*.

253 Ebenda, Ziff. 59. An späterer Stelle wies das EuG nochmals darauf hin, dass sich die *Mannesmannröhren-Werke AG* vor dem Gemeinschaftsrichter nicht unmittelbar auf die EMRK berufen könne (ebenda, Ziff. 75).

254 Ebenda, Ziff. 61 ff.

255 Ebenda, Ziff. 77.

256 So auch *Pache*, Anmerkung zum Urteil des EuG in der Rs. T-112/98, EuZW 2001, 351 (352); *Gebauer*, Parallele Grund- und Menschenrechtssysteme in Europa. Ein Vergleich der Europäischen Menschenrechtskonvention und des Straßburger Gerichtshofs mit dem Grundrechtsschutz in der Europäischen Gemeinschaft und dem Luxemburger Gerichtshof, 2007, S. 312.

257 Vgl. *Gebauer*, Parallele Grund- und Menschenrechtssysteme in Europa. Ein Vergleich der Europäischen Menschenrechtskonvention und des Straßburger Gerichtshofs mit dem Grundrechtsschutz in der Europäischen Gemeinschaft und dem Luxemburger Gerichtshof, 2007, S. 312; ebenfalls kritisch *Schohe*, Muss die Berufung auf Grundrechte zweckmäßig sein? Zur Aussageverweigerung im europäischen Kartellrecht, NJW 2002, 492 (493).

instanzliches Gericht grundsätzlich an der Rechtsprechung des EuGH – als ihm hierarchisch übergeordnetes Gericht – orientieren wird, mutet die Aussage eines der EMRK gleichwertigen Grundrechtsstandards im Recht der Gemeinschaft unter gleichzeitiger Festschreibung einer inhaltlichen Abweichung bei der Auslegung eines Konventionsrechts eher widersinnig an.[258]

d) Zwischenergebnis

Da die beiden Gerichtshöfe die Reichweite des Selbstbelastungsverbots als Bestandteil der Verteidigungsrechte i.S.v. Art. 6 Abs. 1 EMRK in den Fällen *Orkem* und *Funke* unterschiedlich ausgelegt haben, kann bezogen auf dieses Recht von einer materiellen Rechtsprechungsdivergenz gesprochen werden. Das materielle Schutzniveau, welches den jeweils betroffenen Bürgern gewährt wird, divergiert, wenn der EuGH sowohl direkte als auch indirekte Selbstbelastungen als Rechtsverstoß wertet, während der EGMR bloß direkte Selbstbelastungen als rechtswidrig ansieht.[259]

Die zum Teil in der Literatur vertretene Auffassung, diese Divergenz zwischen ‚Luxemburg' und ‚Straßburg' sei nur aus dem Grunde entstanden, weil zum Zeitpunkt der Entscheidung des EuGH in dem Verfahren *Orkem* noch keine vergleichbare Rechtsprechung des EGMR vorgelegen habe,[260] ist mit der Entscheidung *Mannesmannröhren-Werke* des EuG widerlegt. Denn diese zeigt, dass auch nach Vorliegen möglicher Leitlinien durch das zwischenzeitlich ergangene *Funke*-Urteil des EGMR keine Anpassung von Seiten der Gemeinschaftsgerichte erfolgt ist.[261] Zwar hat der EuGH später in der Rechtssache *Limburgse Vinyl Maatschappij*[262] – welcher abermals eine Durchsuchung der Geschäftsräume des klagenden Unternehmens durch die Kommission zugrunde lag – eingeräumt, dass mit der *Funke*-Rechtsprechung des Straßburger Gerichtshofes eine neue Entwicklung eingetreten sei, jedoch keinen Anlass gesehen, die im Verfahren *Orkem* vorgezeichnete Rechtsprechung zu ändern.[263]

---

258 Ebenso *Gebauer*, Parallele Grund- und Menschenrechtssysteme in Europa. Ein Vergleich der Europäischen Menschenrechtskonvention und des Straßburger Gerichtshofs mit dem Grundrechtsschutz in der Europäischen Gemeinschaft und dem Luxemburger Gerichtshof, 2007, S. 312.

259 Ebenda, S. 311.

260 Vgl. *Rodríguez Iglesias*, Zur Stellung der Europäischen Menschenrechtskonvention im Europäischen Gemeinschaftsrecht, in: Beyerlin/Bothe/Hofmann/Petersmann (Hrsg.), Recht zwischen Umbruch und Bewahrung. Festschrift für Rudolf Bernhardt, 1995, S. 1269 (1276); *van Overbeek*, The right to remain silent in competition investigations: the Funke Decision of the Court of Human Rights makes revision of the ECJ's case law necessary, ECLR 1994, 127 (132).

261 In diesem Sinne auch *Gebauer*, Parallele Grund- und Menschenrechtssysteme in Europa. Ein Vergleich der Europäischen Menschenrechtskonvention und des Straßburger Gerichtshofs mit dem Grundrechtsschutz in der Europäischen Gemeinschaft und dem Luxemburger Gerichtshof, 2007, S. 311.

262 EuGH, Urteil vom 15.10.2002, verb. Rs. C-238/99 P, C-244/99 P, C-245/99 P, C-247/99 P, C-250/99 P, C-251/99 P, C-252/99 P und C-254/99 P, Slg. 2002, I-8375 – *Limburgse Vinyl Maatschappij*.

263 Vgl. *Stock*, Der Beitritt der Europäischen Union zur Europäischen Menschenrechtskonvention als Gemischtes Abkommen?, 2010, S. 133. Mit der Entscheidung *Kommission/SGL Carbon AG* vom 29.06.2006 (Rs. C-301/04 P, Slg. 2006, I-5915, 5967 f., Ziff. 40 ff.), in der es um ein förmliches Auskunftsverlangen der Europäischen Kommission ging, bestätigte der EuGH ebenfalls die differenzierende Rechtsprechung aus seinem *Orkem*-Urteil.

Zukünftig ist indes davon auszugehen, dass der EuGH das höhere Schutzniveau des EGMR akzeptieren wird, weil er den durch die Konvention (und damit auch den durch den Straßburger Gerichtshof) gewährleisteten Schutz i.S.v. Art. 52 Abs. 3 S. 1 GRCh nicht unterbieten darf.

3. *Anspruch auf rechtliches Gehör gemäß Art. 6 EMRK*

Jedermann hat einen Anspruch auf rechtliches Gehör, welcher aus dem allgemeinen Recht auf ein faires Verfahren aus Art. 6 Abs. 1 EMRK folgt. In den Rechtssachen *Vermeulen*[264], *Lobo Machado*[265], *Emesa Sugar*[266] und *Kress*[267] hatten EuGH und EGMR sich mit der Frage auseinanderzusetzen, ob dieses Recht auch beinhaltet, zu allen Aktenstücken und Erklärungen – insbesondere zu den Schlussanträgen des Generalanwalts –, welche die Entscheidung des Gerichts beeinflussen könnten, Stellung nehmen zu dürfen, auch wenn sie von einem unabhängigen Rechtspflegeorgan ausgehen.

a) Rs. Vermeulen *und* Lobo Machado

In dem Fall *Vermeulen* war über das Unternehmen des Beschwerdeführers *Vermeulen*, einen belgischen Staatsangehörigen, auf Antrag der belgischen Prokuratur der Konkurs eröffnet worden, wogegen dieser sich in letzter Instanz vor der *Cour de Cassation* erfolglos gewehrt hatte. Die dortige Verhandlung endete mit der Stellungnahme des Generalanwalts, einem Vertreter der Prokuratur, der auch bei den anschließenden Beratungen des entscheidenden Senats anwesend war. *Vermeulen* wandte sich daraufhin an den EGMR und machte eine Verletzung seines Rechts auf ein faires Verfahren i.S.v. Art. 6 EMRK geltend, weil es ihm nicht möglich gewesen sei, auf die das Verfahren abschließende Stellungnahme des Generalanwalts zu erwidern. Der Gerichtshof führte in der Verkündung seines Urteils aus, dass den Generalanwälten – sowohl bei Straf- als auch bei Zivilverfahren – vornehmlich die Aufgabe zukomme, das Gericht in strikt objektiver Weise zu unterstützen und ihm bei der Einhaltung einer einheitlichen Entscheidungspraxis behilflich zu sein.[268] In Anbetracht dieses Bedeutungsgehalts für den Verfahrensausgang bedeute die Unmöglichkeit, auf eine generalanwaltliche Stellungnahme antworten zu können, eine Verletzung des Rechts auf ein kontradiktorisches Verfahren gemäß Art. 6 Abs. 1 EMRK.[269] Dieses Recht umfasse die Möglichkeit aller Verfahrensparteien, zu sämtlichem Äußerungen, die Eingang in die Akten gefunden haben und zu jedem Beweisvorbringen, das auf eine Beeinflussung des Verfahrens abzielt, Stellung nehmen zu können, selbst wenn das Vorbringen von Organen der staatlichen Rechtspflege stamme.[270] Obwohl der Gerichtshof damit einen Verstoß gegen Art. 6 Abs. 1

264 EGMR, Urteil vom 20.02.1996, Nr. 19075/91, Reports 1996-I, 206 – *Vermeulen.*

265 EGMR, Urteil vom 20.02.1996, Nr. 15764/89, Reports 1996-I – *Lobo Machado.*

266 EuGH, Beschluss vom 04.02.2000, Rs. C-17/98, Slg. 2000, I-665 – *Emesa Sugar.*

267 EGMR, Urteil vom 07.06.2001 (Große Kammer), Nr. 39594/98, ECHR 2001-VI – *Kress.*

268 EGMR, Urteil vom 20.02.1996, Nr. 19075/91, Reports 1996-I, 206 – *Vermeulen*, Ziff. 29 f.

269 Vgl. auch *Andersen*, L'arrêt Vermeulen et le rôle de l'auditeur au Conseil d'état, in: De Fontbressin/François/Jakhian/Verdussen/Weinstock (éds.), Les droits de l'Homme au seuil du troisième millénaire. Mélanges en hommage à Pierre Lambert, 2000, S. 1 (1).

270 EGMR, Urteil vom 20.02.1996, Nr. 19075/91, Reports 1996-I, 206 – *Vermeulen*, Ziff. 33.

EMRK bereits festgestellt hatte, betonte er zusätzlich, dass die Verletzung durch den Umstand erschwert würde, dass der Generalanwalt bei der richterlichen Urteilsberatung anwesend war.[271]

In der ähnlich gelagerten, am selben Tag entschiedenen Rechtssache *Lobo Machado* ging es um einen sozialgerichtlichen Streit, in dem der Portugiese *Lobo Machado* seinen ehemaligen Arbeitgeber auf nachträgliche Einstufung in eine höhere dienstrechtliche Position verklagte. Das letztinstanzliche Gericht folgte einer schriftlichen Stellungnahme des Generalanwalts, die nach Abschluss der mündlichen Verhandlung abgegeben wurde, und bei der nichtöffentlichen Beratung des entscheidenden Senats war ein Vertreter der Generalanwaltschaft anwesend. Im anschließenden Verfahren vor dem Straßburger Gerichtshof, stellte dieser – mit der gleichen Begründung wie im Fall *Vermeulen* – ebenfalls eine Verletzung des Rechts auf ein faires Gerichtsverfahren fest.[272]

b) *Rs.* Emesa Sugar

Einige Jahre später hatte der Luxemburger Gerichtshof einen vergleichbaren Fall in der Sache *Emesa Sugar* zu beurteilen. In dem zugrunde liegenden Rechtsstreit zwischen dem Unternehmen *Emesa Sugar* und den Behörden von Aruba über die Einfuhrbedingungen bestimmter Zuckermengen in die Gemeinschaft, welche *Emesa Sugar* auf Aruba verarbeitet und verpackt hatte, legte der Präsident der niederländischen *Arronissementsrechtbank* dem EuGH mehrere Fragen vor. Im Rahmen des Vorabentscheidungsverfahrens stellte der Generalanwalt seine Schlussanträge, woraufhin die Beschwerdeführerin beantragte, ihr die Einreichung einer diesbezüglichen schriftlichen Stellungnahme zu gestatten. Jedoch sehen weder die Satzung noch die die Verfahrensordnung des EuGH eine solche Möglichkeit vor, weshalb sich *Emesa Sugar* ausdrücklich auf die Entscheidung des EGMR in *Vermeulen* berief und aufgrund der fehlenden Möglichkeit, auf die Schlussanträge zu reagieren, eine Verletzung ihres Rechts auf ein faires Verfahren i.S.v. Art. 6 Abs.1 EMRK rügte.

Mit Beschluss vom 4. Februar 2000 wies der EuGH den Antrag des Unternehmens zurück.[273] Die in objektiver Funktion verfassten Stellungnahmen der Generalanwälte seien nicht Bestandteil des Verfahrens zwischen den Parteien, sondern beendeten die mündliche Verhandlung und eröffneten die Urteilsfindung des Gerichtshofes, womit sie an dessen Rechtsprechungsaufgabe teilnähmen.[274] Aufgrund dieser institutionellen und funktionellen Verbindung zwischen Generalanwälten und Gerichtshof könne die angeführte Rechtsprechung des EGMR nicht auf die Schlussanträge der Generalanwälte beim EuGH übertragen werden. Abschließend verwies der Gerichtshof auf Art. 61 seiner Verfahrensordnung, der in bestimmten Fällen die Möglichkeit biete, die mündliche Verhandlung nach Anhörung des Generalanwalts wiederzueröffnen, womit dem Anspruch auf rechtliches Gehör hinreichend Rechnung getragen werde.[275]

---

271 Ebenda, Ziff. 34.

272 EGMR, Urteil vom 20.02.1996, Nr. 15764/89, Reports 1996-I – *Lobo Machado*, Ziff. 28 ff.

273 EuGH, Beschluss vom 04.02.2000, Rs. C-17/98, Slg. 2000, I-665 – *Emesa Sugar*.

274 Ebenda, Ziff. 14 f.

275 Ebenda, Ziff. 18.

c) *Rs.* Kress

Im Jahre 2001 hatte sich der EGMR in dem Verfahren *Kress* mit der gleichen Problematik auseinanderzusetzen, die den Fällen *Vermeulen*, *Lobo Machado* und *Emesa Sugar* zugrunde lag. Die Beschwerdeführerin *Kress* erhob Kassationsbeschwerde vor dem obersten französischen Verwaltungsgericht, dem *Conseil d'Etat*, und behauptete eine Verletzung von Art. 6 Abs. 1 EMRK. Zur Begründung führte sie an, dass sie keine Möglichkeit gehabt habe, von den Schriftsätzen des *Commissaire du Gouvernement* vor der Verhandlung Kenntnis zu nehmen und darauf zu antworten, und dass der Generalanwalt darüber hinaus an den Urteilsberatungen teilgenommen habe.

Nach einer ausführlichen Analyse des verwaltungsgerichtlichen Verfahrens vor dem *Conseil d'Etat* kam der Straßburger Gerichtshof zu dem Ergebnis, dass in der fehlenden Erwiderungsmöglichkeit keine Verletzung des Art. 6 Abs. 1 EMRK zu erblicken sei. Hinsichtlich der Teilnahme des *Commissaire du Gouvernement* an den richterlichen Beratungen stellte er dagegen eine Verletzung des Rechts auf ein faires Gerichtsverfahren fest. So könne nicht ausgeschlossen werden, dass durch die Anwesenheit des Generalanwalts maßgeblicher Einfluss auf den Verfahrensausgang genommen werde, ohne dass die Prozessparteien in der Lage gewesen wären, dem entgegenzusteuern.[276]

d) *Stellungnahme*

Mit seinem Urteil im Fall *Emesa Sugar* hat der EuGH bewusst anders entschieden als der EGMR, auf dessen bereits ergangene Rechtsprechung sich das klagende Unternehmen sogar ausdrücklich berief. Man könnte meinen, die Feststellung, dass bisher lediglich dann materielle Rechtsprechungsdivergenzen zwischen ‚Luxemburg' und ‚Straßburg' aufgetreten sind, wenn die Entscheidung des EuGH zeitlich vor der des EGMR lag,[277] sei damit entkräftet. Dass hier eine echte materielle Divergenz bezüglich des Anspruchs auf rechtliches Gehör zwischen den beiden Gerichtshöfen vorliegt, ist indes nicht offensichtlich.[278] So grenzt sich der EuGH in *Emesa Sugar* inhaltlich von den in Straßburg ergangenen Urteilen *Vermeulen* und *Lobo Machado* dadurch ab, dass er zur Begründung seiner Entscheidung die Besonderheiten des gemeinschaftlichen Gerichtsverfahrens und der – gegenüber nationalen Rechtsordnungen – anders gearteten (Sonder-)Rolle des Generalanwalts anführt.[279]

---

276 EGMR, Urteil vom 07.06.2001 (Große Kammer), Nr. 39594/98, ECHR 2001-VI – *Kress*, Ziff. 77 ff.

277 So v.a. *Philippi*, Divergenzen im Grundrechtsschutz zwischen EuGH und EGMR, ZEuS 2000, 122. I.d.S. auch *van den Berghe*, The EU and Issues of Human Rights Protection: Same Solutions to More Acute Problems?, ELJ 2010, 112 (119 f.).

278 Ebenso *Gebauer*, Parallele Grund- und Menschenrechtssysteme in Europa. Ein Vergleich der Europäischen Menschenrechtskonvention und des Straßburger Gerichtshofs mit dem Grundrechtsschutz in der Europäischen Gemeinschaft und dem Luxemburger Gerichtshof, 2007, S. 315.

279 Ebenda.

Dennoch hat es in der Literatur einige Kritik zu diesem Urteil gegeben.[280] Zum einen wird darauf hingewiesen, dass sich die Funktion des Generalanwalts am EuGH nur unwesentlich von der des Generalanwalts in Belgien oder Portugal unterscheide, da er auch dort in erster Linie nicht als Ankläger, sondern vielmehr als *amicus curiae*, das heißt als unabhängiges Organ, auftritt.[281] Als ausschlaggebendes Argument für die kritische Betrachtung wird zum anderen jedoch angeführt, dass der Straßburger Gerichtshof in *Vermeulen* und *Lobo Machado* deutlich gemacht habe, dass es auf die Urheberschaft der Stellungnahme und die Funktion des Urhebers im jeweiligen nationalen Gerichtsverfahren gerade nicht ankomme. Entscheidend für die Verletzung des Anspruchs auf rechtliches Gehör sei vielmehr, dass eine Prozesspartei nicht mehr auf eine die Urteilsfindung beeinflussende Stellungnahme des Generalanwalts habe antworten können.[282] Diese Sichtweise, die impliziert, dass der EuGH insofern die Rechtsprechung des EGMR ignoriert habe und in offenen Konflikt mit diesem getreten sei,[283] wird indes durch die später ergangene Rechtsprechung des letztgenannten Gerichtshofes in dem Verfahren *Kress* entkräftet. Bezüglich des Anspruchs auf rechtliches Gehör hat der EGMR mit diesem Urteil dem gemeinschaftlichen Gerichtsverfahren sozusagen „grünes Licht" gegeben und den *Emesa Sugar*-Beschluss des EuGH sogar bestätigt.[284] Indem der Gerichtshof in *Kress* ausdrücklich darauf hinweist, dass der Generalanwalt beim EuGH – dessen Rolle stark an die des *Commissaire du Gouvernement* angelehnt sei – gemäß Art. 27 der Verfahrensordnung gerade nicht an den richterlichen Beratungen teilnehme und aus dieser Feststellung die Rechtswidrigkeit der französischen Praxis herleitet, nimmt er das gemeinschaftliche Modell gewissermaßen als Vorbild für ein konventionskonformes Gerichtsverfahren.[285]

Damit wird deutlich, dass sich mittlerweile nicht nur ‚Luxemburg' an ‚Straßburg' orientiert und dessen Vorreiterrolle akzeptiert, sondern dass umgekehrt auch die Möglichkeit besteht, dass sich ‚Straßburg' an die ‚Luxemburger' Rechtsprechung anlehnt.

---

280 Vgl. *Lawson*, Case C-17/98, *Emesa Sugar (Free Zone) NV* v. *Aruba*, Order of the Court of Justice of 4 February 2000, nyr. Full Court, CML Rev. 2000, 983 (987); *Schilling*, Zum Recht der Parteien, zu den Schlussanträgen der Generalanwälte beim EuGH Stellung zu nehmen, ZaöRV 2000, 395 (400 ff.); *Benoît-Rohmer*, L'Affaire Emesa Sugar: l'institution de l'advocat général de la Cour de justice des Communautés Européennes à l'épreuve de la jurisprudence Vermeulen de la Cour Européenne des Droits de l'Homme, CDE 2001, 403 (413 ff.); *Busch*, Die Bedeutung der Europäischen Menschenrechtskonvention für den Grundrechtsschutz in der Europäischen Union. Grundrechtskontrolle des EGMR über das Recht der EU, 2003, S. 139.

281 Vgl. *Busch*, Die Bedeutung der Europäischen Menschenrechtskonvention für den Grundrechtsschutz in der Europäischen Union. Grundrechtskontrolle des EGMR über das Recht der EU, 2003, S. 139 f.

282 Vgl. *Lawson*, Case C-17/98, *Emesa Sugar (Free Zone) NV* v. *Aruba*, Order of the Court of Justice of 4 February 2000, nyr. Full Court, CML Rev. 2000, 983 (987); *Busch*, Die Bedeutung der Europäischen Menschenrechtskonvention für den Grundrechtsschutz in der Europäischen Union. Grundrechtskontrolle des EGMR über das Recht der EU, 2003, S. 140.

283 So *Schilling*, Zum Recht der Parteien, zu den Schlussanträgen der Generalanwälte beim EuGH Stellung zu nehmen, ZaöRV 2000, 395 (411).

284 Ebenso *Rohleder*, Grundrechtsschutz im europäischen Mehrebenen-System. Unter besonderer Berücksichtigung des Verhältnisses zwischen Bundesverfassungsgericht und Europäischem Gerichtshof für Menschenrechte, 2009, S. 371.

285 So auch *Gebauer*, Parallele Grund- und Menschenrechtssysteme in Europa. Ein Vergleich der Europäischen Menschenrechtskonvention und des Straßburger Gerichtshofs mit dem Grundrechtsschutz in der Europäischen Gemeinschaft und dem Luxemburger Gerichtshof, 2007, S. 316 f.

Im Ergebnis sind die dargestellten Fälle bezüglich des Anspruchs auf rechtliches Gehör i.S.v. Art. 6 Abs. 1 EMRK nur dem Anschein nach solche einer materiellen Divergenz zwischen EuGH und EGMR.

4. *Fazit bezüglich der Fälle materieller Rechtsprechungsdivergenz*

Aufgrund von Überschneidungen im Prüfungsmaßstab und im Prüfungsgegenstand ist es geradezu folgerichtig, dass es zwischen den Gerichtshöfen in Luxemburg und Straßburg zu materiellen Rechtsprechungsdivergenzen kommt. Dementsprechend hat auch die vorstehende Gegenüberstellung der einzelnen Entscheidungen gezeigt, dass Differenzen bezüglich der Auslegung von Konventionsrechten möglich und auch bereits aufgetreten sind. Diese materiellen Abweichungen in der Judikatur von EuGH und EGMR sind im Ergebnis jedoch eher gering oder auch als nur „vermeintlich“ zu bezeichnen.[286] Betrachtet man die Sachverhalte und die jeweiligen Eigenheiten, die den dargestellten Verfahren zugrunde liegen, genauer, so wird deutlich, dass ein unterschiedliches Urteil zum Umfang eines bestimmten Grundrechts nicht zwingend eine inhaltliche Rechtsprechungsdivergenz bedeutet.[287] Bei einigen der „klassischen“ Beispiele zu materiellen Divergenzen fehlt es schon an einer echten Vergleichbarkeit der Fallkonstellationen, so dass die verschiedenen Urteilssprüche darauf und nicht auf divergierende Auslegungen von EuGH und EGMR zurückzuführen sind.[288] Die analysierten Fallbeispiele können aus diesem Grunde einen generellen Trend, die Gemeinschaftsgerichte[289] würden die EMRK-Garantien im Vergleich zum EGMR restriktiver auslegen, grundsätzlich nicht bestätigen.[290] Zutreffend ist indes, dass sich in den genannten Urteilen des Straßburger Gerichtshofes ausführliche rechtliche Argumentationen finden, die intensiv auf den Einzelfall abstellen, während die grundrechtlichen Ausführungen des EuGH eher kürzer und allgemeiner ausfallen. Nichtsdestotrotz bleibt es dabei, dass besonders eklatante Diskrepanzen in der Judikatur von EuGH und EGMR bisweilen durch Kooperationsmaßnahmen auf beiden Seiten umgangen werden.

---

286 A.A. *Dippel*, Die Kompetenzabgrenzung in der Rechtsprechung von EGMR und EuGH, 2004, S. 78 f.

287 So auch *Gebauer*, Parallele Grund- und Menschenrechtssysteme in Europa. Ein Vergleich der Europäischen Menschenrechtskonvention und des Straßburger Gerichtshofs mit dem Grundrechtsschutz in der Europäischen Gemeinschaft und dem Luxemburger Gerichtshof, 2007, S. 318.

288 Ebenda; auch *Stock*, Der Beitritt der Europäischen Union zur Europäischen Menschenrechtskonvention als Gemischtes Abkommen?, 2010, S. 135.

289 Nunmehr Unionsgerichte.

290 Ein entsprechender Vorwurf wird dem EuGH in Teilen der Literatur gemacht. So z.B. *Busch*, der in den Entscheidungen *Mannesmannröhren-Werke* und *Emesa Sugar* „eine gewisse Abkehr von der während der 90er Jahre durchaus bestehenden Entscheidungsharmonie der Gemeinschaftsgerichte„ erblickt (*ders.*, Die Bedeutung der Europäischen Menschenrechtskonvention für den Grundrechtsschutz in der Europäischen Union. Grundrechtskontrolle des EGMR über das Recht der EU, 2003, S. 140); ebenso *Ress*, Menschenrechte, europäisches Gemeinschaftsrecht und nationales Verfassungsrecht, in: Haller/Kopetzki/Novak/Paulson/Raschauer/Ress/Wiederin (Hrsg.), Staat und Recht, Festschrift für Günther Winkler, 1997, S. 897 (917); *Dippel*, Die Kompetenzabgrenzung in der Rechtsprechung von EGMR und EuGH, 2004, S. 80.

C. Kooperationsmaßnahmen der europäischen Gerichtshöfe

Sowohl der EuGH als auch der EGMR sind bemüht, den „Pfad der Harmonisierung" zu pflegen, indem sie die Rechtsprechung des jeweils anderen Gerichtshofes berücksichtigen. In welcher Form dies geschieht, soll nachfolgend besprochen werden.

I. EMRK-konforme Auslegung des Unionsrechts durch den EuGH

Im Jahre 1997 konstatierte *Ress* – wohl aufgrund der Absage des Luxemburger Gerichtshofes an einen Beitritt der EU zur EMRK in dessen Gutachten 2/94[291] – noch eine „wachsende Distanz des EuGH zur EMRK" und führte zur Begründung das „politische Unbehagen gegenüber einer Unterordnung der Rechtsordnung der EG unter die Rechtsordnung der EMRK und insbesondere unter die Jurisdiktionsgewalt (…) (des EGMR)" an.[292] Im Schrifttum nahm der ehemalige Richter am Luxemburger Gerichtshof damit jedoch eine Mindermeinung ein. Im Gegensatz zu *Ress* kam *Rodríguez Iglesias* nach einer Analyse der Rechtsprechung sogar zu dem Ergebnis, dass der EuGH eine Annäherung an die Judikatur des EGMR suche.[293] Diese Auffassung fand einige Befürworter: *Philippi* beispielsweise schlussfolgerte aus der Gegenüberstellung zahlreicher Urteile der beiden Gerichtshöfe, dass deren Verhältnis „weniger durch Konfrontation denn durch das Bemühen um Kooperation gekennzeichnet" sei.[294] *Hilf* kommt ebenfalls zu dem Ergebnis, dass der EuGH ein „Bemühen um Entscheidungsharmonie" zeigt[295] und angesichts der detaillierten Nachzeichnung der Straßburger Judikatur durch den EuGH bezüglich der durch Art. 8 EMRK gewährten Rechte im Urteil *ORF*[296] erkennt auch *Ruffert* das bestehende Kooperationsverhältnis der Gerichtshöfe untereinander an.[297] Als aktuelleres Beispiel ist die Entscheidung *Elgafaji/Staatssecretaris van Justitie*[298] zu

291 EuGH, Gutachten 2/94 vom 28.03.1996, Slg. 1996, I-1795.

292 Vgl. *Ress*, Menschenrechte, europäisches Gemeinschaftsrecht und nationales Verfassungsrecht, in: Haller/Kopetzki/Novak/Paulson/Raschauer/Ress/Wiederin (Hrsg.), Staat und Recht, Festschrift für Günther Winkler, 1997, S. 897 (917).

293 Vgl. *Rodríguez Iglesias*, Zur Stellung der Europäischen Menschenrechtskonvention im Europäischen Gemeinschaftsrecht, in: Beyerlin/Bothe/Hofmann/Petersmann (Hrsg.), Recht zwischen Umbruch und Bewahrung. Festschrift für Rudolf Bernhardt, 1995, S. 1269 (1276 f.): „Die Ausführungen des EuGH zur Rechtsprechung des Europäischen Gerichtshofs für Menschenrechte deuten (...) darauf hin, dass der Gerichtshof von Luxemburg solche Widersprüche dadurch ausräumt, dass er seine Rechtsprechung im Sinne einer Annäherung an die des Straßburger Gerichtshofes revidiert".

294 Vgl. *Philippi*, Divergenzen im Grundrechtsschutz zwischen EuGH und EGMR, ZEuS 2000, 97 (123).

295 Siehe *Hilf*, Europäische Union und Europäische Menschenrechtskonvention, in: Beyerlin/Bothe/Hofmann/Petersmann (Hrsg.), Recht zwischen Umbruch und Bewahrung. Festschrift für Rudolf Bernhardt, 1995, S. 1193 (1210).

296 EuGH, Urteil vom 20.05.2003, verb. Rs. C-465/00, C-138/01 und C-139/01, Slg. 2003, I-4989 – *Rechnungshof/ORF u.a.*

297 Vgl. *Ruffert*, Die künftige Rolle des EuGH im europäischen Grundrechtsschutzsystem, EuGRZ 2004, 466 (471).

298 EuGH, Urteil vom 17.02.2009, Rs. C-465/07, Slg. 2009, I-921 – *Elgafaji/Staatssecretaris van Justitie.*

nennen, in welcher der EuGH – unter Wahrung der unionsrechtlichen Autonomie[299] – der Auslegung des EGMR in Bezug auf Art. 3 EMRK folgt.[300]

Indirekt erweist sich damit der EuGH als an den „ordre public européen" der EMRK gebunden, was bei einem formell unverbundenen Nebeneinander der beiden europäischen Gerichtshöfe gelegentliche Abweichungen im Detail dennoch nicht vollends ausschließt.[301] In diesem Sinne sehen *Alber* und *Widmaier* – wie auch *Rodríguez Iglesias* – zwar eine Annäherung des Luxemburger Gerichtshofes an die Rechtsprechung des Gerichtshofes in Straßburg, räumen jedoch die unvermeidbare Möglichkeit gewisser Widersprüche ein.[302] Vor allem in Fällen, in denen sich der EuGH zur Korrektur genötigt fühlt, muss die zwischengerichtliche Konsensual-Form abgestimmten Judizierens methodologisch nicht immer gelingen,[303] weshalb vor allem *de lege ferenda* ein Verfahren eingeführt werden sollte, welches die Gerichtshöfe auch formell miteinander verbindet.[304] Nach Art. 52 Abs. 3 S. 1 GRCh bildet die EMRK im Recht der Union den Mindeststandard, der nicht unterschritten werden darf. Um dafür Sorge zu tragen, sollte die Abstimmungsbedürftigkeit und der bislang schon gut funktionierende Dialog[305] zwischen ‚Straßburg' und ‚Luxemburg' auch auf formeller Ebene abgesichert werden.

II. EGMR-Kooperationsmaßnahmen

Zur Vermeidung von Rechtsprechungsdivergenzen ist auch der EGMR um Kooperation mit dem EuGH bemüht. Dies äußert sich in zweierlei Hinsicht: Zum einen hat er bereits in einigen seiner Entscheidungen auf die Luxemburger Rechtsprechung verwiesen und darin ausdrücklich „a useful guidance" gesehen.[306] Zum anderen hegt der EGMR bislang die Absicht, offene Konfrontationen mit dem EuGH zu vermeiden und die Union auf behutsame Weise in das Straßburger Kontrollsystem einzubinden.

---

299 So auch *Sabel/Gerstenberg*, Constitutionalising an Overlapping Consensus: The EJC and the Emergence of a Coordinate Constitutional Order, ELJ 2010, 511 (530 f): "Autonomy, but Compatibility".

300 EuGH, Urteil vom 17.02.2009, Rs. C-465/07, Slg. 2009, I-921 – *Elgafaji/Staatssecretaris van Justitie*, Ziff. 28.

301 Vgl. *Oeter*, Rechtsprechungskonkurrenz zwischen nationalen Verfassungsgerichten, Europäischem Gerichtshof und Europäischem Gerichtshof für Menschenrechte, VVDStRL 2007, 361 (374, 381).

302 Vgl. *Alber/Widmaier*, Die EU-Charta der Grundrechte und ihre Auswirkungen auf die Rechtsprechung, EuGRZ 2000, 497 (505).

303 Vgl. *Paeffgen*, Haus ohne Hüter?, Die Justizgrundrechte im Mehr-Ebenen-System von EG-/EU-Vertrag, EMRK und Europäischem Verfassungsvertrags-Entwurf, ZStW 2006, 275 (323 f.).

304 Die Möglichkeiten einer entsprechenden formellen Verbindung werden im 6. Kapitel dieser Arbeit behandelt.

305 *Kirchhof* zufolge verbietet ein solcher Dialog „die einseitige Rezeption der Rechtsprechung eines Gerichts und verlangt die koordinierende und optimierende Geltungsverstärkung parallel verbürgter Grundrechte" (*ders.*, Grundrechtsschutz durch europäische und nationale Gerichte, NJW 2011, 3681 (3682)).

306 Vgl. *Ress*, Konkordanz in der Interpretation von Kompetenzbegriffen durch EuGH und EGMR, in: Müller/Osterloh/Stein (Hrsg.), Festschrift für Günter Hirsch zum 65. Geburtstag, 2008, S. 155 (157).

1. *Unionsrechtsfreundliche Auslegung der EMRK durch den EGMR*

Wie bereits das *Kress*-Urteil zeigt, kann nicht nur dem EuGH eine Bereitschaft attestiert werden, der Straßburger Rechtsprechung in der Auslegung der EMRK zu folgen, auch der EGMR nutzt die parallele Rechtsordnung, um daraus Argumente für seine Urteilsbegründungen zu ziehen.

Diese Entwicklung geht einher mit der stetig zunehmenden Grundrechtsrechtsprechung des EuGH und damit auch mit den vielfältigeren Überlappungsfeldern mit solchen Rechten, die bereits durch die EMRK gewährt werden.[307] Geht es um die Interpretation der Konventionsrechte, so hat der EGMR, wie erwähnt, schon mehrfach betont, dass das Unionsrecht eine hilfreiche Anleitung sein kann.[308] Sofern inhaltliche Parallelen auf Sachverhaltsebene auftreten oder der Luxemburger Gerichtshof zu einer bestimmten Rechtsfrage ebenfalls Stellung bezogen hat, führt der EGMR die einschlägigen Urteile an und zitiert sie zum Teil auch wörtlich.[309] Zwar handelt es sich bei diesen Bezugnahmen bisher lediglich um Verweise, die weniger unmittelbar zur Untermauerung der rechtlichen Urteilsgründe des Straßburger Gerichtshofes dienen, doch ist zu erwarten, dass die Judikatur des EuGH in Zukunft auch verstärkt inhaltlich herangezogen wird.[310] Bezugspunkte und Rückgriffsmöglichkeiten dieser Art werden – insbesondere mit Blick auf die Entwicklung einer auf den Chartarechten basierenden unionsrechtlichen Grundrechtsdogmatik ‚Luxemburgs' – zukünftig vermehrt auftreten.[311] Indem die Interdependenz demgemäß verstärkt sowohl von ‚Luxemburg' nach ‚Straßburg' als auch in umgekehrte Richtung stattfinden wird und sich die beiden Grundrechtsordnungen somit gegenseitig befruchten, wird auch die Grundrechtsrechtspre-

307 In diesem Sinne auch *Gebauer*, Parallele Grund- und Menschenrechtssysteme in Europa. Ein Vergleich der Europäischen Menschenrechtskonvention und des Straßburger Gerichtshofs mit dem Grundrechtsschutz in der Europäischen Gemeinschaft und dem Luxemburger Gerichtshof, 2007, S. 340.

308 EGMR, Urteil vom 11.07.2002, Nr. 28957/95 – *Christine Goodwin/Vereinigtes Königreich* = NJW-RR 2004, 289 ff.; Urteil vom 24.09.2002, Nr. 27824/95 – *Posti and Rahko/Finland*; Urteil vom 26.07.2002, Nr. 32911/96, Nr. 35237/97 und 34595/97 – *Meftah and others/France.*

309 So z.B. EGMR, Urteil vom 12.06.2003, Nr. 35968/97 – *van Kück/Deutschland*, Ziff. 36 f. (dort findet sich ein Verweis auf das EuGH-Urteil *Lisa Jacqueline Grant/South-West Trains Ltd.* vom 17.02.1998, Rs. C-249/96, Slg. 1998, I-621); zuvor bereits EGMR, Urteil vom 13.06.1979 (Plenum), Nr. 6833/74, Série A no. 31 – *Marckx/Belgien*, Ziff. 58 = EuGRZ 1979, 454 (hier verweist der EGMR auf die *Defrenne II*-Rechtsprechung des EuGH vom 08.04.1976, Rs. C-43/75, Slg. 1976, 455); siehe auch EGMR, Urteil vom 29.10.1992, Nr. 14234/88, Serie A 246-A – *Open Door and Dublin Well Woman/Irland*, Ziff. 24 = EuGRZ 1992, 484 (Verweis auf das Urteil *Society for the Protection of Unborn Children Ireland Ltd./Stephen Grogan u.a.* vom 04.10.1991, Rs. C-159/90, Slg. 1991, I-4685) und Urteil vom 16.12.1992, Serie A 251-B – *Niemitz*, Ziff. 22 = EuGRZ 1993, 65 ff. (Verweis auf die EuGH-Urteile *Hoechst* vom 21.09.1989, verb. Rs. 46/87 und 227/88, Slg. 1989, 2859 und *Dow Benelux* vom 17.10.1989, Rs. 85/87, Slg. 1989, 3137).

310 Vgl. *Jacot-Guillarmod*, Autonomie procédurale des Etats (articles 6, 13, 35 et 46 CEDH): de l'apport possible de la jurisprudence de Luxembourg à celle de Strasbourg, in: Mahoney et al. (éds.), Protection des droits de l'Homme: la perspective européenne. Mélanges à la mémoire de Rolv Ryssdal, 2000, 617 (632).

311 Ebenso *Gebauer*, Parallele Grund- und Menschenrechtssysteme in Europa. Ein Vergleich der Europäischen Menschenrechtskonvention und des Straßburger Gerichtshofs mit dem Grundrechtsschutz in der Europäischen Gemeinschaft und dem Luxemburger Gerichtshof, 2007, S. 341.

chung insgesamt stärker durch das Kooperationsverhältnis von EuGH und EGMR geprägt sein.[312]

2. *Straßburger Konfliktvermeidung bei der Kontrolle von Unionsrechtsakten*

Nicht ganz unproblematisch in der Beziehung zwischen EuGH und EGMR ist die bislang noch fehlende förmliche Bindung der EU an die EMRK. Zwar bilden die von der Konvention gewährleisteten Rechte nach Art. 52 Abs. 3 S. 1 GRCh den unionalen Mindestschutz in Bezug auf Grundrechte und werden gemäß Art. 6 Abs. 3 EUV als Erkenntnisquelle für die allgemeinen Grundsätze des Unionsrechts herangezogen, ein Handeln der Unionsorgane selbst kann aber nicht am Maßstab der Konvention überprüft werden.[313] Verstöße der Union gegen die in der EMRK verbürgten Rechte können also bis jetzt nicht geahndet werden.[314] Stattdessen werden die Mitgliedstaaten – aufgrund der Übertragung von Hoheitsrechten – konventionsrechtlich für Zuwiderhandlungen der EU zur Verantwortung gezogen.[315]

Art. 6 Abs. 2 EUV in der Fassung des Vertrages von Lissabon wird diesem Missstand Abhilfe verschaffen, indem er den förmlichen Beitritt der Union zur EMRK vorsieht. Die Vorgängerbestimmung (Art. 6 Abs. 2 EUV a.F.) schrieb hingegen bloß vor, dass die EU[316] die Grundrechte, wie sie in der EMRK gewährleistet sind und wie sie sich aus den gemeinsamen Verfassungsüberlieferungen ergeben, zu achten habe. Jedenfalls ergibt sich aus der Tatsache, dass die Union bis jetzt noch keine Vertragspartei der EMRK ist und aufgrund dessen für eigene Verstöße nicht zur Verantwortung gezogen werden kann, dass sie nicht Gegnerin einer Individualbeschwerde i.S.v. Art. 34 EMRK sein kann,[317] Unionssrechtsakte nicht unmittelbar durch den EGMR überprüft werden können. Andererseits sind alle Mitgliedstaaten der EU Vertragsparteien der EMRK[318] und können sich daher ihrer Bindung an die Konvention durch Berufung auf die unionsrechtliche Rechtslage nicht entziehen. Da der Schutz der EMRK durch Übertragung von Kompetenzen auf internationale Organisationen nicht ausgehöhlt werden könne und

---

312 Bzgl. der gegenseitigen Bezugnahmen in der Rechtsprechung von EuGH und EGMR sei verwiesen auf *Saiz Arnaiz/Torres Pérez*, Main trends in the recent case law of the EU Court of Justice and the European Court of Human Rights in the field of fundamental rights, Directorate General for Internal Policies, Policy Department C: Citizens' Rights and Constitutional Affairs, Civil Liberties, Justice and Home Affairs, Study 2012, p. 97 ff.

313 Siehe *Krüger/Polakiewicz*, Vorschläge für ein kohärentes System des Menschenrechtsschutzes in Europa, EuGRZ 2001, 92 (94).

314 Vgl. *Dutheil de la Rochère*, The EU and the Individual: Fundamental Rights in the Draft Constitutional Treaty, CML Rev. 2004, 345 (353).

315 Vgl. *Grabenwarter*, Die Menschrechtskonvention und Grundrechte-Charta in der europäischen Verfassungsentwicklung, in: Cremer/Giegerich/Richter/Zimmermann (Hrsg.), Tradition und Weltoffenheit des Rechts. Festschrift für Steinberger, 2002, S. 1129 (1145).

316 Zum Zeitpunkt der Geltung des Art. 6 II EUV a.F. noch EG.

317 EGMR, Urteil vom 18.02.1999, Nr. 24833/94 – *Matthews/Vereinigtes Königreich*, Ziff. 32 = NJW 1999, 3107; vgl. dazu auch *Schaller*, Das Verhältnis von EMRK und deutscher Rechtsordnung vor und nach dem Beitritt der EU zur EMRK, EuR 2006, 656 (669).

318 Vgl. *Beutler*, in: von der Groeben/Schwarze, Kommentar zum Vertrag über die Europäische Union und zur Gründung der Europäischen Gemeinschaft, 2003, Art. 6 EUV, Rn. 185.

dürfe,[319] prüft der EGMR Rechtsakte von Mitgliedstaaten der EU selbst dann auf ihre Vereinbarkeit mit der EMRK, wenn diese ausschließlich durch Unionsrecht determiniert sind[320] – so urteilte der Straßburger Gerichtshof in seiner *Matthews*-Entscheidung, die großes Aufsehen erregte.

Die Beschwerdeführerin, eine auf Gibraltar ansässige Britin, begehrte 1994 die Eintragung in die Wählerliste zum Europäischen Parlament. Eine solche Liste gab es für Gibraltar jedoch nicht, da die Möglichkeit zur Erstellung derselben vom Rat 1976 durch Beschluss und entsprechenden völkerrechtlichen Vertrag ausgeschlossen worden war.[321] Mit der dargestellten Begründung zur Überprüfbarkeit von Gemeinschaftsrechtsakten[322] am Maßstab der Konvention stellte der EGMR einen Verstoß des einschlägigen Gemeinschaftsrechts[323] gegen Art. 3 ZP Nr. 1 EMRK, das Recht auf freie Wahlen, fest. Der Gerichtshof machte somit erstmals explizit deutlich,[324] dass er gewillt ist, die Mitgliedstaaten für Grundrechtsverletzungen zur Verantwortung zu ziehen, die aus primärem oder primärrechtsgleichem Recht, also von den Mitgliedstaaten selbst geschaffenem Gemeinschaftsrecht[325], resultieren.[326] Diesbezüglich stellt *Ress* richtig fest, dass diese Vorgehensweise einer inzidenten *de facto*-Prüfung der Rechtmäßigkeit von EG-Rechtsakten[327] gleichkomme,[328] weil die Autonomie des Gemeinschaftsrechts[329] damit nur unter dem Vorbehalt der Wahrung der Konventionsgarantien bestehe.[330]

Für *Canor* ergibt sich aus dem *Matthews*-Urteil sogar eine neue hierarchische Ordnung im Verhältnis zwischen ‚Straßburg' und ‚Luxemburg', weshalb sie den EGMR

319 EGMR, Urteil vom 18.02.1999, Nr. 24833/94 – *Matthews/Vereinigtes Königreich* = NJW 1999, 3107.

320 Vgl. *Meyer*, Lost in Complexity – Gedanken zum Rechtsschutz gegen Smart Sanctions in der EU, ZEuS 2007, 1 (40); sowie *Breuer*, Offene Fragen im Verhältnis von EGMR und EuGH – Zur Entscheidung des EGMR im Fall Emesa Sugar, EuGRZ 2005, 229 (229 ff.).

321 Anhang II des Akts zur Einführung von Direktwahlen zum Europäischen Parlament (1976).

322 Nunmehr Unionsrechtsakten.

323 Jetzt Unionsrecht.

324 Im *Cantoni*-Urteil des EGMR vom 15.11.1996 (RJD 1996-V = EuGRZ 1999, 193 (197)) gab es erste Hinweise darauf, wie sich der Straßburger Gerichtshof wohl zu einer Kontrolle von Gemeinschaftssekundärrecht verhalten würde. Zur Überprüfung stand damals ein französisches Strafgesetz, das in Umsetzung einer Gemeinschaftsrichtlinie den Verkauf von Arzneimitteln in einem Supermarkt unter Strafe stellte. Dass die staatliche Maßnahme auf einer gemeinschaftsrechtlichen Grundlage erfolgt war, hielt den EGMR nicht von einer vollumfänglichen Überprüfung des französischen Gesetzes ab. Vielmehr hob der EGMR hervor, dass der Umstand, dass die fragliche nationale Bestimmung nahezu wortgleich der umgesetzten Gemeinschaftsrichtlinie entspreche, sie nicht dem Anwendungsbereich der EMRK enthebe.

325 Nun Unionsrecht.

326 EGMR, Urteil vom 18.02.1999, Nr. 24833/94 – *Matthews/Vereinigtes Königreich*, Ziff. 29 ff. = EuGRZ 1999, 308.; vgl. dazu *Schmahl*, Grundrechtsschutz im Dreieck von EU, EMRK und nationalem Verfassungsrecht, EuR 2008, 7 (26).

327 Nunmehr Unionsrechtsakte.

328 Vgl. *Lavranos*, Das So-Lange-Prinzip im Verhältnis von EGMR und EuGH – Anmerkung zu dem Urteil des EGMR vom 30.06.2005, Rs. 45036/98, EuR 2006, 79 (80).

329 Nunmehr: Unionsrechts.

330 Vgl. *Ress*, Menschenrechte, europäisches Gemeinschaftsrecht und nationales Verfassungsrecht, in: Haller/Kopetzki/Novak/Paulson/Raschauer/Ress/Wiederin (Hrsg.), Staat und Recht, Festschrift für Günther Winkler, 1997, S. 897 (922 ff.).

einen *primus inter pares* nennt.[331] Auch *Lenz* ist der Ansicht, dass „der frisch reformierte EGMR (damit) die Führungsrolle im europäischen Grundrechtsschutz“ übernommen habe.[332] Die Reichweite der Judikatur ‚Straßburgs' in *Matthews* sollte jedoch aufgrund der speziellen Fallkonstellation nicht überschätzt werden. Die Besonderheit des zugrunde liegenden Sachverhalts bestand darin, dass es sich bei dem Direktwahlakt von 1976 nicht um einen „normalen“ Gemeinschaftsrechtsakt handelte und dem EuGH keine Kompetenz zur Überprüfung zukam – dies hat der EGMR in seiner betreffenden Urteilsbegründung ausdrücklich hervorgehoben.[333] Dieser Hinweis könnte darauf hindeuten, dass es dem EGMR primär darauf ankam, in einer Notsituation einzuspringen und „eine echte Lücke im System des gemeinschaftsrechtlichen Grundrechtsschutzes zu schließen“.[334] Im Sinne der berühmten *Solange*-Formel bedeutete dies, dass die Straßburger Jurisdiktion nur dann „auflebt“, wenn keine Möglichkeit gegeben ist, einen Gemeinschaftsrechtsakt[335] durch den EuGH überprüfen zu lassen.[336] Solch eine restriktive Auslegungsvariante hätte indes zum Inhalt, dass die Mitgliedstaaten für abgeleitetes Gemeinschaftsrecht[337] nicht verantwortlich wären, da grundsätzlich die Kontrollbefugnis des Luxemburger Gerichtshofes greift.[338] Dass der Judikatur des EGMR in *Matthews* ein entsprechend eingeschränktes Verständnis nicht zugrunde gelegt werden sollte, wird deutlich an dessen Folgerechtsprechung.

a) *Rs.* Bosphorus[339]

Richtungweisend bezüglich der Kontrolle von Gemeinschaftsrecht[340] ist das Urteil des EGMR vom 30. Juni 2005 im Fall *Bosphorus gegen Irland*, in dem der Gerichtshof die Voraussetzungen für eine konventionsrechtliche Verantwortung der Mitgliedstaaten bei der Durchführung von zwingendem Gemeinschaftssekundärrecht[341] konkretisierte.

331 Vgl. *Canor*, Primus inter pares. Who is the ultimate guardian of fundamental rights in Europe?, EL Rev. 2000, 3 ff.

332 Vgl. *Lenz*, Anmerkung (zu EGMR, Urteil vom 18.02.1999, Nr. 24833/94 – *Matthews/Vereinigtes Königreich*), EuZW 1999, 311; ebenso *Bröhmer*, Das Europäische Parlament: Echtes Legislativorgan oder bloßes Hilfsorgan im legislativen Prozess? Zur Matthews-Entscheidung des Europäischen Gerichtshofs für Menschenrechte, ZEuS 1999, 197 (216).

333 EGMR, Urteil vom 18.02.1999, Nr. 24833/94 – *Matthews/Vereinigtes Königreich*, Ziff. 33 = NJW 1999, 3107.

334 So *Gebauer*, Parallele Grund- und Menschenrechtssysteme in Europa. Ein Vergleich der Europäischen Menschenrechtskonvention und des Straßburger Gerichtshofs mit dem Grundrechtsschutz in der Europäischen Gemeinschaft und dem Luxemburger Gerichtshof, 2007, S. 366; vgl. auch *Cohen-Jonathan/Flauss*, A propos de l'arrêt Matthews c/Royaume-Uni, RTDE 1999, 637 (645 f.).

335 Heute: Unionsrechtsakt.

336 Dementsprechend *King*, Ensuring Human Rigths: Review of intergovernmental Acts in Europe, EL Rev. 2000, 79 (84); *Doherty/Reid*, Voting Rights for the European Parliament: Whose Responsibility?, EHRL Rev. 1999, 420 (423).

337 Nach Inkrafttreten des Reformvertrages: Unionsrecht.

338 Vgl. *Gebauer*, Parallele Grund- und Menschenrechtssysteme in Europa. Ein Vergleich der Europäischen Menschenrechtskonvention und des Straßburger Gerichtshofs mit dem Grundrechtsschutz in der Europäischen Gemeinschaft und dem Luxemburger Gerichtshof, 2007, S. 367.

339 EGMR, Urteil vom 30.06.2005, Nr. 45036/98 – *Bosphorus/Irland* = NJW 2006, 197.

340 Jetzt Unionsrecht.

341 Jetzt Unionssekundärrecht.

Die Beschwerdeführerin war eine türkische Flugzeugcharterfirma, die 1992 zwei Flugzeuge von der jugoslawischen Airline JAT leaste. Dem Leasingvertrag zufolge blieb das Eigentum bei der JAT, während die Besatzung und der Einsatz der Maschinen allein der Beschwerdeführerin vorbehalten waren. Nach Wartungsarbeiten an einem der geleasten Flugzeuge in Dublin, wurde dieses von den irischen Behörden auf Grundlage der VO 990/93/EWG, welche im Zusammenhang mit dem Jugoslawien-Konflikt erlassen wurde, beschlagnahmt. Die Verordnung diente zur Umsetzung der Embargoresolution des UN-Sicherheitsrates 820/1993, nach der alle Flugzeuge zu beschlagnahmen waren, „die im Eigentum natürlicher oder juristischer Personen stehen oder von natürlichen oder juristischen Personen kontrolliert werden, die in der Bundesrepublik Jugoslawien ihren Sitz oder Tätigkeitsort haben". Im Verfahren vor dem nationalen Obersten Gerichtshof wurde dem EuGH eine Frage zur Auslegung der genannten Verordnung vorgelegt. Da der Gerichtshof diese im Sinne der irischen Regierung beantwortete,[342] blieb die Beschlagnahme des Flugzeugs bestandskräftig. Daraufhin wandte sich die türkische Beschwerdeführerin – unter Berufung auf eine Verletzung ihres Rechts aus Art. 1 ZP Nr. 1 EMRK – an den Straßburger Gerichtshof. Obwohl der EGMR die Beschlagnahme unbestritten als einen die Eigentumsnutzung betreffenden Eingriff einordnete,[343] hielt er diesen im Ergebnis für gerechtfertigt und damit für rechtmäßig. Eine Verletzung des Art. 1 ZP Nr. 1 EMRK sei nur dann gegeben, wenn die inter- bzw. supranationale Organisation, auf deren zwingendem Hoheitsakt die vermeintliche Verletzung der EMRK beruht, selbst über keinen materiell-rechtlich und verfahrensrechtlich gleichwertigen bzw. qualitativ vergleichbaren Grundrechtsschutz verfügt.[344] Der EGMR nimmt seine Kontrollbefugnis im Verhältnis zur Gemeinschaftsgerichtsbarkeit[345] also mit der Begründung zurück, dass staatliches Handeln in strikter Erfüllung gemeinschaftsrechtlicher[346] Verpflichtungen – etwa beim Vollzug einer EG-Verordnung[347], die dem Mitgliedstaat keinen eigenen Handlungsspielraum belässt – solange gerechtfertigt ist, wie die EG[348] die Grundrechte nicht nur in ihrem materiellen Gehalt, sondern auch prozessual in einer der EMRK qualitativ gleichwertigen Weise schützt.[349] Sofern ein solch äquivalenter Schutz der Grundrechte durch die internationale Organisation angenommen werden könne, gelte sodann die Vermutung, dass auch ein Mitglied nicht von den Anforderungen der Konvention abweicht, wenn es lediglich den Verpflichtungen nach-

342 Siehe EuGH, Urteil vom 30.07.1996, Rs. C-84/95, Slg. 1996, I-3953 ff. – *Bosphorus*.

343 EGMR, Urteil vom 30.06.2005, Nr. 45036/98 – *Bosphorus/Irland*, Ziff. 143 ff. = NJW 2006, 197.

344 Ebenda, Ziff. 155.

345 Nunmehr hieße es Unionsgerichtsbarkeit.

346 Nun: unionsrechtlicher.

347 Bzw. EU-Verordnung.

348 EU.

349 Zu beachten ist, dass die vermutete Rechtfertigung staatlicher Maßnahmen nur gilt, sofern diese Maßnahmen in Befolgung einer strikten gemeinschaftsrechtlichen Verpflichtung vorgenommen werden. Besitzt ein Mitgliedstaat hingegen Handlungsalternativen, wie etwa bei der Umsetzung von nicht zwingenden Klauseln einer Richtlinie, unterliegen solche Maßnahmen nach wie vor der vollumfänglichen Kontrolle durch den EGMR (vgl. dazu *Schmahl*, Grundrechtsschutz im Dreieck von EU, EMRK und nationalem Verfassungsrecht, EuR 2008, 7 (29)).

kommt, die mit der Mitgliedschaft in der Organisation verbunden sind.[350] Bezogen auf den konkreten Fall kam der EGMR zu dem Ergebnis, dass die Gemeinschaftsrechtsordnung diesen Anforderungen genüge.[351] In materiell-rechtlicher Hinsicht führte er hierfür die Charta als eigenem Grundrechtekatalog auf gemeinschaftlicher[352] Ebene an und bezüglich der verfahrensrechtlichen Anforderungen betonte der Gerichtshof, dass diese durch die Rechtsschutzmöglichkeiten vor dem EuGH und vor den mitgliedstaatlichen Gerichten erfüllt seien – insbesondere aber durch das Vorabentscheidungsverfahren.[353]

Mit diesem Urteil unternimmt der Gerichtshof ersichtlich den Versuch, sein Verhältnis zum EuGH in einer Weise zu klären, die Ähnlichkeiten zur *Solange II*-Judikatur des Bundesverfassungsgerichts[354] aufweist. Ebenso wie dieses verlangt nämlich auch der *Solange*-Vorbehalt des Menschenrechtsgerichtshofs bloß einen äquivalenten Grundrechtsschutz der Organisation, auf die Hoheitsgewalt übertragen wurde.[355] Eine einmal getroffene Feststellung der Gleichwertigkeit sei aber keineswegs endgültig, sondern unterliege ständiger Überprüfung im Lichte späterer relevanter Veränderungen des Grundrechtsschutzes.[356] Damit behält sich der EGMR eine Einzelfallkontrolle auf der Begründetheitsebene vor, mit der die Vermutung eines vergleichbaren Grundrechtsschutzes widerlegt werden kann. Gemäß diesem *manifestly deficient*-Test wird die Vermutung der Konventionskonformität jedoch erst dann aufgehoben, wenn das Schutzniveau in dem anderen System gemessen am EMRK-Standard „offensichtlich unzulänglich" ist.[357] Erst dann muss das Interesse an der Zusammenarbeit auf Gemein-

350 Vgl. *Huber*, Der Beitritt der Europäischen Union zur Europäischen Menschenrechtskonvention. Art. 6 Abs. 1 S. 2 EUV, 2008, S. 206.

351 EGMR, Urteil vom 30.06.2005, Nr. 45036/98 – *Bosphorus/Irland*, Ziff. 159 ff. = NJW 2006, 197.

352 Jetzt hieße es „unionsrechtlicher".

353 Vgl. *Gebauer*, Parallele Grund- und Menschenrechtssysteme in Europa. Ein Vergleich der Europäischen Menschenrechtskonvention und des Straßburger Gerichtshofs mit dem Grundrechtsschutz in der Europäischen Gemeinschaft und dem Luxemburger Gerichtshof, 2007, S. 376.

354 Das BVerfG hat in seiner Rechtsprechung zu Art. 24 I GG die Grenzen der Integrationsfähigkeit der BRD dort gesetzt, wo die Identität der deutschen Verfassungsordnung preisgegeben würde (BVerfGE 37, 271 (279) – *Solange I*; 73, 339 (375 ff.) – *Solange II*). So enthält sich das BVerfG seit seinem *Solange II*-Beschluss einer Überprüfung europäischer Rechtsakte nach Maßgabe nationaler Grundrechtsstandards, solange auf europäischer Ebene ein gleichwertiger Grundrechtsschutz gewährleistet ist (BVerfGE 73, 339 (387) – *Solange II*). In der *Bananenmarkt*-Entscheidung stellte das BVerfG klar, dass Verfassungsbeschwerden und Vorlagen von Gerichten, die eine Verletzung der deutschen Grundrechte durch sekundäres Gemeinschaftsrecht geltend machen, „von vornherein unzulässig sind", wenn ihre Begründung nicht substanziiert darlegt, dass die europäische Rechtsentwicklung einschließlich der Rechtsprechung des EuGH generell (und nicht nur im Einzelfall) unter den im *Solange II*-Beschluss beschriebenen Grundrechtsstandard abgesunken ist (BVerfGE 102, 147 ff. – *Bananenmarkt*). Insofern übt das BVerfG seine Kompetenzen in einem Kooperationsverhältnis (BVerfGE 89, 155 – *Maastricht*) mit dem EuGH aus und erkennt diesen als gesetzlichen Richter im Rahmen des Art. 101 I S. 2 GG an (BVerfGE 73, 339 (367 ff.) – *Solange II*).

355 Dabei betont der EGMR, dass „gleichwertig" die Bedeutung von „vergleichbar" habe, nicht jedoch „identisch" meine, da es dem Interesse an einer Zusammenarbeit im Rahmen einer internationalen Organisation zuwider laufen würde, einen identischen Grundrechtsschutz zu verlangen (EGMR, Urteil vom 30.06.2005, Nr. 45036/98 – *Bosphorus/Irland*, Ziff. 155 = NJW 2006, 197).

356 Ebenda.

357 Vgl. *Bröhmer*, Die Bosphorus-Entscheidung des Europäischen Gerichtshofs für Menschenrechte – Schutz der Grund- und Menschenrechte in der EU und das Verhältnis zur EMRK, EuZW 2006, 71 (75).

schaftsebene[358] wegen der Rolle der EMRK als „Verfassungsinstrument des europäischen ordre public" im Bereich der Menschenrechte zurückstehen.[359] Der EGMR behält sich also – ähnlich dem BVerfG in seinem *Solange II*-Beschluss – eine Art „Reservejurisdiktion" vor.[360]

b) *Bewertung der* Bosphorus-*Rechtsprechung*

Mit dem *Bosphorus*-Urteil signalisiert der EGMR, dass er die Kontrolldichte gegenüber dem Gemeinschaftsrecht[361] zurückzunehmen bereit ist und es vorzieht, nicht tiefer als unbedingt nötig in dessen komplexe Strukturen einzugreifen.[362]

Diese Vorgehensweise ‚Straßburgs' wird in der Literatur teilweise als ein regelrechter Verzicht auf die Rolle als echtes internationales Menschenrechtsgericht[363] gedeutet, da der Gerichtshof so Raum für Forderungen schaffe, die durch seine Rechtsprechung vermittelte Kontrolle insgesamt zu reduzieren und damit die Auslegungshoheit des EuGH in Bezug auf das Gemeinschaftsrecht[364] im Grundsatz anerkennt.[365] *Wildhaber* zufolge könne die Methode des EGMR sogar das mit der EMRK geschaffene System und insbesondere ihren tragenden Pfeiler – das Individualbeschwerderecht – aushöhlen, welches dem Einzelnen eine völkerrechtliche Befugnis einräumt,[366] die in der Konvention garantierten Rechte auch in einem besonderen, auf ihre Gewährleistung hin spezialisierten Rechtsschutzverfahren, geltend zu machen.[367] Darüber hinaus führt *Gebauer* an, dass „es den Staaten im Bereich übertragener Hoheitsrechte leicht gelingen (werde), sich ihrer Verantwortung aus der Konvention zu entziehen", solange sich der EGMR mit der Existenz eines Zugangs zum EuGH in Grundrechtsfragen zufrieden gebe.[368] Damit werde es einem Beschwerdeführer praktisch unmöglich gemacht, eine Verletzung seiner Rechte nachzuweisen.[369]

358 Nun Unionsebene.

359 EGMR, Urteil vom 30.06.2005, Nr. 45036/98 – *Bosphorus/Irland*, Ziff. 156 = NJW 2006, 197.

360 Vgl. *Feinäugle*, Die Terroristenlisten des Sicherheitsrates – Endlich Rechtsschutz des Einzelnen gegen die Vereinten Nationen?, ZRP 2007, 75 (78).

361 Nunmehr Unionsrecht.

362 Vgl. *Winkler*, Die Vermutung des „äquivalenten" Grundrechtsschutzes im Gemeinschaftsrecht nach dem Bosphorus-Urteil des EGMR. Die konventionsrechtliche Verantwortung der EG/EU-Mitgliedstaaten für den Vollzug einer EG-Verordnung, EuGRZ 2007, 641 (649).

363 So beispielsweise *Ekardt/Lessmann*, EuGH, EGMR und BVerfG. Die dritte Gewalt im transnationalen Mehrebenensystem, KJ 2006, 381 (389).

364 Unionsrecht.

365 Vgl. *Breuer*, Der Europäische Gerichtshof für Menschenrechte als Wächter des europäischen Gemeinschaftsrechts, JZ 2003, 433 (442).

366 EGMR, Urteil vom 12.04.1983, Series A no. 64 – *Pakelli/Deutschland*, Ziff. 31 = EuGRZ 1983, 344 (346).

367 Vgl. *Wildhaber*, Europäischer Grundrechtsschutz aus der Sicht des Europäischen Gerichtshofs für Menschenrechte, EuGRZ 2005, 689 (692).

368 Vgl. *Gebauer*, Parallele Grund- und Menschenrechtssysteme in Europa. Ein Vergleich der Europäischen Menschenrechtskonvention und des Straßburger Gerichtshofs mit dem Grundrechtsschutz in der Europäischen Gemeinschaft und dem Luxemburger Gerichtshof, 2007, S. 376.

369 Ebenda.

Dass diese Kritik insgesamt wenig Substanz hat, wird aber spätestens mit Inkrafttreten des Lissabonner Vertrages – im Besonderen mit Art. 52 Abs. 3 S. 1 GRCh – deutlich. Wie festgestellt wurde,[370] schützt diese Norm in ihrer Aufgabe als Kohärenzsicherungsklausel die Mindestanforderungen, die durch die Konvention vermittelt werden. Die EMRK bildet somit den unionalen Mindeststandard in Sachen Grundrechtsschutz, weshalb von einem „Aushöhlen" der durch sie vermittelten Rechte nicht die Rede sein kann. Indem sich der Gerichtshof die beschriebene „Reservejurisdiktion" vorbehält, löst er sich außerdem auch nicht von der ihm zugewiesenen Rolle als Menschenrechtsgericht. Er bleibt das nach dem Grundsatz in *dubio pro liberate* entscheidende und traditionell zur Sicherung individueller Freiheiten berufene Gericht. Die *Solange*-Rechtsprechung des EGMR trägt vielmehr der Konstitutionalisierung des Unionsrechts Rechnung und stärkt die Kooperation mit dem EuGH. Priorität bleibt der Schutz des Individuums, und wenn dieser in bestimmten Fällen besser in ‚Luxemburg' als in ‚Straßburg' gewährleistet werden kann, so kann es nur zu begrüßen sein, wenn sich die Gerichthöfe diesbezüglich untereinander einig sind. Wünschenswert wäre insoweit auch eine formelle Klärung des Verhältnisses zwischen EuGH und EGMR.[371]

Einzig problematisch könnte indes sein, wann genau sich der Straßburger Gerichtshof berufen fühlt, einzugreifen. Laut seiner Rechtsprechung in *Bosphorus* soll dies dann der Fall sein, wenn der Schutz eines Konventionsrechts im Einzelfall *manifestly deficient* und die Vermutung der EMRK-Konformität damit widerlegt ist.[372] Wann aber kann von einer offensichtlichen Unzulänglichkeit ausgegangen werden? Dazu bietet der EGMR keine Spezifizierung. *Ress* macht diesbezüglich aber einen Vorschlag, der Zustimmung verdient. Danach soll eine offensichtliche Unzulänglichkeit jedenfalls dann anzunehmen sein, wenn der Luxemburger Gerichtshof in einem Grundrechtsurteil von der Rechtsprechung des EGMR abweicht, was im Einzelfall auch dann vorliegen könne, wenn zu einer bestimmten Grundrechtsfrage noch keine Straßburger Judikatur vorliegt.[373] Damit wäre zumindest im Ansatz geklärt, wann die Vermutung der Konventionskonformität widerlegt werden kann, und dem EuGH würde auch keine *carte blanche* erteilt.[374]

III. Fazit: Kooperation statt Konfrontation

Es kann festgehalten werden, dass die Beziehung zwischen den beiden auf europäischer Ebene mit dem Grundrechtsschutz befassten Gerichtshöfen eher durch Kooperation denn durch Konfrontation geprägt ist. Sowohl EuGH als auch EGMR sind bemüht, die Rechtsprechung des jeweils anderen Gerichts „mitzudenken" und zu berücksichtigen,

---

370 Siehe 4. Kap. B. III. 1.

371 Wie genau dieses Verhältnis ausgestaltet sein sollte, ist Gegenstand der Untersuchung des 6. Kapitels.

372 EGMR, Urteil vom 30.06.2005, Nr. 45036/98 – *Bosphorus/Irland*, Ziff. 156 = NJW 2006, 197.

373 Sondervotum des Richters *Ress*, Ziff. 3, abgedruckt in: EuGRZ 2007, 669 (670). *Ress* zufolge läuft das Kriterium der manifesten Fehlerhaftigkeit parallel zu jenem Kriterium, welches das BVerfG in seinem Beschluss vom 06.07.2010 (2 BvR 2661/06) entwickelt hat (*ders.*, Konsequenzen des Beitritts der EU zur EMRK, EuZW 2010, 841 (841)).

374 Vgl. *Gebauer*, Parallele Grund- und Menschenrechtssysteme in Europa. Ein Vergleich der Europäischen Menschenrechtskonvention und des Straßburger Gerichtshofs mit dem Grundrechtsschutz in der Europäischen Gemeinschaft und dem Luxemburger Gerichtshof, 2007, S. 377 f.

während sie sich ihrer eigenen Verantwortung nicht entledigen. Da sich inzwischen nicht mehr nur ‚Luxemburg' an ‚Straßburg' orientiert, sondern umgekehrt auch ‚Straßburg' an ‚Luxemburg', ist die Beziehung von einer einseitigen Bezugnahme zu einer echten Interdependenz mit wechselseitiger Befruchtung herangewachsen. Das zu diesem Zeitpunkt bereits bestehende „vertrauensvolle" Verhältnis lässt erahnen, dass sowohl EuGH als auch EGMR auch zukünftig bestrebt sein werden, die Konventionsrechte umfassend zu schützen. In diesem Sinne sollte die *Bosphorus*-Rechtsprechung auch nicht als Scheu des überlasteten Straßburger Gerichtshofes vor zusätzlicher Arbeit gedeutet werden, sondern als ein Zeichen dafür, dass der EGMR den Schutz der Konventionsrechte auf Ebene der Union grundsätzlich als ausreichend erachtet. Vor allem die Einführung des Art. 52 Abs. 3 S. 1 GRCh dürfte dem EGMR in seiner Sichtweise entgegenkommen.

D. Ergebnis

Das bis hierhin festgestellte Kooperationsverhältnis zwischen ‚Straßburg' und ‚Luxemburg' führt zu dem Ergebnis, dass keinem der beiden Gerichtshöfe in strikter Weise die ausschließliche Letztentscheidungskompetenz zugesprochen werden sollte. Die mit einer solchen zwangsläufig verbundenen Hierarchie würde dem harmonisch ausgestalteten Verhältnis abträglich sein und die Gerichte in Konkurrenz zueinander treten lassen. Dass dies nicht gewollt sein kann – da einem gewünschten optimalen Individualrechtsschutz zuwiderlaufend – wurde in diesem Kapitel ausführlich dargelegt.

Damit die jeweiligen Gerichtshöfe ihre Aufgaben – im Rahmen des Kooperationsverhältnisses – ihrem Sinn entsprechend erfüllen können, bedarf es aber gerade in Bezug auf den Grundrechtsschutz, neben bereits bestehenden und eingeleiteten Änderungen, weiterer Schritte.

Da die Grundrechtsbeschwerde – als mögliche Direktklage zum EuGH – nicht auf ganzer Linie auf Zustimmung gestoßen ist, wurde die Nichtigkeitsklage gemäß Art. 263 Abs. 4 AEUV insofern verbessert, dass eine „individuelle" Betroffenheit bezüglich sekundärer Unionsrechtsakte nicht mehr notwendig ist, um gegen diese anzugehen. Von viel größerer Bedeutung ist jedoch das Vorabentscheidungsverfahren nach Art. 267 AEUV, welches neben der einheitlichen Auslegung und gleichmäßigen Anwendung des Rechts der Union innerhalb aller Mitgliedstaaten den Individualrechtsschutz zum Ziel hat. Dieses Rechtsschutzmodell bietet den Bürgern die Möglichkeit, sich vor den nationalen Gerichten, die dem Luxemburger Gerichtshof wiederum eine Frage zur Vorabentscheidung vorlegen können oder sogar müssen, auf ihre durch das Unionsrecht gewährten Rechte zu berufen. Problematisch in diesem Zusammenhang ist allerdings, dass die Bürger keinen Anspruch auf Vorlage beim EuGH haben und diese daher nicht erzwingen können. Insofern besteht Änderungsbedarf, der sich bereits in verschiedenen diesbezüglichen Optimierungsvorschlägen niedergeschlagen hat. Denn dass der Einzelne auf die europarechtliche Sensibilität des jeweiligen Richters angewiesen ist, geht mit dem Grundsatz der gebotenen Existenz effektiver gerichtlicher Kontrollmöglichkeiten, der sowohl im EUV (Art. 2), in der Charta der Grundrechte (Art. 47 Abs. 1) als auch in der EMRK (Art. 6 und 13) verankert ist, nicht konform.

Das BVerfG, das insofern eine Vorreiterrolle einnimmt, stuft die Unterlassung der gebotenen Einleitung eines Vorabentscheidungsverfahrens als eine Verletzung des Rechts auf den gesetzlichen Richter nach Art. 101 Abs. 1 S. 2 GG ein,[375] gegen welche die Erhebung einer Verfassungsbeschwerde möglich ist. Auf diese Weise hat es dem Art. 19 Abs. 1 UAbs. 2 EUV gewissermaßen vorgegriffen, welcher den Mitgliedstaaten die Einführung eines erforderlichen Rechtsbehelfs auferlegt, „damit ein wirksamer Rechtsschutz in den vom Unionsrecht erfassten Bereichen gewährleistet ist“. Würde dem grundsätzlichen Anspruch auf Durchführung eines Vorabentscheidungsverfahrens i.S.v. Art. 267 AEUV im Unionsrecht ein Mittel zu seiner Durchsetzung korrespondieren, würde ihm zu einem Verfahren verholfen werden, welches in der Lage ist, Bürger grundlegend vor Grundrechtsverletzungen zu schützen.

Eine Reform des Rechtsschutzes ist jedoch nicht „bloß“ in ‚Luxemburg‘ vonnöten, auch der Arbeitsüberlastung des EGMR muss dringend Abhilfe geleistet werden. Richtungweisend ist insofern das im Juni 2010 in Rechtskraft erwachsene 14. Zusatzprotokoll zur EMRK, das mit der Einführung von Einzelrichtern gemäß Art. 26 Abs. 1 EMRK und dem summarischen Verfahren für Wiederholungsfälle nach Art. 28 Abs. 1 lit. b EMRK in sinnvoller Weise vor allem der Verfahrensbeschleunigung dient. Während das neue Zulässigkeitskriterium in Art. 35 Abs. 3 lit. b EMRK in diesem Zusammenhang eher kritisch zu betrachten ist, können die Neuerungen in Art. 46 EMRK überzeugen. Vor allem aber macht das 14. ZP EMRK den Beitritt der EU zur EMRK möglich, weshalb es insgesamt als sehr positiv zu bewerten ist. Allerdings sollten darüber hinaus weitere Maßnahmen zur Sicherung des Rechtsschutzsystems der Konvention in Betracht gezogen werden, wie beispielsweise die Aufstockung der finanziellen und personellen Ressourcen. Auch wären Investitionen in die Aus- und Weiterbildung der Anwaltschaft und des Justiz- und Behördenapparats sehr hilfreich, um eine stärkere Sensibilisierung für das Straßburger Rechtsschutzsystem zu erreichen. Diesbezüglich könnte wiederum die „Agentur der Europäischen Union für Grundrechte“ eine hilfreiche Unterstützung bieten.

Der Stein der Reformierung des EGMR ist jedenfalls ins Rollen gebracht, wie nicht zuletzt die Verabschiedung der gemeinsamen Grundsatzerklärung der Mitgliedstaaten des Europarates vom 19. Februar 2010 auf der Interlaken-Konferenz veranschaulicht.

Befinden sich die europäischen Rechtsschutzsysteme auf dem Weg der Optimierung, so kann dieser Umstand auch hinsichtlich der Vermeidung von Rechtsprechungsdivergenzen zwischen ‚Straßburg‘ und ‚Luxemburg‘ nur fortschrittliche Auswirkungen haben. Allerdings hat die Analyse der betreffenden Fälle gezeigt, dass die Abweichungen in der Judikatur auch bislang eher gering bzw. nur „vermeintlich“ sind, dass besonders auffällige Diskrepanzen durch beidseitige Kooperationsmaßnahmen umgangen werden. So konnte denn auch ein Trend dahingehend, dass die Gerichte der Union die Konventionsrechte restriktiver auslegen als der EGMR,[376] nicht bestätigt werden, wobei dem

375 Vgl. BVerfGE 73, 339 (366 ff.) – *Solange II*; BVerfGE 82, 159 (194 ff.) – *Absatzfonds*.

376 Vgl. beispielsweise *Busch*, Die Bedeutung der Europäischen Menschenrechtskonvention für den Grundrechtsschutz in der Europäischen Union. Grundrechtskontrolle des EGMR über das Recht der EU, 2003, S. 140.

EuGH daran gelegen sein sollte, seine (grund-)rechtlichen Argumentationen zukünftig ausführlicher zu gestalten.

Insgesamt ist zu beobachten, dass die gegenseitige Rücksichtnahme wächst, vor allem nunmehr auch ‚Straßburgs' gegenüber ‚Luxemburg', weshalb dem EuGH eine zunehmende Grundrechtsrechtsprechung bescheinigt werden kann. Der EGMR wies in der *Bosphorus*-Entscheidung sogar ausdrücklich darauf hin, dass die verfahrensrechtlichen Anforderungen insbesondere durch das Vorabentscheidungsverfahren in einer der Konvention qualitativ gleichwertigen Weise erfüllt seien.[377] Das unbestritten bereits bestehende Kooperationsverhältnis zwischen EuGH und EGMR sollte *de lege ferenda* dennoch ausgebaut und eventuell sogar formell bestätigt werden. Wie eine entsprechende Regelung aussehen könnte, wird im nachfolgenden Kapitel behandelt.

377 Vgl. *Gebauer*, Parallele Grund- und Menschenrechtssysteme in Europa. Ein Vergleich der Europäischen Menschenrechtskonvention und des Straßburger Gerichtshofs mit dem Grundrechtsschutz in der Europäischen Gemeinschaft und dem Luxemburger Gerichtshof, 2007, S. 376.

6. Kapitel: Die Beziehung von EuGH und EGMR nach dem Beitritt der EU zur EMRK

A. Überblick

Zwar wurde festgestellt, dass eklatante Divergenzen in der Judikatur von EuGH und EGMR nicht zu verzeichnen sind, doch können diese auch nicht ganz ausgeschlossen werden. Trotz der bereits vorhandenen harmonischen Beziehung zwischen den beiden europäischen Gerichtshöfen und der gegenseitigen Rücksichtnahme ist noch nicht absehbar, wie sich die Rechtsprechungsabweichungen nach Inkrafttreten des Vertrages von Lissabon entwickeln werden; eine diesbezüglich genaue Prognose abzugeben, wäre verfrüht. Jedenfalls ist das Problem möglicher Jurisdiktionskonflikte vorhanden, weshalb es bereits eine Reihe an Vorschlägen zu deren Vermeidung gegeben hat, die hier dargestellt und analysiert werden sollen (B.).

Sinnvoll erscheint eine Fortführung der bewährten Kooperationspraktiken mit Hilfe eines (geschriebenen) Kooperationsrechts. Es besteht die Möglichkeit, dass die Rechtsprechung der Unionsgerichte die *targeted sanctions* des UN-Sicherheitsrates betreffend, in diesem Zusammenhang einen neuen Lösungsansatz bietet. Aus diesem Grunde wird die einschlägige Judikatur im zweiten Abschnitt dieses Kapitels einer genauen Betrachtung unterzogen, um herauszufinden, wie das Verhältnis von EuGH und EGMR *de lege ferenda* formell ausgestaltet sein sollte (D.).

B. Bisherige Konfliktlösungsmodelle

In der Beziehung zwischen ‚Luxemburg' und ‚Straßburg' wiederholt sich, trotz der bereits existierenden „stillschweigenden *de facto*-Kooperation",[1] die Forderung nach einer klaren positiv-rechtlichen Zuständigkeitsabgrenzung bzw. nach einer noch stärkeren Präzisierung des Verhältnisses[2]. So wäre eine Vernetzung der Gerichtshöfe – etwa durch ein dem Art. 267 AEUV nachgebildetes *de iure* bindendes Vorlageverfahren oder ein unverbindliches Gutachtenverfahren – denkbar. Auch die Schaffung gemeinsamer Spruchkörper in Form eines Ausschusses oder einer (Menschenrechts-)kammer werden als mögliche Konfliktlösungen angesehen. Ebenso wurde über ein „Kompetenzkonfliktsgericht" und die Option der Beteiligung an Luxemburger Gerichtsverfahren nach-

1 Vgl. *Callewaert*, Der Beitrag des Europäischen Gerichtshofes für Menschenrechte zur Rechtsstaatlichkeit in der Europäischen Union, EuR 2008, 177 (177).

2 Die Notwendigkeit, das Verhältnis zwischen EuGH und EGMR weiter zu präzisieren, wird auch hervorgehoben in dem Entwurf einer Stellungnahme des Ausschusses für bürgerliche Freiheiten, Justiz und Inneres für den Ausschuss für konstitutionelle Fragen zu institutionellen Aspekten des Beitritts der EU zur EMRK vom 08.03.2010 (Verfasserin *Kinga Gál*, 2009/2241(INI), Ziff. 7 S. 4).

gedacht. Es wurde sogar der Lösungsvorschlag eines vollständigen Austritts der EU-Mitgliedstaaten aus der Konventionsrechtsordnung unterbreitet, welcher hier jedoch weniger populär ist.[3]

Um einen genauen Überblick zu bekommen, sollen die verschiedenen (Verklammerungs-)Modelle zur Regelung des Verhältnisses der beiden europäischen Gerichte[4] nachfolgend vorgestellt und bewertet werden.

I. Vorlage- bzw. Vorabentscheidungsverfahren

1. Verbindliches Vernetzungsmodell[5]

Der Schlüssel für die Beilegung von Jurisdiktionskonflikten wird teilweise in der verfahrensrechtlichen Verknüpfung von EuGH und EGMR gesehen. Vorbildfunktion hätte insofern das Vorabentscheidungsverfahren i.S.v. Art. 267 AEUV, welches bereits als Alternative zu einem Beitritt der EU zur EMRK vorgeschlagen,[6] vom Konvent jedoch auf Empfehlung der Arbeitsgruppe II abgelehnt wurde.[7] Einem entsprechenden Verfahren zufolge könnten die Unionsgerichte, wenn Zweifel bezüglich der Auslegung einer Konventionsgarantie bestehen, das unionsrechtliche Verfahren aussetzen und eine Vorlagefrage an den Straßburger Gerichtshof zur Vorabentscheidung stellen.[8] Die Vorabentscheidung des EGMR in der grundrechtsrelevanten Frage wäre für den EuGH verbindlich.

Um die Rechtsposition des Individuums zu stärken, wurde überdies vorgeschlagen, den Luxemburger Gerichtshof auch dann zu einer Vorlage an den EGMR zu verpflich-

---

3 Vgl. *Toth*, The European Union and Human Rights: the Way forward, CML Rev. 1997, 491 (512 ff.). Siehe dazu bereits die Ausführungen im 3. Kap. B. II. 1. lit. a).

4 Siehe dazu insbes. *Alber/Widmaier*, Die EU-Charta der Grundrechte und ihre Auswirkungen auf die Rechtsprechung. Zu den Beziehungen zwischen EuGH und EGMR, EuGRZ 2000, 497 ff.; *Grabenwarter*, Die Menschenrechtskonvention und die Grundrechte-Charta in der europäischen Verfassungsentwicklung, in: Cremer/Giegerich/Richter/Zimmermann (Hrsg.), Tradition und Weltoffenheit des Rechts. Festschrift für Steinberger, 2002, S. 1129 ff.; *Krüger/Polakiewicz*, Vorschläge für ein kohärentes System des Menschenrechtsschutzes in Europa, EuGRZ 2001, 92 ff.; *Lenaerts*, Fundamental Rights to be included in a Community Catalogue, EL Rev. 1991, 367 ff.; *Philippi*, Divergenzen im Grundrechtsschutz zwischen EuGH und EGMR, ZEuS 2000, 97 ff.; *Dippel*, Die Kompetenzabgrenzung in der Rechtsprechung von EGMR und EuGH, 2004, Kapitel V.

5 Dieser Begriff wird verwendet von *Sauer*, Jurisdiktionskonflikte in Mehrebenensystemen. Die Entwicklung eines Modells zur Lösung von Konflikten zwischen Gerichten unterschiedlicher Ebenen in vernetzten Rechtsordnungen, 2008, S. 360.

6 Vgl. *Ruffert*, Anmerkung zum Gutachten 2/94 des EuGH vom 23.03.1996, JZ 1996, 624 (626); *ders.*, Schlüsselfragen der Europäischen Verfassung der Zukunft: Grundrechte – Institutionen – Kompetenzen – Ratifikation, EuR 2004, 165 (174); *Pache*, Die Europäische Grundrechtscharta – ein Rückschritt für den Grundrechtsschutz in Europa?, EuR 2001, 475 (493); vgl. auch *Stricker*, Die Bedeutung der Europäischen Menschenrechtskonvention und der gemeinsamen Verfassungsüberlieferungen für den Grundrechtsschutz der Europäischen Union, 2010, 100 f.; A.A. *Bernhardt*, Probleme eines Beitritts der Europäischen Gemeinschaft zur Europäischen Menschenrechts-Konvention, in: Due/Lutter/Schwarze (Hrsg.), Festschrift für Ulrich Everling, 1995, S. 103 (109); *Grabenwarter*, Auf dem Weg in die Grundrechtsgemeinschaft, EuGRZ 2004, 563 (569).

7 Vgl. den Schlussbericht der Arbeitsgruppe II vom 22.10.2002, CONV 354/02, 11 f.

8 Vgl. *Lenaerts*, Grundrechtsschutz in den Europäischen Gemeinschaften und im Rahmen der Europäischen Menschenrechtskonvention, ZfRV 1992, 281 (291).

ten, wenn er die in Frage stehende Maßnahme zwar selbst als konventionskonform erachtet, ein Prozessbeteiligter aber gerade die Konventionswidrigkeit behauptet.[9] In Übereinstimmung mit *Busch* würde ein entsprechendes Verfahrensrecht *sui generis* jedoch in Widerspruch zur Unabhängigkeit des Gerichts stehen, da ein Verfahrensbeteiligter die Vorlage willkürlich erzwingen und damit die Rechtskraft der Entscheidung hinauszögern könnte.[10] Die mit der Sache befasste Kammer des EuGH müsste daher zumindest berechtigt werden, den Vorlageantrag einer am Verfahren beteiligten Partei einstimmig zurückzuweisen.[11] Sollte der Gerichtshof aus genannten Gründen die Entscheidung fällen, kein Vorabentscheidungsersuchen an den EGMR heranzutragen, so könnte sich der Rechtsschutzsuchende – nach dem Beitritt der Union zur Konvention i.S.v. Art. 6 Abs. 2 EUV – selbst noch an den EGMR wenden.

2. Bewertung

Für die Einführung eines an Art. 267 AEUV angelehnten Vorlageverfahrens von ‚Luxemburg' nach ‚Straßburg' lässt sich zunächst anführen, dass die Idee, einem Gericht eines anderen Rechtsschutzsystems eine Vorabentscheidungsbefugnis einzuräumen, keine *terra incognita* wäre.[12] Zu denken ist diesbezüglich an das – zwar noch nie angewandte, aber dennoch bestehende – Protokoll 34 zum EWR-Abkommen, welches den EFTA-Staaten die Möglichkeit bietet, einem Gericht oder Gerichtshof zu gestatten, den EuGH zu ersuchen, über die Auslegung einer EWR-Bestimmung zu befinden, welche einer EU-Regelung entspricht.[13] Nicht minder verfügt der Straßburger Gerichtshof gemäß Art. 47 ff. EMRK bereits heute über die Kompetenz, Gutachten zu erstatten. Abgesehen davon, dass diese Befugnis – im Falle der Einführung eines Vorabentscheidungsverfahrens – einer nicht unerheblichen entsprechenden Ergänzung und Anpassung bedürfte,[14] wurde auch sie bislang kein einziges Mal zur Anwendung gebracht. Allerdings blieben Versuche erfolglos, das Gutachtenverfahren abzuschaffen.[15] Im Ganzen erscheint der Verweis auf die Art. 47 ff. EMRK demnach als nicht ausreichend, um die Eröffnung eines verbindlichen Vorlageverfahrens zu unterstützen.[16]

---

9 Vgl. *Klein*, Das Verhältnis zwischen dem Grundrechtsschutz durch die Organe der Europäischen Menschenrechtskonvention und der Europäischen Gemeinschaften. Überlegungen de lege ferenda, in: Mosler/Bernhardt/Hilf (Hrsg.), Grundrechtsschutz in Europa, 1977, S. 160 (162).

10 Siehe *Busch*, Die Bedeutung der Europäischen Menschenrechtskonvention für den Grundrechtsschutz in der Europäischen Union. Grundrechtskontrolle des EGMR über das Recht der EU, 2003, S. 168.

11 Ebenda.

12 Vgl. *Paeffgen*, Haus ohne Hüter? Die Justizgrundrechte im Mehr-Ebenen-System von EG-/EU-Vertrag, EMRK und Europäischem Verfassungsvertrags-Entwurf, ZStW 2006, 275 (347 f.).

13 Vgl. *Alber/Widmaier*, Die EU-Charta der Grundrechte und ihre Auswirkungen auf die Rechtsprechung – Zu den Beziehungen zwischen EuGH und EGMR, EuGRZ 2000, 497 (508); *Dippel*, Die Kompetenzabgrenzung in der Rechtsprechung von EGMR und EuGH, 2004, S. 217 f.

14 Insbesondere ist diesbezüglich an die explizite Nennung der Gründe für die Einholung der Vorlagefrage, des anwendbaren Unionsrechts, der relevanten Tatsachen und der Argumente der Parteien wie auch an die Möglichkeit von schriftlichen Eingaben zu denken (dazu *Krüger/Polakiewicz*, Vorschläge für ein kohärentes System des Menschenrechtsschutzes in Europa, EuGRZ 2001, 92 (101)).

15 Vgl. *Winkler*, Der Beitritt der Europäischen Gemeinschaften zur Europäischen Menschenrechtskonvention, 2000, S. 108.

16 Ebenso *Dippel*, Die Kompetenzabgrenzung in der Rechtsprechung von EGMR und EuGH, 2004, S. 218.

Gegen eine Vorlageberechtigung des EuGH an den EGMR wird darüber hinaus angeführt, dass sich die Verfahrensdauer insgesamt erheblich verlängern würde, indem ein derartiges Verfahren oftmals an ein Vorabentscheidungsverfahren nach Art. 267 AEUV angehängt werden würde.[17] Erscheint der Einwand eines somit entstehenden „schwerfälligen doppelten Vorlageverfahrens“[18] vor allem in Anbetracht der ohnehin schon hohen Arbeitsbelastung des Straßburger Gerichtshofes, vorerst als gewichtiges Gegenargument, so muss berücksichtigt werden, dass sich keine wesentlichen Unterschiede zu einem Verfahren ergeben dürften, das erst nach Erschöpfung des innervertragsparteilichen Rechtswegs zu führen ist.[19] Unabhängig von anderen Lösungsmöglichkeiten wird eine zusätzliche Kontrolle des Unionsrechts nicht zu bewerkstelligen sein, ohne eine gewisse Verfahrensverlängerung in Kauf zu nehmen.[20] Zu beachten ist insofern, dass der Straßburger Beschwerdeflut bereits durch das 14. Zusatzprotokoll zur EMRK und darüber hinausgehende Maßnahmen entgegengesteuert wird. Daneben könnte die Dauer des Verfahrens dadurch begrenzt werden, dass die Fragenbeantwortung des EGMR innerhalb einer vorgegebenen Frist zu ergehen hat. Diesbezüglich wird in der Literatur eine Frist von sechs Monaten vorgeschlagen.[21]

Die Vorteile eines konventionsrechtlichen Vorlageverfahrens könnten gleichwohl darin erblickt werden, dass die nicht gänzlich vermeidbaren Rechtsprechungsdivergenzen, welche aus einem bloßen Nebeneinander der beiden europäischen Gerichtsbarkeiten derzeit resultieren,[22] beseitigt würden.[23] So würde der Mechanismus eines Vorabentscheidungsverfahrens das Entstehen von Jurisdiktionsabweichungen zwischen EuGH und EGMR von vornherein dadurch vermeiden, dass die Rechtsauffassung des Straßburger Gerichtshofes bezüglich der fraglichen Konventionsgarantie bereits bei der Entscheidungsfindung ‚Luxemburgs' Berücksichtigung fände.[24] Auf Grundlage der Vorabentscheidung des EGMR hätte es der EuGH außerdem selbst in der Hand, die Konventionswidrigkeit des betreffenden Akts festzustellen, wodurch geäußerte Bedenken eines Ansehensverlustes ‚Luxemburgs' – aufgrund einer gewissen Subordination unter die Menschenrechtsjudikatur des EGMR – zumindest im Ansatz zurückgewiesen werden können.[25] Ein Rechtsprechungsverbund der geschilderten Art würde schließlich einem kohärenten Grundrechts-

---

17 Vgl. *Philippi*, Divergenzen im Grundrechtsschutz zwischen EuGH und EGMR, ZEuS 2000, 97 (74); *Baumgartner*, EMRK und Gemeinschaftsrecht, ZfV 1996, 319 (331).

18 Vgl. *Dippel*, Die Kompetenzabgrenzung in der Rechtsprechung von EGMR und EuGH, 2004, S. 219.

19 Ebenso *Busch*, Die Bedeutung der Europäischen Menschenrechtskonvention für den Grundrechtsschutz in der Europäischen Union. Grundrechtskontrolle des EGMR über das Recht der EU, 2003, S. 168.

20 Diese Ansicht verfolgt auch *Stock*, Der Beitritt der Europäischen Union zur Europäischen Menschenrechtskonvention als Gemischtes Abkommen?, 2010, S. 168 f.

21 Vgl. *Krüger/Polakiewicz*, Vorschläge für ein kohärentes System des Menschenrechtsschutzes in Europa, EuGRZ 2001, 497 (508).

22 Vgl. insofern 5. Kap. B.

23 So auch *Busch*, Die Bedeutung der Europäischen Menschenrechtskonvention für den Grundrechtsschutz in der Europäischen Union. Grundrechtskontrolle des EGMR über das Recht der EU, 2003, S. 168.

24 Vgl. *Klein*, Das Verhältnis zwischen dem Grundrechtsschutz durch die Organe der Europäischen Menschenrechtskonvention und der Europäischen Gemeinschaften. Überlegungen de lege ferenda, in: Mosler/Bernhardt/Hilf (Hrsg.), Grundrechtsschutz in Europa, 1977, S. 160 (171).

25 So auch *Dippel*, Die Kompetenzabgrenzung in der Rechtsprechung von EGMR und EuGH, 2004, S. 222.

schutz im gesamten europäischen Raum zugute kommen und lässt den Einwand, dass eine solche nur partielle Verflechtung bzw. „ungebührliche Verquickung“[26] der beiden Rechtsordnungen systemwidrig sei,[27] schon aus dem Grunde ins Leere laufen, dass die Union gemäß Art. 6 Abs. 2 EUV der EMRK beitreten wird. Ohne den geplanten Beitritt wäre die Befürchtung insofern berechtigt, als dass eine bloß teilweise Verknüpfung – wegen der für den EuGH *de iure* verbindlichen Wirkung der Straßburger Entscheidung – zur Folge hätte, dass insoweit auch die Konvention insgesamt für die Union, quasi durch die „Hintertür“, verbindlich würde.[28] Dieser Einwand würde jedoch durch die mit einem Beitritt verbundene völkerrechtliche Verpflichtung der EU der EMRK gegenüber gegenstandslos.

Allerdings bedarf die Einführung eines Vorabentscheidungsverfahrens ‚Luxemburgs' zum EGMR sowohl einer Änderung der Unionsverträge als auch der Konvention in Form eines gesonderten Protokolls, welches die Zuständigkeit ‚Straßburgs' für die Vorabentscheidung zum Inhalt hat. Neben diesem äußerst zeitaufwendigen Aspekt als nachteilig zu bewerten ist, dass eine Vorlagefrage grundsätzlich abstrakt zu formulieren ist, was der Arbeitsweise des EGMR widerspricht. So prüft dieser eine Konventionsverletzung dicht an den Umständen und Besonderheiten des jeweiligen Einzelfalls, weshalb zuweilen auch die Vermutung aufgestellt wird, dass der Gerichtshof oftmals zu anderen Ergebnissen kommt als die mitgliedstaatlichen Gerichte, weil die Richter bestimmten Fakten eine abweichende Gewichtung beimessen.[29] Am problematischsten an einem rechtsverbindlichen Judikat des EGMR wäre jedoch, dass dieser sich damit unmittelbar in beim EuGH anhängige Rechtssachen einschalten würde, während jedes nationale Höchstgericht die Grundrechte seiner eigenen Rechtsordnung zunächst frei würdigen kann[30] und erst nachträglich einer Überprüfung ‚Straßburgs' am Maßstab der Konventionsgarantien unterworfen ist.[31]

Gibt es zwar eine Reihe positiver Aspekte, die mit der Einführung eines Vorabentscheidungsverfahrens ‚Luxemburgs' nach ‚Straßburg' einhergingen, so erscheint die Tatsache, dass die jeweilige Fragenbeantwortung des EGMR *de iure* rechtsverbindlich für den EuGH wäre, ausschlaggebend dafür, ein solches im Ergebnis abzulehnen.[32] Zu

---

26 Diese Bezeichnung wird verwendet im Diskussionspapier der Arbeitsgruppe II vom 18.06.2002, CONV 116/02, 24.

27 Vgl. *Alber/Widmaier*, Die EU-Charta der Grundrechte und ihre Auswirkungen auf die Rechtsprechung – Zu den Beziehungen zwischen EuGH und EGMR, EuGRZ 2000, 497 (508).

28 Ebenda.

29 Vgl. *Macdonald*, The Luxemburg preliminary ruling procedure and its possible application in Strasbourg, in: Mélanges en hommage à Louis Edmond Pettiti, 1998, 593 (602).

30 Vgl. *Winkler*, Der Beitritt der Europäischen Gemeinschaften zur Europäischen Menschenrechtskonvention, 2000, S. 107.

31 In diesem Sinne auch *Stock*, Der Beitritt der Europäischen Union zur Europäischen Menschenrechtskonvention als Gemischtes Abkommen?, 2010, S. 168.

32 Auch der Berichterstatter *Ramón Jáuregui Atondo* erachtet es als „unangebracht, die Beziehungen zwischen dem Gerichtshof und dem Europäischen Gerichtshof für Menschenrechte durch die Einführung eines Vorabentscheidungsverfahrens bei letzterem Gericht (…) zu formalisieren (…)“, (vgl. den Entwurf eines Berichts zu den institutionellen Aspekten des Beitritts der EU zur EMRK des Ausschusses für konstitutionelle Fragen des Europäischen Parlaments vom 02.02.2010, 2009/2241(INI), Ziff. 9, S. 6). Diese Sichtweise wird auch übernommen in der Entschließung des Europäischen Parlaments vom 09.05.2010 zu den institutionellen Aspekten des Beitritts der Europäischen Union zur Europäi-

suchen ist daher nach einer „schonenderen“ Variante zur verfahrensrechtlichen Verknüpfung der beiden europäischen Gerichtshöfe.

II. Gutachten- bzw. Stellungnahmeverfahren

1. Nicht bindendes Vernetzungsmodell

Als Ausweg bzw. schwächere Möglichkeit gegenüber einem verbindlichen Vorabentscheidungsverfahren käme ein gutachterliches Anhörungsverfahren, welches von den Unionsgerichten an den Straßburger Gerichtshof zu richten wäre, in Betracht.[33] Im Rahmen eines solchen Verfahrens würde die zu begutachtende Frage des EuGH bezüglich der möglichen Konventionswidrigkeit eines Unionsrechtsaktes – gegebenenfalls auch auf Antrag eines der Prozessbeteiligten – dem EGMR zur Stellungnahme vorgelegt, wobei dessen Äußerung in Form eines Gutachtens keine bindende, sondern nur informative oder empfehlende Bedeutung hätte.[34]

Zu vergleichen wäre ein entsprechendes Verfahren mit dem Gutachtenverfahren vor dem IGH, denn gemäß Art. 96 UN-Charta können die Generalversammlung, der Sicherheitsrat und die durch die Generalversammlung ermächtigten Organe und Organisationen der Vereinten Nationen ein unverbindliches Gutachten des IGH „über jede Rechtsfrage“ anfordern.[35] Ebenfalls wäre eine Parallele zur Arbeit der „Agentur der Europäischen Union für Grundrechte“ gegeben, die auf Ersuchen des Europäischen Parlaments, des Rates oder der Kommission für die Organe der Union und die Mitgliedstaaten im Zusammenhang mit der Durchführung des Unionsrechts „Schlussfolgerungen und Gutachten“ zu spezifischen grundrechtlichen Themen und Fragestellungen erstellt.[36]

Wie dargelegt, ist auch dem EGMR ein Gutachtenverfahren nicht fremd. Bislang nur theoretisch obliegt dem Ministerkomitee nach Art. 47 EMRK die Möglichkeit, sich an den Straßburger Gerichtshof mit der Bitte um Erstellung eines Gutachtens über Rechtsfragen zu wenden, welche die Auslegung der Konvention und ihrer Protokolle betreffen. Aus Art. 47 Abs. 2 EMRK geht indes hervor, dass Fragen über Ausmaß oder Inhalt der

---

schen Konvention zum Schutz der Menschenrechte und Grundfreiheiten, ABl. C 161 E vom 31.05.2011, 75, Ziff. 15.

33 Vgl. *Golsong*, Zum Grundrechtsschutz in der Europäischen Gemeinschaft, Statement vor dem Rechtsausschuss der Parlamentarischen Versammlung des Europarates am 12.06.1975, EuGRZ 1975, 476 (478); *Chwolik-Lanfermann*, Grundrechtsschutz in der Europäischen Union: Bestand, Tendenzen und Entwicklungen, 1994, S. 292; siehe auch das Diskussionspapier der Arbeitsgruppe II vom 18.06.2002 (CONV 116/02, 23 f.), denn dort wird das Gutachtenverfahren als „Verweisungs- oder Konsultationsmechanismus“ bezeichnet, welches mal als Begleitmaßnahme zu einem Beitritt der EU zur EMRK, mal als Alternative dazu gedacht war.

34 Vgl. *Golsong*, Zum Grundrechtsschutz in der Europäischen Gemeinschaft, Statement vor dem Rechtsausschuss der Parlamentarischen Versammlung des Europarates am 12.06.1975, EuGRZ 1975, 476 (478); *Chwolik-Lanfermann*, Grundrechtsschutz in der Europäischen Union: Bestand, Tendenzen und Entwicklungen, 1994, S. 292.

35 Vgl. *Busch*, Die Bedeutung der Europäischen Menschenrechtskonvention für den Grundrechtsschutz in der Europäischen Union. Grundrechtskontrolle des EGMR über das Recht der EU, 2003, S. 169.

36 Vgl. Art. 4 I lit. d) bzw. Erwägung Nr. 13 VO (EG) Nr. 168/2007 vom 15.02.2007 (ABl. L 53 vom 22.02.2007, 1).

Konventionsrechte gerade nicht Gegenstand des Gutachtens sein dürfen. Dies würde also auch für die schonendere Möglichkeit der Einführung eines Gutachten- bzw. Stellungnahmeverfahrens ‚Luxemburgs' nach ‚Straßburg' einerseits eine Änderung der Unionsverträge und andererseits die Unterzeichnung und Ratifizierung eines Zusatzprotokolls zur EMRK voraussetzen, welches die Zuständigkeit des EGMR, auf Anfrage des Luxemburger Gerichtshofes grundrechtsrelevante Gutachten zu verfassen, regelt. In Anbetracht einer möglichen Vermeidung von Rechtsprechungskonflikten zwischen den beiden Gerichtshöfen, die ein Vernetzungsmechanismus wie das hier beschriebene Gutachtenverfahren hätte,[37] wäre der damit verbundene technische Aufwand jedoch ausgeglichen.

Dass dem EuGH im Zweifel die Möglichkeit zustünde, den EGMR um die richtige Auslegung eines Konventionsrechts zu bitten, würde das bereits bestehende Kooperationsverhältnis nochmals optimieren und auf diese Weise dem Individuum zu einem verbesserten Rechtsschutz verhelfen. Auch wären mit einem gutachterlichen Verfahren die Bedenken, die in Bezug auf ein Vorabentscheidungsverfahren geäußert wurden, der Gerichtshof in Straßburg würde sich unmittelbar in anhängige Verfahren des EuGH einschalten, ausgeräumt, da gerade der strikte Verbindlichkeitsfaktor wegfiele. Ebenfalls würde der „politische Stachel der offenkundigen Über- und Unterordnung", welcher Ausdruck der Kritik einem Vorlageverfahren gegenüber war, durch die fehlende rechtliche Bindungswirkung der Stellungnahmen genommen.[38] Gerade die Unverbindlichkeit dieser Lösung gab in der Literatur aber einigen Anlass zur Kritik.[39]

So wurde bemängelt, dass die Gewährung der Grund- und Menschenrechte damit im Belieben des EuGH verbliebe, auch wenn es für diesen politisch nicht leicht wäre, offen von den Gutachten des EGMR abzuweichen. Würde er dies dennoch wagen, so wäre der Ansehensverlust für den EGMR enorm und das Rechtsschutzsystem der EMRK durch mangelnde Autorität nachhaltig geschwächt.[40] Gegen diese Argumente ist jedoch auf die Existenz des Art. 52 Abs. 3 S. 1 GRCh zu verweisen, welcher der Konvention ohnehin den unionalen Mindeststandard verleiht, so dass die Judikatur des Luxemburger Gerichtshofes nicht unter den durch die EMRK gewährten Schutz absinken darf. Man könnte bezüglich des Gutachtenverfahrens demnach zwar von einer *de facto*-Bindung sprechen, die jedoch immer noch „weicher" als ein *de iure* bindendes Vorabentscheidungsverfahren wäre.

37 Vgl. insofern die Ausführungen bezüglich des Vorabentscheidungsverfahrens in: 6. Kap. B. I. 2.

38 Vgl. *Klein*, Das Verhältnis zwischen dem Grundrechtsschutz durch die Organe der Europäischen Menschenrechtskonvention und der Europäischen Gemeinschaften. Überlegungen de lege ferenda, in: Mosler/Bernhardt/Hilf (Hrsg.), Grundrechtsschutz in Europa, 1977, S. 160 (174).

39 So etwa bei *Busch*, Die Bedeutung der Europäischen Menschenrechtskonvention für den Grundrechtsschutz in der Europäischen Union. Grundrechtskontrolle des EGMR über das Recht der EU, 2003, S. 169 f.; *Alber/Widmaier*, Die EU-Charta der Grundrechte und ihre Auswirkungen auf die Rechtsprechung – Zu den Beziehungen zwischen EuGH und EGMR, EuGRZ 2000, 497 (508); *Dippel*, Die Kompetenzabgrenzung in der Rechtsprechung von EGMR und EuGH, 2004, S. 215 f.; *Winkler*, Der Beitritt der Europäischen Gemeinschaften zur Europäischen Menschenrechtskonvention, 2000, S. 108.

40 Siehe *Busch*, Die Bedeutung der Europäischen Menschenrechtskonvention für den Grundrechtsschutz in der Europäischen Union. Grundrechtskontrolle des EGMR über das Recht der EU, 2003, S. 170.

Um Rücksicht zu nehmen auf die hohe Arbeitsbelastung des EGMR, böte es sich schließlich an, die Gutachtenanfrage auf diejenigen Fälle zu beschränken, zu denen noch keine Judikatur des EGMR vorliegt, denn eine solche „authentische Auslegung“ könnte jedenfalls zukünftig helfen, die Verfahren zu beschleunigen,[41] was wiederum ein Vorteil für den Rechtsschutzsuchenden wäre.

2. *Zwischenergebnis*

Zusammenfassend betrachtet wäre die Einführung eines Gutachtenverfahrens von ‚Luxemburg' nach ‚Straßburg' aufgrund seines Konflikteindämmungspotentials sehr zu begrüßen, da es ein „weiches“, aber nichtsdestotrotz höchst effektives Instrument darstellt, die beiden Rechtsschutzsysteme verfahrensrechtlich miteinander zu verknüpfen. Ein streng hierarchisches Verhältnis mit eindeutigen Vorrangregeln zwischen EuGH und EGMR würde durch ein gutachterliches Verfahren vermieden. Stattdessen würden die bewährten, in einem jahrelangen Beobachtungsverhältnis gereiften Kooperationspraktiken mit Hilfe eines schonenden Kollisionsrechts fortgeführt.

Voraussetzung für die Etablierung eines Gutachten- bzw. Stellungnahmeverfahrens zwischen den Gerichtshöfen ist gewiss der Beitritt der EU zur EMRK gemäß Art. 6 Abs. 2 EUV, da letztendlich nur damit ein umfassender Rechtsschutz der Bürger sichergestellt wäre. Diesen würde in Bezug auf Handlungen der Union – jedenfalls tendenziell – ein ähnlicher Schutz garantiert, wie sie ihn zuvor bereits im Hinblick auf Handlungen der Mitgliedstaaten genießen durften.[42] Der Grundrechtsschutz würde dergestalt verbessert, dass nach Befassung des EuGH noch eine Anrufung des EGMR – in Form der Individualbeschwerde nach Art. 34 EMRK – möglich wäre.[43] Indem nach Erschöpfung aller unionsrechtlichen Rechtsbehelfe diese umfassende Beschwerdemöglichkeit gegen sämtliche Hoheitsakte der Union[44] fortan Anwendung fände, würde der Anomalie, dass die EU bislang der einzige europäische Rechtsraum ist, in dem der Einzelne deren Hoheitsakte nicht direkt von einer externen Kontrollinstanz auf ihre Grundrechtskonformität hin überprüfen lassen kann, ein Ende bereitet. Es könnte sich ein Rechtsprechungsverbund von EuGH und EGMR entwickeln, welcher der Entstehung einer Kluft zwischen zwei Systemen des Schutzes der Grundrechte in Europa entgegenwirkt.[45]

III. *Gemeinsamer Ausschuss*

Es wurde in der Vergangenheit jedoch nicht nur eine Vernetzung der Gerichtshöfe in Form eines an Art. 267 AEUV angelehnten Vorlageverfahrens oder eines unverbindlichen Gutachtenverfahrens vorgeschlagen, sondern noch über weitere (Verklammerungs-)modelle nachgedacht.

---

41 I.d.S. *Paeffgen*, Haus ohne Hüter? Die Justizgrundrechte im Mehr-Ebenen-System von EG-/EU-Vertrag, EMRK und Europäischem Verfassungsvertrags-Entwurf, ZStW 2006, 275 (347).

42 Vgl. ebenda, 275 (345).

43 Vgl. *Kokott/Rüth*, The European Convention and its Draft Treaty establishing a Constitution for Europe: appropriate answers to the Laeken questions?, CML Rev. 2003, 1315 (1330).

44 Vgl. *Grabenwarter*, Auf dem Weg in die Grundrechtsgemeinschaft?, EuGRZ 2004, 563 (569).

45 Vgl. das Diskussionspapier der Arbeitsgruppe II vom 18.06.2002, CONV 116/02, 18.

Als eines dieser Modelle wurde die Überwachung der Einheitlichkeit der Rechtsprechung ‚Luxemburgs' und ‚Straßburgs' durch einen Gemeinsamen Ausschuss in Erwägung gezogen.[46] Vorbildcharakter dafür könnte abermals das EWR-Abkommen haben, welches in Art. 92 ff. einen Gemeinsamen EWR-Ausschuss – zusammengesetzt aus Vertretern der Vertragsparteien – vorsieht und die Entwicklung der Rechtsprechung des EuGH und des EFTA-Gerichtshofes gemäß Art. 105 ff. EWRA ständig verfolgt, um sich im Falle einer abweichenden Judikatur um die homogene Auslegung des Abkommens zu bemühen und bei Divergenzen ein Streitbeilegungsverfahren einleiten zu können. Nach Art. 93 Abs. 2 EWRA müssen die Beschlüsse dieses Ausschusses zwischen der Gemeinschaft[47] und den EFTA-Staaten einvernehmlich gefasst werden und dürfen die Rechtsprechungspraxis des Luxemburger Gerichtshofes nicht beeinträchtigen.

Der Einsatz des Gemeinsamen Ausschusses war allerdings noch gar nicht notwendig, da die Rechtsprechung des Luxemburger und des EFTA-Gerichtshofes bislang homogen verlief. Ebenso verhält es sich mit der Judikatur von EuGH und EGMR, indem erster die Entscheidungen des zweiten nicht nur aufmerksam verfolgt, sondern auch beachtet, was wiederum zur Folge hat, dass es auch insoweit keines solchen Ausschusses bedarf.[48] Ohnehin würde ein solcher im Hinblick auf die Judikative einen abzulehnenden Fremdkörper darstellen, könnte er die Rechtsprechung unmittelbar beeinflussen.[49] Ein Gemeinsamer Ausschuss von EuGH und EGMR ist daher abzulehnen.

IV. Gemeinsame (Menschenrechts-)kammer

Alber und *Widmaier* schlagen die Einrichtung einer Gemeinsamen Menschenrechtskammer[50] als ein Modell vor, „das zum einen den geringstmöglichen Eingriff in die beiden nebeneinander bestehenden Rechtsordnungen und Rechtsschutzorgane vorsähe, zum anderen aber die Zusammenarbeit von EuGH und EGMR auf eine institutionelle Grundlage auf der Ebene der Kooperation und Gleichberechtigung stellen und demge-

46 Vgl. *Alber/Widmaier*, Die EU-Charta der Grundrechte und ihre Auswirkungen auf die Rechtsprechung – Zu den Beziehungen zwischen EuGH und EGMR, EuGRZ 2000, 497 (509).

47 Nunmehr müsste es „Union“ heißen.

48 Vgl. *Alber/Widmaier*, Die EU-Charta der Grundrechte und ihre Auswirkungen auf die Rechtsprechung – Zu den Beziehungen zwischen EuGH und EGMR, EuGRZ 2000, 497 (509).

49 Ebenda; auch *Wiethoff*, Das konzeptionelle Verhältnis von EuGH und EGMR. Unter besonderer Berücksichtigung der aktuellen Verfassungsentwicklung der Europäischen Union, 2008, S. 41.

50 *Turner* befürwortet – noch weitergehender – die Schaffung einer Grundrechtekammer am EuGH, welche über Individualklagen entscheiden soll, mit denen die Verletzung von Unionsgrundrechten gerügt wird, und die darüber hinaus für eine präventive Normenkontrolle von Unionsrecht zuständig sein soll (*dies.*, Human Rights Protection in the European Community: Resolving Conflict and Overlap between the European Court of Justice and the European Court of Human Rights, EPL 1999, 453 (466 ff.)). *Sauer* zustimmend ist dieser Gedanke jedoch abzulehnen, da er zu keiner direkten Konfliktlösung führen würde, weil der EGMR auf die Errichtung der Spezialkammer noch mit einem Rückzug aus der Konventionskontrolle des Unionsrechts reagieren müsste (*ders.*, Jurisdiktionskonflikte in Mehrebenensystemen. Die Entwicklung eines Modells zur Lösung von Konflikten zwischen Gerichten unterschiedlicher Ebenen in vernetzten Rechtsordnungen, 2008, S. 341). Zudem wäre eine solche Kammer durch den EuGH beeinflussbar, wodurch das Gleichgewicht der Gerichtshöfe ins Schwanken geriete.

mäß zu rechtlich bindenden Konfliktlösungen führen würde."[51] Diese Kammer soll von beiden Gerichtshöfen angerufen werden können, wenn es sich als erforderlich erweisen sollte, eine einheitliche Auslegung der Grundrechte zu gewährleisten; insbesondere dann, wenn ein Gerichtshof in Grundrechtsfragen beabsichtigt, von der Judikatur des jeweils anderen Gerichts abzuweichen.[52] Damit würde, *Busch* zufolge, der Menschenrechtskammer die Aufgabe zuteil, divergierende Rechtsprechung bezüglich der Konventionsgarantien im Moment ihrer Entstehung zu vermeiden, ohne dass es zu der oft befürchteten Subordination des EuGH unter den EGMR käme.[53]

Eine nationalrechtliche Entsprechung fände diese institutionelle Verbindung in dem Gemeinsamen Senat der obersten Gerichtshöfe der BRD,[54] welcher nach Maßgabe des § 2 Abs. 1 RsprEinhG erst entscheidet, „wenn ein oberster Gerichtshof in einer Rechtsfrage von der Entscheidung eines anderen obersten Gerichtshofs oder des Gemeinsamen Senats abweichen will." Analog dazu könne ein gemeinsamer Spruchkörper von EuGH und EGMR dann tätig werden, wenn ein Gerichtshof von der grundrechtlichen Jurisdiktion des anderen abzuweichen gedenkt.[55]

Dieser Vorschlag brächte jedoch rechtliche Probleme derart mit sich, dass die in Rede stehende Materie neben Grundrechtsaspekten oftmals auch materielles Unionsrecht mit umfassen dürfte, so dass die dem EuGH gemäß Art. 220 EGV (Art. 19 Abs. 1 EUV) eingeräumte Letztentscheidungsbefugnis tangiert würde.[56] Die Arbeitsgruppe II des Europäischen Konvents brachte weiter ins Feld, dass die Idee eines gemeinsamen Spruchkörpers gegen die Regel verstoßen könnte, wonach die Richter des Luxemburger Gerichtshofes nicht gleichzeitig bei anderen Gerichten tätig sein sollten, wo sie Bestimmungen, die mit solchen des Unionsrechts identisch seien, nach unterschiedlichen Vorgehensweisen, Methoden und Kompetenzen auszulegen hätten.[57] Ein viel gravierenderes Argument gegen die Einrichtung eines „Panels"[58] ist indes, dass auch ein solches die Gefahr von Rechtsprechungsabweichungen nicht vermeiden würde. Im Gegenteil wäre eine divergierende Judikatur erst Voraussetzung für die Anrufung der Kammer,

---

51 *Alber/Widmaier*, Die EU-Charta der Grundrechte und ihre Auswirkungen auf die Rechtsprechung – Zu den Beziehungen zwischen EuGH und EGMR, EuGRZ 2000, 497 (509).

52 Ebenda.

53 Vgl. *Busch*, Die Bedeutung der Europäischen Menschenrechtskonvention für den Grundrechtsschutz in der Europäischen Union. Grundrechtskontrolle des EGMR über das Recht der EU, 2003, S. 176.

54 Vgl. das Gesetz zur Wahrung der Einheitlichkeit der Rechtsprechung der obersten Gerichtshöfe des Bundes, BGBl. I 1998, 661.

55 I.d.S. *Alber/Widmaier*, Die EU-Charta der Grundrechte und ihre Auswirkungen auf die Rechtsprechung – Zu den Beziehungen zwischen EuGH und EGMR, EuGRZ 2000, 497 (509).

56 Ebenda, 497 (510); *Wiethoff*, Das konzeptionelle Verhältnis von EuGH und EGMR. Unter besonderer Berücksichtigung der aktuellen Verfassungsentwicklung der Europäischen Union, 2008, S. 42.

57 Vgl. das Diskussionspapier der Arbeitsgruppe II vom 18.06.2002, CONV 116/02, 25 (unter Hinweis auf den 52. Entscheidungsgrund des EuGH-Gutachtens 1/91 vom 14.12.1991 betreffend den ersten Entwurf eines Abkommens über den Europäischen Wirtschaftsraum und das darin vorgesehene System des „EWR-Gerichts", Slg. 1991, I-06079).

58 Bezüglich der Anwendung dieses Begriffs siehe: ebenda. Ebenfalls gegen die Einsetzung eines solchen „Panels": *Jáuregui Atondo*, Berichterstatter des Entwurf eines Berichts zu den institutionellen Aspekten des Beitritts der EU zur EMRK des Ausschusses für konstitutionelle Fragen des Europäischen Parlaments vom 02.02.2010 (2009/2241(INI), Ziff. 9, S. 6).

welche diese dann im Nachhinein beheben müsste.[59] Zur künftigen Interpretation von Grundrechten könnte sie nichts beitragen und brächte insofern nichts Neues, weshalb auch die Idee mit dem Plädoyer für eine Gemeinsame Menschenrechtskammer von EuGH und EGMR im Ergebnis abzulehnen ist.

V. Beteiligungsmöglichkeiten an Verfahren des EuGH

Vorgeschlagen wurde außerdem eine Prozessbeteiligung an grundrechtsrelevanten Fällen des Luxemburger Gerichtshofs. Insofern bestimmt Art. 40 der EuGH-Satzung, dass die Mitgliedstaaten und die Gemeinschaftsorgane[60] einem bei dem Gerichtshof anhängigen Streit beitreten können. Überdies können „die Vertragsstaaten des Abkommens über den Europäischen Wirtschaftsraum, die nicht Mitgliedstaaten sind, und die (...) EFTA-Überwachungsbehörde einem bei dem Gerichtshof anhängigen Rechtsstreit beitreten, wenn dieser einen der Anwendungsbereiche jenes Abkommens betrifft."[61] Aufgrund der Tatsache, dass es sich bei letztgenannten Staaten um solche handelt, die nicht der Union angehören, werfen *Alber* und *Widmaier* die Frage auf, ob sich nicht auch der Europarat in Fällen mit Grundrechtsbezug an Verfahren des EuGH beteiligen können sollte.[62] Diesbezüglich wird jedoch angemerkt, dass der Europarat als solcher wenig über die Jurisdiktion seines Gerichtshofes aussagen könne.[63] Das gleiche gelte auch für den Menschenrechtskommissar,[64] welcher am 7. Mai 1999, flankierend zur EMRK, im Europarat geschaffen wurde und sich in einem politischen Sinne der Bewusstseinsbildung und der Informationsverbreitung im Bereich der europäischen Menschenrechte widmen soll.[65]

Es wäre ferner an eine „Ombudsperson" aus den Reihen des EGMR – nicht zu verwechseln mit dem Bürgerbeauftragten der EU[66] – zu denken, welcher sich in anhängige

---

59 So auch *Stock*, Der Beitritt der Europäischen Union zur Europäischen Menschenrechtskonvention als Gemischtes Abkommen?, 2010, S. 167; dies weniger ausschlaggebend betrachtend *Busch*, Die Bedeutung der Europäischen Menschenrechtskonvention für den Grundrechtsschutz in der Europäischen Union. Grundrechtskontrolle des EGMR über das Recht der EU, 2003, S. 177.

60 Nunmehr Unionsorgane.

61 Art. 40 III EuGH-Satzg.

62 Vgl. *Alber/Widmaier*, Die EU-Charta der Grundrechte und ihre Auswirkungen auf die Rechtsprechung – Zu den Beziehungen zwischen EuGH und EGMR, EuGRZ 2000, 497 (508).

63 Ebenda.

64 Ebenda.

65 Vgl. *Härtel*, Die Europäische Grundrechteagentur: unnötige Bürokratie oder gesteigerter Grundrechtsschutz?, EuR 2008, 489 (508). Seit dem 01.04.2006 hat der Schwede *Thomas Hammarberg* das Amt des Menschenrechtskommissars inne. Eine seiner zukünftigen Herausforderungen stellt die Verbesserung der Zusammenarbeit und Koordination mit den Menschenrechtsinstitutionen der EU, der Organisation für Sicherheit und Zusammenarbeit in Europa und der Vereinten Nationen dar (siehe *Schubert/Brunner*, Der Menschenrechtskommissar des Europarats, Wissenschaftliche Dienste des Deutschen Bundestages vom 10.06.2009, Nr. 49/09, 2).

66 Der Bürgerbeauftragte der EU – auch „Europäischer Ombudsmann" genannt – ist seit dem 01.04.2003 *Nikiforos Diamandouros*, dessen Amt geschaffen wurde, um die Brücke zwischen der Grundrechtecharta und den durch die Charta berechtigten Bürgern zu schlagen. Seine Aufgabe besteht dabei hauptsächlich in der Untersuchung von Beschwerden über Missstände in der Verwaltungstätigkeit der Organe und Institutionen der EU.

Verfahren des Gerichtshofes in Luxemburg beobachtend einschalten könnte, um der Entstehung von Rechtsprechungsdivergenzen entgegenzuwirken.[67] Diese Option wiese aber Parallelen zu der abzulehnenden Idee der Rotation der Richter von EGMR und EuGH auf. Danach sollten die Richter der beiden Gerichtshöfe nach einer bestimmten Zeit untereinander ausgetauscht werden,[68] um durch die so gewonnene Erfahrung eine gewisse Einheitlichkeit der Judikatur und eine informelle Kooperation ‚Luxemburgs' und ‚Straßburgs' zu erzielen. Eine solche Vorgehensweise würde ebenfalls gegen den 52. Erwägungsgrund des bereits erwähnten EuGH-Gutachtens aus dem Jahre 1991[69] verstoßen, welcher bestimmt, dass Richter des EuGH eben nicht an anderen Gerichten beschäftigt sein sollen. Jeder Gerichtshof sollte auch zukünftig eine Einheit für sich bleiben, ein Rotationsverfahren der Richter würde, auch aufgrund der unterschiedlichen Arbeitsweise der Gerichtshöfe, zu einer zu starken Wesensveränderung führen und scheint aus diesem Grunde nicht praktikabel.[70] Letztlich kann auch eine Beteiligung an grundrechtsrelevanten Verfahren des EuGH durch den Straßburger Gerichtshof selbst als untauglich verworfen werden, da dieses Modell „juristisches Neuland" und mit der auf eigene Fälle begrenzten Aufgabenstellung eines Gerichts unvereinbar wäre.[71]

Da hinzukommend die Gefahr der Entstehung von Rechtsprechungsabweichungen durch die Möglichkeit eines Verfahrensbeitritts i.S.v. Art. 40 EuGH-Satzg. ohnehin nicht beseitigt werden kann, verdienen die unterschiedlichen Mitwirkungsmöglichkeiten insgesamt keine Zustimmung.

VI. Kompetenzkonfliktsgericht

Broß schließlich macht sich stark für ein Kompetenzkonfliktsgericht zur Klärung von eventuell auftretenden Streitfragen zwischen ‚Luxemburg' und ‚Straßburg'.[72] Dieser Vorschlag ist gewissermaßen als Weiterentwicklung dessen ursprünglichen Gedankens zur

---

67 Die Idee der „Ombudsperson" bzw. des „Ombudsmanns" entstammt der schwedischen Verfassungstradition, wo sie als eine Institution eingerichtet wurde, die zur Kontrolle der Exekutive gedacht ist und deshalb von dieser unabhängig sein muss. Mittlerweile hat diese Institution europaweit Verbreitung gefunden und wurde jüngst mit der Resolution 1904 (2009) auch in das Sanktionsregime des Sicherheitsrats der Vereinten Nationen eingeführt (vgl. *Feinäugle*, Individualrechtsschutz gegen Terroristenlistung? Ein kritischer Blick auf die „Ombudsperson" in der neuen Resolution 1904 (2009) des Sicherheitsrates der Vereinten Nationen, ZRP 2010, 188 (188 ff.)).

68 Vgl. *Quinn*, The European Union and the Council of Europe on the Issue of Human Rights: Twins Separated at Birth?, McGill L.J. 2001, 849 (874): "Human rights are too important in the construction of Europe to justify one body (the EU) trying to reinvent the wheel."

69 EuGH-Gutachten 1/91 vom 14.12.1991, Slg. 1991, I-6079.

70 Vgl. *Drzemczewski*, The Council of Europe's Position with Respect to the EU Charter of Fundamental Rights, HRLJ 2001, 14 (30); ebenso *Dippel*, Die Kompetenzabgrenzung in der Rechtsprechung von EGMR und EuGH, 2004, S. 214; *Busch*, Die Bedeutung der Europäischen Menschenrechtskonvention für den Grundrechtsschutz in der Europäischen Union. Grundrechtskontrolle des EGMR über das Recht der EU, 2003, S. 177.

71 So auch *Alber/Widmaier*, Die EU-Charta der Grundrechte und ihre Auswirkungen auf die Rechtsprechung – Zu den Beziehungen zwischen EuGH und EGMR, EuGRZ 2000, 497 (508); *Wiethoff*, Das konzeptionelle Verhältnis von EuGH und EGMR. Unter besonderer Berücksichtigung der aktuellen Verfassungsentwicklung der Europäischen Union, 2008, S. 41.

72 Vgl. *Broß*, Rechtsschutzprobleme im Mehrebenensystem, VerwArch 2006, 332 (343).

Gründung eines „Europäischen Gerichtshofs für Kompetenzkonflikte“[73] zu begreifen und findet in dem geplanten – aber mittlerweile vom EuGH verworfenen[74] – Übereinkommen zur Schaffung eines „Europäischen Patentgerichts“[75] eine prominente Parallele.

Zunächst sieht *Broß* als sinnvolle Lösung für den Fall eines offenkundigen, nicht weg zu diskutierenden Rechtsprechungskonflikts zwischen der nationalen und der internationalen Ebene, die Einrichtung eines Kompetenzkonfliktsgerichts – aus deutscher Sicht wiederum nach dem Vorbild des Gemeinsamen Senats der Obersten Gerichtshöfe des Bundes – an.[76] Dieses Modell könne denn auch im Verhältnis zwischen ‚Luxemburg‘ und ‚Straßburg‘ Anwendung finden, da dort, wie gesehen,[77] ebenfalls Diskrepanzen möglich sind.[78] Unabhängig davon, dass die damit in Zusammenhang stehende Äußerung *Broß*, die Problematik würde selbst durch einen Beitritt der EU zur EMRK deshalb nicht entschärft, weil es jedenfalls an einer schlüssigen Hierarchiefestlegung zwischen Konvention und Grundrechtecharta fehle,[79] aufgrund der nunmehr vorhandenen und zufriedenstellenden Harmonisierungsklausel des Art. 52 Abs. 3 S. 1 GRCh veraltet ist, drängt sich hier die Frage auf, ob ein solches Kompetenzkonfliktsgericht überhaupt mit dem Rechtsprechungsmonopol des EuGH in Einklang stünde. Insoweit kann ein Vergleich gezogen werden mit der zunächst geplanten, jedoch abgelehnten Errichtung eines Europäischen Patentgerichts, dessen Übereinkommensentwurf – in Form eines gemischten Vertrags zwischen der EU, allen Mitgliedstaaten und weiteren Drittstaaten – bestimmte, dass Streitigkeiten in Zusammenhang mit Patenten ausschließlich vor diesem Gericht auszutragen seien.[80] Um der Entstehung von Konflikten im Hinblick auf die Autonomie des Rechtssystems der Union vorzubeugen, sah Art. 48 des entsprechenden Entwurfs, im Unterschied zu dem von *Broß* geforderten Kompetenzkonfliktsgericht, sogar ein Vorlageverfahren zum Luxemburger Gerichtshof vor. Zwar fiel das gemäß Art. 218 Abs. 11 AEUV zu erstellende Gutachten des EuGH bezüglich der Kompatibilität des geplanten Übereinkommens mit den EU-Verträgen negativ aus,[81] doch besteht

73 Vgl. *Broß*, Bundesverfassungsgericht – Europäischer Gerichtshof – Europäischer Gerichtshof für Kompetenzkonflikte. Zugleich ein Beitrag zur Lehre vom ausbrechenden Rechtsakt und vom Kooperationsverhältnis, VerwArch 2001, 425 (429).

74 Vgl. das Gutachten 1/09 des EuGH vom 08.03.2011 zum Entwurf des Übereinkommens zur Schaffung eines Gerichts für europäische Patente und Gemeinschaftspatente.

75 Vgl. das Übereinkommen zur Errichtung eines Europäischen Patentgerichts vom 23.03.2009, Arbeitsdokument des Rates, Nr. 7928/09.

76 Vgl. *Broß*, Bundesverfassungsgericht – Europäischer Gerichtshof – Europäischer Gerichtshof für Kompetenzkonflikte. Zugleich ein Beitrag zur Lehre vom ausbrechenden Rechtsakt und vom Kooperationsverhältnis, VerwArch 2001, 425 (429).

77 Siehe 5. Kap. B.

78 Vgl. *Broß*, Rechtsschutzprobleme im Mehrebenensystem, VerwArch 2006, 332 (343).

79 Ebenda.

80 Vgl. *Müller*, Die Errichtung des Europäischen Patentgerichts – Herausforderung für die Autonomie des EU-Rechtssystems?, EuZW 2010, 851 (852).

81 Der EuGH stellte fest, dass „eine das Unionsrecht verletzende Entscheidung des PG (Patentgerichts) weder Gegenstand eines Vertragsverletzungsverfahrens sein noch zu irgendeiner vermögensrechtlichen Haftung eines oder mehrerer Mitgliedstaaten führen könnte. Folglich würde das geplante Übereinkommen, indem es einem außerhalb des institutionellen und gerichtlichen Rahmens der Union stehenden internationalen Gericht eine ausschließliche Zuständigkeit für die Entscheidung über eine beträchtliche Zahl von Klagen Einzelner im Zusammenhang mit dem Gemeinschaftspatent und zur Aus-

zwischen dem Europäischen Patentgericht und einem Kompetenzkonfliktsgericht ohnehin ein entscheidender Unterschied. Dieser besteht darin, dass der Luxemburger Gerichtshof für Patente gar nicht zuständig ist, während er sich – wie auch der EGMR – sehr wohl mit Grundrechtsfragen zu beschäftigen hat. Dem Straßburger Gerichtshof würde geradezu die Daseinsberechtigung entzogen, würde sich ein neuer Spruchkörper alleinig mit der Auslegung der Konvention befassen. Auch wenn dies nur im Falle von Divergenzen der Fall wäre, so ist doch das eingangs dargestellte Gutachtenverfahren zwischen ‚Luxemburg' und ‚Straßburg' die viel mildere und damit auch sinnvollere Variante eines Konfliktlösungsmechanismus.

VII. Fazit: Plädoyer für eine ‚offene' Koordination

Insgesamt kann festgehalten werden, dass die Nachteile der meisten (Verklammerungs-) Modelle deren Vorteile überwiegen und daher abzulehnen sind. Das überzeugendste und aus diesem Grunde auch zu empfehlende Modell für die Optimierung des europäischen Grundrechtsschutzes ist – neben dem Beitritt der EU zur EMRK gemäß Art. 6 Abs. 2 EUV – das aufgezeigte Gutachtenverfahren zwischen ‚Luxemburg' und ‚Straßburg'.

Ein nicht verbindlicher Mechanismus dieser Art an der Nahtstelle zwischen den verschiedenen Ebenen der Rechtsprechung im „europäischen Verfassungsverbund"[82] dient der Konfliktvermeidung und der Konfliktlösung. Modelle strikter Hierarchie mit trennscharfen Vorrangregelungen im Kontext von Mehrebenensystemen haben demgegenüber keine nennenswerten Effizienzvorteile.[83] So verleihe beispielsweise die Verbindung zwischen EuGH und mitgliedstaatlichen Gerichten, *Callewaert* zufolge, dem Begriff der „Kooperation" viele Züge eines Euphemismus, indem die Hierarchie zwischen den betroffenen Gerichten eine zwingende Befolgungspflicht begründet.[84] Die Zusammenarbeit zwischen ‚Luxemburg' und ‚Straßburg' sei im Gegensatz dazu echter, weil

---

legung und Anwendung des Unionsrechts in diesem Bereich übertragen würde, den Gerichten der Mitgliedstaaten ihre Zuständigkeiten zur Auslegung und Anwendung des Unionsrechts sowie dem Gerichtshof seine Zuständigkeit, auf die von diesen Gerichten zur Vorabentscheidung vorgelegten Fragen zu antworten, nehmen und damit die Zuständigkeiten verfälschen, die die Verträge den Unionsorganen und den Mitgliedstaaten zuweisen und die für die Wahrung der Natur des Unionsrechts wesentlich sind" (Gutachten 1/09 des EuGH vom 08.03.2011 zum Entwurf des Übereinkommens zur Schaffung eines Gerichts für europäische Patente und Gemeinschaftspatente, Rn. 88 f.). Bereits im Vorlageverfahren über die Vereinbarkeit des Entwurfs eines entsprechenden Übereinkommens ist im August 2010 eine inoffizielle Version der Schlussanträge der Generalanwälte bekannt geworden, die im Ergebnis den Entwurf des Übereinkommens für ein Europäisches Gerichtssystem für inkompatibel mit den EU-Verträgen hielt (vgl. dazu ausführlich *Pagenberg*, Das zukünftige europäische Patentgerichtssystem – Status quo nach den Anträgen der Generalanwälte, GRUR 2011, 32 ff.).

82 Dieser Begriff wird verwendet von *Oeter*, Rechtsprechungskonkurrenz zwischen nationalen Verfassungsgerichten, Europäischem Gerichtshof und Europäischem Gerichtshof für Menschenrechte, VVDStRL 2007, 361 ff.

83 A.A. *Paeffgen*, der argumentiert, dass ein fortwährender Verzicht auf Regelungen oder eine Freistellung von klaren normativen Vorgaben dem Luxemburger Dezisionismus, zumindest modellhaft, weite Möglichkeiten öffne (*ders*., Haus ohne Hüter?, Die Justizgrundrechte im Mehr-Ebenen-System von EG-/EU-Vertrag, EMRK und Europäischem Verfassungsvertrags-Entwurf, ZStW 2006, 275 (345)).

84 Vgl. *Callewaert*, Der Beitrag des Europäischen Gerichtshofes für Menschenrechte zur Rechtsstaatlichkeit in der Europäischen Union, EuR 2008, 177 (177).

„freiwilliger".[85] Aufgrund der zunehmenden Überschneidungen der materiellen Kompetenzbereiche beider Rechtsordnungen besteht auch kein Zweifel an der Notwendigkeit einer solchen Kooperation. Über die Effektivität der tatsächlich zustande gebrachten Zusammenarbeit entscheidet aber letztlich der Kooperationswille der Akteure auf den unterschiedlichen Ebenen, nicht ein Mechanismus der Vorrangregeln im Kontext von Normhierarchien. Dass sowohl EuGH als auch EGMR diesen Kooperationswillen haben, ist nicht von der Hand zu weisen. Gepaart mit dem Beitritt der Union zur EMRK und einer „weichen" Kollisionsnorm in Form des unverbindlichen Gutachtenverfahrens steht der Verbesserung des Individualrechtsschutzes nichts mehr im Wege.

Wäre somit geklärt, wie die beiden europäischen Gerichtshöfe verfahrensrechtlich miteinander verknüpft werden sollten, so muss überdies eine Antwort auf die Frage gefunden werden, wann sich welches Gericht zuständig fühlt bzw. ob es vielleicht sinnvoll wäre, die Konventionsgarantien zunächst vor dem EuGH durchzusetzen. Aufschluss bringt in diesem Zusammenhang eventuell die Rechtsprechung bezüglich der *smart sanctions* des UN-Sicherheitsrates.

C. Die Kadi-Rechtsprechung[86] des EuGH als Leitlinie?

Gibt das Urteil des Luxemburger Gerichtshofes im Fall *Kadi* zur Beantwortung der oben aufgeworfenen Frage den Ton an? Um dies herauszufinden, soll ein Überblick über die betreffenden Sanktionsmaßnahmen des Sicherheitsrats der Vereinten Nationen und die dazugehörige Rechtsprechung gegeben werden.

I. Problemdarstellung

Die Wahrung des Weltfriedens und der internationalen Sicherheit bildet gemäß Art. 1 Nr. 1 UN-Charta die zentrale Aufgabe der Vereinten Nationen. Als universelles „System kollektiver Sicherheit"[87] ist die Bekämpfung des internationalen Terrorismus eines ihrer wichtigsten Ziele, welches seit den Anschlägen auf die USA vom 11. September 2001 verstärkt auch ins Blickfeld der Öffentlichkeit geraten und zu einem bestimmenden Thema der Weltpolitik geworden ist. Diesem globalen Phänomen des Terrorismus wird mit einer weltweiten Entwicklung unzähliger neuer Rechtsakte und Maßnahmenpakete begegnet.[88] Darunter sind vor allem die vom UN-Sicherheitsrat eingeführten Individualsanktionen[89] zu zählen, die sich gegen – des Terrors verdächtige – Einzelper-

85 Ebenda.

86 EuGH, Urteil vom 03.09.2008, Rs. C-402/05 P und C-415/05 P, Slg. 2008, I-6351 – *Kadi und Al Barakaat International Foundation/Rat und Kommission.*

87 Vgl. *Herdegen*, Völkerrecht, 2007, § 40 Rn. 3.

88 Vgl. *Albin*, Kein Rechtsschutz bei Individualsanktionen zur Terrorbekämpfung – Eine Lücke des modernen Völkerrechts. Internes Papier des Völkerrechtsprojekts der Heinrich Böll Stiftung, 2004, 1 (1).

89 Diese sind geregelt in den Resolutionen (EG) Nr. 1267 (1999), Nr. 1333 (2000), Nr. 1390 (2002), Nr. 1455 (2003), Nr. 1526 (2004), Nr. 1617 (2005), Nr. 1735 (2006), Nr. 1822 (2008) und Nr. 1904 (2009).

sonen oder private Organisationen richten und sich damit von klassischen Sanktionsregimen gegen Staaten unterscheiden.[90]

Der Zweck so genannter *targeted* bzw. *smart sanctions* liegt darin, die Drahtzieher friedensbedrohender Maßnahmen – das heißt Mitglieder und Gefolgsleute, die dem Taliban-Regime in Afghanistan, der Al Qaida oder Osama bin Laden zuzurechnen sind – unmittelbar und persönlich zu treffen.[91] Um dies zu erreichen, werden alle Staaten verpflichtet, die Gelder und sonstigen Finanzmittel derjenigen Personen einzufrieren und sicherzustellen, welche als mutmaßliche Terroristen auf einer so genannten „black list" geführt werden.[92] Das Vorschlagsrecht zur Aufnahme in diese Liste steht jedem Mitglied des Sicherheitsrates durch bloßen Zuruf zu, individuelle Adressaten oder „entities"[93] werden also aufgrund geheimdienstlicher, polizeilicher oder sonstiger Informationen an die Vereinten Nationen gemeldet.[94]

1. Normative Rechtsgrundlagen

Der UN-Sicherheitsrat, dem die UN-Charta gemäß Art. 24 Abs. 1 „die Hauptfunktion für die Wahrung des Weltfriedens und der internationalen Sicherheit" zuweist, hat alle Individualsanktionen bisher auf Kapitel VII der UN-Charta gestützt. Stellt das Exekutivorgan der Vereinten Nationen nach Art. 39 UN-Charta eine Bedrohung oder einen Bruch des Friedens oder eine Angriffshandlung fest, so ist es i.S.v. Art. 41 UN-Charta befugt, „Maßnahmen unter Ausschluss von Waffengewalt" gegen den Verantwortlichen zu ergreifen, wobei dieser entgegen dem Wortlaut nicht unbedingt ein Staat sein muss, da das „Schwert des Sicherheitsrates" ansonsten stumpf bliebe.[95]

Nach Art. 25 UN-Charta sind die Sicherheitsratsbeschlüsse für die Staaten bindend. Da sie nur völkerrechtlich und nicht unmittelbar gegen die bezeichneten Individuen wirken, bedürfen sie jedoch der Umsetzung[96] und treten auf unionsrechtlicher Ebene in

90 Vgl. *Bartelt/Zeitler*, „Intelligente Sanktionen" zur Terrorismusbekämpfung in der EU, EuZW 2003, 713 (713).

91 Vgl. *Albin*, Rechtsschutzlücken bei der Terrorbekämpfung im Völkerrecht, ZRP 2004, 71 (72).

92 Vgl. *Schmahl*, Effektiver Rechtsschutz gegen „targeted sanctions" des UN-Sicherheitsrats?, EuR 2006, 566 (566). Neben dem sogenannten „asset freezing" zählen zum Repertoire der Sanktionen außerdem Flug- und Reiseverbote für die genannten Personen (vgl. dazu *Ohler*, Die Verhängung von „smart sanctions" durch den UN-Sicherheitsrat – eine Herausforderung für das Gemeinschaftsrecht, EuR 2006, 848 (851)).

93 Im EG-Recht als „juristische Personen, Gruppen oder Organisationen" definiert (vgl. Art. 2 VO (EG) Nr. 881/2002 (ABl. L 139 vom 29.05.2002, 9)).

94 Soweit nicht binnen 48 Stunden Widerspruch seitens eines anderen Mitgliedstaates erhoben wird, erfolgt umgehend die Eintragung (vgl. *Biehler*, Individuelle Sanktionen der Vereinten Nationen und Grundrechte, AVR 2003, 169 (171)).

95 Vgl. *Kotzur*, Eine Bewährungsprobe für die deutsche Grundrechtsgemeinschaft. Zur Entscheidung des EuG in der Rs. Yusuf u.a. gegen Rat, EuGRZ 2006, 19 (22).

96 In Deutschland erfolgte diese vor dem Maastrichter Vertrag in der Regel durch Änderung der Außenwirtschaftsverordnung i.V.m. §§ 7 und 27 I des Außenwirtschaftsgesetzes (AWG). Für die von den Sanktionen betroffenen Zielpersonen sowie die zum Einfrieren von Vermögenswerten verpflichteten Banken und Versicherungen entstanden konkrete Rechtswirkungen somit erst durch innerstaatliche Rechtshandlungen, welche die Resolutionen umsetzten. Grundsätzlich ist heutzutage jedoch die EU ausschließlich zur Umsetzung von Wirtschaftssanktionen zuständig (vgl. *Biehler*, Individuelle Sanktionen der Vereinten Nationen und Grundrechte, AVR 2003, 169 (173)).

Form verbindlicher Verordnungen gemäß Art. 288 Abs. 2 AEUV[97] in Kraft. Die EU ist zwar nicht selbst Mitglied der Vereinten Nationen und daher auch nicht an deren Resolutionen gebunden, jedoch betreffen Wirtschaftssanktionen, die der Sicherheitsrat gemäß Art. 41 UN-Charta zum Schutz des Weltfriedens oder der internationalen Sicherheit anordnen kann – wie im Falle der *targeted sanctions* – den Kapitalverkehr. Somit berühren sie das ‚Unionsgebäude' und fallen in Bereiche, in denen die EU weitestgehend an die Stelle der Mitgliedstaaten getreten ist.[98] Soweit die Gemeinschaft[99] aufgrund des EG-Vertrages Befugnisse übernommen hat, die zuvor im Anwendungsbereich der Charta der Vereinten Nationen von den Mitgliedstaaten ausgeübt wurden, ist sie an die Bestimmungen dieser Charta gebunden[100] und hat aufgrund dessen die Sicherheitsratsresolutionen gemäß Art. 48 Abs. 2 UN-Charta durchzuführen.[101]

2. *Wirkungen der smart sanctions*

Eine entsprechende Durchführung findet sich in der Verordnung (EG) Nr. 881/2002, die in ihrem Anhang direkt eine Liste mit den Namen der Terrorverdächtigen enthält, welche die vom „1267-Ausschuss"[102] getroffenen Entscheidungen wiedergibt.[103] Auf dieser Grundlage sind Kreditinstitute und andere Finanzdienstleister unmittelbar rechtlich verpflichtet, die bei ihnen befindlichen Einlagen und andere Vermögenswerte der Sanktionsadressaten einzufrieren.[104]

Diese Restriktionen, die zu Umsatzabschöpfung, Verfall und Einziehung führen können, greifen sowohl in die Grundrechte auf Eigentum, Freizügigkeit und das Recht auf informationelle Selbstbestimmung der unmittelbar Betroffenen ein als auch in die unternehmerischen Geschäftsabläufe ihrer Partner.[105] Auch die humanitäre Ausnahmeklausel in Form der Resolution Nr. 1452 (2002)[106], welche Ausnahmen zur Deckung von Grundbedürfnissen und außergewöhnlichen Ausgaben zulässt, wirkt dem nicht entgegen.[107] Vor allem für Personen, die zu Unrecht auf die Liste der Verdächtigen geraten

---

97 Ehemals Art. 249 II EGV.

98 Vgl. *von Arnauld*, UN-Sanktionen und gemeinschaftsrechtlicher Grundrechtsschutz – Die „Soweit-Rechtsprechung" des Europäischen Gerichts Erster Instanz, AVR 2006, 201 (204).

99 Nunmehr ist es die Union.

100 Vgl. EuG, Urteil vom 21.09.2005, Rs. T-315/01, Slg. 2005, II-3649 – *Kadi*, Ziff. 193 (203).

101 Vgl. *Möllers*, Wirtschaftliche und finanzielle Sanktionen gegenüber Privatpersonen oder Organisationen ohne hinreichende Verbindung zu einem bestimmten Drittland, EuR 2006, 424 (425).

102 Der mit Resolution (EG) Nr. 1267 (1999) vom 15.10.1999 eingesetzte „1267-Ausschuss" überwacht auf UN-Ebene den Inhalt der Schwarzen Liste. Es handelt sich dabei um ein Nebenorgan des Sicherheitsrates gemäß Art. 29 UN-Charta, das aus Vertretern aller Sicherheitsratsmitglieder besteht.

103 Vgl. *Bartelt/Zeitler*, „Intelligente Sanktionen" zur Terrorismusbekämpfung in der EU, EuZW 2003, 713 (715).

104 Vgl. *Ohler*, Die Verhängung von „smart sanctions" durch den UN-Sicherheitsrat – eine Herausforderung für das Gemeinschaftsrecht, EuR 2006, 848 (849 ff.).

105 Vgl. *Biehler*, Individuelle Sanktionen der Vereinten Nationen und Grundrechte, AVR 2003, 169 (174); sowie *Bartelt/Zeitler*, „Intelligente Sanktionen" zur Terrorismusbekämpfung in der EU, EuZW 2003, 713 (713).

106 SR-Res. Nr. 1452 (2002) vom 20.12.2002.

107 Vgl. *Bartelt/Zeitler*, „Intelligente Sanktionen" zur Terrorismusbekämpfung in der EU, EuZW 2003, 713 (715).

sind oder bei denen es aufgrund einer Namensgleichheit zu einer Verwechslung der Personenidentität gekommen ist, stellt sich die Frage nach effektiven Rechtsschutzmöglichkeiten; dies nicht zuletzt, um der sozialen Stigmatisierung eines mutmaßlichen Terroristen zu entkommen.[108]

II. Rechtsschutzmöglichkeiten gegen SR-Resolutionen

1. Rechtsschutz auf Ebene der Vereinten Nationen und vor dem IGH

a) Das „de-listing"-Verfahren

Sowohl im Vorfeld der Listungen durch den Sanktionsausschuss als auch auf EU-Ebene wird den Betroffenen vor dem Erlass der umsetzenden Verordnungen kein rechtliches Gehör gewährt.[109] Ihnen sind die Informationen und Beweise, auf denen ihre Aufnahme in die Liste beruht, nicht zugänglich und deren Quellen unbekannt. Welche Regierung ihre Eintragung betrieben hat, bleibt den Betroffenen ebenso verschlossen.[110]

Obgleich mittlerweile die Pflicht zur Begründung der Listung gegenüber dem Betroffenen, dessen zeitnahe Information bezüglich Listung und Streichung sowie eine regelmäßige Überprüfung der Listen von Amts wegen[111] eingeführt wurde,[112] besteht der einzige sehr rudimentäre und indirekte Schutz, den Gelistete auf UN-Ebene genießen, in einem „de-listing"-Verfahren, bei dem sie auf die Ausübung diplomatischen Schutzes durch die Regierung des Landes ihres gewöhnlichen Aufenthalts, ihrer Staatsangehörigkeit bzw. ihres Sitzes angewiesen sind.[113] Bis zum Inkrafttreten der Resolution Nr. 1730 (2006)[114] konnte sich ein von den Al Qaida- und Taliban-Sanktionsmaßnahmen Betroffener mit dem Anliegen, eine Eintragung zu überprüfen, nicht unmittelbar an den Sicherheitsrat wenden, sondern musste eine begründete Petition an die Regierung seines Heimat- oder Aufenthaltsstaats richten.[115] Mit benannter Resolution errichtete der Sicherheitsrat im UN-Sekretariat aber eine Verwaltungsbehörde – den so genannten „focal point" – der „de-listing"-Anträge direkt von den betroffenen Einzelnen entgegennehmen kann. Inzwischen wurde dieser „focal point" ersetzt durch die Institution einer Om-

---

108 Vgl. *Schmahl*, Effektiver Rechtsschutz gegen „targeted sanctions" des UN-Sicherheitsrats?, EuR 2006, 566 (568).

109 Vgl. *Meyer*, Lost in Complexity – Gedanken zum Rechtsschutz gegen Smart Sanctions in der EU, ZEuS 2007, 1 (21).

110 Vgl. *Fassbender*, Art. 19 Abs. 4 GG als Garantie innerstaatlichen Rechtsschutzes gegen Individualsanktionen des UN-Sicherheitsrates, AöR 2007, 257 (260).

111 SR-Res. Nr. 1822 (2008) vom 30.06.2008.

112 Vgl. *Feinäugle*, Individualrechtsschutz gegen Terroristenlistung? – Ein kritischer Blick auf die „Ombudsperson" in der neuen Resolution 1904 (2009) des Sicherheitsrates der Vereinten Nationen, ZRP 2010, 188 (189).

113 Vgl. *Giegerich*, Verantwortlichkeit und Haftung für Akte internationaler und supranationaler Organisationen, ZVglRWiss 2005, 163 (186).

114 SR-Res. 1730 (2006) vom 19.12.2006.

115 Vgl. *Fassbender*, Art. 19 Abs. 4 GG als Garantie innerstaatlichen Rechtsschutzes gegen Individualsanktionen des UN-Sicherheitsrates, AöR 2007, 257 (260).

budsperson,[116] wobei auch diese, auf den ersten Blick vielversprechende Neuerung, im Grunde genommen nichts Innovatives bringt. Die Tätigkeit des Ombudsmannes kreist lediglich um die Aspekte „Informieren, Koordinieren, Moderieren“,[117] während das Sanktionskomitee verantwortlich bleibt für die Streichung aus der Liste. Somit ist das Komitee *iudex in causa sua*; es entscheidet über seinen eigenen Fall und ist aufgrund dessen nicht unabhängig.[118]

Auch wenn durch die Einrichtung des „focal point“ bzw. der Ombudsperson im Zuge der Privatisierung des Völkerrechts die Zwänge des klassischen diplomatischen Schutzes aufgehoben und die Mediatisierung des Individuums durch seinen Heimat- bzw. Aufenthaltsstaat abgeschafft wird, bleibt die Entscheidung des Sanktionsausschusses eine politische und verhilft den Betroffenen zu keinem Rechtsschutz.

b) Rechtsschutz vor dem IGH

Gemäß Art. 34 Abs. 1 IGH-Statut ist für Individuen vor dem Internationalen Gerichtshof in Den Haag kein Rechtsschutz gegeben, da nur Staaten Parteifähigkeit in diesem Sinne genießen.[119] Ferner steht vor dem IGH kein Kontrollverfahren zur Überprüfung von Resolutionen des Sicherheitsrates zur Verfügung.[120] Nichtsdestotrotz wird vertreten, dass der IGH im Rahmen einer ihm unterbreiteten zwischenstaatlichen Streitigkeit oder einer Gutachtenfrage nach Art. 96 UN-Charta inzident die Rechtmäßigkeit von Sicherheitsratsresolutionen überprüfen kann.[121] Immerhin sei der Sicherheitsrat nach Art. 24 Abs. 2 UN-Charta auch bei seinen Maßnahmen nach dem VII. Kapitel der UN-Charta an die Ziele und Grundsätze der Vereinten Nationen nach Art. 1 Abs. 1 und Art. 2 UN-Charta gebunden.[122] Im *Lockerbie*-Fall[123] bot sich dem IGH hierzu eine erste Gelegenheit, bei der er die Überprüfung der Rechtmäßigkeit einer Sicherheitsratsresolution im Rahmen des Verfahrens zum Erlass vorsorglicher Maßnahmen gemäß Art. 41 IGH-Statut allerdings ablehnte. Dennoch ist davon auszugehen, dass eine Rechtskontrolle des Sicherheitsrates durch den IGH völkerrechtlich zulässig ist, dieser aber aus politischen

---

116 Siehe dazu SR-Res. Nr. 1904 (2009) vom 17.12.2009.

117 Siehe ausführlich dazu *Feinäugle*, Individualrechtsschutz gegen Terroristenlistung? – Ein kritischer Blick auf die „Ombudsperson“ in der neuen Resolution 1904 (2009) des Sicherheitsrates der Vereinten Nationen, ZRP 2010, 188 (189 f.); *Kirschner*, Security Council Resolution 1904 (2009): A Significant Step in the Evolution of the Al-Qaida and Taliban Sanctions Regime?, ZaöRV 2010, 585 (595 f.).

118 Vgl. *Feinäugle*, Die Terroristenlisten des Sicherheitsrates – Endlich Rechtsschutz des Einzelnen gegen die Vereinten Nationen?, ZRP 2007, 75 (77 ff.).

119 Vgl. *Albin*, Rechtsschutzlücken bei der Terrorbekämpfung im Völkerrecht, ZRP 2004, 71 (73).

120 Vgl. *Kotzur*, Eine Bewährungsprobe für die deutsche Grundrechtsgemeinschaft. Zur Entscheidung des EuG in der Rs. Yusuf u.a. gegen Rat, EuGRZ 2006, 19 (23).

121 Vgl. *Herdegen*, Völkerrecht, 2007, § 40 Rn. 18.

122 Vgl. *Giegerich*, Verantwortlichkeit und Haftung für Akte internationaler und supranationaler Organisationen, ZVglRWiss 2005, 163 (180 ff.).

123 *Case Concerning Questions of Interpretation and Application of the 1971 Montreal Convention Arising from the Aerial Incident at Lockerbie (Lybia v. UK), Provisional Measures*, Order of 14 April 1992, ICJ Reports 1992, 3 (15), Nr. 39.

und teleologischen Erwägungen davon absehen wird, von dieser Kompetenz Gebrauch zu machen.[124]

Im Ergebnis lässt das System der Vereinten Nationen demnach die Rechtskontrolle des Sicherheitsrats zu, stellt aber nur unzureichende Mechanismen zur Geltendmachung der Rechtswidrigkeit von Sicherheitsratsresolutionen bereit. Dieses Defizit können auch die darüber hinaus gehenden politischen Möglichkeiten der Einflussnahme auf den Sicherheitsrat, welche sich nach der UN-Charta für die Generalversammlung und den Generalsekretär ergeben, nicht hinreichend ausgleichen.[125]

c) *Exkurs: Vorschlag zur Lösung des Rechtsschutzdefizits de lege ferenda*

Um das Problem an der Wurzel zu packen, wäre die Entfernung von der Liste auf Ebene der Vereinten Nationen das primäre Rechtsschutzziel. Zu denken ist insofern an ein faires Verfahren vor einem unabhängigen Gericht, vor dem sich die Betroffenen unmittelbar gegen ihre Listung zur Wehr setzen könnten.[126] Würde die UN selbst adäquate Kontrollmechanismen etablieren, in deren Rahmen die Maßnahmen gegen Einzelpersonen, Vereinigungen und Unternehmen des Sicherheitsrates als neuem „Weltgesetzgeber" überprüft würden, böte sie einen eigenständigen, sowohl materiell wie prozedural angemessenen Grundrechtsschutz.[127] Durch die Schaffung eines internationalen Verwaltungsverfahrensrechts würden zentrale rechtsstaatliche Garantien gesichert, wie etwa im Rahmen der Strafverfolgung durch internationale Tribunale.[128] Auch stünde der Errichtung eines unabhängigen Gerichts auf UN-Ebene durch eine Resolution des Sicherheitsrates nach Kapitel VII der UN-Charta rechtlich nichts im Wege; die Hindernisse sind eher politischer Natur.[129]

Parallelen ließen sich insoweit etwa mit der Struktur der WTO ziehen. Diese bildet das „institutionelle Zentrum der Welthandelsordnung"[130] und ist daher als völkerrechtliche Institution mit dem „Weltdirektorium"[131] UN-Sicherheitsrat vergleichbar. Die WTO verfügt mit dem so genannten „Dispute Settlement Body" (DSB) bereits über ein unab-

---

124 Vgl. *Payandeh*, Rechtskontrolle des UN-Sicherheitsrates durch staatliche und überstaatliche Gerichte, ZaöRV 2006, 41 (50).

125 Ebenda.

126 Vgl. *Hörmann*, Völkerrecht bricht Gemeinschaftsrecht? Zu den rechtlichen Folgen einer Umsetzung von Resolutionen des UN-Sicherheitsrates durch die EG, AVR 2006, 267 (325).

127 Vgl. *Fassbender*, Art. 19 Abs. 4 GG als Garantie innerstaatlichen Rechtsschutzes gegen Individualsanktionen des UN-Sicherheitsrates, AöR 2007, 257 (285 ff.); auch *Möllers*, Wirtschaftliche und finanzielle Sanktionen gegenüber Privatpersonen oder Organisationen ohne hinreichende Verbindung zu einem bestimmten Drittland, EuR 2006, 424 (431).

128 Vgl. *Ohler*, Die Verhängung von „smart sanctions" durch den UN-Sicherheitsrat – eine Herausforderung für das Gemeinschaftsrecht, EuR 2006, 848 (866); sowie *Möllers*, Wirtschaftliche und finanzielle Sanktionen gegenüber Privatpersonen oder Organisationen ohne hinreichende Verbindung zu einem bestimmten Drittland, EuR 2006, 424 (431); auch *Tietje/Hamelmann*, Gezielte Finanzsanktionen der Vereinten Nationen im Spannungsverhältnis zum Gemeinschaftsrecht und zu Menschenrechten, JuS 2006, 299 (302).

129 Vgl. *Fassbender*, Art. 19 Abs. 4 GG als Garantie innerstaatlichen Rechtsschutzes gegen Individualsanktionen des UN-Sicherheitsrates, AöR 2007, 257 (286).

130 Vgl. *Herdegen*, Völkerrecht, 2007, § 50 Rn. 2.

131 Ebenda, § 40 Rn. 15.

hängiges gerichtsähnliches Organ, das der Streitbeilegung einzelner Mitglieder dient, indem es nach Art. 3 Abs. 2 DSU[132] die Rechten und Pflichten, die sich aus dem WTO-Übereinkommen ergeben, wahrt. Darüber hinaus bedient sich das DSB einer Rechtsmittelinstanz, dem „Standing Appellate Body" (SAB), welcher sich gemäß Art. 17 Abs. 1 DSU mit Berufungen des DSB befasst.

Eine vom Sicherheitsrat unabhängige Instanz, parallel zum DSB und SAB, wäre ein wünschenswerter und adäquater Kontrollmechanismus, der das Handeln des Sicherheitsrates zu überprüfen vermag. Damit wäre ein entscheidender Schritt zu einer globalen Herrschaft des Rechts gemacht.[133]

2. *Rechtsschutz vor den europäischen Gerichten*

Anhand der Rechtsprechung in den Fällen *Yusuf*[134] und *Kadi*[135] soll nachfolgend untersucht werden, ob die europäischen Gerichte effektive Rechtsschutzmöglichkeiten gegen Individualsanktionen gewähren.

a) Judikatur des EuG bzgl. der betreffenden SR-Resolutionen

Am 21. September 2005 legte das EuG die Grundrichtung seiner Rechtsprechung fest, als es die fast identischen Fälle *Yusuf* und *Kadi* entschied. Den Urteilen liegen Nichtigkeitsklagen gemäß Art. 230 Abs. 4 EGV[136] zugrunde, die auf die Aufhebung der vom Rat erlassenen Verordnung (EG) Nr. 881/2002[137] gerichtet sind. In ihrem Anhang I werden die Kläger namentlich genannt und mit Osama bin Laden, der Al-Qaida-Organisation sowie den Taliban in Verbindung gebracht. Da mit der Listung die gemeinschaftsweite Einfrierung ihrer finanziellen Mittel sowie das Verbot verbunden ist, ihnen direkt oder indirekt finanzielle oder wirtschaftliche Ressourcen zur Verfügung zu stellen,[138] machen sie eine Verletzung ihrer Grundrechte auf Eigentum, rechtliches Gehör und effektive gerichtliche Kontrolle geltend. Das EuG wies die Klagen als unbegründet ab.

An dieser Stelle von Bedeutung ist die Frage, ob die angegriffene Verordnung – dem Begehren der Kläger zufolge – am Maßstab der Gemeinschaftsgrundrechte[139] kontrollierbar ist.

---

132 DSU (Dispute Settlement Understanding) ist Teil des WTO-Abkommens.

133 Vgl. *von Arnauld*, UN-Sanktionen und gemeinschaftsrechtlicher Grundrechtsschutz – Die „Soweit-Rechtsprechung" des Europäischen Gerichts Erster Instanz, AVR 2006, 201 (215).

134 EuG, Urteil vom 21.09.2005, Rs. T-306/01, Slg. 2005, II-3533 – *Yusuf.*

135 EuG, Urteil vom 21.09.2005, Rs. T-315/01, Slg. 2005, II-3649 – *Kadi* sowie EuGH, Urteil vom 03.09.2008, Rs. C-402/05 P und C-415/05 P, Slg. 2008, I-6351 – *Kadi und Al Barakaat International Foundation/Rat und Kommission.*

136 Art. 263 Abs. 4 AEUV.

137 VO (EG) 881/2002 vom 27.05.2002 (ABl. L 139 vom 29.05.2002, 9). Die Klagen richteten sich zunächst gegen die VOen (EG) Nr. 467/2001 vom 06.03.2001 und Nr. 2199/2001 vom 12.11.2001 über Sanktionen gegen die Taliban in Afghanistan und deren Unterstützer, wurden aber auf die genannte VO umgestellt, nachdem diese an die Stelle der VO (EG) Nr. 467/2001 getreten war (vgl. EuG, Urteil vom 21.09.2005, Rs. T-306/01, Slg. 2005, II-3533 – *Yusuf*, Ziff. 50 ff.).

138 Vgl. Art. 2 I bis III VO (EG) Nr. 881/2002 vom 27.05.2002.

139 Seit Inkrafttreten des Vertrags von Lissabon ist ausschließlich die Rede von Unionsgrundrechten.

aa) Gerichtlicher Kontrollmaßstab

Grundsätzlich müssen alle Handlungen der EG-Organe[140], die Rechtswirkungen gegenüber dem Einzelnen erzeugen, einer gerichtlichen Kontrolle dahingehend unterzogen werden können, ob sie mit dem EG-Vertrag[141] und den allgemeinen Rechtsgrundsätzen vereinbar sind.[142] Diese objektive Justizgewährleistungspflicht ist eine dem Art. 220 EGV[143] immanente Facette der EG als Rechtsgemeinschaft.[144] Diesbezüglich problematisiert das EuG jedoch, dass mit einer umfassenden Kontrolle der materiellen Rechtmäßigkeit der angegriffenen Verordnung inzident eine Rechtmäßigkeitskontrolle der UN-Resolutionen stattfinden würde,[145] durch die die Sanktionen gemäß Art. 25 UN-Charta völkerrechtlich verbindlich, ohne Einräumung eines Umsetzungsspielraums, verhängt wurden.[146] Nach Auffassung des Gerichts geht das Recht der Vereinten Nationen völkerrechtlich dem Gemeinschaftsrecht und dem Recht der Mitgliedstaaten vor. Dabei ergebe sich ersteres aus Art. 103 UN-Charta i.V.m. Art. 30 Abs. 1 WVK.[147] Demgemäß genießen die Verpflichtungen der Mitgliedstaaten nach der UN-Charta im Falle einer Kollision mit anderen völkervertraglichen Verpflichtungen des Mitgliedstaats, einschließlich denen aus der EMRK und dem EG-Vertrag, stets den Vorrang.[148] Letzteres resultiere aus dem Völkergewohnheitsrecht, welches in Art. 27 Satz 1 WVK kodifiziert ist.[149] Auf EG-Ebene[150] wird dieser Konflikt über Art. 307 Abs. 1 EGV[151] gelöst. Diese Norm sieht vor, dass Rechte und Pflichten der Mitgliedstaaten aus Verträgen vor dem 1. Januar 1958 nicht durch den EG-Vertrag[152] berührt werden, um den Vorrang des UN-Rechts auch in der EG[153] zu verwirklichen.[154] Diese Unberührtheitsklausel soll auch

---

140 Nunmehr EU-Organe.

141 AEUV.

142 EuGH, Urteil vom 25.07.2002, Rs. C-50/00 P, Slg. 2002, I-6677 – *Unión de Pequeños Agricultores*, Ziff. 38. Vgl. *Hörmann*, Völkerrecht bricht Gemeinschaftsrecht? Zu den rechtlichen Folgen einer Umsetzung von Resolutionen des UN-Sicherheitsrates durch die EG, AVR 2006, 267 (269).

143 Seit dem 01.12.2009 ersetzt durch Art. 19 EUV.

144 Vgl. z.B. EuG, Urteil vom 03.05.2002, Rs. T-177/01, Slg. 2002, II-2365 – *Jégo-Quéré & Cie SA*, Ziff. 41; *Wegener*, in: Calliess/Ruffert (Hrsg.), EUV/EGV Kommentar, Das Verfassungsrecht der Europäischen Union mit Europäischer Grundrechtecharta, 2007, Art. 220 EGV, Rn. 35: Daraus geht hervor, dass der EG-Vertrag ein „umfassendes Rechtsschutzsystem“ enthält, in dem keine der Handlungen der Gemeinschaftsorgane oder der Mitgliedstaaten einer Rechtskontrolle prinzipiell entzogen sein können.

145 Vgl. EuG, Urteil vom 21.09.2005, Rs. T-315/01, Slg. 2005, II-3649 – *Kadi*, Ziff. 216.

146 Im Ergebnis zustimmend *Tietje/Hamelmann*, Gezielte Finanzsanktionen der Vereinten Nationen im Spannungsverhältnis zum Gemeinschaftsrecht und zu Menschenrechten, JuS 2006, 299 (301).

147 Übereinkommen über das Recht der Verträge vom 23.05.1969 (BGBl. 1985 II, 927).

148 Vgl. *Meyer*, Lost in Complexity – Gedanken zum Rechtsschutz gegen Smart Sanctions in der EU, ZEuS 2007, 1 (13).

149 Vgl. *Haltern*, Gemeinschaftsgrundrechte und Antiterrormaßnahmen der UNO, JZ 2007, 537 (539).

150 Heutzutage EU-Ebene.

151 Jetzt Art. 351 I AEUV.

152 Nunmehr „die Verträge“ (EUV, AEUV).

153 EU.

154 Str., zustimmend *von Arnauld*, UN-Sanktionen und gemeinschaftsrechtlicher Grundrechtsschutz – Die „Soweit-Rechtsprechung“ des Europäischen Gerichts Erster Instanz, AVR 2006, 201 (205 ff.);

derivative Verpflichtungen aus solchen Verträgen, insbesondere die hier interessierenden *targeted sanctions* des Sicherheitsrates, umfassen.[155] Außerdem verpflichte der Grundsatz der Gemeinschaftstreue aus Art. 10 EGV[156] – so das EuG – die Gemeinschaft dazu, die Mitgliedstaaten nicht an der Erfüllung der UN-Pflichten zu hindern.[157] Insofern sei das Gericht an die Sicherheitsratsresolutionen gebunden und grundsätzlich nicht berechtigt, diese einer gerichtlichen Kontrolle zu unterziehen.[158]

bb) Prüfung von ius cogens

Gleichwohl öffnete sich für die Kläger ein kleines Fenster gerichtlicher Normenkontrolle,[159] indem das EuG als Prüfungsmaßstab die zum *ius cogens* zählenden übergeordneten Regeln des Völkerrechts als internationalen *ordre public* heranzog und die Verordnung (EG) Nr. 881/2001 auf die Vereinbarkeit mit den daraus resultierenden Rechtsgehalten kontrollierte.[160] Unter den Begriff des *ius cogens* werden zwingende Normen des allgemeinen Völkerrechts subsumiert.[161] Zu diesen grundsätzlich nicht derogierbaren Regelungen, die Vorrang gegenüber inkompatiblen völkerrechtlichen Verpflichtungen genießen, zählt auch das Gebot der Achtung elementarer Menschenrechte.[162] Sie machen als Ausprägung der fundamentalen Wertvorstellungen der Völkergemeinschaft den Kern der Verfasstheit der Vereinten Nationen aus, deren Schranken auch der Sicherheitsrat als Völkerrechtssubjekt unterliegt.[163] Er ist daher auch im Fall der Ausübung seiner Kompetenz nach Kapitel VII der Charta verpflichtet, die Menschenrechte *iuris cogentis* zu respektieren.[164] Zugunsten der Kläger führt das EuG als zwingende Regeln zum universellen Schutz der Menschenrechte einerseits das in Art. 17 Abs. 1

---

ablehnend *Hörmann*, Völkerrecht bricht Gemeinschaftsrecht? Zu den rechtlichen Folgen einer Umsetzung von Resolutionen des UN-Sicherheitsrates durch die EG, AVR 2006, 267 (277 ff.); *Kotzur*, Eine Bewährungsprobe für die deutsche Grundrechtsgemeinschaft. Zur Entscheidung des EuG in der Rs. Yusuf u.a. gegen Rat, EuGRZ 2006, 19 (23 ff.); *Schmalenbach*, Normentheorie vs. Terrorismus: Der Vorrang des UN-Rechts vor EU-Recht, JZ 2006, 349 (351).

155 Vgl. *Meyer*, Lost in Complexity – Gedanken zum Rechtsschutz gegen Smart Sanctions in der EU, ZEuS 2007, 1 (13).

156 Nun ergibt sich der entsprechende Grundsatz aus Art. 4 III EUV.

157 EuG, Urteil vom 21.09.2005, Rs. T-315/01, Slg. 2005, II-3649 – *Kadi*, Ziff. 197.

158 Vgl. EuG, Urteil vom 21.09.2005, Rs. T-306/01, Slg. 2005, II-3533 – *Yusuf*, Ziff. 272 ff.

159 Vgl. *Schmalenbach*, Normentheorie vs. Terrorismus: Der Vorrang des UN-Rechts vor EU-Recht, JZ 2006, 349 (351).

160 EuG, Urteil vom 21.09.2005, Rs. T-306/01, Slg. 2005, II-3533 – *Yusuf*, Ziff. 277 ff.

161 Normen i.d.S. sind gemäß Art. 53 WVK solche, die von der internationalen Staatengemeinschaft in ihrer Gesamtheit angenommen und als Bestimmungen anerkannt werden, von denen nicht abgewichen werden darf und die nur durch eine spätere Norm des allgemeinen Völkerrechts derselben Rechtsnatur geändert werden können (vgl. dazu *Steinbarth*, Individualrechtsschutz gegen Maßnahmen der EG zur Bekämpfung des internationalen Terrorismus. Die Entscheidungen des EuG in den Rs. „Yusuf u.a." sowie „Kadi", ZEuS 2006, 269 (280)).

162 Vgl. *Haltern*, Gemeinschaftsgrundrechte und Antiterrormaßnahmen der UNO, JZ 2007, 537 (539).

163 Vgl. *Meyer*, Lost in Complexity – Gedanken zum Rechtsschutz gegen Smart Sanctions in der EU, ZEuS 2007, 1 (26).

164 Vgl. *Klein*, Menschenrechte und Ius cogens, in: *Bröhmer/Bieber/Calliess/Langenfeld/Weber/Wolf* (Hrsg.), Internationale Gemeinschaft und Menschenrechte. Festschrift für Georg Ress zum 70. Geburtstag am 21. Januar 2005, 2005, S. 151 (160).

UN-Menschenrechtserklärung[165] gewährte Recht auf Eigentum sowie das in Art. 8 derselben Erklärung und in Art. 14 IPBPR gewährte Recht auf Zugang zu den Gerichten an, sieht jedoch beide Rechte nicht als verletzt an. Das Gericht begründet dies damit, dass das Recht auf Eigentum nach Art. 17 Abs. 2 der UN-Menschenrechtserklärung nur bei willkürlichem Eigentumsentzug verletzt sei, woran es beim bloßen Einfrieren von Geldern fehle.[166] Außerdem könne ein Verstoß gegen das Recht auf Zugang zu den Gerichten nicht angenommen werden, weil das allgemeine Interesse an der Wahrung des Weltfriedens und der internationalen Sicherheit, das eine Beschränkung der gerichtlichen Kontrolle erfordere, unter dem Gesichtspunkt der Maßnahmengefährdung das Individualrechtsschutzinteresse der Kläger überwiege.[167] Bezüglich des Klägervorbringens, ihr Recht auf gerichtlichen Rechtsschutz sei verletzt, hob das EuG hervor, dass es lediglich auf der Ebene der Vereinten Nationen an gerichtlichem Rechtsschutz mangele. Da jedoch beispielsweise in Zeiten des staatlichen Notstandes und aus Gründen der völkerrechtlichen Immunität, Einschränkungen des Verfahrensrechts anerkannt seien, stelle diese Rechtsschutzlücke keine Verletzung eines *ius cogens*-Menschenrechts dar.[168] Die Möglichkeit der betroffenen Einzelpersonen, sich über ihren Heimatstaat an den Sanktionsausschuss wenden zu können, sei schließlich ein sachgerechter Weg für einen angemessenen Schutz der Grundrechte.[169]

cc) Zwischenergebnis

Diese dogmatisch inkonsistente Jurisdiktion ist als ein Defizit des gemeinschaftsrechtlichen Grundrechtsschutzes zu begreifen, denn entgegen der Aussagen des EuG gibt es gute Gründe, die für die Inanspruchnahme einer vollumfänglichen Kontrollkompetenz desselben sprechen.[170] Ohne jedoch explizit auf diese einzugehen, sollen die – aufgrund der von den Klägern eingereichten Rechtsmittel[171] – ergangenen Schlussanträge des Generalanwalts *Maduro*[172] und die entsprechende Entscheidung des EuGH[173] dargestellt

165 Die Allgemeine Erklärung der Menschenrechte wurde von der UN-Generalversammlung am 10.12.1948 genehmigt und verkündet. Sie gilt als Völkergewohnheitsrecht.

166 EuG, Urteil vom 21.09.2005, Rs. T-306/01, Slg. 2005, II-3533 – *Yusuf*, Ziff. 294 ff.; Rs. T-315/01, Slg. 2005, II-3649 – *Kadi*, Ziff. 243 ff.

167 EuG, Urteil vom 21.09.2005, Rs. T-306/01, Slg. 2005, II-3533 – *Yusuf*, Ziff. 344; Rs. T-315/01, Slg. 2005, II-3649 – *Kadi*, Ziff. 288.

168 Vgl. EuG, Urteil vom 21.09.2005, Rs. T-315/01, Slg. 2005, II-3649 – *Kadi*, Ziff. 286 ff.

169 Vgl. EuG, Urteil vom 21.09.2005, Rs. T-306/01, Slg. 2005, II-3533 – *Yusuf*, Ziff. 345.

170 Siehe zur Kritik an der restriktiven Grundrechtsprüfung des EuG bspw. *Schmahl*, Effektiver Rechtsschutz gegen „targeted sanctions" des UN-Sicherheitsrats?, EuR 2006, 566 (573 ff.); Ohler, Die Verhängung von „smart sanctions" durch den UN-Sicherheitsrat – eine Herausforderung für das Gemeinschaftsrecht, EuR 2006, 848 (859 ff.); *Haltern,* Gemeinschaftsgrundrechte und Antiterrormaßnahmen der UNO, JZ 2007, 537 (539 ff., 545); *Hörmann*, Die Befugnis der EG zur Umsetzung von Resolutionen des UN-Sicherheitsrates zur Bekämpfung des internationalen Terrorismus, EuR 2007, 120 (127 ff.).

171 Rechtsmittel eingelegt am 17.11.2005 von *Yassin Abdullah Kadi* (Rs. C-402/05 P; ABl. C 36 vom 11.02.2006, 19); am 23.11.2005 von *Ahmed Ali Yusuf* und der *Al Barakaat International Foundation* (Rs. C-415/05 P; ABl. C 48 vom 25.02.2006, 11). In der Zwischenzeit wurde allerdings der Name des Rechtsmittelführers *Ahmed Ali Yusuf* durch Entscheidung des zuständigen Sanktionsausschusses des Sicherheitsrates vom 24.08.2006 von der UN-Liste gestrichen.

172 Schlussanträge des GAs *Maduro* vom 16.01.2008 zu EuGH, C-402/05 P, Slg. 2008, I-6351 – *Kadi*.

werden, in denen die Scheu vor der Öffnung der „Büchse der Pandora“ niedergelegt und die Judikatur des EuG einer Korrektur unterzogen wurde. Zuvor ist der Blick jedoch mit der Frage nach Luxemburg zu richten, ob nicht der EGMR die geeignete Rechtsmittelinstanz im Schutz gegen Individualsanktionen des UN-Sicherheitsrats ist.

b) Exkurs*: Rechtsschutz vor dem EGMR*

Ein möglicher Rechtsschutz vor dem EGMR bestünde in der Erhebung einer Individualbeschwerde i.S.v. Art. 34 EMRK. Eine solche ist eröffnet wegen der Behauptung des Beschwerdeführers, in einem der in der Konvention oder ihrer Zusatzprotokolle anerkannten Rechte verletzt zu sein.[174] Geeigneter Prüfungsmaßstab vor dem Straßburger Gerichtshof wäre hier die Verletzung des Eigentumsrechts aus Art. 1 ZP Nr. 1 EMRK, da das Einfrieren der Konten aus Sicht der Betroffenen als eine vollständige Entziehung der Nutzung gemäß Art. 1 Abs. 2 ZP Nr. 1 EMRK zu qualifizieren ist.[175] Nicht ausschlaggebend ist diesbezüglich der Umstand, dass das Einfrieren als Sicherungsmaßnahme zu statuieren ist, da die Konvention auch vor derartigen *de facto*-Enteignungen schützt.[176] Des Weiteren könnte ein Eingriff in das Recht auf ein faires Verfahren nach Art. 6 Abs. 1 EMRK Gegenstand der Prüfung vor dem EGMR sein, indem Verletzungen des daraus resultierenden Rechts auf Zugang zu einem unabhängigen, unparteiischen Gericht[177] und der Gewährung rechtlichen Gehörs gerügt werden.[178]

Die Tatsache, dass die Union[179] (noch) keine Vertragspartei der EMRK ist und aufgrund dessen für eigene Verstöße bislang nicht zur Verantwortung gezogen werden kann,[180] erweist sich für den EGMR indes als erste Hürde.[181] Dass diese aber nicht unüberwindbar ist, stellte der Straßburger Gerichtshof mit seiner Rechtsprechung im Fall *Matthews* klar.[182] Danach wird der Umweg über die Mitgliedstaaten genommen, welche

---

173 EuGH, Urteil vom 03.09.2008, Rs. C-402/05 P und C-415/05 P, Slg. 2008, I-6351 – *Kadi und Al Barakaat International Foundation/Rat und Kommission.*

174 Vgl. *Schilling*, Der Schutz der Menschenrechte gegen Beschlüsse des Sicherheitsrats – Möglichkeiten und Grenzen, ZaöRV 2004, 343 (359).

175 Vgl. *Meyer*, Lost in Complexity – Gedanken zum Rechtsschutz gegen Smart Sanctions in der EU, ZEuS 2007, 1 (16).

176 Vgl. EGMR, Urteil vom 28.10.1999, Nr. 28342/95 – *Brumarescu/Rumänien*; *Meyer-Ladewig*, in: ders. (Hrsg.), Europäische Menschenrechtskonvention, Handkommentar, 2006, Art. 1 ZP EMRK, Rn. 21.

177 Siehe *Meyer-Ladewig*, in: ders. (Hrsg.), Europäische Menschenrechtskonvention, Handkommentar, 2006, Art. 6 EMRK, Rn. 29.

178 I.Ü. wurde die Verletzung des Rechts auf Leben gemäß Art. 2 EMRK, die in einigen Klagen gerügt wurde, wegen des Bestehens der Freigabeklausel zur Deckung des Lebensbedarfs (SR-Res. 1452 (2002)) verneint (vgl. dazu den Beschluss des Präsidenten des EuG vom 15.03.2003, Rs. T-47/03 R, Slg. 2003, II-2047 – *José Maria Sison*). Außerdem ist eine mögliche Verletzung des Rechts auf Privat- und Familienleben nach Art. 8 EMRK – mit Blick auf die Bekämpfung des internationalen Terrorismus – wohl als gerechtfertigt anzusehen.

179 Zum damaligen Zeitpunkt noch die ‚Gemeinschaft'.

180 Diesbezüglich sei auf das 2. Kap. dieser Arbeit verwiesen.

181 Vgl. *Schaller*, Das Verhältnis von EMRK und deutscher Rechtsordnung vor und nach dem Beitritt der EU zur EMRK, EuR 2006, 656 (669).

182 Siehe EGMR, Urteil vom 18.02.1999, Nr. 24833/94 – *Matthews/Vereinigtes Königreich* = NJW 1999, 3107.

selbst dann zur Verantwortung gezogen werden, wenn deren Rechtsakte ausschließlich durch Gemeinschaftsrecht[183] determiniert sind.[184] Diese Argumentationslinie wird in der *Bosphorus*-Rechtsprechung des EGMR[185] nochmals bestätigt, allerdings gekoppelt mit der Vermutung, dass die internationale Organisation sich solange konventionskonform verhalten habe, bis eine offensichtliche Fehlerhaftigkeit nachgewiesen werden könne (*manifestly deficient*-Test).[186] Hinsichtlich des bisherigen Ergebnisses einer praktisch vollständigen Verweigerung gebotenen Rechtsschutzes gegen *smart sanctions*, kann man hier wohl sogar von einer *malfunction* in Bezug auf Art. 6 Abs. 1 EMRK sprechen[187] und die letztverbindliche Prüfungskompetenz beim EGMR sehen.[188] Dessen Prüfungseintritt ist hingegen aufgrund der neueren Straßburger Judikatur in den Fällen *Behrami und Behrami* und *Saramati*[189] zweifelhaft.

aa) *Rs.* Behrami *und* Behrami *und* Saramati

Die gerügten Vorfälle fanden zwar im Kosovo statt, welches keine Vertragspartei der EMRK ist, doch stand Kosovo zum fraglichen Zeitpunkt unter der Übergangsverwaltung der *United Nations Mission in Kosovo* (UNMIK), die in vollem Umfang Hoheitsgewalt über das Gebiet ausübte.[190] Im Fall *Behrami und Behrami* beanstandeten ein Vater und dessen Sohn Verstöße gegen das Recht auf Leben i.S.v. Art. 2 EMRK, nachdem der Junge beim Spielen in einem verminten, aber nicht entsprechend markierten Gebiet in Mitrovica schwer verletzt und ein anderer Sohn der Familie *Behrami* getötet worden war. In *Saramati* machte der Beschwerdeführer eine Verletzung von Art. 5 EMRK (Recht auf Freiheit und Sicherheit) alleine und i.V.m. Art. 13 EMRK (Recht auf eine wirksame Beschwerde bei einer nationalen Instanz) sowie von Art. 6 Abs. 1 EMRK (hier: Recht auf Zugang zu einem Gericht) geltend, weil er auf Anordnung der *Kosovo Force* (KFOR) – einer multinationalen militärischen Formation unter Schirmherrschaft der Vereinten Nationen unter Beteiligung der NATO – ohne Gerichtsurteil mehrere Jahre in einem kosovarischen Gefängnis festgehalten wurde.[191]

---

183 Nunmehr ‚Unionsrecht'.

184 Vgl. *Meyer*, Lost in Complexity – Gedanken zum Rechtsschutz gegen Smart Sanctions in der EU, ZEuS 2007, 1 (40); sowie *Breuer*, Offene Fragen im Verhältnis von EGMR und EuGH – Zur Entscheidung des EGMR im Fall Emesa Sugar, EuGRZ 2005, 229 (229 ff.).

185 EGMR, Urteil vom 30.06.2005, Nr. 45036/98 – *Bosphorus/Irland* = NJW 2006, 197.

186 Siehe dazu 5. Kap. C. II. 2. a).

187 Vgl. *Meyer*, Lost in Complexity – Gedanken zum Rechtsschutz gegen Smart Sanctions in der EU, ZEuS 2007, 1 (41).

188 So *Heer-Reißmann*, Straßburg oder Luxemburg? – Der EGMR zum Grundrechtsschutz bei Verordnungen der EG in der Rechtssache Bosphorus, NJW 2006, 192 (194).

189 EGMR, Urteil vom 31.05.2007, Nr. 71412/01 und 78166/01 – *Agim Behrami und Bekir Behrami/Frankreich und Ruzhdi Saramati/Frankreich, Deutschland und Norwegen.*

190 Vgl. SR-Res. Nr. 1244 (1999) vom 10.06.1999; Report of the Secretary-General on the United Nations Interim Administration Mission in Kosovo (12.07.1999), UN-Doc. S/1999/779 (1999), insbes. Ziff. 35; UNMIK/REG/1999/1 on the Authority of the Interim Administration in Kosovo (25.07.1999), insbes. Sect. 1 Nr. 1.

191 Vgl. *Janik*, Die EMRK und internationale Organisationen. Ausdehnung und Restriktion der equivalent protection-Formel in der neuen Rechtsprechung des EGMR, ZaöRV 2010, 127 (142 f.).

Nachdem der EGMR festgestellt hatte, dass die streitgegenständliche Verhaftungsanordnung unter das Sicherheitsratsmandat für KFOR und die Überwachung der Minenräumung in das Mandat von UNMIK fielen,[192] und dass KFOR außerdem rechtmäßig delegierte Befugnisse unter Kapitel VII des Sicherheitsrates der Vereinten Nationen ausübte und die möglichen Konventionsverstöße demnach „in principle" der UN zuzurechnen waren,[193] blieb noch zu klären, ob der Straßburger Gerichtshof *ratio personae* für die Kontrolle überhaupt zuständig war,[194] ob hier also seine Reservekompetenz gemäß der *Bosphorus*-Judikatur zum Einsatz kommen sollte.

Da die fraglichen Handlungen bzw. Unterlassungen von KFOR und UNMIK keinem der belangten Staaten zugerechnet werden könnten und sie darüber hinaus nicht auf dem Territorium dieser Staaten oder kraft einer Entscheidung ihrer Behörden ausgeführt wurden, scheide eine Verantwortlichkeit der Vertragsstaaten aus. Insofern sei die Ausgangslage klar von der Situation im Fall *Bosphorus* – auf den sich die Beschwerdeführer aufgrund des Fehlens eines „gleichwertigen" Rechtsschutzes im Sinne dieser Rechtsprechung explizit beriefen[195] – zu unterscheiden.[196] Die Grundsätze der *Bosphorus*-Judikatur seien schon aus dem Grunde nicht auf die Vereinten Nationen übertragbar, weil ein fundamentaler Unterschied zwischen der Natur der jeweils handelnden internationalen Organisation und der jeweils verfolgten internationalen Zusammenarbeit bestehe.[197] Da das Tätigwerden bzw. Nichttätigwerden von UNMIK und KFOR unmittelbar der UNO als Weltorganisation zuzurechnen ist, seien die Beschwerden *ratione personae* mit der Konvention unvereinbar.[198] Der Straßburger Gerichtshof lehnt somit unter teleologischen Gesichtspunkten eine Verantwortung der Konventionsstaaten für Handlungen im Rahmen der Vereinten Nationen ab.[199]

---

192 EGMR, Urteil vom 31.05.2007, Nr. 71412/01 und 78166/01 – *Agim Behrami und Bekir Behrami/Frankreich und Ruzhdi Saramati/Frankreich, Deutschland und Norwegen*, Ziff. 127.

193 Ebenda, Ziff. 141; das gleiche gilt für UNMIK (ebenda, Ziff. 143).

194 Ebenda, Ziff. 146; vgl. *Ress*, Konkordanz in der Interpretation von Kompetenzbegriffen durch EuGH und EGMR, in: Müller/Osterloh/Stein (Hrsg.), Festschrift für Günter Hirsch zum 65. Geburtstag, 2008, S. 155 (161 f.).

195 EGMR, Urteil vom 31.05.2007, Nr. 71412/01 und 78166/01 – *Agim Behrami und Bekir Behrami/Frankreich und Ruzhdi Saramati/Frankreich, Deutschland und Norwegen*, Ziff. 150.

196 Ebenda, Ziff. 151.

197 Ebenda.

198 Ebenda, Ziff. 150-152.

199 Vgl. *Janik*, Die EMRK und internationale Organisationen. Ausdehnung und Restriktion der equivalent protection-Formel in der neuen Rechtsprechung des EGMR, ZaöRV 2010, 127 (144); kritisch *Hafner*, The ECHR torn between the United Nations and the States: The Behrami and Saramati case, in: Fischer-Lescano/Gasser/Marauhn/Ronzitti (Hrsg.), Frieden in Freiheit – Peace in Liberty – Paix en liberté: Festschrift für Michael Bothe zum 70. Geburtstag, 2008, 103 (120). Diese Rechtsprechung hat der EGMR mittlerweile in weiteren Fällen, die im Zusammenhang mit der UNMIK stehen (Urteil vom 05.07.2007, Nr. 6974/05 – *Kasumaj/Griechenland*; Urteil vom 28.08.2007, Nr. 31446/02 – *Gajić/Deutschland*; Urteil vom 16.10.2007, Nr. 366357/04, ECHR 2007-XII – *Berić/Bosnien und Herzegowina*) sowie in einem Fall, der sich im Kontext mit der *United Nations Peacekeeping Forces in Cyprus* (UNFCYP) abspielte (Urteil vom 11.12.2008, Nr. 45267/06 – *Stephens/Zypern, Türkei und die Vereinten Nationen*), bestätigt.

Zusätzlich fügt er ein *obiter dictum* ein, welches seine Jurisdiktion zur mittelbaren Kontrolle von Sicherheitsratssanktionen generell von vornherein ausschließt.[200] Dieses Ergebnis mündet aus der Erwägung, dass eine entsprechende Überprüfung in die Erfüllung der Kernaufgabe der UNO eingreifen und die Hauptfunktion des Sicherheitsrates beeinträchtigen würde und es nicht angehen könne, aus der EMRK zusätzliche Bedingungen an Resolutionen des Sicherheitsrats zu knüpfen und ein regionales System sowieso nicht geeignet sei, international ausgerichtete und wirkende Resolutionen zu überprüfen.[201]

bb) Bewertung

Die durchaus restriktiven Ausführungen des EGMR in *Behrami und Behrami* und *Saramati* erinnern stark an die des EuG in den Fällen *Yusuf* und *Kadi* mit der Folge, dass die Adressaten der *targeted sanctions* des UN-Sicherheitsrats endgültig schutzlos blieben, wären die Sachverhalte miteinander vergleichbar. Zwar beruhen die Listungen – in den Fällen, die das EuG zu beurteilen hatte – formal betrachtet auf einer EG-Verordnung[202] und können dem Sicherheitsrat daher technisch nicht unmittelbar zugerechnet werden, materiell betrachtet ist dieser gleichwohl ihr Urheber, da den Staaten kein Ermessensspielraum blieb.[203] Tatsächlich hat der Straßburger Gerichtshof in *Behrami und Behrami* und *Saramati* aber lediglich die Kontrolle faktischer Handlungen und Unterlassungen am Maßstab der Konvention verneint, die durch die UN-Mitgliedstaaten auf „fremde(m) Staatsgebiet" zur Umsetzung von Beschlüssen des Sicherheitsrats erfolgen.[204] Diesbezüglich ist immerhin ein wesentlicher Unterschied zu verzeichnen, weshalb – auch in Hinblick auf eine mögliche Fragmentierung der Völkerrechtsordnung[205] – offen bleibt, ob der EGMR eine mittelbare Justiziabilität der Beachtung von EMRK-Garantien für *smart sanctions* grundsätzlich ausschließen will.

Solange im Sinne der *Bosphorus*-Judikatur auf Unionsebene ein der Konvention gleichwertiger bzw. äquivalenter Grundrechtsschutz gewährt wird, hält der EGMR sich ohnehin zurück. Daher ist der Blick zunächst auf den EuGH zu richten, welcher die betreffenden Fälle nach dem EuG und im Anschluss an die Schlussanträge des Generalanwalts *Poiares Maduro* zu entscheiden hatte.

---

200 So *Ress*, Der Europäische Gerichtshof für Menschenrechte als *pouvoir neutre*, ZaöRV 2009, 289 (304); *ders.*, Konkordanz in der Interpretation von Kompetenzbegriffen durch EuGH und EGMR, in: Müller/Osterloh/Stein (Hrsg.), Festschrift für Günter Hirsch zum 65. Geburtstag, 2008, S. 155 (162).

201 EGMR, Urteil vom 31.05.2007, Nr. 71412/01 und 78166/01 – *Agim Behrami und Bekir Behrami/Frankreich und Ruzhdi Saramati/Frankreich, Deutschland und Norwegen*, Ziff. 149; vgl. dazu auch *Ress*, Der Europäische Gerichtshof für Menschenrechte als *pouvoir neutre*, ZaöRV 2009, 289 (304).

202 VO (EG) 881/2002 vom 27.05.2002 (ABl. L 139 vom 29.05.2002, 9).

203 Ähnlich *Kämmerer*, Die Urteile „Kadi" und „Yusuf" und ihre Folgen, EuR 2008, 65 (86); i.d.S. wohl auch *Nolte*, Das Verfassungsrecht vor den Herausforderungen der Globalisierung, VVDStRL 2008, 129 (135).

204 Vgl. *Spranger*, Europäischer Grundrechtsschutz im Kontext vernetzter Rechtsordnungen, EuR 2009, 514 (525 f.).

205 Vgl. *Schmahl*, Effektiver Rechtsschutz gegen „targeted sanctions" des UN-Sicherheitsrats?, EuR 2006, 566 (576).

c) *Rechtsschutz vor dem EuGH*

aa) *Schlussanträge Maduros in der Rs. C-402/05*

Innerhalb des Rechtsmittelverfahrens verweisen auch die Rechtsmittelgegner auf die Fälle *Behrami und Behrami* und *Saramati* dergestalt, dass der Straßburger Gerichtshof seine Kontrollbefugnis aufgebe, wenn eine streitige Maßnahme zur Umsetzung einer SR-Resolution erforderlich sei,[206] und da der EuGH sich grundsätzlich von der Rechtsprechung des EGMR leiten ließe, würde auch ‚Luxemburg' sich nicht zum Einschreiten berufen fühlen.

Abgesehen davon, dass die genannte Judikatur des EGMR nicht allzu weit – im Sinne einer absoluten Abkehr entsprechender Überprüfungen – ausgelegt werden sollte,[207] ist der vom Luxemburger Gerichtshof zu entscheidende Fall mit dieser Rechtsprechung nicht identisch respektive vollständig übereinstimmend.[208] Auch würden zwischen den beiden europäischen Gerichtshöfen bezüglich ihrer Zuständigkeit *ratione personae* und des Verhältnisses ihres jeweiligen Rechtssystems zum Völkerrecht – so *Maduro* – gravierende Unterschiede bestehen.[209] Während dem EGMR in erster Linie die Aufgabe zukomme, die Einhaltung der von den Vertragsstaaten eingegangenen völkerrechtlichen Verpflichtungen aus der Konvention zu sichern, sei

> „mit dem EG-Vertrag (…) eine autonome Rechtsordnung geschaffen (worden), innerhalb derer sowohl Staaten als auch der Einzelne unmittelbare Rechte und Pflichten besitzen. Der Gerichtshof der Europäischen Gemeinschaften fungiert als Verfassungsgericht der mit ihrer eigenen Rechtsordnung ausgestatteten Gemeinschaft."[210]

Diese Passage in den Schlussanträgen zur Rechtssache *Kadi* kann gewissermaßen als ‚Schlüsselstelle' im Sinne eines weiterführenden und tragfähigen Gegenkonzepts zur restriktiven Rechtsprechung des EuG bezeichnet werden, da der Generalanwalt hier ausdrücklich und richtigerweise betont, dass Europa eine „eigene Rechtsordnung transnationalen Umfangs"[211] mit einem „eigenständigen und fungiblen Grundrechtsspekt-

---

206 Schlussanträge des GAs *Maduro* vom 16.01.2008 zu EuGH, C-402/05 P, Slg. 2008, I-6351 – *Kadi*, Ziff. 36 f.

207 Dementsprechend scheint der EGMR nach Ansicht *Maduros* „den Standpunkt einzunehmen, dass er in Fällen, in denen die streitigen Handlungen nach Völkerrechtssätzen den Vereinten Nationen zuzurechnen sind, keine Zuständigkeit *ratione personae* besitzt, weil die Vereinten Nationen keine Vertragspartei der Konvention sind." Haben hingegen die Behörden eines Vertragsstaates Verfahrensschritte ergriffen, um eine SR-Resolution in die nationale Rechtsordnung umzusetzen, seien die daraufhin erlassenen Maßnahmen dem Staat zuzurechnen und unterlägen aus diesem Grunde auch der gerichtlichen Kontrolle gemäß der EMRK (vgl. ebenda, Ziff. 36, insbes. Fn. 42).

208 Vgl. insofern auch schon 6. Kap. C. II. 2. b) bb).

209 Schlussanträge des GAs *Maduro* vom 16.01.2008 zu EuGH, C-402/05 P, Slg. 2008, I-6351 – *Kadi*, Ziff. 37.

210 Ebenda (Hervorhebung durch Verfasserin).

211 Ebenda, Ziff. 21; siehe insbes. die englische Originalfassung der Schlussanträge: „(T)he Treaty is not merely an agreement between States, but an agreement between the *peoples* of Europe. It considered that the Treaty had established a 'new legal order', beholden to, but distinct from the existing legal order of public international law. In other words, the Treaty has created a municipal legal order of trans-national dimensions, of which it forms the 'basic constitutional charter'."

rum“[212] entwickelt hat, die es auch durchzusetzen gilt.[213] Das wesentliche Argument der Rechtsmittelgegner, der Gerichtshof müsse schweigen, wenn der Sicherheitsrat gesprochen hat, läuft aus diesem Grunde ins Leere und veranlasst *Maduro*, für die Aufhebung der Urteile des EuG in den Fällen *Yusuf* und *Kadi*, samt der angefochtenen Verordnung, zu plädieren.

Die Eigenständigkeit der Gemeinschaftsrechtsordnung[214] habe indes nicht zur Folge, dass diese und die Völkerrechtsordnung „wie Schiffe in der Nacht aneinander vorbeisegeln, ohne voneinander Notiz zu nehmen“, vielmehr handele es sich um zwei Seiten derselben Medaille.[215] Die Gemeinschaftsrechtsordnung sei für das Verhältnis von Völkerrecht und der Rechtsordnung der Gemeinschaft selbst maßgeblich und ersteres könne letzte lediglich unter den durch die Verfassungsgrundsätze der Gemeinschaft aufgestellten Voraussetzungen durchdringen.[216] Auf die Frage, ob dies bedeuten würde, dass die Gemeinschaftsrechtsordnung Maßnahmen, die zur Durchführung von Resolutionen des Sicherheitsrats erforderlich sind, einen überkonstitutionellen Rang zubilligt und damit von der gerichtlichen Kontrolle befreit, gibt die – auch vom Rechtsmittelführer *Kadi* vorgebrachte – *Bosphorus*-Rechtsprechung des Luxemburger Gerichtshofes[217] eine Antwort. Aus den dazu ergangenen Schlussanträgen des Generalanwalts *Jacobs* geht hervor, dass „die Achtung der Grundrechte (…) eine Voraussetzung für die Rechtmäßigkeit von Handlungen der Gemeinschaft“ ist.[218] Aus Rücksicht gegenüber den Ansichten anderer Organe (hier des UN-Sicherheitsrats) dürfe der Gerichtshof nicht „den Grundwerten den Rücken kehren, die der Gemeinschaftsrechtsordnung zugrunde liegen und zu deren Schutz er verpflichtet ist.“[219] Zwar darf die Union mit den völkerrechtlichen Überformungen nicht nachlässig umgehen, sie muss sie aber keineswegs bedingungslos hinnehmen.[220] Ebenso wenig wie die Staaten geht Europa in einer Meta-Ordnung auf; jede Ordnung muss für sich Antworten auf neue Herausforderungen – wie die zielgerichteten Sanktionen des Sicherheitsrats – finden.[221]

Die *Bosphorus*-Judikatur gibt insofern den Weg vor: *Solange* die Vereinten Nationen im Sinne dieser Rechtsprechung keinen Mechanismus für eine unabhängige gerichtliche

---

212 Vgl. *Kämmerer*, Die Urteile „Kadi“ und „Yusuf“ und ihre Folgen, EuR 2008, 65 (74).

213 Da die Schlussanträge vor Verbindlichwerden des Vertrages von Lissabon und damit auch vor Verbindlichwerden der Grundrechtecharta ergingen, kann *Maduro* mit Grundrechten in diesem Sinne bzw. mit der „autonomen Rechtsordnung“ nicht die Charta gemeint haben, sondern die Garantien der EMRK, die – neben den Verfassungsüberlieferungen der Mitgliedstaaten – auf Gemeinschaftsebene erst zur Entwicklung eines Grundrechtsschutzes geführt haben.

214 Nunmehr wäre es die Unionsrechtsordnung.

215 Vgl. die Schlussanträge des GAs *Maduro* vom 16.01.2008 zu EuGH, C-402/05 P, Slg. 2008, I-6351 – *Kadi*, Ziff. 20, 22.

216 Ebenda, Ziff. 24.

217 EuGH, Urteil vom 30.07.1996, Rs. C-84/95, Slg. 1996, I-3953 – *Bosphorus*.

218 Schlussanträge des GAs *Jacobs* vom 30.04.1996 zu EuGH, C-84/95, Slg. 1996, I-3953 – *Bosphorus*, Ziff. 53.

219 Vgl. die Schlussanträge des GAs *Maduro* vom 16.01.2008 zu EuGH, C-402/05 P, Slg. 2008, I-6351 – *Kadi*, Ziff. 44.

220 Vgl. *Franzius*, Wer macht in Europa Menschenrechtspolitik? Politik und Recht im Zeichen des Terrors, in: Rudolf (Hrsg.), Europa und die Menschenrechte. Zwischen Anspruch und Wirklichkeit, i.E., 8.

221 Ebenda.

Kontrolle bereitstellen, welche die Vereinbarkeit der vom Sicherheitsrat und vom Sanktionsausschuss getroffenen Entscheidungen mit den Grundrechten garantiert, haben die Gerichte der Gemeinschaft bzw. der Union die Maßnahmen, die die (Gemeinschafts-) organe zur Umsetzung dieser Entscheidungen erlassen, in vollem Umfang auf ihre Vereinbarkeit mit den in der Gemeinschaftsrechtsordnung[222] anerkannten Grundrechten zu überprüfen. Damit schließen die Schlussanträge mit einer an die *Solange I*-Entscheidung des BVerfG erinnernden Überlegung: Bei einem effektiven und genuinen Rechtsschutz auf Ebene der Vereinten Nationen könne die Gemeinschaft ihre Kontrollverpflichtung eventuell zurücknehmen.[223]

Wie festgestellt gibt es auf UN-Ebene aber keinen ausreichenden Rechtsschutz gegen *targeted sanctions*.[224] Das kann in der Konsequenz nur bedeuten, dass der EuGH auf den Prüfstand gerufen wird, um die angefochtene Verordnung für nichtig zu erklären, soweit sie den Rechtsmittelführer betrifft.

bb) EuGH-Rechtsprechung im Fall Kadi[225]

(1) Argumentation des Gerichtshofes

α) Die EU im Gefüge des Völkerrechts: Befugnis zur gerichtlichen Kontrolle?

In Verteidigung der Eigenständigkeit der Rechtsordnung der EG und deren Charakters als Rechtsgemeinschaft, folgte der in zweiter Instanz angerufene Luxemburger Gerichtshof weitestgehend den Ausführungen des Generalanwalts *Maduro*.[226] Er hob die Urteile des EuG in den Fällen *Yusuf* und *Kadi* auf und stellte klar, dass auch gegen völkerrechtsdeterminiertes Gemeinschaftsrecht europäischer Rechtsschutz gegeben ist.[227] Die angegriffene Verordnung sei wegen Verstoßes gegen Grundrechte der Union nichtig.[228] Mit dieser – einem Paukenschlag gleichkommenden und dem „aufgeklärten Absolutismus" der UN mit dem Sicherheitsrat an der Spitze eine Absage erteilenden[229] –

---

222 Jetzt ‚Unionsrechtsordnung'.

223 Vgl. die Schlussanträge des GAs *Maduro* vom 16.01.2008 zu EuGH, C-402/05 P, Slg. 2008, I-6351 – *Kadi*, Ziff. 54.

224 Vgl. 6. Kap. C. II. 1.

225 EuGH, Urteil vom 03.09.2008, Rs. C-402/05 P und C-415/05 P, Slg. 2008, I-6351 – *Kadi und Al Barakaat International Foundation/Rat und Kommission*.

226 Vgl. ebenso *Fremuth*, Private im Fadenkreuz des Sicherheitsrats – Zu der Terrorliste des UN-Sicherheitsrats, weißen Rittern und verpassten Chancen, Vereinte Nationen 2009, 111 (115).

227 Vgl. *Sauer*, Rechtsschutz gegen völkerrechtsdeterminiertes Gemeinschaftsrecht? – Die Terroristenlisten vor dem EuGH, NJW 2008, 3685 (3685).

228 EuGH, Urteil vom 03.09.2008, Rs. C-402/05 P und C-415/05 P, Slg. 2008, I-6351 – *Kadi und Al Barakaat International Foundation/Rat und Kommission*, Ziff. 372. Der Gerichtshof erhielt die Wirkungen der Verordnung jedoch für einen Zeitraum von drei Monaten aufrecht, woraufhin die Europäische Kommission – nach Einholung und Prüfung einer Stellungnahme des Betroffenen – am 28.11.2008 die neue Verordnung (EG) Nr. 1190/2008 erließ, mit der das Einfrieren der Gelder von Herrn *Kadi* aufrechterhalten wurde. Herr *Kadi* hat die neue Verordnung beim EuG angefochten, welches diese – unter Bezugnahme auf die entsprechende Judikatur des EuGH – erneut für nichtig erklärte (EuG, Urteil vom 30.09.2010, Rs. T-85/09, Slg. 2010, II-5177 – *Kadi/Kommission*).

229 Vgl. zum neuen Weltgesetzgeber: *Talmon*, The Security Council as World Legislature, AJIL 2005, 175 ff.

Rechtsmittelentscheidung hat der EuGH das Verhältnis primären Gemeinschaftsrechts zum Völkerrecht grundlegend justiert.[230]

Herzstück der Entscheidung ist zweifelsohne die Erörterung der Grundsatzfrage, ob und inwieweit den europäischen Gerichten eine Kontrolle von Verordnungen gestattet ist, die der detailtreuen Umsetzung imperativer Vorgaben des Sicherheitsrats der UN dienen.[231] Während das EuG diesbezüglich mit seinem *ius cogens*-Maßstab zwischen ja und nein lavierte, bezieht der EuGH in *Kadi* eine klare Position.

Zunächst konturiert und arrondiert der Gerichtshof die EG als ein „Self-contained Regime" bzw. ein „in sich abgeschlossenes Rechtssystem"[232] und leitet daraus ein umfängliches Prüfungsrecht her, welches er auf drei Überlegungen[233] stützt: erstens könnten „internationale Übereinkünfte nicht die in den Verträgen festgelegte Zuständigkeitsordnung und damit nicht die Autonomie des Rechtssystems der Gemeinschaft beeinträchtigen"; zweitens seien „die Grundrechte integraler Bestandteil der allgemeinen Rechtsgrundsätze, deren Wahrung der Gerichtshof zu sichern hat"; und drittens ergebe sich aus der Rechtsprechung des EuGH, dass „die Achtung der Menschenrechte eine Voraussetzung für die Rechtmäßigkeit der Handlungen der Gemeinschaft ist (…), und dass Maßnahmen, die mit der Achtung dieser Rechte unvereinbar sind, in der Gemeinschaft nicht als rechtens anerkannt werden können". Mittels dieser Erwägungen stellt der Gerichtshof klar, dass die gerichtliche Überprüfungsbefugnis als „Ausdruck einer Verfassungsgarantie in einer Rechtsgemeinschaft"[234] den Regelfall darstellt und zu den Kernelementen der Gemeinschaftsrechtsordnung zu zählen ist.[235] Dies gelte auch, wenn die betreffende internationale Maßnahme der Gemeinschaft Umsetzungsspielräume beließe.[236] Gleichwohl sei Gegenstand des Verfahrens ausschließlich die in Frage stehende EG-Verordnung, nicht hingegen die SR-Resolution selbst.[237] Als Prüfungsobjekt dient demgemäß nur das Unionsrecht.

Die Frage, ob angesichts der bedeutenden Position des Sicherheitsrats bei Handlungen der Organe, die dessen Resolutionen umsetzen, eine Ausnahme von einer umfassenden

---

230 Vgl. *Ohler*, Gemeinschaftsrechtlicher Rechtsschutz gegen personengerichtete Sanktionen des UN-Sicherheitsrats, EuZW 2008, 630 (630).

231 Vgl. *Kämmerer*, Das Urteil des Europäischen Gerichtshofs im Fall „Kadi": Ein Triumph der Rechtsstaatlichkeit?, EuR 2009, 114 (117). Auf die Frage, ob die EG die Zuständigkeit zum Erlass entsprechender Verordnungen überhaupt innehat, soll hier nicht weiter eingegangen werden, da der EuGH diese nach eingehender Prüfung im Ergebnis bejahte (vgl. EuGH, Urteil vom 03.09.2008, Rs. C-402/05 P und C-415/05 P, Slg. 2008, I-6351 – *Kadi und Al Barakaat International Foundation/Rat und Kommission*, Ziff. 158-247).

232 Vgl. *Scholz*, Die „Antiterrorliste" des Sicherheitsrats der Vereinten Nationen, NVwZ 2009, 287 (288).

233 EuGH, Urteil vom 03.09.2008, Rs. C-402/05 P und C-415/05 P, Slg. 2008, I-6351 – *Kadi und Al Barakaat International Foundation/Rat und Kommission*, Ziff. 282 ff.

234 Vgl. *Spranger*, Europäischer Grundrechtsschutz im Kontext vernetzter Rechtsordnungen, EuR 2009, 514 (522).

235 Vgl. *Arndt/Köngeter*, Das Terrorlisten-Urteil des EuGH, Wissenschaftliche Dienste des Deutschen Bundestages vom 06.11.2008, Nr. 25/08, 2.

236 Vgl. *Deja/Frau*, Smart Sanctions des VN-Sicherheitsrats und Spielräume bei der Umsetzung innerhalb der EG, JURA 2008, 609 (612).

237 EuGH, Urteil vom 03.09.2008, Rs. C-402/05 P und C-415/05 P, Slg. 2008, I-6351 – *Kadi und Al Barakaat International Foundation/Rat und Kommission*, Ziff. 286 f.

gerichtlichen Rechtmäßigkeitskontrolle begründet werden kann, wird – nach recht weitschweifenden Ausführungen zur Völkerrechtsfreundlichkeit der Gemeinschaft[238] – auf kategorische Weise negiert: Einerseits entbehre die Idee eines primärrechtlich verankerten Anwendungsvorrangs des UN-Rechts vor dem Gemeinschaftsrecht jeder Grundlage im EG-Vertrag,[239] andererseits erlaube dieser Kontrakt (Art. 297, 307 EGV) keine Suspendierung der Gemeinschaftsgrundrechte zugunsten von Verpflichtungen aus der UN-Charta.[240] Auch dem Vorbringen der Rechtsmittelgegner, die Nichtjustiziabilität der betreffenden Verordnung sei zumindest aus einem der UN-Rechtsordnung geschuldeten „Respekt" abzuleiten, welches an die Doktrin „forum non conveniens" des Common-law-Rechtskreises erinnert,[241] erteilt der EuGH eine Absage.[242] Voraussetzung dafür sei vielmehr – so das implizite „*Solange*-style dialogic element" des Luxemburger Gerichtshofes[243] – ein hinreichender Individualrechtsschutz auf Ebene der Vereinten Nationen; das derzeitige Überprüfungsverfahren biete aber „offenkundig nicht die Garantien eines gerichtlichen Rechtsschutzes".[244]

β) Grundrechtsprüfung des EuGH

Nachdem der Luxemburger Gerichtshof also die gerichtliche Überprüfbarkeit von EG-Verordnungen, die in Umsetzung von Sicherheitsratsresolutionen ergangen sind, bejaht hat, nimmt er die materiellrechtliche Prüfung am Maßstab der Gemeinschaftsgrundrechte vor. Angesichts der fehlenden Kontrollinstanz auf UN-Ebene und dem daraus resultierenden Rechtsschutzdefizit, kann das Ergebnis – Befund auf Rechtsverletzung – kaum überraschen.

Das Grundrecht auf ein faires Verfahren, das den Grundsatz des effektiven gerichtlichen Rechtsschutzes, die Verteidigungsrechte und den Anspruch auf rechtliches Gehör inkludiert,[245] zu den allgemeinen Grundsätzen des Gemeinschaftsrechts gehört und sowohl in den Art. 6 und 13 EMRK als auch in Art. 47 GRCh verbürgt ist, sei bereits auf-

---

238 Ebenda, Ziff. 291-297.

239 Ebenda, Ziff. 300.

240 Ebenda, Ziff. 301-304. Vgl. auch *Schmalenbach*, Bedingt kooperationsbereit: Der Kontrollanspruch des EuGH bei gezielten Sanktionen der Vereinten Nationen, JZ 2009, 35 (37 f.).

241 Siehe *Schmalenbach*, Bedingt kooperationsbereit: Der Kontrollanspruch des EuGH bei gezielten Sanktionen der Vereinten Nationen, JZ 2009, 35 (39). Nach dieser Doktrin dürfen Gerichte ihre Zuständigkeit verneinen, wenn nach ihrem Ermessen ein anderes Forum für die Interessen aller Parteien und für die Wahrung des Rechts geeigneter erscheint (vgl. dazu *Berger*, Zuständigkeit und forum non conveniens im amerikanischen Zivilprozess, RabelsZ 1977, 39 ff.).

242 EuGH, Urteil vom 03.09.2008, Rs. C-402/05 P und C-415/05 P, Slg. 2008, I-6351 – *Kadi und Al Barakaat International Foundation/Rat und Kommission*, Ziff. 318 ff. Vgl. ebenso *Sauer*, Rechtsschutz gegen völkerrechtsdeterminiertes Gemeinschaftsrecht? – Die Terroristenlisten vor dem EuGH, NJW 2008, 3685 (3686).

243 Vgl. *Sabel/Gerstenberg*, Constitutionalising an Overlapping Consensus: The ECJ and the Emergence of a Coordinate Constitutional Order, ELJ 2010, 511 (529).

244 EuGH, Urteil vom 03.09.2008, Rs. C-402/05 P und C-415/05 P, Slg. 2008, I-6351 – *Kadi und Al Barakaat International Foundation/Rat und Kommission*, Ziff. 322. Vgl. auch *Ohler*, Gemeinschaftsrechtlicher Rechtsschutz gegen personengerichtete Sanktionen des UN-Sicherheitsrats, EuZW 2008, 630 (632). Siehe dazu bereits ausführlich 6. Kap. C. II. 1.

245 Vgl. *Schmalenbach*, Bedingt kooperationsbereit: Der Kontrollanspruch des EuGH bei gezielten Sanktionen der Vereinten Nationen, JZ 2009, 35 (39).

grund des Unterbleibens jeglicher Mitteilung an den Betroffenen offenkundig verletzt.[246] Zwar erkennt der EuGH an, dass keine Pflicht bestehe, den Betroffenen schon vor erstmaliger Aufnahme in die Liste anzuhören, da die Sanktionsmaßnahme andernfalls ihren präventiven Zweck – die Bekämpfung der Terrorismusfinanzierung – verfehlen würde.[247] Ein gänzlicher Ausschluss der Informationsrechte sei aber nicht zulässig und verletze die klägerischen Verteidigungsrechte.[248] Insbesondere die fehlende Offenlegung von Informationen selbst dem Gericht gegenüber, vereitle jegliche richterliche Rechtmäßigkeitskontrolle der streitigen Verordnung, weshalb der EuGH auch das Recht auf effektiven gerichtlichen Rechtsschutz als verletzt ansieht.[249] Es wurden demzufolge die grundlegenden Anforderungen des Menschenrechts auf ein faires Verfahren missachtet.[250]

In einem zweiten Schritt wendet sich der Gerichtshof der Frage zu, ob das gezielte Einfrieren privater Vermögenswerte durch die Verordnung (EG) Nr. 881/2001 einen Eingriff in das Grundrecht auf Achtung des Eigentums darstellt, zu dessen Bestimmung er Art. 1 ZP Nr. 1 EMRK heranzieht.[251] Die Maßnahme sei zwar nicht enteignender, sondern lediglich präventiver Natur, doch müsse auch eine „Beschränkung des Gebrauchs des Eigentumsrechts“ als erheblich angesehen werden.[252] Mit Blick auf die Qualität des verfolgten Ziels, die vorgesehene humanitäre Ausnahmeklausel sowie die vorhandenen Kontrollmöglichkeiten, bestehe grundsätzlich allerdings eine Rechtfertigungsmöglichkeit.[253] Der herausragende Zweck – der Kampf gegen den internationalen Terrorismus – heiligt insofern die Mittel. Mit Art. 1 ZP Nr. 1 EMRK sei aber das Recht verbunden, in einem Verfahren eine angemessene Gelegenheit geboten zu bekommen, seinen Standpunkt vorzubringen.[254] Diese „Anreicherung des Eigentumsschutzes“ entnimmt der EuGH der Straßburger Judikatur,[255] nach welcher eine Anhörungspflicht der betroffenen Personen besteht, um diesen die Möglichkeit einer effektiven Bekämpfung der eigentumsbeeinträchtigenden Maßnahme vor den zuständigen Stellen zu gewähren.[256] Ein entsprechendes Verfahren stand den Betroffenen hier nicht zur Verfügung, was den Gerichtshof – auch angesichts der umfassenden Geltung und Dauer der ver-

---

246 EuGH, Urteil vom 03.09.2008, Rs. C-402/05 P und C-415/05 P, Slg. 2008, I-6351 – *Kadi und Al Barakaat International Foundation/Rat und Kommission*, Ziff. 333 ff.

247 Ebenda, Ziff. 336 ff.

248 Ebenda, Ziff. 348.

249 Ebenda, Ziff. 351.

250 So auch *Fassbender*, Targeted Sanctions and Due Process. The responsibility of the UN Security Council to ensure that fair and clear procedures are made available to individuals and entities targeted with sanctions under Chapter VII of the UN Charter. Study commissioned by the United Nations Office of Legal Affairs – Office of the Legal Councel – 20 March 2006 (final), S. 7 (Rn. 9) und S. 8 (Rn. 12).

251 EuGH, Urteil vom 03.09.2008, Rs. C-402/05 P und C-415/05 P, Slg. 2008, I-6351 – *Kadi und Al Barakaat International Foundation/Rat und Kommission*, Ziff. 356.

252 Ebenda, Ziff. 358.

253 Ebenda, Ziff. 363.

254 Ebenda, Ziff. 368.

255 Siehe *Schmalenbach*, Bedingt kooperationsbereit: Der Kontrollanspruch des EuGH bei gezielten Sanktionen der Vereinten Nationen, JZ 2009, 35 (40).

256 EGMR, Urteil vom 21.05.2002, RJD 2002-VI – *Jokela/Finnland*, Ziff. 45.

hängten Sanktionen – zu dem Ergebnis gelangen lässt, dass vorliegend eine ungerechtfertigte Verletzung des Grundrechts auf Achtung des Eigentums i.S.v. Art. 1 ZP Nr. 1 EMRK gegeben ist.[257]

(2) Bewertung

α) Kompetenzüberschreitung oder Grundrechtsverantwortung?

Mit seiner Entscheidung im Fall *Kadi*[258] hat der Luxemburger Gerichtshof die (Gemeinschafts-)Grundrechte – wie sie vor allem aus der EMRK hervorgehen – nicht auf dem Altar der internationalen Terrorismusbekämpfung geopfert, sondern die betreffende sanktionsumsetzende Verordnung vollumfänglich an ihnen gemessen. Überschreitet er damit seine Kompetenzen oder ist das Pochen auf Einhaltung menschenrechtlicher Standards auch dem Völkerrecht gegenüber als notwendige Grundrechtsverantwortung des EuGH zu deuten?

Während *de Búrca* der Auffassung ist, der EuGH habe die Grundrechte in *Kadi* bloß gestärkt, um sich selbst nicht den Vereinten Nationen zu beugen,[259] sieht *Isiksel* in dieser Rechtsprechung „a prioritisation of basic rights within the supranational constitutional architectonic",[260] anlässlich derer sich der Gerichtshof nicht „über" eine andere Rechtsordnung, sondern lediglich „über" den Sicherheitsrat stellt, weil dieser keinen ausreichenden Rechtsschutz gegen *smart sanctions* bietet.[261]

Dass sich der Luxemburger Gerichtshof – angesichts des Risikos einer schleichenden Grundrechtsdiffusion durch die stetig zunehmende Vernetzung von Rechtsordnungen und Normierungsebenen – nicht auf die vergleichsweise bequeme Position des EuG zurückgezogen hat, sondern im Gegenteil die Fehlvorstellung, dass im Bereich des Kampfes gegen den Terrorismus die Grundrechte keine Geltung beanspruchen könnten, korrigiert hat,[262] war überfällig und verdient uneingeschränkte Zustimmung.[263] So birgt gerade die politische Brisanz dieses sich durch verschiedene Ebenen ziehenden Themas, die Gefährdung in sich, dass effektiver Grundrechtsschutz unter Hinweis auf andernfalls

257 EuGH, Urteil vom 03.09.2008, Rs. C-402/05 P und C-415/05 P, Slg. 2008, I-6351 – *Kadi und Al Barakaat International Foundation/Rat und Kommission*, Ziff. 370.

258 Sowie in vielen ähnlich gelagerten Fällen.

259 I.d.S. *de Búrca*, The European Court of Justice and the International Legal Order after *Kadi*, Harv. Int'l L.J. 2010, 1 (40 ff.); dementsprechend *Kämmerer*, Das Urteil des Europäischen Gerichtshofs im Fall „Kadi": Ein Triumph der Rechtsstaatlichkeit?, EuR 2009, 114 (119): „Um die Autonomie des Gemeinschaftsrechts gegenüber dem Völkerrecht zu bekräftigen und den Boden für die folgende rechtliche Überprüfung zu bereiten, erhöht der Gerichtshof (…) Kernelemente der primärrechtlichen Ordnung zu ‚Verfassungsgrundsätzen des EG-Vertrages'."

260 Vgl. *Isiksel*, Fundamental rights in the EU after Kadi and Al Barakaat, ELJ 2010, 551 (551).

261 Ebenda, 551 (564).

262 Vgl. *Ohler*, Gemeinschaftsrechtlicher Rechtsschutz gegen personengerichtete Sanktionen des UN-Sicherheitsrats, EuZW 2008, 630 (633).

263 Ebenso *Spranger*, Europäischer Grundrechtsschutz im Kontext vernetzter Rechtsordnungen, EuR 2009, 514 (524 f.).

drohende Sicherheitsrisiken für verzichtbar erklärt wird.[264] Genauso wenig aber wie die Bezugnahme auf überstaatliche Rechtsbindungen die Union hinter der Politik verstecken kann, um die Zuständigkeit ihrer Gerichte auf die Einhaltung von zwingendem Völkerrecht zu beschränken, kann der Verweis auf eine solche Rechtsbindung die gemeinschaftsrechtlichen bzw. unionsrechtlichen Grundrechtsmaßstäbe verdrängen.[265] Die Grundrechte lassen sich nicht in das Korsett des internationalen Sicherheitsnetzes schnüren, mit der Folge, dass sie ‚keine Luft mehr bekommen'. Die EU als einen „good international citizen"[266] begreifend, ist das Gemeinschaftsrecht – dem EuGH zufolge – eben nicht „Teil eines fragmentierten internationalen Rechtssystems, das über Kollisionsnormen wie Art. 103 UN-Charta in eine rudimentäre normenhierarchische Struktur gepresst wird."[267]

Zwar bedient sich der Gerichtshof zur Untermauerung seiner Position – im Gegensatz zum Generalanwalt *Maduro* – nicht des Topos von der eigenen Rechtsordnung transnationaler Dimension,[268] doch macht er ebenso deutlich, dass er als Verfassungsgericht der Gemeinschaft ausschließlich und maßgebend der Höherrangigkeit des primären Gemeinschaftsrechts zur Geltung verhelfen muss, während die Höherrangigkeit des UN-Rechts der Anspruch einer anderen Rechtsordnung ist.[269] Den großen Respekt dieser anderen Rechtsordnung gegenüber, verliert der EuGH dabei keineswegs aus den Augen,[270] nur einen Freibrief zur Erklärung des Weltausnahmezustands erklärt er nicht.[271] Aufgrund des Selbstverständnisses der Gemeinschaftsrechtsordnung darf dem Vorranganspruch der Charta der Vereinten Nationen – mit der systemgefährdenden Blankettvorschrift des Art. 103 UN-Charta – nicht die Geltung zukommen, die die Gemeinschaftsrechtsordnung seit *Costa/ENEL*[272] in den mitgliedstaatlichen Rechtsordnun-

264 Vgl. *Spranger*, Terrorismus und "smart sanctions": Die Umsetzung von UN-Sanktionsbeschlüssen vor dem Europäischen Gerichtshof, (Zugleich Anmerkung zu EuGH, v. 03.09.2008 – Rs. C-402/05), NZWehrR 2009, 221 ff.

265 So noch EuG, Urteil vom 21.09.2005, Rs. T-306/01, Slg. 2005, II-3533 – *Yusuf*; Urteil vom 21.09.2005, Rs. T-315/01, Slg. 2005, II-3649 – *Kadi*; dazu *Möllers*, Das EuG konstitutionalisiert die Vereinten Nationen, EuR 2006, 426.

266 Siehe *Dunne*, Good citizen Europe, International Affairs 2008, 13 ff.

267 Vgl. *Schmalenbach*, Bedingt kooperationsbereit: Der Kontrollanspruch des EuGH bei gezielten Sanktionen der Vereinten Nationen, JZ 2009, 35 (41).

268 Schlussanträge des GAs *Maduro* vom 16.01.2008 zu EuGH, C-402/05 P, Slg. 2008, I-6351 – *Kadi*, Ziff. 21.

269 EuGH, Urteil vom 03.09.2008, Rs. C-402/05 P und C-415/05 P, Slg. 2008, I-6351 – *Kadi und Al Barakaat International Foundation/Rat und Kommission*, Ziff. 288; kritisch *Kämmerer*, nach dessen Ansicht der auf seine Funktion als Verfassungsgericht fokussierte EuGH die Tatsache ignoriere, dass die Überprüfung von *smart sanctions* von der des zugrunde liegenden Völkerrechtsakts nicht völlig abstrahiert werden könne (*ders.*, Das Urteil des Europäischen Gerichtshofs im Fall „Kadi": Ein Triumph der Rechtsstaatlichkeit?, EuR 2009, 114 (119)).

270 Vgl. EuGH, Urteil vom 03.09.2008, Rs. C-402/05 P und C-415/05 P, Slg. 2008, I-6351 – *Kadi und Al Barakaat International Foundation/Rat und Kommission*, Ziff. 318.

271 Vgl. *Franzius*, Wer macht in Europa Menschenrechtspolitik? Politik und Recht im Zeichen des Terrors, in: Rudolf (Hrsg.), Europa und die Menschenrechte. Zwischen Anspruch und Wirklichkeit, i.E., 8.

272 EuGH, Urteil vom 15.07.1964, Rs. 6/64, Slg. 1964, 1253 (1270) – *Costa/E.N.E.L.*

gen entfaltet.[273] Dieser absolute Vorrang, welcher als „Grundpfeiler des Gemeinschaftsrechts“ bezeichnet und nunmehr auch in der 17. Erklärung zum Vertrag von Lissabon genannt wird,[274] ist jedoch nur *solange* möglich, wie die Union einen Grundrechtsschutz gewährleistet, der dem der Mitgliedstaaten in nichts nachsteht.[275] Die völkerrechtliche Rechtsordnung der Vereinten Nationen stellt einen solchen *äquivalenten* Schutz (bislang) nicht zur Verfügung. Der Druck, den der EuGH mit seiner *Kadi*-Judiaktur ausübt, mag die Etablierung von Rechtsschutzgarantien – als Herz der *Rule of Law* – auf internationaler Ebene indes begünstigen.

Die Legitimität des Schutzes des eigenen Wertesystems vor Fremdeinwirkung wurde jüngst auch vom BVerfG, in dessen prominentem *Lissabon*-Urteil,[276] bekräftigt:

> „Das Grundgesetz erstrebt die Einfügung Deutschlands in die Rechtsgemeinschaft friedlicher und freiheitlicher Staaten. Es verzichtet aber nicht auf die (…) Souveränität als Recht eines Volkes, über die grundlegenden Fragen der eigenen Identität konstitutiv zu entscheiden. Insofern widerspricht es nicht dem Ziel der Völkerrechtsfreundlichkeit, wenn der Gesetzgeber ausnahmsweise Völkervertragsrecht (…) nicht beachtet, sofern nur auf diese Weise ein Verstoß gegen tragende Grundsätze der Verfassung abzuwenden ist (…). Eine entsprechende Auffassung hat auch der Gerichtshof der Europäischen Gemeinschaften mit seiner Entscheidung vom 3. September 2008 in der Rechtssache Kadi zugrundegelegt, wonach dem völkerrechtlichen Geltungsanspruch einer Resolution des Sicherheitsrats der Vereinten Nationen grundlegende Rechtsprinzipien der Gemeinschaft entgegengehalten werden können (…). Damit hat der Gerichtshof in einem Grenzfall die Selbstbehauptung eigener Identität als Rechtsgemeinschaft über die ansonsten respektierte Bindung gestellt: Eine solche Rechtsfigur ist nicht nur im Völkerrechtsverkehr als Berufung auf den ordre public als Grenze vertraglicher Bindung vertraut; sie entspricht jedenfalls bei einem konstruktiven Umgang auch der Idee von nicht strikt hierarchisch gegliederten politischen Ordnungszusammenhängen. Es bedeutet in der Sache jedenfalls keinen Widerspruch zu dem Ziel der Europarechtsfreundlichkeit, das heißt zu der von der Verfassung geforderten Mitwirkung der Bundesrepublik Deutschland an der Verwirklichung eines vereinten Europas (Präambel, Art. 23 Abs. 1 Satz 1 GG), wenn ausnahmsweise, unter besonderen und engen Voraussetzungen, das Bundesverfassungsgericht Recht der Europäischen Union für in Deutschland nicht anwendbar erklärt.“[277]

Wie Völkervertragsrecht der deutschen Verfassung gegenüber zwar mit einer erhöhten Bruchfestigkeit ausgestattet, jedoch nicht unumstößlich ist, so kann auch ein völkerrechtlicher Vertrag die verfassungsrechtlich verbriefte Kontrollprärogative des Luxemburger Gerichthofes nicht bedingungslos zu Fall bringen. Um einen offenen Konflikt mit dem UN-Sicherheitsrat zu vermeiden, hätte der EuGH sich unter Bezugnahme auf die bestehende Komplexität der Mehrebenenproblematik – ähnlich dem EuG – für nicht zuständig erklären können. Stattdessen hat er eine eindeutige Stellungnahme zur Beachtung menschenrechtlicher Standards in Zeiten der internationalen Terrorismusbekämp-

---

273 So *Schmalenbach*, Bedingt kooperationsbereit: Der Kontrollanspruch des EuGH bei gezielten Sanktionen der Vereinten Nationen, JZ 2009, 35 (42).

274 17. Erklärung zum Vorrang (ABl. C 83 vom 30.03.2010, 344).

275 BVerfGE 73, 339 – *Solange II.*

276 BVerfGE 123, 267 – *Lissabon.*

277 Ebenda, Ziff. 340 (Hervorhebung durch Verfasserin).

fung nicht gescheut und damit ein Exempel statuiert. Wird auf Ebene der Vereinten Nationen kein effektiver Grundrechtsschutz geboten, so wird ‚Luxemburg' auf den Prüfstand gerufen, um die (Gemeinschafts-)grundrechte durchzusetzen. Diese Vorgehensweise bedeutet Grundrechtsverantwortung, nicht Kompetenzüberschreitung.

β) „Selbstbehauptung eigener Identität"[278]

Gerade diese identitätsbildende Funktion einer europäischen Menschenrechtspolitik ist es, die das Anwenden und Durchsetzen der, um in *Maduros* Worten zu sprechen, „eigene(n) Rechtsordnung transnationalen Umfangs"[279] so dringlich erscheinen lässt. Mit Inkrafttreten des Vertrages von Lissabon hat diese autonome Rechtsordnung sogar ihren eigenen, an die gesellschaftliche Entwicklung sowie den wissenschaftlichen und technologischen Wandel angepassten Grundrechtekatalog in Form der Charta der Grundrechte erhalten. Dass eben auch dieser ernst genommen und in der Praxis durchgesetzt werden soll, zeigt sich nicht nur daran, dass der EuGH zunehmend Bezug auf die Grundrechtecharta nimmt,[280] auch lassen eine Reihe aktueller Maßnahmen der Unionsorgane diese Tendenz erkennen.

Sowohl das Europäische Parlament[281] als auch der Europäische Rat[282] haben die Förderung der Grundrechte in der Union zu einer ihrer Prioritäten für die zukünftige Gestaltung des Raums der Freiheit, der Sicherheit und des Rechts erkoren. Als Mitglied der Europäischen Kommission wurde das neue Ressort des „Kommissars für Justiz, Grundrechte und Bürgerschaft" eingerichtet,[283] und die Kommissionsmitglieder haben sich bei einem feierlichen Eid vor dem Luxemburger Gerichtshof zur Achtung der Grundrechtecharta verpflichtet.[284] Im Oktober 2010 verabschiedete die Europäische Kommission sogar eine „Strategie zur wirksamen Umsetzung der Charta der Grundrechte durch die

278 BVerfGE 123, 267 – *Lissabon*, Ziff. 340.

279 Schlussanträge des GAs *Maduro* vom 16.01.2008 zu EuGH, C-402/05 P, Slg. 2008, I-6351 – *Kadi*, Ziff. 21.

280 Die erste Entscheidung des EuGH, in der die Grundrechtecharta und nicht die EMRK zur Grundlage gemacht wurde, ist das Urteil vom 09.11.2010 in der Rechtssache *Schecke und Eifert* (verb. Rs. C-92/09 und C-93/09, Slg. 2010, I-11063), in der es um die Veröffentlichung der Empfänger von EU-Agrarsubventionen im Internet ging. Der Gerichtshof stellte fest, dass sich die in Art. 7 GRCh anerkannte Achtung des Privatlebens hinsichtlich der Verarbeitung personenbezogener Daten (Art. 8 GRCh) auf jede Information erstreckt, die eine bestimmte oder bestimmbare natürliche Person betrifft, dass aber auch Einschränkungen des Rechts auf Schutz der personenbezogenen Daten gerechtfertigt sein können, wenn sie denen entsprechen, die im Rahmen der EMRK geduldet werden. Nach einer ausgewogenen Gewichtung der verschiedenen beteiligten Interessen – einerseits der Anspruch der Steuerzahler, über die Verwendung der öffentlichen Gelder informiert zu werden, andererseits die genannten Chartarechte der Kläger – erklärte der EuGH die einschlägigen Normen, die die Veröffentlichung der Empfänger im Internet in einer undifferenzierten Art und Weise vorschreiben, für ungültig.

281 Entschließung des Europäischen Parlaments vom 25.11.2009 zu der Mitteilung der Kommission – Ein Raum der Freiheit, der Sicherheit und des Rechts im Dienst der Bürger – Stockholm-Programm, P7_TA(2009)0090.

282 Das Stockholmer Programm – Ein offenes und sicheres Europa im Dienste und zum Schutz der Bürger (ABl. C 115 vom 04.05.2010).

283 Das am 10.02.2010 – mit der *Kommission Barroso II* – neu geschaffene Amt bekleidet derzeit *Viviane Reding*.

284 Der Wortlaut der feierlichen Erklärung vom 03.05.2010 ist zu finden in Dok. IP/10/487.

Europäische Union".[285] Aus dieser geht hervor, dass die Charta als Richtschnur für die gesamte EU-Politik und für deren Umsetzung in den Mitgliedstaaten dienen muss, weshalb sich die Kommission künftig auf jeder Stufe des Gesetzgebungsverfahrens vergewissern wird, dass alle EU-Vorschriften mit der Charta in Einklang stehen.[286] Die Mitteilung will somit eine „Grundrechtskultur" auf EU-Ebene entstehen lassen, die bereits bei der Konzeption von Rechtssetzungsentwürfen in den Kommissionsdienststellen einsetzt. Folglich weitet sich die *ex post*-Prüfung der Grund- und Menschenrechte durch den EuGH auf die *ex ante*-Kontrolle während des gesamten Rechtssetzungsprozesses aus.[287]

Um eine vorbildliche Grundrechtsbilanz in der Union zu gewährleisten und die europäische Öffentlichkeit besser über die Möglichkeiten des Grundrechtschutzes aufzuklären und zu sensibilisieren,[288] führt die Kommission unterschiedliche Maßnahmen ins Feld. Dazu zählt die gewissenhafte Achtung der Grundrechte in der EU – anhand der sogenannten „Grundrechts-*Checkliste*" – zur Förderung einer „Grundrechtskultur" und auch in Anbetracht des bevorstehenden Beitritts der Union zur EMRK, durch den sich die Union der externen Kontrolle des Straßburger Gerichtshofes unterwirft. „Je besser die Union dafür sorgt, dass ihre Rechtsakte den Grundrechten uneingeschränkt Rechnung tragen, je geringer ist das Risiko, dass sie vom Europäischen Gerichtshof für Menschenrechte beanstandet werden."[289] Ein weiterer Schwerpunkt liegt in der Bereitstellung und Verbesserung der Bürger-Informationen – insbesondere auch bezüglich der Frage, wo Beschwerden wegen einer Grundrechtsverletzung einzureichen sind –, die über das neue *e-Justice-Portal*[290] der Kommission gelingen soll; auch die Grundrechteagentur könnte insofern unterstützende Hilfe leisten. Darüber hinaus wird es einen jährlichen Bericht bezüglich der Anwendung der Grundrechtecharta geben, der die transparente, kontinuierliche und kohärente Darstellung der erzielten Fortschritte in den Bereichen, in denen die Union Handlungsbefugnis hat, verfolgt, um die zukünftige Poli-

---

285 Mitteilung der Europäischen Kommission vom 19.10.2010, KOM(2010) 573 endg.

286 I.d.S. auch *Schroeder*, Neues zur Grundrechtskontrolle in der Europäischen Union, EuZW 2011, 462 (464).

287 So auch *Wehlau/Lutzhöft*, Grundrechte-Charta und Grundrechts-Checkliste – eine dogmatische Selbstverpflichtung der EU-Organe, EuZW 2012, 45 (50). So prüft und gewährleistet auch der Rat der Europäischen Union, dass die von ihm vorgeschlagenen Änderungen und die Initiativen der Mitgliedstaaten mit den Grundrechten vereinbar sind und im Einklang mit der Charta stehen, damit sichergestellt ist, dass die vom Rat erstellten Rechtsakte ein „Grundrechtesiegel" tragen (siehe dazu den Vermerk des Rates der Europäischen Union vom 11.02.2011, Dok. 6387/11, 4, Ziff. 8). Er sei dabei fest entschlossen, „seine Bemühungen für eine wirksame Umsetzung aller Bestimmungen der Charta fortzusetzen" (vgl. den Vermerk des Rates der Europäischen Union vom 20.05.2011, Dok. 10139/1/11, 8, Ziff. 29).

288 Einer Umfrage zufolge, welche von dem Europäischen Bürgerbeauftragten und dem Europäischen Parlament in Auftrag gegeben wurde, fühlen sich 72 % der europäischen Bürger nicht gut über die Grundrechtecharta informiert (siehe die Pressemitteilung des Europäischen Bürgerbeauftragten vom 18.03.2011, EO/11/06).

289 Mitteilung der Europäischen Kommission vom 19.10.2010, KOM(2010) 573 endg.

290 Das Europäische Justizportal bietet grundlegende Informationen und Links zur Rechtspraxis und Legislatur: Gerichtsorganisation, Gesetzgebung, Verfahrensabläufe in bestimmten Verfahrensarten und Justizberufe in den einzelnen Mitgliedstaaten sind einige der Themen, die in 22 Amtssprachen behandelt werden. Weitere Funktionen wie die Verknüpfung mit den nationalen Registern für Insolvenzen, Testamente, Grundbucheinträge und Unternehmen sollen bis 2013 hinzugefügt werden.

tik auszurichten.[291] Auch sollen in verstärktem Maße interne (Grundrechts-)Fortbildungen durchgeführt und die anderen Organe der EU ermutigt werden, bei ihrer Gesetzgebungsarbeit die uneingeschränkte Achtung der Charta sicherzustellen.

Mit dieser Strategie spielt die Europäische Kommission ihre „role as a watchdog of EU law and of the Charter“[292] perfekt.

γ) *Auswirkungen auf das Verhältnis von EuGH und EGMR*

Welche Auswirkungen haben die *Kadi*-Rechtsprechung des EuGH und die verstärkte praktische Umsetzung der Grundrechtecharta in der Union aber auf das Verhältnis von ‚Luxemburg' zu ‚Straßburg'?

Fest steht jedenfalls, dass der EuGH, hätte er den Grundrechtsschutz versagt, einen Konflikt mit dem Straßburger Gerichtshof provoziert hätte. Er hat indes „den Ball, den ihm der EGMR in seiner *Bosphorus*-Entscheidung zugespielt hat, aufgenommen und – im Gegensatz zum Gericht erster Instanz – für einen effektiven Grundrechtsschutz innerhalb der Gemeinschaft gesorgt.“[293] Dieser Rechtsschutz ist mit dem der EMRK qualitativ vergleichbar im Sinne der *Bosphorus*-Judikatur,[294] setzt der Luxemburger Gerichtshof doch die Garantien der Konvention (Art. 6, 13 EMRK; Art. 1 ZP Nr. 1 EMRK) – sowohl in ihrem materiellen Gehalt als auch prozessual – durch und übernimmt zusätzlich in pointierter Weise die Straßburger Jurisdiktion[295]. Dass der EuGH in *Kadi* einen Schutz der Konventionsrechte selbst den Vereinten Nationen gegenüber erwirkt hat, ist als ein eindeutiges Entgegenkommen dem EGMR gegenüber zu bezeichnen und gleichzeitig als Verbesserung des Grundrechtsschutzes auf Unionsebene. Die Pflicht zur wirksamen Umsetzung der Charta, wie sie aus der Strategie der Europäischen Kommission[296] und dem Verhalten des EuGH[297] hervorgeht, impliziert außerdem die Pflicht zur Umsetzung der EMRK, denn soweit die Charta Rechte enthält, „die den durch die Europäische Konvention zum Schutz der Menschenrechte und Grundfreiheiten garantierten Rechten entsprechen, haben sie die gleiche Bedeutung und Tragweite, wie sie ihnen (...) (dort) verliehen wird.“ Der Gerichtshof hat damit bereits vor Ver-

---

291 Siehe diesbezüglich den „Bericht 2010 über die Anwendung der Charta der Grundrechte der Europäischen Union“ (KOM(2011) 160 endg.) und das dazugehörige Arbeitsdokument vom 30.03.2011 (SEC(2011) 396 final) sowie den „Bericht 2011 über die Anwendung der Charta der Grundrechte der Europäischen Union“ (COM(2012) 169 final) mit den dazugehörigen Arbeitsdokumenten vom 16.04.2012 (SWD(2012) 84 final und SWD(2012) 85 final).

292 So *Viviane Reding* in einem Interview mit der Agentur der Europäischen Union für Grundrechte am 17.02.2011, <http://www.fra.europa.eu/fraWebsite/news_and_events/infocus11_1702_en.htm> (abgerufen am 02.03.2011).

293 Vgl. *Neudorfer*, Antiterrormaßnahme der Vereinten Nationen und Grundrechtsschutz in der Union – Die Zuständigkeit der Gemeinschaftsgerichte zur Kontrolle gemeinschaftsrechtlicher Umsetzungsakte von UN-Maßnahmen gegen die Taliban und Al Qaida, ZaöRV 2009, 979 (1001).

294 Siehe EGMR, Urteil vom 30.06.2005, Nr. 45036/98 – *Bosphorus/Irland*, Ziff. 155 = NJW 2006, 197.

295 In EuGH, Urteil vom 03.09.2008, Rs. C-402/05 P und C-415/05 P, Slg. 2008, I–6351 – *Kadi und Al Barakaat International Foundation/Rat und Kommission*, Ziff. 368 findet sich eine Verweis auf EGMR, Urteil vom 21.05.2002, RJD 2002-VI – *Jokela/Finnland*, Ziff. 45.

296 Mitteilung der Europäischen Kommission vom 19.10.2010, KOM(2010) 573 endg.

297 Z.B. EuGH, Urteil vom 09.11.2010, verb. Rs. C-92/09 und C-93/09, Slg. 2010, I-11063 – *Schecke und Eifert*.

bindlichwerden der Charta die Voraussetzungen des Art. 52 Abs. 3 S. 1 GRCh, welcher der EMRK einen unionalen Mindeststandard beimisst, erfüllt.[298]

Die Rechtsprechung des Luxemburger Gerichtshofes im Fall *Kadi* übermittelt aus diesen Gründen die Botschaft, dass der EuGH im Stande und insbesondere willens ist, die Konventionsgarantien ausreichend (i.S.v. Art. 52 Abs. 3 S. 1 GRCh) zu schützen und vor allem auch durchzusetzen.

Im Ergebnis könnte die *targeted sanctions*-Judikatur also ein politisches Signal dahingehend sein, dass die Rechte, die dem Einzelnen durch die EMRK verliehen werden, zunächst am besten vor dem EuGH erkämpft werden sollten. Da sich diese Praktik insbesondere positiv auf das Fallaufkommen vor dem EGMR auswirken würde, wird dieser Gedanke im nächsten Schritt zu prüfen sein.

III. Bedeutungsgehalt der Kadi-Judikatur: EMRK-Rechte (zunächst) vor dem EuGH durchsetzen

Im Falle der Verletzung eines Konventionsrechts sprechen viele Faktoren dafür, dass der Luxemburger Gerichtshof anzurufen ist, bevor ‚Straßburg' mit der Sache befasst wird.

Neben der Erfüllung der „*Bosphorus*-Kriterien" durch den EuGH und das neue Portfolio der Europäischen Kommission samt „Umsetzungsstrategie" zur Grundrechtecharta, signalisiert dies ebenfalls Art. 35 Abs. 1 EMRK, der eine Rechtswegerschöpfung vor Inanspruchnahme des EGMR verlangt. Bei primärer Anrufung ‚Luxemburgs' wäre diese Voraussetzung gegeben, wenngleich sie keine notwendige Vorbedingung jeder Befassung des Straßburger Gerichtshofes sein sollte. Auch die Tatsache, dass die ‚Luxemburger' Urteile *inter omnes* wirken, während die des EGMR lediglich *inter partes* verbindlich sind, ist ein Indiz für die Geltendmachung der Rechte der EMRK vor dem EuGH. Besonders hervorzuheben ist darüber hinaus, dass der Straßburger Gerichtshof bereits in *Bosphorus* betonte, dass das Vorlageverfahren gemäß Art. 267 AEUV zum EuGH ausreichend sei, um einen effektiven Individualrechtsschutz zu gewährleisten.[299] Gewiss gibt es diesbezüglich noch Verbesserungspotenzial, wie schon ausführlich dargelegt wurde,[300] doch ist das Vorabentscheidungsverfahren letztlich als ein effektives Instrument zur Rechtschutzgewährung einzustufen.

1. Reflexionspapier des EuGH zu bestimmten Aspekten des Beitritts der EU zur EMRK[301]

Von hoher Bedeutung ist überdies, dass die – mit dem bevorstehenden Beitritt der Union zur EMRK im Zusammenhang stehende – befürchtete Gefahr, der Luxemburger Ge-

298 Siehe dazu 4. Kap. B. III. 1.

299 Vgl. *Gebauer*, Parallele Grund- und Menschenrechtssysteme in Europa. Ein Vergleich der Europäischen Menschenrechtskonvention und des Straßburger Gerichtshofs mit dem Grundrechtsschutz in der Europäischen Gemeinschaft und dem Luxemburger Gerichtshof, 2007, S. 376.

300 Siehe 5. Kap. A. I. 1. b) aa).

301 Dokument vom 05.05.2010 = EuGRZ 2010, 366 f.

richtshof könne sein Verwerfungsmonopol verlieren,[302] gebannt wäre. Bekanntermaßen verlangt Art. 6 Abs. 2 EUV, dass die Zuständigkeiten der Union durch den Beitritt nicht verändert werden sollen, und Art. 1 Abs. 1 des 8. Protokolls zu Art. 6 Abs. 2 EUV über den Beitritt der Union zur Konvention bestimmt in diesem Sinne, dass „dafür Sorge getragen (werden soll), dass die besonderen Merkmale der Union und des Unionsrechts erhalten bleiben."[303] Aus diesen Gründen sah sich der EuGH veranlasst, Reflexionen zu speziellen Aspekten vorzulegen, die insbesondere sein ausschließliches Verwerfungsmonopol hinsichtlich der Gültigkeit von Unionsrecht betreffen. Nachdrücklich heißt es diesbezüglich in Ziffer 9 des Papiers:

> „Um dieses Merkmal (das Verwerfungsmonopol) des Rechtsschutzsystems der Union zu erhalten, muss verhindert werden, dass sich der Europäische Gerichtshof für Menschenrechte veranlasst sieht, über die Vereinbarkeit einer Unionshandlung mit der Konvention zu entscheiden, ohne dass sich der Gerichtshof zuvor abschließend dazu äußern konnte."

Gleichzeitig weist der Gerichtshof darauf hin, dass das in Art. 267 AEUV vorgesehene Vorabentscheidungsverfahren „aufgrund seiner dezentralen Natur, nach der die nationalen Gerichte für die Anwendung des Unionsrechts zuständig sind (Subsidiaritätsgrundsatz), seit mehr als einem halben Jahrhundert völlig zufriedenstellende Ergebnisse liefert".[304] *Reich* merkt hierzu an, der EuGH würde über das Verwerfungsmonopol hinausgehend praktisch eine Art „Argumentationspriorität" in allen Fragen, die das Unionsrecht betreffen, reklamieren.[305] Indes regt der Gerichtshof – auf Grundlage des Subsidiaritätsprinzips – lediglich eine Prüfung durch die Union dahingehend an, ob ihre Handlungen, die Gegenstand vor dem Straßburger Gerichtshof sein können, der internen Kontrolle ‚Luxemburgs' unterzogen werden können, bevor die externe Überprüfungsinstanz (EGMR) behelligt wird, um über den geltend gemachten Konventionsverstoß der fraglichen Maßnahme zu befinden.

Ob das ordnungsgemäße Funktionieren des unionalen Gerichtssystems entsprechender (formeller) Vorkehrungen bedarf, oder ob sich die vorherige Inanspruchnahme des Luxemburger Gerichtshofes ohnehin aus dem bereits stark ausgebildeten Kooperationsverhältnis von EuGH und EGMR und der möglichen Einführung eines Gutachtenverfahrens ergibt, ist die nächste zu prüfende Frage. Jedenfalls wird das Verwerfungsmonopol ‚Luxemburgs' durch den Beitritt der Union zur EMRK nicht tangiert; die besonderen Merkmale des Unionsrechts, welche sich vor allem aus dem Zusammenspiel zwischen der supranationalen Union und den Mitgliedstaaten ergeben, bleiben erhalten – insbesondere nach dem hier vorgeschlagenen Modell.

---

302 Diese Frage wird aufgeworfen von *Reich*, Beitritt der EU zur EMRK – Gefahr für das Verwerfungsmonopol des EuGH?, EuZW 2010, 641 (641).

303 ABl. C 83 vom 30.03.2010, 273; siehe diesbezüglich auch die Entschließung des Europäischen Parlaments vom 09.05.2010 zu den institutionellen Aspekten des Beitritts der Europäischen Union zur Europäischen Konvention zum Schutz der Menschenrechte und Grundfreiheiten, ABl. C 161 E vom 31.05.2011, 73, Erwägung G.

304 Dokument vom 05.05.2010 = EuGRZ 2010, 366 (367), Ziff. 10.

305 *Reich*, Beitritt der EU zur EMRK – Gefahr für das Verwerfungsmonopol des EuGH?, EuZW 2010, 641 (641).

2. *Einführung eines „co-respondent mechanism"*

Die Wahrung der Kompetenzen des Gerichtshofes in Luxemburg und Verfahren, die sowohl die EU als auch die Mitgliedstaaten betreffen, werden dennoch den Beitrittsverhandlungen zugeordnet. Damit wird dem EuGH die Sorge um seine Zuständigkeiten, namentlich seine Aufgabe, die Konformität von unionalen Rechtsakten mit den Grundrechten zu überprüfen,[306] gänzlich genommen.

Zwar ist es der Union nicht gestattet, nach Art. 36 Abs. 1 EMRK an Verfahren teilzunehmen, bei denen ein Unionsbürger Beschwerdeführer ist, doch soll ihr und dem jeweils betroffenen Mitgliedstaat im „draft agreement on the accession of the European Union to the Convention for the Protection of Human Rights and Fundamental Freedoms"[307] – zum Schutz der spezifischen Bedingungen des Unionsrechts – eine Art Streitgenossenschaft („co-respondent mechanism") gewährt werden.[308]

Diesbezüglich können zwei Konstellationen unterschieden werden: zum einen der Fall, dass ein Mitgliedstaat konventionswidrig handelt, zu diesem Verhalten jedoch durch sekundäres Unionsrecht verpflichtet ist (sekundärrechtsbedingter Konventionsverstoß, Art. 3 Abs. 2 E-BA[309]), zum anderen die Sachlage, dass sich die Union durch

---

306 Siehe dazu die Note der spanischen Präsidentschaft des Rates vom 02.06.2010 (Dokument 10568/10).

307 Die einschlägigen „working documents", die zuletzt in diesem Beitrittsabkommen mündeten, sind: „draft agreement on the accession of the EU to the Convention" (25.02.2011), CDDH-UE(2011)04; "explanatory report to the draft agreement on the accession of the EU to the Convention" (25.02.2011), CDDH-UE(2011)05; "meeting report" (18.03.2011), CDDH-UE(2011)06; "draft revised explanatory report to the agreement on the accession of the European Union to the European Convention on Human Rights (02.05.2011), CDDH-UE(2011)08; "meeting report" (16.05.2011), CDDH-UE(2011)10; "draft revised explanatory report to the draft agreement on the accession of the European Union to the European Convention on Human Rights" (15.06.2011), CDDH-UE(2011)11; "draft legal instruments on the accession of the European Union to the European Convention on Human Rights", (19.07.2011), CDDH-UE(2011)16fin (Stand: 22.08.2012).

308 Siehe dazu insbesondere den Vermerk der spanischen Präsidentschaft des Rates der Europäischen Union vom 17.02.2010 (Dok. 6582/10, 3) und vom 02.06.2010 (Dok. 10569/10).

309 Vgl. Art. 3 des "draft agreement on the accession of the European Union to the Convention for the Protection of Human Rights and Fundamental Freedoms" vom 19.07.2011, CDDH-UE(2011)16 fin, 4 f. (Hervorhebung durch Verfasserin):
"1. Article 36 of the Convention shall be amended as follows:
a. The heading of Article 36 shall be amended to read as follows: "Third party intervention and co-respondent".
b. The following paragraph shall be added at the end of Article 36:
"4. The European Union or a member State of the European Union may become a co-respondent to proceedings by decision of the Court in the circumstances set out in the Agreement on the Accession of the European Union to the Convention for the Protection of Human Rights and Fundamental Freedoms. A co-respondent is a party to the case. The admissibility of an application shall be assessed without regard to the participation of a corespondent in the proceedings."
2. Where an application is directed against one or more member States of the European Union, the European Union may become a co-respondent to the proceedings in respect of an alleged violation notified by the Court if it appears that such allegation calls into question the compatibility with the Convention rights at issue of a provision of European Union law, notably where that violation could have been avoided only by disregarding an obligation under European Union law.
3. Where an application is directed against the European Union, the European Union member States may become co-respondents to the proceedings in respect of an alleged violation notified by the Court if it appears that such allegation calls into question the compatibility with the Convention

einen Rechtsakt konventionswidrig verhält, sich zu diesem Handeln aber durch Primärrecht veranlasst sieht (primärrechtsbedingter Konventionsverstoß, Art. 3 Abs. 3 E-BA).[310] Die Ursache für den Verstoß gegen die EMRK kann in beiden Fallgruppen nur durch einen anderen Akteur als den konventionsrechtlich Verantwortlichen beseitigt werden. Im Falle einer „secondary law specific violation“ durch die EU, im Falle einer „primary law specific violation“ durch die Mitgliedstaaten im Wege einer Vertragsänderung.[311] Wann immer eine Zuwiderhandlung gegen die Bestimmungen der EMRK der beschriebenen Art im Raum steht, sollen sich die EU bzw. die Mitgliedstaaten aus diesem Grunde als „co-respondents“ an Verfahren vor dem Straßburger Gerichtshof beteiligen, aber auch unmittelbar an dessen Entscheidungen gebunden sein.[312]

Da über die unionsinterne Kompetenzverteilung nicht entschieden werden muss, wird auch die Autonomie des Unionsrechts gewahrt.[313] Dabei handelt es sich entgegen dem Anschein nicht um eine Vorzugsbehandlung der EU,[314] denn gleichzeitig wird dem EGMR erspart, feststellen zu müssen, wer denn eigentlich die in Frage stehenden Rechte der EMRK verletzt hat. Da sowohl die Union als auch ihre Mitgliedstaaten als Mit-

---

rights at issue of a provision of the Treaty on European Union, the Treaty on the Functioning of the European Union or any other provision having the same legal value pursuant to those instruments, notably where that violation could have been avoided only by disregarding an obligation under those instruments.

4. Where an application is directed against and notified to both the European Union and one or more of its member States, the status of any respondent may be changed to that of a corespondent if the conditions in paragraph 2 or paragraph 3 of this Article are met.

5. A High Contracting Party shall become a co-respondent only at its own request and by decision of the Court. The Court shall seek the views of all parties to the proceedings. When determining a request of this nature the Court shall assess whether, in the light of the reasons given by the High Contracting Party concerned, it is plausible that the conditions in paragraph 2 or paragraph 3 of this Article are met.

6. In proceedings to which the European Union is co-respondent, if the Court of Justice of the European Union has not yet assessed the compatibility with the Convention rights at issue of the provision of European Union law as under paragraph 2 of this Article, then sufficient time shall be afforded for the Court of Justice of the European Union to make such an assessment and thereafter for the parties to make observations to the Court. The European Union shall ensure that such assessment is made quickly so that the proceedings before the Court are not unduly delayed. The provisions of this paragraph shall not affect the powers of the Court.

7. The respondent and the co-respondent shall appear jointly in the proceedings before the Court.

8. This Article shall apply to applications submitted from the date of entry into force of this Agreement.”

310 Vgl. *Brodowski*, Strafrechtsrelevante Entwicklungen in der Europäischen Union – ein Überblick, ZIS 2010, 749 (750).

311 Ebenda.

312 Ebenda.

313 Vgl. *Obwexer*, Der Beitritt der EU zur EMRK: Rechtsgrundlagen, Rechtsfragen und Rechtsfolgen, EuR 2012, 115 (129).

314 Vgl. *Schilling*, Der Beitritt der EU zur EMRK – Verhandlungen und Modalitäten. Fast eine Polemik, HFR 2011, 83 (90), Rn. 19.

verursacher der Konventionsverletzung belangt werden können, kann der Straßburger Gerichtshof eine solche nunmehr ohne Lösung dieser Vorfrage feststellen.[315]

Schon der erste Abkommensentwurf über den Beitritt der Union zur EMRK enthält in dessen Art. 4 die Einführung eines entsprechenden Mechanismus zur Streitgenossenschaft der Union und der Mitgliedstaaten und sieht dazu eine Änderung bzw. Ergänzung von Art. 36 EMRK (Beteiligung Dritter) vor, bietet diesbezüglich allerdings noch zwei unterschiedliche Optionen an.[316] Der „meeting report" vom 18. März 2011, welcher von der mit dem Beitritt befassten Arbeitsgruppe (CDDH-UE) nach Untersuchung des „draft agreement on the accession of the EU to the Convention" und dem dazugehörigen „explanatory report" verfasst wurde, enthält dagegen bereits ein „draft revised accession agreement" mit bloß noch einem Änderungsvorschlag zu Art. 36 EMRK. Von besonderer Bedeutung ist hier Art. 4 Abs. 6 des überarbeiteten Abkommensentwurfs, der in den wesentlichen Punkten Art. 4 Abs. 3 und damit „Option B" des vorherigen Entwurfs entspricht. Im Zuge einer weiteren Präzisierung und nunmehr abgeschlossenen Beitrittsverhandlungen der informellen Arbeitsgruppe[317] findet sich diese Norm jetzt in Art. 3 Abs. 6 E-BA. Vorgesehen ist danach, dass im Falle der Streitgenossenschaft der EU i.S.v. Art. 3 Abs. 2 und 4 E-BA und ohne bisherige Entscheidung des Luxemburger Gerichtshofes, ob eine Konventionsverletzung durch einen unionalen Rechtsakt vorliegt,[318] diesem die Möglichkeit zu einer solchen Entscheidung gegeben wird, bevor der EGMR den Fall entscheidet bzw. während der Untersuchung des Sachverhalts durch den Straßburger Gerichtshof (*prior involvement*). Dabei muss die Union sicherstellen, dass das Urteil des EuGH – zur Vermeidung von überlangen Verfahrensdauern vor dem EGMR – rasch zugestellt wird (Art. 3 Abs. 6 S. 2 E-BA). Im anschließenden Straßburger Verfahren soll der Judikatur des EuGH sodann ausreichend Rechnung getragen werden. Eine strikte Bindung ist nicht vorgesehen.[319]

Mit dem gegenständlichen Vorabbefassungsverfahren gemäß Art. 3 Abs. 6 E-BA soll vermieden werden, dass die Union der „externen" Kontrolle durch den EGMR unterworfen wird, bevor das unionale „Höchstgericht" – der EuGH – die Möglichkeit hatte, eine „interne" Überprüfung durchzuführen.[320] Durch die Vorabbefassung des Luxemburger Gerichtshofes wird demnach der Autonomie des Unionsrechts Rechnung getragen, ohne dass das Verfahren vor dem EGMR unterbrochen wird.

---

315 Vgl. *Hummer*, Der Beitritt der EU zur EMRK – Notwendige Änderungen und Anpassungen (Teil 2), EU-Infothek vom 22.11.2011, <http://www.eu-infothek.com/article/der-beitritt-der-eu-zur-emrk-notwendige-aenderungen-und-anpassungen-teil2> (abgerufen am 22.08.2012).

316 „Draft agreement on the accession of the EU to the Convention" (25.02.2011), CDDH-UE(2011)04, 5 (Option A und Option B).

317 Siehe bereits 2. Kap. A. II.

318 Dies ist insbesondere dann der Fall, wenn der EuGH vom mitgliedstaatlichen Gericht mit der Frage nicht befasst worden ist.

319 Vgl. *Kohler*, Um letzte und vorletzte Worte: Zum geplanten Zusammenwirken von EGMR und EuGH nach dem Beitritt der EU zur EMRK, EuZW 2011, 849 (850).

320 Vgl. *Obwexer*, Der Beitritt der EU zur EMRK: Rechtsgrundlagen, Rechtsfragen und Rechtsfolgen, EuR 2012, 115 (132).

Art. 3 Abs. 6 E-BA führt damit auf schonende Weise ein, was in dieser Arbeit gefordert wird: Eine Befassung des Luxemburger Gerichtshofes vor Inanspruchnahme des EGMR, wenn es um die Beanstandung von Konventionsrechtsverletzungen durch oder aufgrund von Unionsrecht geht. Dem Kooperationsverhältnis der beiden europäischen Gerichtshöfe schadet dieser Mechanismus nicht; er ist vielmehr ein vermittelnder Weg zwischen der ausschließlichen Berufung auf Kooperation und gegenseitige Rücksichtnahme und strikter formeller Hierarchiebestimmungen.[321]

Eine nochmalige Optimierung würde das Verhältnis von ‚Luxemburg' und ‚Straßburg' indessen erfahren, wenn neben der Einführung des „co-respondent mechanism" das bereits dargestellte Gutachtenverfahren[322] aufgenommen werden würde. Die Kombination aus einem gutachterlichen Anhörungsverfahren, welches vom EuGH an den EGMR zu richten wäre, und der Streitgenossenschaft gemäß Art. 3 E-BA, hätte erhebliches Konflikteindämmungspotential. Ist die Union Streitgenosse in Verfahren vor dem EGMR, in denen noch keine Luxemburger Judikatur vorliegt, und möchte der EuGH aufgrund dessen von seiner Möglichkeit aus Art. 3 Abs. 6 E-BA Gebrauch machen, *vor* dem EGMR über die Konventionswidrigkeit des in Frage stehenden Unionsrechtsaktes zu entscheiden, hegt er aber begründete Zweifel an der richtigen Auslegung des betreffenden Rechts der EMRK, so kann er sich wiederum an den EGMR zwecks Anfertigung eines entsprechenden Gutachtens wenden. Ein solches Vorgehen wäre Ausdruck stärkster Zusammenarbeit.

Allerdings bedarf ein Gutachten- bzw. Stellungnahmeverfahren der beschrieben Art sowohl einer Änderung der Unionsverträge als auch einer Änderung der Konvention, da Art. 47 Abs. 2 EMRK es dem EGMR bislang untersagt, Fragen über Ausmaß oder Inhalt der Konventionsrechte im Rahmen eines Gutachtens zu beantworten. Letztere könnte aber in das Beitrittsabkommen der EU zur EMRK aufgenommen werden, so dass sich auch der technische Aufwand der vorgeschlagenen Kombinationslösung in Grenzen hielte.

Ein weiterer Vorteil des gutachterlichen Verfahrens ist dessen nicht bindende, sondern lediglich informative und empfehlende Wirkung, da ein verbindliches Vernetzungsmodell den bestehenden Kooperationsmodi eher abträglich wäre. Befürchtungen, dass gerade diese Unverbindlichkeit den Luxemburger Gerichtshof dazu veranlassen könnte, über den EGMR „hinweg" zu judizieren, werden bereits durch Art. 52 Abs. 3 S. 1 GRCh gebannt; sorgt dieser doch für einen Mindeststandard der EMRK im Recht der Union. Dass ‚Luxemburg' Grundrechtsverantwortung besitzt und übernimmt hat der Gerichtshof darüber hinaus ausdrücklich in seinem *Kadi*-Urteil bewiesen.

Zur Abstimmung zwischen dem EuGH und dem EGMR wäre die verfahrensrechtliche Kombinationslösung aus dem „co-respondent mechanism" mit vorheriger Entscheidung des EuGH und einem Gutachtenverfahren von ‚Luxemburg' nach ‚Straßburg'

---

321 A.A. *Grewe*, die befürchtet, dass die vorgeschaltete Anrufung des EuGH – aufgrund einer drohenden Verfahrensverlängerung – nicht unbedingt zu einer effizienten Konfliktlösung beiträgt (*dies.*, Beitritt der EU zur EMRK und ZP 14: Wirksame Durchsetzung einer gesamteuropäischen Grundrechteverfassung?, EuR 2012, 285 (297)).

322 Siehe 6. Kap. B. II.

demnach optimal, um ein harmonisches Verhältnis der europäischen Gerichtshöfe mit einem gut funktionierenden Rechtsschutzsystem zu sichern und eine faktische Hierarchisierung zugunsten den EuGH zu verhindern.

D. Ergebnis

Die alte *Hobbes*'sche Frage nach dem „quis iudicabit?", welche im Rahmen dieser Arbeit die Form annimmt, wer denn – EuGH oder EGMR – „the ultimate guardian of fundamental rights in Europe" sein soll,[323] wird von *Franzius* äußerst treffend auf den Punkt gebracht:

> „Man wird sich von der Vorstellung verabschieden müssen, dass es eine zentrale Instanz auf Erden gibt, denen eine Letztentscheidungsgewalt zugewiesen werden kann. In diese Richtung kann Europa zumindest auch gedeutet werden. Sein Erfolg liegt darin begründet, keine hierarchische Meta-Struktur eingeführt und gezeigt zu haben, dass es das „jenseits" auch ohne normativ einfallslose Kopien des Modells von Staatlichkeit geben kann."[324]

Anders ausgedrückt wird das klassische Organisationsschema der Hierarchie unterlaufen und stattdessen auf „friedliche Koexistenz"[325] gesetzt, indem die unionale und die konventionsrechtliche Perspektive – im Sinne einer neuen Einheit – wechselseitig zueinander in Beziehung stehen. Der Gerichtsverbund von ‚Luxemburg' und ‚Straßburg' funktioniert durch das aufgezeigte Näherrücken bzw. durch die gegenseitige Rücksichtnahme und Akzeptanz der unterschiedlichen rechtskulturellen Einbindungen bei gleichzeitigem Fortbestand der jeweiligen Identität, denn „im gelingenden Mehrebenensystem sollte sich jede Ebene als komplementär und nicht in erratischer Weise als autoritativ verstehen."[326]

Eine wachsende Kooperation der europäischen Gerichtshöfe steht für einen effektiven Individualrechtsschutz: Angefangen mit einer stärkeren Sensibilisierung der mitgliedstaatlichen Gerichte für Vorlagen an den Luxemburger Gerichtshof und der Optimierung des Vorabentscheidungsverfahren i.S.v. Art. 267 AEUV nach dem Vorbild der Handhabung des BVerfG[327], über die Einführung des „co-respondent mechanism" in Kombination mit einem Gutachtenverfahren von ‚Luxemburg' nach ‚Straßburg' bis zum Beitritt der Union zur EMRK nach Art. 6 Abs. 2 EUV. Dass eine interne Befassung des Luxemburger Gerichtshofes mit der Verletzung von EMRK-Garantien bereits *vor* Anrufung des EGMR sinnvoll erscheint, hat die Analyse der EuGH-Judikatur im

323 Vgl. *Berka*, EU-Recht und EMRK, in: Schroeder (Hrsg.), Europarecht als Mehrebenensystem. Beiträge zum 7. Österreichischen Europarechtstag 2007 (2008), 109 (116).

324 Vgl. *Franzius*, Wer macht in Europa Menschenrechtspolitik? Politik und Recht im Zeichen des Terrors, in: Rudolf (Hrsg.), Europa und die Menschenrechte. Zwischen Anspruch und Wirklichkeit, i.E., 10 (Hervorhebung durch Verfasserin).

325 Vgl. *Di Fabio*, Friedliche Koexistenz, FAZ vom 21.10.2010, 6.

326 Ebenda.

327 5. Kap. A. I. 1. b) bb).

Fall *Kadi* gezeigt, denn dort hat sich die ,Luxemburger' Verantwortungskonzentration bezüglich der Konventionsrechte außerordentlich deutlich zugespitzt. Da Art. 52 Abs. 3 S. 1 GRCh der EMRK den Rang einer unionalen Mindestschutznorm im Hinblick auf Menschenrechte und Grundfreiheiten beimisst, kann auch eine diesbezüglich befürchtete Überordnung des Luxemburger Gerichtshofes über den Straßburger Gerichtshof ausgeschlossen werden. Dahingehend ist auch die gemeinsame Erklärung der Präsidenten von EGMR und EuGH, *Jean-Paul Costa* und *Vassilios Skouris*, vom 24. Januar 2011 über die „Parallele Auslegung" von Grundrechtecharta und Konvention zu verstehen.[328] Festgestellt wird dort, dass die Charta – insbesondere seit Inkrafttreten des Vertrages von Lissabon am 1. Dezember 2009 – mit einer Zitierung in mittlerweile etwa dreißig Urteilen eine erstrangige Bedeutung in der Luxemburger Rechtsprechung erlangt hat. Aus diesem Grunde sei es wichtig, „über die größtmögliche Kohärenz zwischen der Konvention und der Charta zu wachen, soweit die Charta Rechte enthält, die den durch die Konvention garantierten Rechten entsprechen."[329] Diese Aufgabe erfüllt die „Kohärenzsicherungsklausel" des Art. 52 Abs. 3 S. 1 GRCh, in deren Rahmen sich eine „parallele Auslegung" der beiden Texte als nützlich erweisen könnte.[330] „Parallele Auslegung" bedeutet in diesem Zusammenhang demnach, dass die EMRK den Mindeststandard darstellt, der nicht unterschritten werden darf, denn nur so wird den universellen Menschenrechten ausreichend Rechnung getragen. Mit ihrem Beitritt zur Konvention unterstreicht die EU diesen Gedanken zusätzlich, denn damit werden ihre Maßnahmen, so wie die Maßnahmen der anderen Hohen Vertragsparteien, der vom Straßburger Gerichtshof ausgeübten Kontrolle bezüglich der in der EMRK gewährten Rechte unterworfen. Schließlich ist auch der politische Gesichtspunkt bezüglich der Beitrittsfrage nicht zu unterschätzen, den die Arbeitgruppe II des Verfassungskonvents wie folgt zusammenfasste:

> „In ihrer Charta hat die Union ihre eigenen Werte bekräftigt; ihr Beitritt zur EMRK wäre daher ein deutliches politisches Zeichen für die Kohärenz zwischen der Union und dem „größeren Europa", wie es im Europarat und seinem gesamteuropäischen Menschenrechtssystem zum Ausdruck kommt."[331]

Die Gerichtshöfe sind jedenfalls entschlossen, ihren Dialog über Fragen fortzusetzen, denen für die Qualität und die Kohärenz der Jurisdiktion bezüglich des Grundrechtsschutzes in Europa eine besondere Bedeutung zukommt.[332] Europa ist damit auf dem besten Weg zu einem „Europa des intensiven Individualrechtsschutzes".

---

328 Gemeinsame Erklärung der Präsidenten von EGMR (Straßburg) und EuGH (Luxemburg) vom 24.01.2011/"Parallele Auslegung" von GRCh und EMRK sowie Beitritt der EU zur EMRK = EuGRZ 2011, 95 f.

329 Ebenda, 95 (95).

330 Ebenda.

331 Europäischer Konvent, Schlussbericht der Arbeitsgruppe II vom 22.10.2002, CONV 354/02, 11; so auch wiedergegeben in dem Bericht der Parlamentarischen Versammlung vom 18.03.2008, The accession of the European Union/European Community to the European Convention on Human Rights (Doc. 11533), Explanatory memorandum by Mrs. Marie-Louise Bemelmans-Videc (Rapporteur), Ziff. 7.

332 Gemeinsame Erklärung der Präsidenten von EGMR (Straßburg) und EuGH (Luxemburg) vom 24.01.2011/"Parallele Auslegung" von GRCh und EMRK sowie Beitritt der EU zur EMRK = EuGRZ 2011, 95 (96).

7. Kapitel: Schlussbetrachtung

A. Ausblick

Der in dieser Arbeit durchweg befürwortete Beitritt der EU zur EMRK steht kurz bevor: Mit Art. 6 Abs. 2 EUV wurde eine diesbezüglich geeignete Ermächtigungsgrundlage geschaffen und die Union erhielt eine eigene völkerrechtliche Rechtspersönlichkeit in Form des neuen Art. 47 EUV, die nötig ist, um selbständig internationale Verträge mit Staaten oder internationalen Organisationen – wie der Konvention – abschließen zu können. Außerdem wurden die formellen Modalitäten auf der Ebene des Europarates erfüllt, indem das 14. Zusatzprotokoll zur EMRK am 1. Juni 2010 in Rechtskraft erwuchs, welches gemäß Art. 17 eine Ergänzung des Art. 59 EMRK dahingehend enthält, dass die Union nunmehr der Konvention beitreten kann.

Das endgültige Beitrittsabkommen wird auch nicht mehr lange auf sich warten lassen müssen, nachdem die entsprechenden Verhandlungen so weit voran geschritten sind, dass aus ihnen bereits ein „draft revised accession agreement“[1] hervorging. Letztlich bedarf es nach Art. 218 Abs. 6 und 8 AEUV noch eines einstimmigen Beschlusses des Rates, der Zustimmung des Europäischen Parlaments und der Zustimmung der Mitgliedstaaten im Einklang mit ihren verfassungsrechtlichen Vorschriften, damit die EU der Konvention (schlussendlich) beitreten kann und wird.

Auch nach dem Beitritt wird es in erster Linie dem EuGH obliegen, die Einhaltung der Konventionsgarantien zu gewährleisten. Der Auftrag des Straßburger Gerichtshofes wird demgegenüber darin bestehen, Verstöße gegen die Konvention festzustellen, wobei ihm nicht die Ermächtigung zur Aufhebung oder Ungültigerklärung von Rechtsakten der Vertragsparteien oder der von ihren obersten Gerichten gefällten Urteile zukommt – der EGMR versteht sich nicht als Superrevisionsinstanz.[2] Demzufolge ist der ‚Straßburger' Kontrolle ein subsidiärer Charakter beizumessen, der insbesondere in der Anerkennung nationaler Beurteilungsspielräume – der *margin of appreciation* – zum Ausdruck kommt.[3] Es geht nicht um eine Unter- und Überordnung der einen oder der anderen Instanz. Das Verhältnis zwischen ‚Straßburg' und ‚Luxemburg' wird keineswegs hierarchisch ausgestaltet sein. Aus einem Nebeneinander entstünde vielmehr ein Nach- und Übereinander des Rechtsschutzes,[4] will meinen, dass der Beitritt der Union zur EMRK eine schonende Einbettung der EU in das System der Konvention und damit ein ideales Mittel darstellt, um eine weiterhin harmonische Entwicklung der Rechtsprechung der beiden europäischen Gerichtshöfe in Menschenrechtsfragen zu gewährleisten.

---

1 “Draft revised accession agreement” zu finden im “meeting report” des sechsten Treffens der CDDH-UE vom 18.03.2011, CDDH-UE(2011)06, 9 ff.

2 Vgl. *Huber*, Der Beitritt der Europäischen Union zur Europäischen Menschenrechtskonvention. Art. 6 Abs. 1 S. 2 EUV, 2008, S. 238.

3 Vgl. *Krüger/Polakiewicz*, Vorschläge für ein kohärentes System des Menschenrechtsschutzes in Europa, EuGRZ 2001, 92 (100).

4 Vgl. *Paeffgen*, Haus ohne Hüter?, Die Justizgrundrechte im Mehr-Ebenen-System von EG-/EU-Vertrag, EMRK und Europäischem Verfassungsvertrags-Entwurf, ZStW 2006, 275 (350).

Ein verfahrensrechtliches Argument für den Beitritt besteht darin, dass durch diesen die Einbindung der EU-Organe in die Verfahren vor dem EGMR und in den Vollzug von Urteilen ermöglicht wird. So sind es gegenwärtig die Mitgliedstaaten, welche die alleinige Verantwortung für die Einhaltung der EMRK tragen; dies auch, wenn Verletzungen der Konvention in Wirklichkeit auf Rechtsakte der Unionsorgane zurückzuführen sind. Diese für alle Beteiligten unbefriedigende Situation ist eine direkte Konsequenz der Tatsache, dass die Union bislang keine Vertragspartei der EMRK ist. Für die Mitgliedstaaten hätte der Beitritt der EU zur Konvention also den Vorteil, dass sie aus der Solidarhaftung für konventionswidrige Unionsrechtsakte entlassen würden,[5] während die Union – als Urheberin der (vorgeblichen) Menschenrechtsverletzungen – sich selbst vor dem Menschenrechtsgerichtshof zu wehren in der Läge wäre, statt die Mitgliedstaaten zu zwingen, die Verteidigung zu übernehmen.[6] Auf diese Weise würde eine Kongruenz zwischen dem Erzeuger eines Grundrechtseingriffs und völkerrechtlicher Verantwortlichkeit hergestellt.[7] Verstöße ließen sich auf direktem Wege und gegenüber dem sachlich Zuständigen sanktionieren.[8] Die Notwendigkeit, die EU-Institutionen direkt auf allen Ebenen an den Verfahren in ‚Straßburg' zu beteiligen, wird auch deshalb immer dringlicher, weil innerstaatliches Recht in zunehmendem Maße auf Unionsrecht beruht bzw. in seiner Anwendung von diesem beeinflusst wird.[9] Das *Bosphorus*-Urteil[10] des EGMR bestätigt insoweit, wie zweckmäßig eine vollständige Integration der Union in das System der EMRK durch einen förmlichen Beitritt ist.

Dass das Unionsrecht durch den Beitritt unter einen EMRK-Konformitätsvorbehalt geriete,[11] hätte außerdem den positiven Effekt einer weiteren Erhöhung der Glaubwürdigkeit des unionalen Systems im Rahmen der Menschenrechtspolitik. Neben dieser *symbolischen* Bedeutung hätte der Beitritt für die EU-Bürger und sämtliche in der Union lebende Personen, die sich in ihren Grundrechten verletzt sehen, außerdem *praktische* Bedeutung, da sie in den Genuss eines weiteren Rechtsmittels kämen, um sich ihr Recht zu verschaffen. Sogar für Menschen, die außerhalb der EU leben und damit den Status eines ausländischen Einwohners haben, könnte sich der Beitritt der EU zur Konvention positiv auswirken, weil die EMRK jeden schützt, „der der Rechtsprechung eines Mitgliedstaates unterliegt und zukünftig jeden schützen wird, der einer Rechtsprechung unterliegt, die von den Entscheidungen betroffen ist, die von der Europäischen Union getroffen werden."[12]

Abschließend lässt sich sagen, dass der Vertrag von Lissabon die Verfassung des vereinten Europas künftig insgesamt stärken wird. Denn es entspricht dem Standard der

---

5 Vgl. *Karl*, Der Beitritt der Europäischen Union zur Europäischen Menschenrechtskonvention, in: Busek/Hummer (Hrsg.), Der Europäische Konvent und sein Ergebnis – eine Europäische Verfassung, S. 89 (97).

6 Europäischer Konvent, Synthesebericht über die Plenartagung vom 31.10.2002, CONV 378/02, 12.

7 Vgl. *Grabenwarter*, Auf dem Weg in die Grundrechtsgemeinschaft?, EuGRZ 2004, 563 (569).

8 Vgl. *Pietsch*, Die Grundrechtecharta im Verfassungskonvent, ZRP 2003, 1 (4).

9 Vgl. *Krüger/Polakiewicz*, Vorschläge für ein kohärentes System des Menschenrechtsschutzes in Europa, EuGRZ 2001, 92 (97).

10 EGMR, Urteil vom 30.06.2005, Nr. 45036/98 – *Bosphorus/Irland* = NJW 2006, 197.

11 Vgl. *Lindner*, Grundrechtsschutz in Europa – System einer Kollisionsdogmatik, EuR 2007, 160 (172).

12 *Diego López Garrido*, amtierender Ratspräsident, im Rahmen der Plenardebatten zum Abkommen über den Beitritt der EU zur EMRK am 05.05.2010.

Europäischen Verfassungsordnungen (und zwar auch jenseits des Kreises der heutigen und künftigen EU-Mitgliedstaaten), verbindliche geschriebene Grundrechtskataloge als integralen Bestandteil zu haben und unmittelbar an die EMRK gebunden zu sein.[13] Sowohl die Grundrechtecharta als auch der Beitritt der Union zur EMRK stellen einen Meilenstein in der Verfassungsentwicklung der EU dar, da damit das textliche Defizit der Union im Bereich der Grundrechte abgebaut und der Übergang von einer Wirtschaftsgemeinschaft hin zu einer Grundrechtsgemeinschaft erheblich gefestigt wird. Eine Europäische Verfassungsordnung, die ihren Namen verdient, sollte daher weder auf das eine noch auf das andere verzichten.[14] Mit dem Beitritt wird schließlich ein weiterer Schritt in Richtung Harmonisierung der Rechtsprechung der beiden europäischen Gerichte und der Zusammenarbeit zwischen Union und Europarat unternommen.[15] Nur auf diese Weise lässt sich schließlich eine Verbindung zwischen dem „kleinen" und dem „großen" Europa herstellen, während gleichzeitig das politische Gewicht des Europarats gewahrt wird.[16]

B. Zusammenfassung in Thesen

Die (weiteren) Ergebnisse bzw. Erkenntnisse dieser Arbeit lassen sich in Thesenform wie folgt zusammenfassen:

1. Die Antwort auf die im 3. Kapitel aufgeworfene Frage bezüglich der Parallelität von rechtsverbindlicher Grundrechtecharta[17] und dem Beitritt der Union zur EMRK nach Art. 6 Abs. 2 EUV kann nur ‚Zusammenspiel' heißen, nicht ‚Gegensatz', denn die differenten Verbürgungen relativieren sich nicht, sie ergänzen sich. Diesem Gedanken entspringt auch der Befund, dass die Konvention – als „constitution européenne des droits de l'homme" – nicht als selbstständiger unionaler Grundrechtekatalog nach dem Vorbild „Österreich(s)" fungieren sollte.

2. Die aufgrund der gewünschten Komplementarität von verbindlicher Charta und Unionsbeitritt zur Konvention entstandene Harmonisierungsklausel des Art. 52 Abs. 3 S. 1 GRCh ist dazu geeignet, eventuell entstehenden Divergenzen zwischen völkerrechtlicher und unionsrechtlicher Auslegung eines grundrechtsrelevanten Falles entgegenzutreten, indem die EMRK als völkerrechtlicher Vertrag nach dieser Klausel im Recht der Union den Mindestgehalt darstellt, der nicht unterschritten werden darf.

---

13 Vgl. *Grabenwarter*, Grundrechtsschutz in der Union: Verankerung der EU-Grundrechtecharta und Beitritt zur EMRK, in: Busek/Hummer (Hrsg.), Der Europäische Konvent und sein Ergebnis – eine Europäische Verfassung, S. 71 (88).

14 Vgl. ebenda.

15 Vgl. *Huber*, Der Beitritt der Europäischen Union zur Europäischen Menschenrechtskonvention. Art. 6 Abs. 1 S. 2 EUV, 2008, S. 239.

16 Europäischer Konvent, Kurzniederschrift über die Sitzung vom 17. September 2002 unter dem Vorsitz des Mitglieds der Kommission Herrn António Vitorino vom 26.09.2002, CONV 295/02, 1.

17 Die Grundrechtecharta wird durch einen Verweis in Art. 6 Abs. 1 EUV in das Primärrecht einbezogen, so dass sie dieselbe Rechtsverbindlichkeit wie die Verträge erhält.

3. Die horizontale Klausel des Art. 52 Abs. 3 S. 1 GRCh wahrt die Kohärenz zwischen Charta und Konvention, indem bei gleichen Lebenssachverhalten und – im Falle fehlender Verankerung im Text der EMRK und Übersteigung eines bloß „punktuellen" Schutzes – bezüglich der Rechtsprechung des EGMR von einem *Entsprechen* auszugehen ist, welches den Chartarechten die gleiche „Bedeutung" und „Tragweite", das heißt den materiellen Grundrechtsschutz des jeweiligen Konventionsrechts, beimisst. Der Verweis auf die Konvention in Art. 52 Abs. 3 S. 1 GRCh umfasst dabei sowohl die Jurisdiktion des EGMR als auch die Zusatzprotokolle zur Konvention in dynamischer Weise, wodurch es zu einer vollumfänglichen Inkorporation des materiellen Konventionsgehalts in das Unionsrecht kommt.

4. Die Anpassungsvorschrift des Art. 52 Abs. 2 GRCh nimmt ohne Einschränkung auf sämtliche Rechte Bezug, die *in* den Verträgen geregelt sind, soweit es sich bei diesen um subjektiv-rechtliche Verbürgungen handelt. Während das Sekundärrecht im Rahmen dieser Bezugnahme grundsätzlich außen vor bleibt, wird die Rechtsprechung ‚Luxemburgs' in Form immanenter Schranken übernommen. Sollte die Situation vorliegen, dass ein Chartarecht einem Recht in den Verträgen und *gleichzeitig* einem Recht der EMRK entspricht, so ist die konventionsrechtliche Schrankenregelung in der Regel vorrangig, es sei denn, das Unionsrecht gewährt einen „weiter gehenden Schutz" i.S.v. Art. 52 Abs. 3 S. 2 GRCh. Der Grundrechtecharta gegenüber tritt Art. 52 Abs. 3 S. 2 GRCh als Schutzklausel auf, indem er verhindert, dass die durch Art. 52 Abs. 3 S. 1 GRCh hergestellte enge Verbindung mit der EMRK zu einer Absenkung des Schutzes führt, welchen das Unionsrecht bereits gewährt. Art. 52 Abs. 3 S. 2 GRCh ist damit gewissermaßen als „Ausnahmeregelung" des Art. 52 Abs. 3 S. 1 GRCh zu qualifizieren. Dementsprechend gilt auch Art. 52 Abs. 2 als „Ausnahme" des Art. 52 Abs. 3 S. 1 i.S.v. Art. 52 Abs. 3 S. 2 GRCh.

5. Art. 53 GRCh ist eine Günstigkeitsklausel zum Vorteil der Konvention (die Zusatzprotokolle der EMRK und die Rechtsprechung des Straßburger Gerichtshofes eingeschlossen) dergestalt, dass *keine* Bestimmung der Charta als deren Einschränkung ausgelegt werden darf. Demnach ist auch die Stärkung der Chartagrundrechte nach Art. 52 Abs. 3 S. 2 GRCh ausgeschlossen, wenn diese zu einer Verletzung eines in der EMRK garantierten Rechts führen würde. Art. 52 Abs. 3 S. 2 GRCh darf das in Satz 1 verwirklichte Ziel der Kohärenzsicherung nicht durchbrechen. Dies hat in mehrpoligen Grundrechtsverhältnissen zur Folge, dass ein „weiter gehender Schutz" i.S.v. Art. 52 Abs. 3 S. 2 GRCh für den einen Grundrechtsberechtigten lediglich insoweit eingeräumt werden darf, als gewährleistet ist, dass hinsichtlich des kollidierenden Rechts des anderen Grundrechtsberechtigten – Art. 53 GRCh entsprechend – der uneingeschränkte Mindeststandard der EMRK sichergestellt ist. Die Konvention bildet insgesamt die unionale Untergrenze des Grundrechtsschutzes.

6. Mit Hilfe ihrer Zusatzprotokolle sollte die EMRK „modernisiert" bzw. aktualisiert werden, damit das durch sie, über Art. 52 Abs. 3 S. 1 GRCh, vermittelte Mindestschutzniveau auf Unionsebene insgesamt angehoben wird. Eine derartige Aktualisierung sollte auch die Grundfreiheiten, welche die Charta gemäß Art. 15 Abs. 2 GRCh gewährt, umfassen. Diese könnten über eine Ergänzung des Art. 2 Abs. 1 des 4. Zusatzprotokolls zur EMRK in die Konvention aufgenommen werden.

7. Nach dem hier gefundenen Ergebnis (4. Kapitel) müsste der Luxemburger Gerichtshof seine Rechtsprechung in den Fällen *Viking*[18] und *Laval*[19] revidieren und zugunsten der Gewerkschaften, das heißt zugunsten der sozialen Grundrechte entscheiden.

8. In Bezug auf den Rechtsschutz vor dem EuGH besteht Änderungs- bzw. Verbesserungsbedarf insofern, dass die Hindernisse auf dem Weg zum gesetzlichen Richter im Unionsrecht beseitigt werden müssen. So hat der Unionsbürger im Rahmen des Vorabentscheidungsverfahrens nach Art. 267 AEUV keinen Anspruch auf Vorlage zum EuGH durch die mitgliedstaatlichen Gerichte, welche nicht selten eine solche scheuen, mit der Folge, dass der Bürger nicht zu seinem Recht kommt, praktisch „ohnmächtig" erscheint. Aus diesem Grunde sollte dem grundsätzlichen Anspruch auf Durchführung eines gebotenen Vorabentscheidungsverfahrens im Unionsrecht ein Mittel zu seiner Durchsetzung korrespondieren. Vorbildfunktion nimmt insofern das BVerfG ein, das die unvertretbare Nichtvorlage als eine Verletzung des Rechts auf den gesetzlichen Richter i.S.v. Art. 101 Abs. 1 S. 2 GG einstuft,[20] gegen welche die Erhebung einer Verfassungsbeschwerde möglich ist und somit dem Art. 19 Abs. 1 UAbs. 2 EUV vorgreift, der den Mitgliedstaaten die Einführung eines erforderlichen Rechtsbehelfs auferlegt, „damit ein wirksamer Rechtsschutz in den vom Unionsrecht erfassten Bereichen gewährleistet ist".

9. Die Achtung, die dem EGMR aufgrund des innovativen Individualbeschwerderechts i.S.v. Art. 34 EMRK zuteil wird, und die Hoffnung, die in ihn gesetzt wird, spiegeln sich auch in der Zahl der eingereichten Beschwerden wider, die stetig steigt. Diese rapide Zunahme der Individualbeschwerden führte zu einer Überlastung des Straßburger Gerichtshofes und damit zu einer Lähmung des Systems. Abhilfe verspricht indessen das nunmehr rechtsverbindliche 14. Zusatzprotokoll zur EMRK, welches wichtige Regelungen enthält, die zur Verfahrensbeschleunigung und Produktivitätssteigerung des EGMR beitragen können. Dennoch gibt es Maßnahmen – wie beispielsweise die Aufstockung der finanziellen und personellen Ressourcen –, die überdies ergriffen werden sollten, um das Rechtsschutzsystem der EMRK langfristig wirksam zu sichern.

10. Aufgrund von Überschneidungen im Prüfungsmaßstab und im Prüfungsgegenstand können zwischen ‚Luxemburg' und ‚Straßburg' zuweilen Konkurrenzen in Gestalt von Rechtsprechungsdivergenzen auftreten. Die in der Vergangenheit entstandenen materiellen Abweichungen in der Judikatur von EuGH und EGMR sind im Ergebnis jedoch eher gering oder auch als nur „vermeintlich" zu bezeichnen. Die Gefahr möglicher abweichender Grundrechtsauslegung und -anwendung entschärft der EuGH bislang dadurch, dass er die Vorreiterrolle des EGMR inhaltlich in vielem respektiert, sich also bemüht, dessen grundrechtsbezogene Rechtsprechung als Orientierung für den eigenen Umgang mit Grundrechten zu nehmen. Auch der EGMR hat bereits auf die Charta als Auslegungshilfe für die Garantien der Konvention zu-

---

18 EuGH, Urteil vom 11.12.2007, Rs. C-438/05, Slg. 2007, I-10779 – *International Transport Workers' Federation u.a./Viking Line ABP u.a.*

19 EuGH, Urteil vom 18.12.2007, Rs. C-341/05, Slg. 2007, I-11767 – *Laval un Partneri Ltd/Svenska Byggnadsarbetareförbundet.*

20 Vgl. BVerfGE 73, 339 (366 ff.) – *Solange II*; BVerfGE 82, 159 (194 ff.) – *Absatzfonds.*

rückgegriffen, und seine Jurisdiktion in der Rechtssache *Bosphorus*[21] ist als Zeichen dafür zu deuten, dass er den Schutz der Konventionsrechte auf Ebene der Union grundsätzlich als ausreichend erachtet. Das Verhältnis der beiden auf europäischer Ebene mit dem Grundrechtsschutz befassten Gerichtshöfe ist folglich mehr durch Kooperation denn durch Konfrontation geprägt.

11. Das unbestritten bereits bestehende harmonische Kooperationsverhältnis zwischen EuGH und EGMR sollte *de lege ferenda* auch formell bestätigt werden. Die Analyse verschiedener (Verklammerungs-)Modelle hat gezeigt, dass insofern einem nicht bindenden Gutachtenverfahren von ‚Luxemburg' nach ‚Straßburg' der Vorzug zu gewähren ist. Im Rahmen eines solchen Verfahrens, welches ein erhebliches Konflikteindämmungspotential in sich birgt, würde die zu begutachtende Frage des EuGH bezüglich der möglichen Konventionswidrigkeit eines Unionsrechtsaktes dem EGMR zur Stellungnahme vorgelegt. Ein derartiges gutachterliches Stellungnahmeverfahren stellt ein „weiches", aber nichtsdestotrotz höchst effektives Instrument dar, die beiden Rechtsschutzsysteme verfahrensrechtlich miteinander zu verknüpfen. Modelle strikter Hierarchie mit trennscharfen Vorrangregelungen im Kontext von Mehrebenensystemen haben demgegenüber keine nennenswerten Effizienzvorteile.

12. Bezüglich der Frage, ob es sinnvoll erscheint, die Konventionsgarantien zunächst vor dem EuGH durchzusetzen (6. Kapitel), bringt die Rechtsprechung, die *smart sanctions* des UN-Sicherheitsrates betreffend, Aufschluss. Während die dazu ergangene (dogmatisch inkonsistente) Jurisdiktion des EuG in den Fällen *Yusuf*[22] und *Kadi*[23] als ein Defizit des gemeinschaftsrechtlichen Grundrechtsschutzes zu begreifen ist, betonte Generalanwalt *Maduro* in seinem entsprechenden Schlussantrag, dass Europa eine „eigene Rechtsordnung transnationalen Umfangs"[24] mit einem „eigenständigen und fungiblen Grundrechtsspektrum"[25] entwickelt hat, die es auch durchzusetzen gilt. Das wesentliche Argument der Rechtsmittelgegner, der Gerichtshof müsse schweigen, wenn der Sicherheitsrat gesprochen hat, läuft aus diesem Grunde ins Leere und veranlasste den Generalanwalt, für die Aufhebung der Urteile des EuG in den Fällen *Yusuf* und *Kadi*, samt der angefochtenen Verordnung, zu plädieren. Ebenfalls in Verteidigung der Eigenständigkeit der Rechtsordnung der EG und deren Charakters als Rechtsgemeinschaft, folgte der Luxemburger Gerichtshof weitestgehend den Ausführungen *Maduros*.[26] Er hob die Urteile des EuG in den Fällen *Yusuf* und *Kadi* auf und stellte klar, dass auch gegen völkerrechtsdeterminiertes Gemeinschaftsrecht europäischer Rechtsschutz gegeben ist.

---

21 EGMR, Urteil vom 30.06.2005, Nr. 45036/98 – *Bosphorus/Irland* = NJW 2006, 197.

22 EuG, Urteil vom 21.09.2005, Rs. T-306/01, Slg. 2005, II-3533 – *Yusuf.*

23 EuG, Urteil vom 21.09.2005, Rs. T-315/01, Slg. 2005, II-3649 – *Kadi.*

24 Schlussanträge des GAs *Maduro* vom 16.01.2008 zu EuGH, C-402/05 P, Slg. 2008, I-6351 – *Kadi*, Ziff. 21.

25 Vgl. *Kämmerer*, Die Urteile „Kadi" und „Yusuf" und ihre Folgen, EuR 2008, 65 (74).

26 Vgl. ebenso *Fremuth*, Private im Fadenkreuz des Sicherheitsrats – Zu der Terrorliste des UN-Sicherheitsrats, weißen Rittern und verpassten Chancen, Vereinte Nationen 2009, 111 (115).

13. Die Legitimität des Schutzes des eigenen Wertesystems vor Fremdeinwirkung wurde auch vom BVerfG, in dessen *Lissabon*-Urteil,[27] bekräftigt. Gerade diese identitätsbildende Funktion einer europäischen Menschenrechtspolitik ist es, die das Anwenden und Durchsetzen der „eigene(n) Rechtsordnung transnationalen Umfangs" so dringlich erscheinen lässt. Mit Inkrafttreten des Vertrages von Lissabon hat diese autonome Rechtsordnung sogar ihren eigenen, an die gesellschaftliche Entwicklung sowie den wissenschaftlichen und technologischen Wandel angepassten Grundrechtekatalog in Form der Charta erhalten. Dass eben auch dieser ernst genommen und in der Praxis durchgesetzt werden soll, zeigt sich nicht nur daran, dass der EuGH zunehmend Bezug auf die Grundrechtecharta nimmt, auch lassen eine Reihe aktueller Maßnahmen der Unionsorgane diese Tendenz erkennen.[28]

14. Die Pflicht zur wirksamen Umsetzung der Charta impliziert auch die Pflicht zur Umsetzung der EMRK, denn soweit die Charta gemäß Art. 52 Abs. 3 S. 1 GRCh Rechte enthält, „die den durch die Europäische Konvention zum Schutz der Menschenrechte und Grundfreiheiten garantierten Rechten entsprechen, haben sie die gleiche Bedeutung und Tragweite, wie sie ihnen (…) (dort) verliehen wird."

15. Die Rechtsprechung des Luxemburger Gerichtshofes im Fall *Kadi* übermittelt die Botschaft, dass der EuGH im Stande und insbesondere willens ist, die Konventionsgarantien ausreichend (i.S.v. Art. 52 Abs. 3 S. 1 GRCh) zu schützen und vor allem auch durchzusetzen. Folglich ist die *targeted sanctions*-Judikatur ein politisches Signal dahingehend, dass die Rechte, die dem Einzelnen durch die EMRK verliehen werden, zunächst am besten vor dem EuGH erkämpft werden sollten.

16. In einem Reflexionspapier zu bestimmten Aspekten des Beitritts der Union zur EMRK[29] regt der Luxemburger Gerichtshof eine Prüfung durch die EU dahingehend an, ob ihre Handlungen, die Gegenstand vor dem EuGH sein können, der internen Kontrolle ‚Luxemburgs' unterzogen werden können, bevor die externe Überpüfungsinstanz (EGMR) behelligt wird, um über den geltend gemachten Konventionsverstoß der fraglichen Maßnahme zu befinden. Dementsprechend wird der EU sowie dem jeweils betroffenen Mitgliedstaat nach dem „Agreement on the accession of the EU to the Convention"[30] eine Art Streitgenossenschaft („co-respondent mechanism") gewährt.[31] Wann immer eine Zuwiderhandlung gegen die Bestimmungen der EMRK im Raum steht, sollen sich die Union bzw. die Mitgliedstaaten danach als „co-respondents" an Verfahren vor dem EGMR beteiligen, aber auch unmittelbar an dessen Entscheidungen gebunden sein. Das „draft revised accession agreement",

27 BVerfGE 123, 267 – *Lissabon*, Ziff. 340.

28 Insbesondere verabschiedete die Europäische Kommission die „Strategie zur wirksamen Umsetzung der Charta der Grundrechte durch die Europäische Union", Mitteilung der Europäischen Kommission vom 19.10.2010, KOM(2010) 573 endg.

29 Dokument vom 05.05.2010 = EuGRZ 2010, 366 f.

30 Die diesbezüglich aktuellsten „working documents" sind: „draft agreement on the accession of the EU to the Convention" (25.02.2011), CDDH-UE(2011)04; "explanatory report to the draft agreement on the accession of the EU to the Convention" (25.02.2011), CDDH-UE(2011)05; "meeting report" (18.03.2011), CDDH-UE(2011)06 (Stand: 25.03.2011).

31 Siehe dazu insbesondere den Vermerk der spanischen Präsidentschaft des Rates vom 17.02.2010 (Dokument 6582/10, 3) und vom 02.06.2010 (Dokument 10569/10).

enthalten im „meeting report“,[32] sieht in Art. 4 Abs. 6 vor, dass im Falle der Streitgenossenschaft der Union und ohne bisherige Entscheidung des Luxemburger Gerichtshofes, ob eine Konventionsverletzung durch einen unionalen Rechtsakt vorliegt, diesem dazu die Möglichkeit gegeben wird, bevor der EGMR den Fall entscheidet bzw. während der Untersuchung des Sachverhalts durch den Straßburger Gerichtshof. Somit führt diese Bestimmung auf schonende Weise ein, was in dieser Arbeit gefordert wird: eine Befassung des Luxemburger Gerichtshofes vor Inanspruchnahme des EGMR, wenn es um die Beanstandung von Konventionsrechtsverletzungen geht.

17. Noch stärker optimiert würde das Verhältnis von ‚Luxemburg' und ‚Straßburg', wenn neben der Einführung des „co-respondent mechanism“ das gewünschte Gutachtenverfahren zwischen den Gerichtshöfen aufgenommen werden würde. Die Kombination aus einem gutachterlichen Anhörungsverfahren, welches vom EuGH an den EGMR zu richten wäre, und der Streitgenossenschaft gemäß Art. 4 des überarbeiteten Entwurfs eines Beitrittsabkommens, wäre die richtige, da „weiche“ Wahl für ein harmonisches Verhältnis der europäischen Gerichtshöfe mit einem gut funktionierenden Rechtsschutzsystem.

18. Nach hier vertretener Auffassung, sollte das klassische Organisationsschema der Hierarchie unterlaufen und stattdessen auf „friedliche Koexistenz“[33] gesetzt werden, indem die unionale und die konventionsrechtliche Perspektive – im Sinne einer neuen Einheit – wechselseitig zueinander in Beziehung stehen. Der Gerichtsverbund von ‚Luxemburg' und ‚Straßburg' funktioniert durch das aufgezeigte Näherrücken bzw. durch die gegenseitige Rücksichtnahme und Akzeptanz der unterschiedlichen rechtskulturellen Einbindungen bei gleichzeitigem Fortbestand der jeweiligen Identität.

32 "Meeting report" (18.03.2011), CDDH-UE(2011)06.

33 Vgl. *Di Fabio*, Friedliche Koexistenz, FAZ vom 21.10.2010, 6.

Literaturverzeichnis

Ahlberg, Kerstin/*Bruun*, Niklas/*Malmberg*, Jonas: The Vaxholm case from a Swedish and European perspective, in: Transfer: European Review of Labour and Research 2006, pp. 155-166.

Alber, Siegbert/*Widmaier*, Ulrich: Die EU-Charta der Grundrechte und ihre Auswirkungen auf die Rechtsprechung. Zu den Beziehungen zwischen EuGH und EGMR, EuGRZ 2000, S. 497-510.

dies.: Mögliche Konfliktbereiche und Divergenzen im europäischen Grundrechtsschutz. Die Ausübungs- und Einschränkungsregeln für die Grundrechte der Europäischen Union (Art. II-112 EV), EuGRZ 2006, S. 113-123.

Albin, Silke: Kein Rechtsschutz bei Individualsanktionen zur Terrorbekämpfung – Eine Lücke des modernen Völkerrechts. Internes Papier des Völkerrechtsprojekts der Heinrich Böll Stiftung, Berlin 2004.

Alston, Philip: The EU and Human Rights, Oxford University Press 1999.

dies.: Rechtsschutzlücken bei der Terrorbekämpfung im Völkerrecht, ZRP 2004, S. 71-73.

Allkemper, Ludwig: Wege zur Verbesserung des Individualschutzes im Vorabentscheidungsverfahren nach Art. 177 EG-Vertrag, EWS 1994, S. 253 ff.

Andersen, Robert: L'arrêt Vermeulen et le rôle de l'auditeur au Conseil d'état, in: De Fontbressin, Patrick/François, Viviane/Jakhian, Edouard/Verdussen, Marc/Weinstock, Nathan (éds.), Les droits de l'Homme au seuil du troisième millénaire. Mélanges en hommage à Pierre Lambert, Brüssel 2000, pp. 1-17.

Arndt, F./*Großmann*, Teresa: Entlastung des Europäischen Gerichtshofs für Menschenrechte durch aktuelle Reformen der Organisationsstruktur, Wissenschaftliche Dienste des Deutschen Bundestages vom 20.07.2009, Nr. 62/09.

ders./Köngeter, Matthias: Das Terrorlisten-Urteil des EuGH, Wissenschaftliche Dienste des Deutschen Bundestages vom 06.11.2008, Nr. 25/08.

Arnold, Rainer: Begriff und Entwicklung des Europäischen Verfassungsrechts, in: Geis, Max-Emanuel/Lorenz, Dieter (Hrsg.), Staat – Kirche – Verwaltung. Festschrift für Hartmut Maurer zum 70. Geburtstag, München 2001, S. 855-868.

Baddenhausen, Heike/*Deja*, Michal: Schutz der Grundrechte in der EU nach dem Vertrag von Lissabon, Wissenschaftliche Dienste des Deutschen Bundestages vom 20.02.2008, Nr. 08/08.

Badenhop, Johannes: Normtheoretische Grundlagen der Europäischen Menschenrechtskonvention, Baden Baden 2010.

Badinter, Robert: Du Protocole N^0 11 au Protocole N^0 12, in: Mélanges en hommage à Louis Edmond Pettiti, Brüssel 1998, pp. 103-112.

Bahlmann, Kai: Der Grundrechtsschutz der Europäischen Gemeinschaft – Wege der Verwirklichung, EuR 1982, S. 1-20.

Barriga, Stefan: Die Entstehung der Charta der Grundrechte der Europäischen Union. Eine Analyse der Arbeiten im Konvent und kompetenzrechtlicher Fragen, Baden-Baden 2003.

ders.: Die Entstehung der Charta der Grundrechte der Europäischen Union. Eine Analyse der Arbeiten im Konvent und kompetenzrechtlicher Fragen, Baden-Baden 2003.

Bartelt, Sandra/*Zeitler*, Helge Elisabeth: „Intelligente Sanktionen" zur Terrorismusbekämpfung in der EU, EuZW 2003, S. 713-717.

Baumann, Jessica: Auf dem Weg zu einem doppelten EMRK-Schutzstandard? Die Fortschreibung der Bosphorus-Rechtsprechung des EGMR im Fall Nederlandse Kokkelvisserij, EuGRZ 2011, S. 1-11.

Baumgartner, Gerhard: EMRK und Gemeinschaftsrecht, ZfV 1996, S. 319-331.

Bäcker, Matthias: Rechtsschutz gegen gerichtliche Verfahrensfehler als grundrechtliches Gebot, EuGRZ 2011, S. 222-225.

Benoît-Rohmer, Florence: L'Affaire Emesa Sugar: l'institution de l'advocat général de la Cour de justice des Communautés Européennes à l'épreuve de la jurisprudence Vermeulen de la Cour Européenne des Droits de l'Homme, CDE 2001, pp. 403-426.

dies.: La Charte des droits fondamentaux de l'Union européenne, Le Dalloz 2001, pp. 1483-1492.

dies.: Les perspectives de réformes à long terme de la Cour européenne des droits de l'homme: "certiorari" versus renvoi préjudiciel, in: Quelle réforme pour la Cour européenne des droits de l'homme?, Actes du colloque de Strasbourg des 21 et 22 juin 2002, RUDH 2002, pp. 314-316.

Bercusson, Brian: The Trade Union Movement and the European Union: Judgment Day, ELJ 2007, pp. 279-308.

Berger, Don: Zuständigkeit und forum non conveniens im amerikanischen Zivilprozess, RabelsZ 1977, S. 39-70.

Berka, Walter: EU-Recht und EMRK, in: Schroeder, Werner (Hrsg.), Europarecht als Mehrebenensystem. Beiträge zum 7. Österreichischen Europarechtstag 2007, Wien 2008, S. 109-121.

Bernhardt, Rudolf: Probleme eines Beitritts der Europäischen Gemeinschaft zur Europäischen Menschenrechts-Konvention, in: Due, Ole/Lutter, Marcus/Schwarze, Jürgen (Hrsg.), Festschrift für Ulrich Everling, Band I, Baden-Baden 1995, S. 103-111.

Bernsdorff, Norbert/*Borowsky*, Martin: Die Charta der Grundrechte der Europäischen Union. Handreichungen und Sitzungsprotokolle, Baden-Baden 2002.

Besselink, Leonard F. M.: Entrapped by the Maximum Standard: On Fundamental Rights, Pluralism and Subsidiarity in the European Union, CML Rev. 1998, pp. 629-680.

ders.: The Member States, the National Constitutions and the Scope of the Charter, in: MJ 2001, pp. 68-80.

Beutler, Bengt: Art. 6 EUV, in: von der Groeben, Hans/Schwarze, Jürgen (Hrsg.), Kommentar zum Vertrag über die Europäische Union und zur Gründung der Europäischen Gemeinschaft, Band 1, 6. Auflage, Baden-Baden 2003.

Bieber, Roland: Bemerkungen zum „Memorandum der Kommission betreffend den Beitritt der EG zur Konvention über den Schutz der Menschenrechte und Grundfreiheiten“ vom 10. April 1979, EuGRZ 1979, S. 338 ff.

Biehler, Gernot: Individuelle Sanktionen der Vereinten Nationen und Grundrechte, AVR 2003, S. 169-181.

Bienert, Claus-Peter: Die Kontrolle mitgliedstaatlichen Handelns anhand der Gemeinschaftsgrundrechte, Göttingen 2001.

Blanke, Hermann-Josef: Art. 15, in: Tettinger, Peter J./Stern, Klaus (Hrsg.), Kölner Gemeinschaftskommentar zur Europäischen Grundrechte-Charta, München 2006, S. 411-426.

Blanke, Thomas: Die Entscheidungen des EuGH in den Fällen Viking, Laval und Rueffert – Domestizierung des Streikrechts und europaweite Nivellierung der industriellen Beziehungen, Oldenburger Studien zur Europäisierung und zur transnationalen Regulierung 2008.

ders.: The Viking case, in: Transfer European Review of Labour and Research 2006, pp. 251-266.

ders.: Viking und Laval vor dem Europäischen Gerichtshof, AuR 2007, S. 249-254.

Bleckmann, Albert: Verfassungsrang der Europäischen Menschenrechtskonvention?, EuGRZ 1994, S. 149-155.

Bleckmann, Moritz: Nationale Grundrechte im Anwendungsbereich des Rechts der Europäischen Union, Tübingen 2011.

Borchardt, Klaus-Dieter: Die rechtlichen Grundlagen der Europäischen Union, 4. Auflage, Heidelberg 2010.

Borowsky, Martin: Die Nichtigkeitsklage gem. Art. 230 Abs. 4 EGV, EuR 2004, S. 879-910.

ders.: Kommentierung von Art. 52 und 53 GRCh, in: Meyer, Jürgen (Hrsg.), Kommentar zur Charta der Grundrechte der Europäischen Union, Baden-Baden 2003.

ders.: Kommentierung von Art. 52 und 53 GRCh, in: Meyer, Jürgen (Hrsg.), Kommentar zur Charta der Grundrechte der Europäischen Union, 2. Auflage, Baden-Baden 2006.

ders.: Kommentierung von Art. 52 und 53 GRCh, in: Meyer, Jürgen (Hrsg.), Charta der Grundrechte der Europäischen Union, Kommentar, 3. Auflage, Baden-Baden 2010.

Braibant, Guy: La Charte des droits fondamentaux de l'Union européenne, Témoignage et commentaires, Paris 2001.

Breitenmoser, Stephan/*Riemer*, Boris/*Seitz*, Claudia: Praxis des Europarechts. Grundrechtsschutz, Zürich u.a. 2006.

Breuer, Marten: Der Europäische Gerichtshof für Menschenrechte als Wächter des europäischen Gemeinschaftsrechts, JZ 2003, S. 433-443.

ders.: Offene Fragen im Verhältnis von EGMR und EuGH – Zur Entscheidung des EGMR im Fall Emesa Sugar, EuGRZ 2005, S. 229-234.

Brodowski, Dominik: Strafrechtsrelevante Entwicklungen in der Europäischen Union – ein Überblick, ZIS 2010, S. 749-760.

Bröhmer, Jürgen: Das Europäische Parlament: Echtes Legislativorgan oder bloßes Hilfsorgan im legislativen Prozess? Zur Matthews-Entscheidung des Europäischen Gerichtshofs für Menschenrechte, ZEuS 1999, S. 197-217.

ders.: Die Bosphorus-Entscheidung des Europäischen Gerichtshofs für Menschenrechte – Schutz der Grund- und Menschenrechte in der EU und das Verhältnis zur EMRK, EuZW 2006, S. 71-76.

ders.: Transparenz als Verfassungsprinzip, Tübingen 2004.

Broß, Siegfried: Bundesverfassungsgericht – Europäischer Gerichtshof – Europäischer Gerichtshof für Kompetenzkonflikte. Zugleich ein Beitrag zur Lehre vom ausbrechenden Rechtsakt und vom Kooperationsverhältnis, VerwArch 2001, S. 425-441.

ders.: Rechtsschutzprobleme im Mehrebenensystem, VerwArch 2006, S. 332-344.

Brummer, Klaus: Der Europarat – Eine Einführung, Wiesbaden 2008.

ders.: Konkurrenz um Menschenrechte in Europa: die EU und der Europarat, integration 1/2008, S. 65-80.

Brüning, Franziska: Referendum: Irland will zweite Volksabstimmung, Die Zeit online vom 11.12.2008.

Buckel, Sonja: Subjektivierung und Kohäsion. Zur Rekonstruktion einer materialistischen Theorie des Rechts, Weilerswist 2007.

Bücker, Andreas: Die Rosella-Entscheidung des EuGH zu gewerkschaftlichen Maßnahmen gegen Standortverlagerungen: der Vorhang zu und viele Fragen offen, NZA 2008, S. 212-216.

Bühler, Margit: Einschränkung von Grundrechten nach der Europäischen Grundrechtecharta, Tübinger Schriften zum internationalen und europäischen Recht, Berlin 2005.

Busch, Andrej Victor Mykola Wasyl: Die Bedeutung der Europäischen Menschenrechtskonvention für den Grundrechtsschutz in der Europäischen Union. Grundrechtskontrolle des EGMR über das Recht der EU, Baden-Baden 2003.

Busse, Christian: Das Projekt der Europäischen Grundrechtscharta vor dem Hintergrund der EMRK, ThürVBl. 2001, S. 73-80.

Caflisch, Lucius: Rechtsfolgen von Normenkontrolle – Die Rechtsprechung des EGMR: Die Technik der Pilot-Fälle, EuGRZ 2006, S. 521-523.

ders./Keller, Martina: Le Protocole additionnel n° 15 à la Convention européenne des droits de l'homme, in: Caflisch, Lucius/Callewaert, Johan/Liddell, Roderick/Mahoney, Paul/Villinger, Mark (eds.), Liber Amicorum Luzius Wildhaber. Human Rights – Strasbourg Views, Kehl 2007, p. 91 ff.

Callewaert, Johan: Der Beitrag des Europäischen Gerichtshofes für Menschenrechte zur Rechtsstaatlichkeit in der Europäischen Union, EuR 2008, S. 177-186.

ders.: Die EMRK und die EU-Grundrechtecharta, Bestandsaufnahme einer Harmonisierung auf halbem Weg, EuGRZ 2003, S. 198-206.

Calliess, Christian: Die Charta der Grundrechte der Europäischen Union – Fragen der Konzeption, Kompetenz und Verbindlichkeit, EuZW 2001, S. 261-268.

ders.: Kohärenz und Konvergenz beim europäischen Individualrechtsschutz – Der Zugang zum Gericht im Lichte des Grundrechts auf effektiven Rechtsschutz, NJW 2002, S. 3577-3582.

ders./Kingreen, Thorsten: Charta der Grundrechte der Europäischen Union, in: Calliess, Christian/Ruffert, Matthias (Hrsg.), EUV/EGV Kommentar, Das Verfassungsrecht der Europäischen Union mit Europäischer Grundrechtecharta, 3. Auflage, München 2007.

Canevascini, Matthieu: Cour européenne des droits de l'homme: peut-on réformer les conditions de recevabilité? L'Europe des Libertés 2003, pp. 10-16.

Canor, Iris: Primus inter pares. Who is the ultimate guardian of fundamental rights in Europe?, EL Rev. 2000, pp. 3-21.

Cassebohm, Julia: Die Agentur der Europäischen Union für Grundrechte – überflüssige Bürokratie oder echter Mehrwert im europäischen Grundrechtsschutzsystem?, ZEuS 2010, S. 189-218.

Cassese, Antonio/*Lalumière*, Catherine/*Leuprecht*, Peter/*Robinson*, Mary: Leading by Example: A Human Rights Agenda for the European Union for the Year 2000. Agenda of the Comité des Sages and Final Project Report (1998), veröffentlicht in: Alston, Philip: The EU and Human Rights, Oxford University Press 1999, pp. 919-927.

Chaumette, Patrick: Les actions collectives syndicales dans le maillage des libertés communautaires des enterprises, Droit Social 2008, pp. 210-220.

Chwolik-Lanfermann, Ellen: Braucht die Europäische Union einen Grundrechtskatalog?, ZRP 1995, S. 126-130.

dies.: Grundrechtsschutz in der Europäischen Union: Bestand, Tendenzen und Entwicklungen, Frankfurt am Main 1994.

Cohen-Jonathan, Gérard: Garantir l'efficacité à long terme de la Cour européenne des droits de l'homme: quelques observations à partir des derniers travaux du Comité directeur pour les droits de l'homme, RTDH 2003, pp. 1125-1156.

ders./Flauss, Jean-François: A propos de l'arrêt Matthews c/Royaume-Uni, RTDE 1999, pp. 637-657.

Cremer, Hans-Joachim: Entscheidung und Entscheidungswirkung (Kap. 32), in: Grote, Rainer/Marauhn, Thilo (Hrsg.), EMRK/GG, Konkordanzkommentar zum europäischen und deutschen Grundrechtsschutz, Tübingen 2006.

ders.: Grundrechtsvielfalt und Grundrechtskonflikte im europäischen Mehrebenensystem – Lösungsstrategien, EuGRZ 2011, S. 225-228.

Dauses, Manfred A.: Empfiehlt es sich, das System des Rechtsschutzes und der Gerichtsbarkeit in der Europäischen Gemeinschaft, insbesondere die Aufgaben der Gemeinschaftsgerichte und der nationalen Gerichte, weiterzuentwickeln?, Gutachten D zum 60. Deutschen Juristentag, München 1994.

de Búrca, Gráinne: The European Court of Justice and the International Legal Order after *Kadi*, Harv. Int'l L.J. 2010, pp. 1-49.

de Witte, Bruno: The Past and Future Role of the European Court of Justice in the Protection of Human Rights, in: Alston, Philip/Bustelo, Mara/Heenan, James (eds.), The EU and Human Rights, Oxford University Press, Oxford 1999, pp. 859-897.

de Zwaan, Jaap W.: The Legal Personality of the European Communities and the European Union, Netherlands Yearbook of International Law 1999, pp. 75-113.

Defeis, Elizabeth F.: Human Rights and the European Union: Who decides? Possible conflicts between the European Court of Justice and the European Court of Human Rights, Dick. J. Int'l L. 2001, pp. 301-332.

Deja, Michal/*Frau*, Robert: Smart Sanctions des VN-Sicherheitsrats und Spielräume bei der Umsetzung innerhalb der EG, JURA 2008, S. 609-617.

Deringer, Arved/*Sedemund*, Jochim: Europäisches Gemeinschaftsrecht, NJW 1979, S. 2435-2439.

Di Fabio, Udo: Friedliche Koexistenz, FAZ vom 21.10.2010, S. 6.

Dippel, Carsten: Die Kompetenzabgrenzung in der Rechtsprechung von EGMR und EuGH, Berlin 2004.

Doherty, Michael/*Reid*, Alan S.: Voting Rights for the European Parliament: Whose Responsibility?, EHRL Rev. 1999, pp. 420-426.

Dorf, Yvonne: Zur Interpretation der Grundrechtecharta, JZ 2005, S. 126-132.

Dörr, Oliver: Entschädigung und Schadenersatz (Kap. 33), in: Grote, Rainer/Marauhn, Thilo (Hrsg.), EMRK/GG, Konkordanzkommentar zum europäischen und deutschen Grundrechtsschutz, Tübingen 2006.

Dorssemont, Filip: De vakverenigingsvrijheid ex artikel 11 EVRM, méér dan een sequeel van de vrijhed van vereniging? (The Right to organize under Article 11 of the European Convention on Human Rights: More than Just a Necessary Consequence of Freedom of Association?), ArA 2006, p. 4 ff.

Dröge, Cordula: Positive Verpflichtungen der Staaten in der Europäischen Menschenrechtskonvention, Berlin 2003.

Drzemczewski, Andrew Z.: European Human Rights Convention in Domestic Law. A Comparative Study, Oxford University Press 1983.

Drzemczewski, Pierre: The Council of Europe's Position with Respect to the EU Charter of Fundamental Rights, HRLJ 2001, pp. 14-32.

Dunne, Tim: Good citizen Europe, International Affairs 2008, pp. 13-28.

Dutheil de la Rochère, Jacqueline: The EU and the Individual: Fundamental Rights in the Draft Constitutional Treaty, CML Rev. 2004, pp. 345-354.

Egli, Patricia: Zur Reform des Rechtsschutzsystems der Europäischen Menschenrechtskonvention, ZaöRV 2004, S. 759-794.

Ehlermann, Claus-Dieter/*Nöel*, Emile: Der Beitritt der EG zur EMRK, Schwierigkeiten – Rechtfertigung, in: Bieber, Roland/Bleckmann, Albert/Capotorti, Francesco u.a. (Hrsg.), Das Europa der zweiten Generation, Gedächtnisschrift für Christoph Sasse, Band II, Kehl u.a. 1981, S. 685.

Ehlers, Dirk: Allgemeine Lehren (§§ 2, 7, 14), in: ders. (Hrsg.), Europäische Grundrechte und Grundfreiheiten, 2. Auflage, Berlin 2005.

ders.: Die Grundrechte des europäischen Gemeinschaftsrechts, JURA 2002, S. 468-477.

Eisner, Carolin: Die Schrankenregelung der Grundrechtecharta der Europäischen Union. Gefahr oder Fortschritt für den Grundrechtsschutz in Europa?, Baden-Baden 2005.

Ekardt, Felix/*Lessmann*, Verena: EuGH, EGMR und BVerfG. Die dritte Gewalt im transnationalen Mehrebenensystem, KJ 2006, S. 381 ff.

Engel, Norbert Paul: Russland setzt Europäischen Gerichtshof für Menschenrechte unter Druck, Ablehnung des EMRK-Protokolls durch Staatsduma mit offensichtlicher Duldung durch Präsident Wladimir Putin, EuGRZ 2007, S. 241.

ders.: Status, Ausstattung und Personalhoheit des Inter-Amerikanischen und des Europäischen Gerichtshofs für Menschenrechte. Facetten und Wirkungen des institutionellen Rahmens, EuGRZ 2003, S. 122-133.

ders.: Strukturreformen zur Entlastung des EGMR/EMRK-Protokoll Nr. 14 zum 1. Juni 2010 in Kraft/Interlaken-Konferenz/Neuregelung zur sozialen Absicherung der EGMR-Richter verabschiedet, EuGRZ 2010, S. 148 ff.

Epiney, Astrid: Zur Stellung des Völkerrechts in der EU, EuZW 1999, S. 5-11.

Everling, Ulrich: Durch die Grundrechtecharta zurück zu Solange I?, EuZW 2003, S. 225.

ders.: Justiz im Europa von morgen, DRiZ 1993, S. 5-15.

ders.: Lissabon-Vertrag regelt Dauerstreit über Nichtigkeitsklage Privater, EuZW 2010, S. 572-575.

Fassbender, Bardo: Art. 19 Abs. 4 GG als Garantie innerstaatlichen Rechtsschutzes gegen Individualsanktionen des UN-Sicherheitsrates, AöR 2007, S. 257-286.

ders.: Targeted Sanctions and Due Process. The responsibility of the UN Security Council to ensure that fair and clear procedures are made available to individuals and entities targeted with sanctions under Chapter VII of the UN Charter. Study commissioned by the United Nations Office of Legal Affairs – Office of the Legal Councel – 20 March 2006 (final), Berlin.

Feddersen, Christoph: Anmerkung zum Urteil des EuGH in der Rs. C-94/00 – „Roquette Frères“, EuZW 2003, S. 22-23.

Feinäugle, Clemens A.: Die Terroristenlisten des Sicherheitsrates – Endlich Rechtsschutz des Einzelnen gegen die Vereinten Nationen?, ZRP 2007, S. 75-78.

ders.: Individualrechtsschutz gegen Terroristenlistung? Ein kritischer Blick auf die „Ombudsperson“ in der neuen Resolution 1904 (2009) des Sicherheitsrates der Vereinten Nationen, ZRP 2010, S. 188-190.

Fischbach, Marc: 13. informelle Sitzung des Konvents zur Erarbeitung einer EU-Charta der Grundrechte (29.06.2000), in: Deutscher Bundestag, Referat Öffentlichkeitsarbeit, Die Charta der Grundrechte der Europäischen Union, Berichte und Dokumentation mit einer Einleitung von Jürgen Meyer und Markus Engels, Zur Sache 1/2000, 2001, S. 313.

ders.: Kommentar zur EU-Grundrechtecharta, in: Kaufmann, Sylvia-Yvonne (Hrsg.), Grundrechtecharta der Europäischen Union: Mitglieder und Beobachter des Konvents berichten, Bonn 2001, S. 59 ff.

ders.: Le Conseil de l'Europe et la Charte des droits fondamentaux de l'Union européenne, RUDH 2000, pp. 7-9.

Fischer, Leni: Eröffnungsrede anlässlich der Fach- und Medientagung der Stiftung Entwicklung und Frieden in Bonn am 6. Mai 1999 über die Rolle Europas bei der Wahrung der Menschenrechte und der Sicherung des Friedens – neue Herausforderungen für Europarat und Europäische Union.

Folz, Hans-Peter: Grundrechte und Unionsbürgerschaft (Titel II), in: Vedder, Christoph/Heintschel von Heinegg, Wolff (Hrsg.), Europäischer Verfassungsvertrag, Baden-Baden 2007, S. 80-84.

Franzius, Claudio: Wer macht in Europa Menschenrechtspolitik? Politik und Recht im Zeichen des Terrors, in: Rudolf, Beate (Hrsg.), Europa und die Menschenrechte. Zwischen Anspruch und Wirklichkeit (im Erscheinen).

Fredriksen, Halvard Haukeland: Individualklagemöglichkeiten vor den Gerichten der EU nach dem Vertrag für eine Verfassung für Europa, ZEuS 2005, S. 99-133.

Fremuth, Michael Lysander: Private im Fadenkreuz des Sicherheitsrats – Zu der Terrorliste des UN-Sicherheitsrats, weißen Rittern und verpassten Chancen, Vereinte Nationen 2009, S. 111-116.

Fritzsche, Karl Peter: Menschenrechte. Eine Einführung mit Dokumenten, Paderborn u.a. 2004.

Frowein, Jochen Abraham: Der europäische Grundrechtsschutz und die deutsche Rechtsprechung, NVwZ 2002, S. 29-33.

ders./Peukert, Wolfgang: Europäische Menschenrechtskonvention. EMRK-Kommentar, 2. Auflage, Kehl 1996.

dies.: Europäische Menschenrechtskonvention. EMRK-Kommentar, 3. Auflage, Kehl 2009.

Gaja, Giorgio: New Instruments and Institutions for Enhancing the Protection of Human Rights in Europe?, in: Alston, Philip/Bustelo, Mara/Heenan, James (eds.), The EU and Human Rights, Oxford University Press, Oxford 1999, pp. 781-801.

Gál, Kinga: Entwurf einer Stellungnahme des Ausschusses für bürgerliche Freiheiten, Justiz und Inneres für den Ausschuss für konstitutionelle Fragen zu institutionellen Aspekten des Beitritts der EU zur EMRK vom 08.03.2010, 2009/2241(INI).

García, Alonso: The General Provisions of the Charter of Fundamental Rights of the European Union, ELJ 2002, p. 492 ff.

Gautier, Philippe: The Reparation for Injuries Case Revisited: The Personality of the European Union, Max Planck Yearbook of United Nations Law 2000, pp. 331-361.

Gebauer, Katharina: Parallele Grund- und Menschenrechtssysteme in Europa? Ein Vergleich der Europäischen Menschenrechtskonvention und des Straßburger Gerichtshofs mit dem Grundrechtsschutz in der Europäischen Gemeinschaft und dem Luxemburger Gerichtshof, Berlin 2007.

Gerards, Regine: Die Europäische Menschenrechtskonvention im Konstitutionalisierungsprozess einer gemeineuropäischen Grundrechtsordnung, Frankfurt am Main u.a. 2007.

Giegerich, Thomas: Verantwortlichkeit und Haftung für Akte internationaler und supranationaler Organisationen, ZVglRWiss 2005, S. 163-191.

Goldsmith, Peter Henry Lord: A Charter of Rights, Freedoms and Principles, CML Rev. 2001, pp. 1201-1216.

Golsong, Heribert: Grundrechtsschutz im Rahmen der Europäischen Gemeinschaften/Ist der Katalog der in der EMRK enthaltenen Grundrechte für die EG verwendbar?, EuGRZ 1978, S. 346-352.

ders.: Nochmals: zur Frage des Beitritts der Europäischen Gemeinschaften zur Europäischen Menschenrechtskonvention, EuGRZ 1979, S. 70.

ders.: Zum Grundrechtsschutz in der Europäischen Gemeinschaft, Statement vor dem Rechtsausschuss der Parlamentarischen Versammlung des Europarates am 12.06.1975, EuGRZ 1975, S. 476-478.

Grabenwarter, Christoph: Auf dem Weg in die Grundrechtsgemeinschaft?, EuGRZ 2004, S. 563-570.

ders.: Die Charta der Grundrechte der Europäischen Union, DVBl. 2001, S. 1-13.

ders.: Die Menschenrechtskonvention und Grundrechte-Charta in der europäischen Verfassungsentwicklung, in: Cremer, Hans-Joachim/Giegerich, Thomas/Richter, Dagmar/Zimmermann, Andreas (Hrsg.), Tradition und Weltoffenheit des Rechts. Festschrift für Helmut Steinberger, Berlin u.a. 2002, S. 1129-1153.

ders.: Europäische Menschenrechtskonvention, München 2005.

ders.: Europäische Menschenrechtskonvention. Ein Studienbuch, 2. Auflage, München 2008.

ders.: Europäisches und nationales Verfassungsrecht, VVDStRL 2001, S. 290-349.

ders.: Grundrechtsschutz in der Union: Verankerung der EU-Grundrechtecharta und Beitritt zur EMRK, in: Busek, Erhard/Hummer, Waldemar (Hrsg.), Der Europäische Konvent und sein Ergebnis – eine Europäische Verfassung, Wien u.a. 2004, S. 71-88.

ders.: Grundrechtsvielfalt und Grundrechtskonflikte im europäischen Mehrebenensystem – Wirkungen von EGMR-Urteilen und der Beurteilungsspielraum der Mitgliedstaaten, EuGRZ 201, S. 229-232.

Gramlich, Ludwig: Grundfreiheiten contra Grundrechte im Gemeinschaftsrecht? – Überlegungen aus Anlaß der EuGH-Entscheidung „Bosman", DÖV 1996, S. 801-811.

Grawert, Rolf: Wie soll Europa organisiert werden? – Zur konstitutionellen „Zukunft Europas" nach dem Vertrag von Nizza, EuR 2003, S. 971-991.

Grewe, Constance: Beitritt der EU zur EMRK und ZP 14: Wirksame Durchsetzung einer gesamteuropäischen Grundrechteverfassung?, EuR 2012, S. 285-309.

Griller, Stefan: Der Anwendungsbereich der Grundrechtscharta und das Verhältnis zu sonstigen Gemeinschaftsrechten, Rechten aus der EMRK und zu verfassungsgesetzlich gewährleisteten Rechten, in: ders./Duschanek, Alfred (Hrsg.), Grundrechte für Europa. Die Europäische Union nach Nizza, Wien 2002, S. 131-182.

ders.: Die Unterscheidung von Unionsrecht und Gemeinschaftsrecht nach Amsterdam, in: Müller-Graff, Peter-Christian/Schwarze, Jürgen (Hrsg.), Rechtsschutz und Rechtskontrolle nach Amsterdam, EuR 1999, S. 45-72.

Habermas, Jürgen: Ein Lob den Iren, sueddeutsche.de vom 16.06.2008.

Hafner, Gerhard: The ECHR torn between the United Nations and the States: The Behrami and Saramati case, in: Fischer-Lescano, Andreas/Gasser, Hans-Peter/Marauhn, Thilo/Ronzitti, Natalino (Hrsg.), Frieden in Freiheit – Peace in Liberty – Paix en liberté: Festschrift für Michael Bothe zum 70. Geburtstag, Berlin 2008, S. 103-122.

Haimerl, Kathrin: Wege aus der Krise, sueddeutsche.de vom 18.06.2008.

Haltern, Ulrich: Gemeinschaftsgrundrechte und Antiterrormaßnahmen der UNO, JZ 2007, S. 537-547.

Haratsch, Andreas: Die *Solange*-Rechtsprechung des Europäischen Gerichtshofs für Menschenrechte. Das Kooperationsverhältnis zwischen EGMR und EuGH, ZaöRV 2006, S. 927-947.

Harris, David/*O'Boyle*, Michael/*Warbrick*, Colin: Law of the European Convention on Human Rights, Oxford 2009.

Härtel, Ines: Die Europäische Grundrechteagentur: unnötige Bürokratie oder gesteigerter Grundrechtsschutz?, EuR 2008, S. 489-513.

Hatje, Armin: Loyalität als Rechtsprinzip in der Europäischen Union, Baden-Baden 2001.

ders./*Kindt*, Anne: Der Vertrag von Lissabon – Europa endlich in guter Verfassung?, NJW 2008, S. 1761-1768.

Heer-Reißmann, Christine: Straßburg oder Luxemburg? – Der EGMR zum Grundrechtsschutz bei Verordnungen der EG in der Rechtssache Bosphorus, NJW 2006, S. 192-194.

Herdegen, Matthias: Völkerrecht, 6. Auflage, München 2007.

Herzog, Roman: Europäischer Grundrechtsschutz für Ehe und Familie, Bitburger Gespräche, Jahrbuch 2001, S. 7-14.

Hess, Burkhard: Europäisches Zivilprozessrecht, Heidelberg 2010.

Heuschmid, Johannes: Mitentscheidung durch Arbeitnehmer – ein europäisches Grundrecht? Die Wirkung der Grundrechte als Korrektiv der Grundfreiheiten dargestellt am Beispiel der Beteiligung der Arbeitnehmer im Unternehmen, Bremen 2008.

Hilbrandt, Christian: Rechte der Arbeitnehmerinnen und Arbeitnehmer (§ 35), in: Heselhaus, Sebastian M./Nowak, Carsten (Hrsg.), Handbuch der Europäischen Grundrechte, München u.a. 2006.

Hilf, Meinhard: Europäische Union und Europäische Menschenrechtskonvention, in: Beyerlin, Ulrich/Bothe, Michael/Hofmann, Rainer/Petersmann, Ernst-Ulrich (Hrsg.), Recht zwischen Umbruch und Bewahrung. Festschrift für Rudolf Bernhardt, Berlin 1995, S. 1193-1210.

ders.: Die Schranken der EU-Grundrechte, in: Merten, Detlef/Papier, Hans Jürgen (Hrsg.), Handbuch der Grundrechte in Deutschland und Europa, Band VI/1 Europäische Grundrechte I, Heidelberg 2010, § 164, S. 1158 ff.

ders./*Hörmann*, Saskia: Der Grundrechtsschutz von Unternehmen im europäischen Verfassungsverbund, NJW 2003, S. 1-9.

ders./Schorkopf, Frank: Art. 6 EUV, in: Grabitz, Eberhard/Hilf, Meinhard/Nettesheim, Martin (Hrsg.), Das Recht der Europäischen Union, München 2008.

Hillgruber, Christian: Das Verhältnis der Europäischen Gemeinschaften und der Europäischen Union zu ihren Mitgliedstaaten, AVR 1996, S. 347-375.

Hoffmann-Riem, Wolfgang: Kohärenz der Anwendung europäischer und nationaler Grundrechte, in: Brüggemeier, Gert (Hrsg.), Transnationalisierung des Rechts, Baden-Baden 2004, S. 33-61.

ders.: Kohärenz der Anwendung europäischer und nationaler Grundrechte, EuGRZ 2002, S. 473-483.

Hörmann, Saskia: Die Befugnis der EG zur Umsetzung von Resolutionen des UN-Sicherheitsrates zur Bekämpfung des internationalen Terrorismus, EuR 2007, S. 120-133.

dies.: Völkerrecht bricht Gemeinschaftsrecht? Zu den rechtlichen Folgen einer Umsetzung von Resolutionen des UN-Sicherheitsrates durch die EG, AVR 2006, S. 267-327.

Huber, Andrea: Der Beitritt der Europäischen Union zur Europäischen Menschenrechtskonvention. Art. 6 Abs. 2 S. 1 EUV, Hamburg 2008.

Hummer, Waldemar: Der Beitritt der EU zur EMRK – Notwendige Änderungen und Anpassungen (Teil 2), EU-Infothek vom 22.11.2011.

ders.: Der Status der „EU-Grundrechtecharta". Politische Erklärung oder Kern einer Europäischen Verfassung?, Bonn 2002.

Hüßtege, Rainer: Vorabentscheidungsverfahren nach Art. 234 des Vertrages zur Gründung der EG, in: Beck´sches Richterhandbuch, 2. Auflage, München 1999, Kapitel I.

Ibing, Stefan: Die Einschränkung der europäischen Grundrechte durch Gemeinschaftsrecht. Anwendbarkeit der Einschränkungsvoraussetzungen der EMRK und der Europäischen Grundrechte-Charta auf Gemeinschaftsrechtsakte, Baden-Baden 2006.

Iliopoulos-Strangas, Julia: Der Beitritt der Europäischen Gemeinschaft zur Europäischen Menschenrechtskonvention aus der Sicht der Mitgliedstaaten, in: dies. (Hrsg.), Grundrechtsschutz im europäischen Raum. Der Beitritt der Europäischen Gemeinschaften zur Europäischen Menschenrechtskonvention, Baden-Baden 1993, S. 343-368.

Isiksel, N. Türküler: Fundamental rights in the EU after Kadi and Al Barakaat, ELJ 2010, pp. 551-577.

Jacot-Guillarmod, Olivier: Autonomie procédurale des Etats (articles 6, 13, 35 et 46 CEDH): de l'apport possible de la jurisprudence de Luxembourg à celle de Strasbourg, in: Ryssdal, Rolf/Mahoney, Paul/ Matscher, Franz (éds.), Protection des droits de l'Homme: la perspective européenne. Mélanges à la mémoire de Rolv Ryssdal, Köln 2000, pp. 617-633.

Jacqué, Jean-Paul: L'adhésion de la Communauté Européenne à la Convention européene des droits de l'homme. Aspects juridiques et techniques, in: Iliopoulos-Strangas, Julia (Hrsg.), Grundrechtsschutz im europäischen Raum. Der Beitritt der

Europäischen Gemeinschaften zur Europäischen Menschenrechtskonvention, Baden-Baden 1993, S. 302 ff.

ders.: La démarche initiée par le Conseil européen de Cologne, RUDH 2000, pp. 3-6.

Jaeger, Renate: Menschenrechtsschutz im Herzen Europas. Zur Kooperation des Bundesverfassungsgerichts mit dem Europäischen Gerichtshof für Menschenrechte und dem Gerichtshof der Europäischen Gemeinschaften, EuGRZ 2005, S. 193-204.

Janik, Cornelia: Die EMRK und internationale Organisationen. Ausdehnung und Restriktion der equivalent protection-Formel in der neuen Rechtsprechung des EGMR, ZaöRV 2010, S. 127-179.

Jarass, Hans D.: Charta der Grundrechte der Europäischen Union unter Einbeziehung der vom EuGH entwickelten Grundrechte und der Grundrechtsregelungen der Verträge, Kommentar, München 2010.

ders.: Die EU-Grundrechte, Ein Studien- und Handbuch, München 2005.

ders.: Elemente einer Dogmatik der Grundfreiheiten, EuR 1995, S. 202-226.

Jáuregui Atondo, Ramón: Entwurf eines Berichts zu den institutionellen Aspekten des Beitritts der EU zur EMRK des Ausschusses für konstitutionelle Fragen des Europäischen Parlaments vom 02.02.2010, 2009/2241(INI).

Joerges, Christian/*Rödl*, Florian: „Das soziale Defizit des Europäischen Integrationsprojekts", Von der Entformalisierung europäischer Politik und dem Formalismus europäischer Rechtsprechung im Umgang mit dem „sozialen Defizit" des Integrationsprojekts, KJ 2008, S. 149-165.

dies.: Informal Politics, Formalised Law and the 'Social Deficit' of European Integration: Reflections after the Judgments of the ECJ in Viking and Laval, ELJ 2009, pp. 1-19.

Junker, Abbo: Standortverlagerung und Niederlassungsfreiheit – das Rosella-Verfahren vor dem EuGH, EWS 2007, S. 49-55.

Kadelbach, Stefan/*Petersen*, Niels: Europäische Grundrechte als Schranken der Grundfreiheiten, EuGRZ 2003, S. 693-698.

Kämmerer, Jörn Axel: Das Urteil des Europäischen Gerichtshofs im Fall „Kadi": Ein Triumph der Rechtsstaatlichkeit?, EuR 2009, S. 114-130.

ders.: Die Urteile „Kadi" und „Yusuf" und ihre Folgen, EuR 2008, S. 65-87.

Karl, Wolfram: Der Beitritt der Europäischen Union zur Europäischen Menschenrechtskonvention, in: Busek, Erhard/Hummer, Waldemar (Hrsg.), Der Europäische Konvent und sein Ergebnis – eine Europäische Verfassung, Wien u.a. 2004, S. 89-101.

ders.: Der europäische Menschenrechtsschutz, in: Neuhold, Hans-Peter/Hummer, Waldemar/Schreuer, Christoph (Hrsg.), Österreichisches Handbuch des Völkerrechts, Band 1, Wien 2004, IV/6, S. 274 ff.

Karper, Irene: Reformen des Europäischen Gerichts- und Rechtsschutzsystems, 2. Auflage, Bremen 2011.

Keller, Helen/*Bertschi*, Martin: Erfolgspotenzial des 14. Protokolls zur Europäischen Menschenrechtskonvention, EuGRZ 2005, S. 204-229.

Keller, Martina: 50 Jahre danach: Rechtsschutzeffektivität trotz Beschwerdeflut? Wie sich der EGMR neuen Herausforderungen stellt, EuGRZ 2008, S. 359-369.

King, Toby: Ensuring Human Rigths: Review of intergovernmental Acts in Europe, EL Rev. 2000, pp. 79-88.

Kingreen, Thorsten: Art. 52 GRCh, in: Calliess, Christian/Ruffert, Matthias (Hrsg.), EUV/EGV Kommentar, Das Verfassungsrecht der Europäischen Union mit Europäischer Grundrechtecharta, 3. Auflage, München 2007.

ders.: Art. 6 EUV, Art. 52 GRCh, in: Calliess, Christian/Ruffert, Matthias (Hrsg.), EUV/AEUV Kommentar, Das Verfassungsrecht der Europäischen Union mit Europäischer Grundrechtecharta, 4. Auflage, München 2011.

ders.: Der Beitritt zur EMRK (Art. I-9), in: Calliess, Christian/Ruffert, Matthias (Hrsg.), Verfassung der Europäischen Union, Kommentar der Grundlagenbestimmungen (Teil I), 2006.

ders.: Die Gemeinschaftsgrundrechte, JuS 2000, S. 857-865.

ders.: Theorie und Dogmatik der Grundrechte im europäischen Verfassungsrecht, EuGRZ 2004, S. 570-576.

Kirchhof, Ferdinand: Grundrechtsschutz durch europäische und nationale Gerichte, NJW 2011, S. 3681-3686.

Kirschner, Adele Juliane: Security Council Resolution 1904 (2009): A Significant Step in the Evolution of the Al-Qaida and Taliban Sanctions Regime?, ZaöRV 2010, pp. 585-607.

Klein, Eckart: Das Verhältnis zwischen dem Grundrechtsschutz durch die Organe der Europäischen Menschenrechtskonvention und der Europäischen Gemeinschaften. Überlegungen de lege ferenda, in: Mosler, Hermann/Bernhardt, Rudolf/Hilf, Meinhard (Hrsg.), Grundrechtsschutz in Europa, Europäische Menschenrechts-Konvention und Europäische Gemeinschaften. Internationales Kolloquium veranstaltet vom Max-Planck-Institut für Ausländisches Öffentliches Recht und Völkerrecht, Heidelberg 1976 (1977), S. 160-180.

ders.: Menschenrechte und Ius cogens, in: Bröhmer, Jürgen/Bieber, Roland/Calliess, Christian/Langenfeld, Christine/Weber, Stefan/Wolf, Joachim (Hrsg.), Internationale Gemeinschaft und Menschenrechte. Festschrift für Georg Ress zum 70. Geburtstag am 21. Januar 2005, Köln u.a. 2005, S. 151-163.

Knecht, Matthias H.: Die Charta der Grundrechte der Europäischen Union. Eine Würdigung der Entstehung und rechtsvergleichende grundrechtsdogmatische Analyse, Stuttgart 2005.

Kober, Martin: Der Grundrechtsschutz in der Europäischen Union. Bestandsaufnahme, Konkretisierung und Ansätze zur Weiterentwicklung der europäischen Grundrechtsdogmatik anhand der Charta der Grundrechte der Europäischen Union, München 2009.

Kocher, Eva: Kollektivverhandlungen und Tarifautonomie – welche Rolle spielt das europäische Recht?, AuR 2008, S. 13-18.

Kohler, Christian/*Malferrari*, Luigi: Um letzte und vorletzte Worte: Zum geplanten Zusammenwirken von EGMR und EuGH nach dem Beitritt der EU zur EMRK, EuZW 2011, S. 849-851.

Kokott, Juliane: Der Grundrechtsschutz im europäischen Gemeinschaftsrecht, AöR 1996, S. 599-638.

dies.: Der *pouvoir neutre* im Recht der Europäischen Union, ZaöRV 2009, S. 275-288.

dies./Dervisopoulos, Ioanna/*Henze*, Thomas: Aktuelle Fragen des effektiven Rechtsschutzes durch die Gemeinschaftsgerichte, EuGRZ 2008, S. 10-15.

dies./Henze, Thomas/*Sobotta*, Christoph: Die Pflicht zur Vorlage an den Europäischen Gerichtshof und die Folgen ihrer Verletzung, JZ 2006, S. 633-640.

dies./Rüth, Alexandra: The European Convention and its Draft Treaty establishing a Constitution for Europe: appropriate answers to the Laeken questions?, CML Rev. 2003, pp. 1315-1345.

dies./Sobotta, Christoph: Die Charta der Grundrechte der Europäischen Union nach dem Inkrafttreten des Vertrags von Lissabon, EuGRZ 2010, S. 265-271.

Köngeter, Matthias: Zur Diskussion über einen Beitritt der EG/EU zur Europäischen Menschenrechtskonvention (EMRK), Wissenschaftliche Dienste des Deutschen Bundestages vom 09.05.2008, Nr. 23/08.

Kottmann, Matthias: Plaumanns Ende: Ein Vorschlag zu Art. 263 Abs. 4 AEUV, ZaöRV 2010, S. 547-566.

Kotzur, Markus: Eine Bewährungsprobe für die deutsche Grundrechtsgemeinschaft. Zur Entscheidung des EuG in der Rs. Yusuf u.a. gegen Rat, EuGRZ 2006, S. 19-26.

Koukoulis-Spiliotopoulos, Sophia: Towards a European Constitution: Does the Charter of Fundamental Rights "Maintain in Full" the *Aquis Communautaire*?, ERPL 2002, pp. 57-104.

Krüger, Hans-Christian/*Polakiewicz*, Jörg: Vorschläge für ein kohärentes System des Menschenrechtsschutzes in Europa, EuGRZ 2001, S. 92-105.

Kühling, Jürgen: Grundrechte, in: von Bogdandy, Armin (Hrsg.), Europäisches Verfassungsrecht, 2003, S. 590 ff.

Ladenburger, Clemens: Chapter IX. Fundamental rights and citizenship of the Union, in: Amato, Giuliano/Bribosia, Hervé/De Witte, Bruno (éds.), Genèse et destinée de la Constitution européenne. Commentaire du Traité établissant une Constitution pour l'Europe à la lumière des travaux préparatoires et perspectives d'avenir, Brüssel 2007, p. 311 ff.

ders.: Kapitel VII, Art. 52 GRCh, in: Tettinger, Peter J./Stern, Klaus (Hrsg.), Kölner Gemeinschaftskommentar zur Europäischen Grundrechte-Charta, München 2006.

Lambert, Pierre: Quelle réforme pour la Cour européenne des droits de l'homme? Conclusions, RUDH 2002, pp. 327-331.

Lavranos, Nikolaos: Das So-Lange-Prinzip im Verhältnis von EGMR und EuGH – Anmerkung zu dem Urteil des EGMR vom 30.06.2005, Rs. 45036/98, EuR 2006, S. 79-92.

Lawson, Rick: Case C-17/98, *Emesa Sugar (Free Zone) NV* v. *Aruba*, Order of the Court of Justice of 4 February 2000, nyr. Full Court, CML Rev. 2000, pp. 983-990.

ders.: Confusion and Conflict? Diverging Interpretations of the European Convention on Human Rights in Strasbourg and Luxembourg, in: Lawson, Rick/de Blois, Matthijs (eds.), The Dynamics of the Protection of Human Rights in Europe. Essays in Honour of Henry G. Schermers, 1994, pp. 219-251.

Lecheler, Helmut: Der Beitrag der allgemeinen Rechtsgrundsätze zur europäischen Integration – Rückblick und Ausblick, ZEuS 2003, S. 337-352.

Lemmens, Paul: The Relation between the Charter of Fundamental Rights of the European Union and the European Convention on Human Rights – Substantive aspects, MJ 2001, pp. 49-67.

Lenaerts, Koen: Die EU-Grundrechtecharta: Anwendbarkeit und Auslegung, EuR 2012, S. 3-18.

ders.: Fundamental Rights to be included in a Community Catalogue, EL Rev. 1991, pp. 367-390.

ders./de Smijter, Eddy: A „Bill of Rights" for the European Union, CML Rev. 2001, pp. 273-300.

ders.: Grundrechtsschutz in den Europäischen Gemeinschaften und im Rahmen der Europäischen Menschenrechtskonvention, ZfRV 1992, S. 281-298.

ders.: Le traité de Lisbonne et la protection juridictionnelle des particuliers en droit de l'Union, CDE 2009, pp. 711-746.

Lengauer, Alina-Maria: Drittwirkung von Grundfreiheiten. Ein Beitrag zu dem Konzept des Normadressaten im Gemeinschaftsrecht, Wien u.a. 2011.

Lenz, Christofer: Anmerkung (zu EGMR, Urteil vom 18.02.1999, Nr. 24833/94 – *Matthews/Vereinigtes Königreich*), EuZW 1999, S. 311-313.

ders.: Bedeutung der Gerichts- und Verfahrensorganisation für den effektiven Rechtsschutz, Podiumsdiskussion aus Anlass der Tagung am 25./26.01.2008 an der Universität Münster, EuGRZ 2008, S. 390-393.

Liisberg, Jonas Bering: Does the EU Charter of Fundamental Rights Threaten the Supremacy of Community Law?, Article 53 of the Charter: a fountain of law or just an inkblot?, Harvard Jean Monnet Working Paper 04/01.

ders.: Does the EU Charter of Fundamental Rights threaten the supremacy of Community law?, CML Rev. 2001, pp. 1171-1199.

Lindner, Josef Franz: Grundrechtsschutz gegen gemeinschaftsrechtliche Öffnungsklauseln – zugleich ein Beitrag zum Anwendungsbereich der EU-Grundrechte, EuZW 2007, S. 71-75.

ders.: Grundrechtsschutz in Europa – System einer Kollisionsdogmatik, EuR 2007, S. 160-194.

Lübbe-Wolff, Gertrude: Der Europäische Gerichtshof muss die Grenzen der Unionskompetenzen sorgfältig hüten – „Wo die Musik der Globalisierung spielt, hat das Europäische Parlament bislang nichts zu sagen", ZRP 2007, S. 277-279.

Ludwig, Thomas Claus: Zum Verhältnis zwischen Grundrechtecharta und allgemeinen Grundsätzen – die Binnenstruktur des Art. 6 EUV n.F., EuR 2011, S. 715-735.

Lumma, Moritz: Verfahrensbeschleunigung und Kohärenz beim EuGH – Die Perspektive des Bevollmächtigten der Bundesregierung beim EuGH, EuGRZ 2008, S. 381-384.

Macdonald, Ronald St. John: The Luxemburg preliminary ruling procedure and its possible application in Strasbourg, in: Mélanges en hommage à Louis Edmond Pettiti, Brüssel 1998, pp. 593-603.

Mader, Oliver: Beitritt der EU zum Europarat? Institutionelle Aspekte der Entwicklung des europäischen Grundrechtsschutzes nach Lissabon, AVR 2011, S. 435-468.

Mahlmann, Matthias: Die Grundrechtscharta der Europäischen Union, ZEuS 2000, S. 419-444.

Mahoney, Paul: Separation of Powers in the Council of Europe: The Status of the European Court of Human Rights vis-à-vis the Authorities of the Council of Europe, HRLJ 2003, pp. 152-161.

Mancini, Federico/*di Bucci*, Vittorio: Die Entwicklung der Grundrechte als Teil des Gemeinschaftsrechts, in: Iliopoulos-Strangas, Julia (Hrsg.), Grundrechtsschutz im europäischen Raum. Der Beitritt der Europäischen Gemeinschaften zur Europäischen Menschenrechtskonvention, Baden-Baden 1993, S. 208-230.

Manhart, Rupert/*Maurer*, Michaela: EU-Verfassungsvertrag und Grundrechtscharta: Welche Auswirkungen hat die Aufnahme der Grundrechtscharta in den Verfassungsvertrag auf den Grundrechtsschutz in Europa?, MRM 2005, S. 160-173.

Marauhn, Thilo: Die wirtschaftliche Vereinigungsfreiheit zwischen menschenrechtlicher Gewährleistung und privatrechtlicher Ausgestaltung. Zur Bedeutung von Art. 11 EMRK für das kollektive Arbeitsrecht und das Gesellschaftsrecht, RabelsZ 1999, S. 537-560.

Maurer, Andreas/*Göler*, Daniel: Die Konventsmethode in der Europäischen Union. Ausnahme oder Modell?, SWP-Studie, Berlin 2004.

Mayer, Franz C.: Der Vertrag von Lissabon und die Grundrechte, EuR 2009, S. 87-104.

ders.: Individualrechtsschutz im Europäischen Verfassungsrecht, DVBl. 2004, S. 606-616.

ders.: Wer soll Hüter der europäischen Verfassung sein?, AöR 2004, S. 411-435.

Meilicke, Wienand: Hindernislauf zum gesetzlichen Richter. Plädoyer für die Vollendung des Rechtsstaates im europäischen Gemeinschaftsrecht, BB 2000, S. 17-25.

Mestre, Bruno: Some preliminary comments on the Opinion of Advocate-General Mengozzi in the Laval case, EL Rev. 2007, pp. 174-185.

Meyer, Frank: Lost in Complexity – Gedanken zum Rechtsschutz gegen Smart Sanctions in der EU, ZEuS 2007, S. 1-69.

Meyer, Jürgen/*Hölscheidt*, Sven: Die Europäische Verfassung des Europäischen Konvents, EuZW 2003, S. 613-621.

Meyer-Ladewig, Jens: Europäische Menschenrechtskonvention, Handkommentar, 2. Auflage, Baden-Baden 2006.

ders./*Petzold*, Herbert: 50 Jahre Europäischer Gerichtshof für Menschenrechte, NJW 2009, S. 3749-3754.

Middeke, Andreas: Das Vorabentscheidungsverfahren (§ 10), in: ders./Rengeling, Hans-Werner/Gellermann, Martin (Hrsg.), Handbuch zum Rechtsschutz in der Europäischen Union, 2. Auflage, München 2003.

Möllers, Christoph: Das EuG konstitutionalisiert die Vereinten Nationen, EuR 2006, S. 426-431.

ders.: Wirtschaftliche und finanzielle Sanktionen gegenüber Privatpersonen oder Organisationen ohne hinreichende Verbindung zu einem bestimmten Drittland, EuR 2006, S. 424-431.

Molthagen, Julia: Das Verhältnis der EU-Grundrechte zur EMRK, Hamburg 2003.

Morano-Foadi, Sonia/*Andreadakis*, Stelios: The Convergence of the European Legal System in the Treatment of Third Country Nationals in Europe: The ECJ and ECtHR Jurisprudence, EJIL 2011, pp. 1071-1088.

Morijn, John: Balancing Fundamental Rights and Common Market Freedoms in Union Law: Schmidberger and Omega in the Light of the European Constitution, ELJ 2006, pp. 15-40.

Müller, Matthias: Die Errichtung des Europäischen Patentgerichts – Herausforderung für die Autonomie des EU-Rechtssystems?, EuZW 2010, S. 851-856.

Müller-Graff, Peter-Christian: Grundfreiheiten und Gemeinschaftsgrundrechte, in: Cremer, Hans-Joachim/Giegerich, Thomas/Richter, Dagmar/Zimmermann, Andreas (Hrsg.), Tradition und Weltoffenheit des Rechts. Festschrift für Helmut Steinberger, Berlin u.a. 2002, S. 1281-1301.

Naumann, Kolja: Art. 52 Abs. 3 GRCh zwischen Kohärenz des europäischen Grundrechtsschutzes und Autonomie des Unionsrechts, EuR 2008, S. 424-435.

Neudorfer, Sonja: Antiterrormaßnahme der Vereinten Nationen und Grundrechtsschutz in der Union – Die Zuständigkeit der Gemeinschaftsgerichte zur Kontrolle gemeinschaftsrechtlicher Umsetzungsakte von UN-Maßnahmen gegen die Taliban und Al Qaida, ZaöRV 2009, S. 979-1006.

Neuwahl, Nanette: Legal Personality of the European Union – International and Institutional Aspects, in: Kronenberger, Vincent (ed.), The European Union and the International Legal Order: Discord or Harmony?, TMC Asser Press, The Hague, 2001, pp. 3-22.

Nicolaysen, Gert: Die gemeinschaftsrechtliche Begründung von Grundrechten, EuR 2003, S. 719-743.

Nolte, Georg: Das Verfassungsrecht vor den Herausforderungen der Globalisierung, VVDStRL 2008, S. 129-159.

Obwexer, Walter: Der Beitritt der EU zur EMRK: Rechtsgrundlagen, Rechtsfragen und Rechtsfolgen, EuR 2012, S. 115-149.

Oeter, Stefan: Rechtsprechungskonkurrenz zwischen nationalen Verfassungsgerichten, Europäischem Gerichtshof und Europäischem Gerichtshof für Menschenrechte, VVDStRL 2007, S. 361-391.

Ohler, Christoph: Die Verhängung von „smart sanctions“ durch den UN-Sicherheitsrat – eine Herausforderung für das Gemeinschaftsrecht, EuR 2006, S. 848-865.

ders.: Gemeinschaftsrechtlicher Rechtsschutz gegen personengerichtete Sanktionen des UN-Sicherheitsrats, EuZW 2008, S. 630-633.

Ohms, Brigitte L.: Bewertung des Diskussionsstandes über die Entlastung des Europäischen Gerichtshofs für Menschenrechte, EuGRZ 2003, S. 141-148.

dies.: Europäischer Gerichtshof für Menschenrechte am Wendepunkt? Das 14. Zusatzprotokoll: Eine zusätzliche Zulässigkeitshürde sowie zahlreiche organisatorische Neuerungen, JBl. 2005, S. 14-27.

Okresek, Wolf: Die Umsetzung der EGMR-Urteile und ihre Überwachung, EuGRZ 2003, S. 168-174.

Oppermann, Thomas: Den Musterknaben ins Bremserhäuschen! – Bundesverfassungsgericht und Lissabon-Vertrag, EuZW 2009, S. 473-474.

Osterwald, Birgit: Grundrechtsschutz in Europa und der Beitritt der Europäischen Gemeinschaften zur Europäischen Menschenrechtskonvention, EuR 2003, S. 154-157.

Pache, Eckhard: Anmerkung zum Urteil des EuG in der Rs. T-112/98, EuZW 2001, S. 351-352.

ders.: Die Europäische Grundrechtscharta – ein Rückschritt für den Grundrechtsschutz in Europa?, EuR 2001, S. 475-494.

ders./Rösch, Franziska: Der Vertrag von Lissabon, NVwZ 2008, S. 473-480.

dies.: Die neue Grundrechtsordnung der EU nach dem Vertrag von Lissabon, EuR 2009, S. 769-789.

dies.: Europäischer Grundrechtsschutz nach Lissabon – die Rolle der EMRK und der Grundrechtecharta in der EU, EuZW 2008, S. 519-522.

Paeffgen, Hans-Ullrich: Haus ohne Hüter?, Die Justizgrundrechte im Mehr-Ebenen-System von EG-/EU-Vertrag, EMRK und Europäischem Verfassungsvertrags-Entwurf, ZStW 2006, S. 275-357.

Pagenberg, Jochen: Das zukünftige europäische Patentgerichtssystem – Status quo nach den Anträgen der Generalanwälte, GRUR 2011, S. 32-35.

Pahr, Willibald P.: Der Verfassungsrang der Europäischen Menschenrechtskonvention in Österreich, EuGRZ 1975, S. 576-577.

Partsch, Karl Josef: Die Entstehung der Europäischen Menschenrechtskonvention, ZaöRV 1953/54, S. 631-660.

Payandeh, Mehrdad: Rechtskontrolle des UN-Sicherheitsrates durch staatliche und überstaatliche Gerichte, ZaöRV 2006, S. 41-71.

Peers, Steve: Taking Rights Away? Limitations and Derogations, in: ders./Ward, Angela (eds.), The European Union Charter of Fundamental Rights. Politics, Law and Policy, Oxford 2004, pp. 141-182.

Pernice, Ingolf: Carl Schmitt, Rudolf Smend und die europäische Integration, AöR 1995, S. 100-120.

ders.: Der Vertrag von Lissabon – Ende des Verfassungsprozesses der EU?, EuZW 2008, S. 65-66.

ders.: The Charter of Fundamental Rights in the Constitution of the European Union, WHI Paper 14/02.

Philippi, Nina: Die Charta der Grundrechte der Europäischen Union: Entstehung, Inhalt und Konsequenzen für den Grundrechtsschutz in Europa, Baden-Baden 2002.

dies.: Divergenzen im Grundrechtsschutz zwischen EuGH und EGMR, ZEuS 2000, S. 97-126.

Pießkalla, Michael: Unmittelbare Drittwirkung der Grundfreiheiten des EG-Vertrages bei Boykottaufrufen durch Gewerkschaften, NZA 2007, S. 1144-1148.

Pietsch, Jörg: Das Schrankenregime der EU-Grundrechtecharta, Baden-Baden 2005.

ders.: Die Grundrechtecharta im Verfassungskonvent, ZRP 2003, S. 1-4.

Polakiewicz, Jörg: Die Verpflichtung der Staaten aus den Urteilen des Europäischen Gerichtshofs für Menschenrechte, Berlin 1993.

Prebensen, Soren C.: Inter-State Complaints under Treaty Provisions – The Experience under the European Convention on Human Rights, HRLJ 1999, pp. 446-454.

Quinn, Gerard: The European Union and the Council of Europe on the Issue of Human Rights: Twins Separated at Birth?, McGill L.J. 2001, pp. 849-874.

Rabe, Hans-Jürgen: Zur Metamorphose des Europäischen Verfassungsvertrags, NJW 2007, S. 3153-3157.

Reich, Norbert: Beitritt der EU zur EMRK – Gefahr für das Verwerfungsmonopol des EuGH?, EuZW 2010, S. 641-642.

ders.: Free Movement v. Social Rights in an Enlarged Union – the *Laval* and *Viking* Cases before the ECJ – Part I/II, German Law Journal 2008, pp. 125-160.

ders.: Wer hat Angst vor Straßburg? Bemerkungen zur europäischen Grundrechtsarchitektur – Einheit in der Vielfalt?, EuZW 2011, S. 379-384.

ders.: Zur Notwendigkeit einer Europäischen Grundrechtsbeschwerde, ZRP 2000, S. 375-378.

Rengeling, Hans-Werner: Brauchen wir die Verfassungsbeschwerde auf Gemeinschaftsebene? Zur Effektuierung des Individualrechtsschutzes gegen grundrechtsverletzende Gemeinschaftsnormen, in: Due, Ole/Lutter, Marcus/Schwarze, Jürgen (Hrsg.), Festschrift für Ulrich Everling zum 70. Geburtstag, Band II, Baden-Baden 1995, S. 1187-1212.

ders.: Eine Europäische Charta der Grundrechte, in: Ipsen, Jörn/Schmidt-Jortzig, Edzard (Hrsg.), Recht – Staat – Gemeinwohl. Festschrift für Dietrich Rauschning, Köln 2001, S. 225-250.

ders./Szczekalla, Peter: Grundrechte in der Europäischen Union, Charta der Grundrechte und allgemeine Rechtsgrundsätze, Köln u.a. 2004.

Ress, Georg: Der Europäische Gerichtshof für Menschenrechte als *pouvoir neutre*, ZaöRV 2009, S. 289-309.

ders.: Ist die Europäische Union eine juristische Person?, EuR 1995, S. 27-40.

ders.: Konkordanz in der Interpretation von Kompetenzbegriffen durch EuGH und EGMR, in: Müller, Gerda/Osterloh, Eilert/Stein, Torsten (Hrsg.), Festschrift für Günter Hirsch zum 65. Geburtstag, München 2008, S. 155-163.

ders.: Konsequenzen des Beitritts der EU zur EMRK, EuZW 2010, S. 841.

ders.: Menschenrechte, europäisches Gemeinschaftsrecht und nationales Verfassungsrecht, in: Haller, Herbert/Kopetzki, Christian/Novak, Richard/Paulson, Stanley L./Raschauer, Bernhard/Ress, Georg/Wiederin, Ewald (Hrsg.), Staat und Recht, Festschrift für Günther Winkler, Wien 1997, S. 897-932.

ders.: Verfassungsrechtliche Auswirkungen der Fortentwicklung völkerrechtlicher Verträge, in: Fürst, Walther/Herzog, Roman/Umbach, Dieter C. (Hrsg.), Festschrift für Wolfgang Zeidler, Berlin, New York 1987, Band 2, S. 1775-1797.

ders.: Wirkung und Beachtung der Urteile und Entscheidungen der Straßburger Konventionsorgane, EuGRZ 1996, S. 350-353.

Ritgen, Klaus: Grundrechtsschutz in der Europäischen Union, ZRP 2000, S. 371-375.

Rödl, Florian: Wirklich auf einem „guten Mittelweg"?, in: Friedrich-Ebert-Stiftung (Hrsg.), Der EuGH und das soziale Europa. Für eine Aufwertung sozialer Grundrechte im EU-Rechtssystem, Internationale Politikanalyse der Friedrich-Ebert-Stiftung 2009, S. 42-44.

Rodríguez Iglesias, Gil Carlos: Dokumentation des Redebeitrags des Präsidenten des EuGH zu Beginn des Gerichtsjahres 2002 am 31. Januar in Straßburg, in: EuGRZ 2002, S. 206-207.

ders.: Zur Stellung der Europäischen Menschenrechtskonvention im Europäischen Gemeinschaftsrecht, in: Beyerlin, Ulrich/Bothe, Michael/Hofmann, Rainer/Petersmann, Ernst-Ulrich (Hrsg.), Recht zwischen Umbruch und Bewahrung. Festschrift für Rudolf Bernhardt, Berlin 1995, S. 1269-1282.

Rohleder, Grundrechtsschutz im europäischen Mehrebenen-System. Unter besonderer Berücksichtigung des Verhältnisses zwischen Bundesverfassungsgericht und Europäischem Gerichtshof für Menschenrechte, Neue Schriften zum Staatsrecht, Band 4, Baden-Baden 2009.

Rudolf, Beate: Die neue europäische Grundrechtsarchitektur – Auftrag für Anwälte. Nationaler, europäischer und internationaler Grundrechts- und Menschenrechtsschutz, Anwaltsblatt 2011, S. 153-158.

Ruffert, Matthias: Anmerkung zum Gutachten 2/94 des EuGH vom 23.03.1996, JZ 1996, S. 624-627.

ders.: Die Europäische Menschenrechtskonvention und innerstaatliches Recht, EuGRZ 2007, S. 245-255.

ders.: Die künftige Rolle des EuGH im europäischen Grundrechtsschutzsystem, EuGRZ 2004, S. 466-471.

ders.: Schlüsselfragen der Europäischen Verfassung der Zukunft: Grundrechte – Institutionen – Kompetenzen – Ratifikation, EuR 2004, S. 165-201.

Sabel, Charles F./*Gerstenberg*, Oliver H.: Constitutionalising an Overlapping Consensus: The EJC and the Emergence of a Coordinate Constitutional Order, ELJ 2010, pp. 511-550.

Sabeur, Amina/*Berlin*, Christof: Die Beiträge aus den Arbeitsgruppen I, II und IX, in: Maurer, Andreas/Schild, Joachim (Hrsg.), Der Konvent über die Zukunft der Europäischen Union, Synoptische Darstellungen und Konventsdebatte, Band 3, SWP-Dokumentation, Berlin 2003, S. 1-41.

Sadurski, Wojciech: Charter and Enlargement, ELJ 2002, p. 340 ff.

Sagmeister, Holger M.: Die Grundsatznormen in der Europäischen Grundrechtecharta. Zugleich ein Beitrag zum subjektiv-öffentlichen Recht im Gemeinschaftsrecht, Schriften zum Europäischen Recht, Band 152, Berlin 2010.

Saiz Arnaiz, Alejandro/*Torres Pérez*, Aida: Main trends in the recent case law of the EU Court of Justice and the European Court of Human Rights in the field of fundamental rights, Directorate General for Internal Policies, Policy Department C: Citizens' Rights and Constitutional Affairs, Civil Liberties, Justice and Home Affairs, Study, Brüssel 2012.

Sasse, Christoph: Der Schutz der Grundrechte in den Europäischen Gemeinschaften und seine Lücken, in: Mosler, Hermann/Bernhardt, Rudolf/Hilf, Meinhard (Hrsg.), Grundrechtsschutz in Europa, Europäische Menschenrechts-Konvention und Europäische Gemeinschaften. Internationales Kolloquium veranstaltet vom Max-Planck-Institut für Ausländisches Öffentliches Recht und Völkerrecht, Heidelberg 1976 (1977), S. 51 ff.

Sauer, Heiko: Bausteine eines Grundrechtskollisionsrechts für das europäische Mehrebenensystem, EuGRZ 2011, S. 195-199.

ders.: Jurisdiktionskonflikte in Mehrebenensystemen. Die Entwicklung eines Modells zur Lösung von Konflikten zwischen Gerichten unterschiedlicher Ebenen in vernetzten Rechtsordnungen, Beiträge zum ausländischen öffentlichen Recht und Völkerrecht, Band 195, Berlin 2008.

ders.: Rechtsschutz gegen völkerrechtsdeterminiertes Gemeinschaftsrecht? – Die Terroristenlisten vor dem EuGH, NJW 2008, S. 3685-3688.

Schaller, Werner: Das Verhältnis von EMRK und deutscher Rechtsordnung vor und nach dem Beitritt der EU zur EMRK, EuR 2006, S. 656-674.

Schermers, Henry G.: The European Communities Bound by Fundamental Human Rights, CML Rev. 1990, pp. 249-258.

Schiffauer, Peter: Zum Verfassungszustand der Europäischen Union nach Unterzeichnung des Vertrags von Lissabon, EuGRZ 2008, S. 1-10.

Schilling, Theodor: Bestand und allgemeine Lehren der bürgerschützenden allgemeinen Rechtsgrundsätze des Gemeinschaftsrechts, EuGRZ 2000, S. 3-43.

ders.: Der Beitritt der EU zur EMRK – Verhandlungen und Modalitäten. Fast eine Polemik, HFR 2011, S. 83-99.

ders.: Der Schutz der Menschenrechte gegen Beschlüsse des Sicherheitsrats – Möglichkeiten und Grenzen, ZaöRV 2004, S. 343-362.

ders.: Zum Recht der Parteien, zu den Schlussanträgen der Generalanwälte beim EuGH Stellung zu nehmen, ZaöRV 2000, S. 395-412

Schima, Bernhard: Das Vorabentscheidungsverfahren vor dem EuGH: Änderung der Verfahrensordnung, Berücksichtigung des Vertrages von Nizza, Muster für Vorlagen und Schriftsätze, 2. Auflage, München 2005.

Schindler, Dierk: Die Kollision von Grundfreiheiten und Gemeinschaftsgrundrechten. Entwurf eines Kollisionsmodells unter Zusammenführung der Schutzpflichten- und der Drittwirkungslehre, Berlin 2001.

Schmahl, Stefanie: Effektiver Rechtsschutz gegen „targeted sanctions" des UN-Sicherheitsrats?, EuR 2006, S. 566-576.

dies.: Grundrechtsschutz im Dreieck von EU, EMRK und nationalem Verfassungsrecht, EuR 2008, S. 7-39.

dies.: Piloturteile des EGMR als Mittel der Verfahrensbeschleunigung, EuGRZ 2008, S. 369-380.

Schmalenbach, Kirsten: Bedingt kooperationsbereit: Der Kontrollanspruch des EuGH bei gezielten Sanktionen der Vereinten Nationen, JZ 2009, S. 35-43.

dies.: Normentheorie vs. Terrorismus: Der Vorrang des UN-Rechts vor EU-Recht, JZ 2006, S. 349-353.

Schmidt, Carmen: Dokumente zur russischen Blockade des EMRK-Protokolls Nr. 14, EuGRZ 2007, S. 507-508.

Schmidt, Johannes: Die Grundsätze im Sinne der EU-Grundrechtecharta, Tübingen 2010.

Schmitz, Thomas: Die EU-Grundrechtecharta aus grundrechtsdogmatischer und grundrechtstheoretischer Sicht, JZ 2001, S. 833-843.

ders.: Die Grundrechtecharta als Teil der Verfassung der Europäischen Union, EuR 2004, S. 691-713.

Schneiders, Benedikt: Die Grundrechte der EU und die EMRK. Das Verhältnis zwischen ungeschriebenen Grundrechten, Grundrechtecharta und Europäischer Menschenrechtskonvention, Schriftenreihe Europäisches Recht, Politik und Wirtschaft, Baden Baden 2010.

Schohe, Gerrit: Das Urteil Bosphorus: Zum Unbehagen gegenüber dem Grundrechtsschutz durch die Gemeinschaft, EuZW 2006, S. 33-34.

ders.: Muss die Berufung auf Grundrechte zweckmäßig sein? Zur Aussageverweigerung im europäischen Kartellrecht, NJW 2002, S. 492-493.

Scholz, Tobias B.: Die „Antiterrorliste“ des Sicherheitsrats der Vereinten Nationen, NVwZ 2009, S. 287-289.

Schröder, Meinhard: Die Vorlagepflicht zum EuGH aus europarechtlicher und nationaler Perspektive, EuR 2011, S. 808-828.

Schroeder, Werner: Neues zur Grundrechtskontrolle in der Europäischen Union, EuZW 2011, S. 462-467.

Schubert, Anja/*Brunner*, Manuel: Der Menschenrechtskommissar des Europarats, Wissenschaftliche Dienste des Deutschen Bundestages vom 10.06.2009, Nr. 49/09.

Schubert, Claudia: Europäische Grundfreiheiten und nationales Arbeitskampfrecht im Konflikt – Zugleich eine Besprechung der Entscheidungen des EuGH v. 11.12.2007 – Rs. C-438/05 – Viking und v. 18.12.2007 – Rs. C-341/05 – Laval, RdA 2008, S. 289-299.

Schulte-Herbrüggen, Elena: Der Grundrechtsschutz in der Europäischen Union nach dem Vertrag von Lissabon, ZEuS 2009, S. 343 ff.

Schultz, Alexander: Das Verhältnis von Gemeinschaftsgrundrechten und Grundfreiheiten des EGV, Berlin 2005.

Schulz, Alexander: Der Europäische Gerichtshof und das soziale Europa, in: Friedrich-Ebert-Stiftung (Hrsg.), Der EuGH und das soziale Europa. Für eine Aufwertung sozialer Grundrechte im EU-Rechtssystem, Internationale Politikanalyse der Friedrich-Ebert-Stiftung 2009, S. 3-6.

Schürmann, Frank: Das Protokoll Nr. 14 zur EMRK: Jüngste Änderungen im Strassburger Kontrollmechanismus, in: Epiney, Astrid/Theuerkauf, Sarah/Rivière, Florence (Hrsg.), Schweizerisches Jahrbuch für Europarecht 2003, Bern bzw. Zürich 2004, S. 69-84.

Schwaighofer, Christoph: Das Verfahren des EGMR im Lichte der Neuerungen des 14. Protokolls, in: Karl, Wolfram/Czech, Philip (Hrsg.), Der Europäische Gerichtshof für Menschenrechte vor neuen Herausforderungen. Aktuelle Entwicklungen in Verfahren und Rechtsprechung, Österreichisches Institut für Menschenrechte 2007, S. 17 ff.

Schwartmann, Rolf: Europäischer Grundrechtsschutz nach dem Verfassungsvertrag, AVR 2005, S. 129-152.

Sellmann, Christian/*Augsberg*, Steffen: Entwicklungstendenzen des Vorlageverfahrens nach Art. 234 EGV, DÖV 2006, S. 533-542.

Sicilianos, Linos-Alexandre: La 'réforme de la réforme' du système de protection de la Convention européenne des droits de l'homme, Annuaire français de droit international 2003, pp. 611-640.

Siess-Scherz, Ingrid: Die Bedeutung des Subsidiaritätsprinzips für den Reformprozess des EGMR, in: Karl, Wolfram (Hrsg.), Internationale Gerichtshöfe und nationale Rechtsordnung. Internationales Symposium am Österreichischen Institut für Menschenrechte am 28. und 29. November 2003 in Salzburg zu Ehren von em.o.Univ.-Prof. DDr. Dr. h.c. Franz Matscher, Kehl u.a. 2005, S. 83 ff.

Skouris, Vassilios: Das Verhältnis der Grundfreiheiten zu den Gemeinschaftsgrundrechten, RdA-Beil. 2009, S. 25-31.

ders.: Das Verhältnis von Grundfreiheiten und Grundrechten im europäischen Gemeinschaftsrecht, DÖV 2006, S. 89 ff.

ders.: Introducing a binding Bill of Rights for the European Union, Can three parallel systems of protection of fundamental rights coexist harmoniously? in: Blankenagel, Alexander/Pernice, Ingolf/Schulze-Fielitz, Helmuth (Hrsg.), Verfassung im Diskurs der Welt, Liber Amicorum für Peter Häberle zum siebzigsten Geburtstag, Tübingen 2004, S. 261-275.

ders.: Stellung und Bedeutung des Vorabentscheidungsverfahrens im europäischen Rechtsschutzsystem, EuGRZ 2008, S. 343-349.

Spranger, Tade Matthias: Europäischer Grundrechtsschutz im Kontext vernetzter Rechtsordnungen, EuR 2009, S. 514-527.

ders.: Terrorismus und "smart sanctions": Die Umsetzung von UN-Sanktionsbeschlüssen vor dem Europäischen Gerichtshof (zugleich Anmerkung zu EuGH, v. 03.09.2008 – Rs. C-402/05), NZWehrR 2009, S. 221-235.

Starck, Christian: Art. 1 III GG, in: ders./von Mangoldt, Hermann/Klein, Friedrich (Hrsg.), Kommentar zum Grundgesetz, Band I, 5. Auflage, München 2005.

ders.: Ein Grundrechtskatalog für die Europäischen Gemeinschaften, EuGRZ 1981, S. 545 ff.

Stein, Torsten: Das Verhältnis zwischen dem Grundrechtsschutz durch die Organe der Europäischen Menschenrechtskonvention und der Europäischen Gemeinschaften, in: Mosler, Hermann/Bernhardt, Rudolf/Hilf, Meinhard (Hrsg.), Grundrechtsschutz in Europa, Europäische Menschenrechts-Konvention und Europäische Gemeinschaften. Internationales Kolloquium veranstaltet vom Max-Planck-Institut für Ausländisches Öffentliches Recht und Völkerrecht, Heidelberg 1976 (1977), S. 147-159.

Steinbarth, Sebastian: Individualrechtsschutz gegen Maßnahmen der EG zur Bekämpfung des internationalen Terrorismus. Die Entscheidungen des EuG in den Rs. „Yusuf u.a." sowie „Kadi", ZEuS 2006, S. 269-285.

Stern, Klaus: Von der Europäischen Menschenrechtskonvention zur Europäischen Grundrechte-Charta – Perspektiven des Grundrechtsschutzes in Europa, in: ders./Tettinger, Peter J. (Hrsg.), Die Europäische Grundrechte-Charta im wertenden Verfassungsvergleich, Berlin 2005, S. 13-30.

Stock, Susanne: Der Beitritt der Europäischen Union zur Europäischen Menschenrechtskonvention als Gemischtes Abkommen?, Hamburg 2010.

Strasser, Kyra: Grundrechtsschutz in Europa und der Beitritt der Europäischen Gemeinschaften zur Europäischen Menschenrechtskonvention, Frankfurt am Main u.a. 2001.

Strasser, Wolfgang: 45 Jahre Menschenrechtsinstitutionen des Europarats – Bilanz und Perspektiven, in: Holtz, Uwe (Hrsg.), 50 Jahre Europarat, Baden-Baden 2000, S. 121-138.

Streinz, Rudolf: Europarecht, 8. Auflage, Heidelberg 2008.

ders./Herrmann, Christoph: Vorabentscheidungsverfahren und Vorlagepflicht im europäischen Markenrecht, GRUR Int. 2004, S. 459-471.

ders./Ohler, Christoph/*Herrmann*, Christoph: Die neue Verfassung für Europa, Einführung mit Synopse, München 2005.

Stricker, Andreas: Die Bedeutung der Europäischen Menschenrechtskonvention und der gemeinsamen Verfassungsüberlieferungen für den Grundrechtsschutz der Europäischen Union, Dresdner Schriften zum Öffentlichen Recht, Band 10, Frankfurt am Main u.a. 2010.

Szczekalla, Peter: Das Verhältnis zwischen dem Grundrechtsschutz in der EU und nach der EMRK (§ 2 III), in: Heselhaus, Sebastian/Nowak, Carsten (Hrsg.), Handbuch der Europäischen Grundrechte, München u.a. 2006, S. 56-72.

Talmon, Stefan: The Security Council as World Legislature, AJIL 2005, pp. 175-193.

Terhechte, Jörg Philipp: Der Vertrag von Lissabon: Grundlegende Verfassungsurkunde der europäischen Rechtsgemeinschaft oder technischer Änderungsvertrag?, EuR 2008, S. 143-188.

ders.: Konstitutionalisierung und Normativität der europäischen Grundrechte, Tübingen 2011.

Thiele, Alexander: Europäisches Prozessrecht: Verfahrensrecht vor dem EuGH: ein Studienbuch, München 2007.

ders.: Individualrechtsschutz vor dem Europäischen Gerichtshof durch die Nichtigkeitsklage, Baden-Baden 2006.

Thym, Daniel: Europäischer Grundrechtsschutz und Familienzusammenführung, NJW 2006, S. 3249-3252.

Tietje, Christian/*Hamelmann*, Sandy: Gezielte Finanzsanktionen der Vereinten Nationen im Spannungsverhältnis zum Gemeinschaftsrecht und zu Menschenrechten, JuS 2006, S. 299-302.

Toggenburg, Gabriel N.: The role of the new EU Fundamental Rights Agency: Debating the „sex of angels" or improving Europe's human rights performence?, EL Rev. 2008, pp. 385-398.

Tomuschat, Christian: Die Europäische Union und ihre völkerrechtliche Bindung, EuGRZ 2007, S. 1-12.

ders.: Human Rights, Between Idealism and Realism, Oxford University Press, Oxford 2003.

ders.: Individueller Rechtsschutz: das Herzstück des „ordre public européen" nach der Europäischen Menschenrechtskonvention, EuGRZ 2003, S. 95-100.

Toth, Akos G.: The European Union and Human Rights: The Way forward, CML Rev. 1997, pp. 491-529.

Tridimas, Takis: The General Principles of EC Law, Oxford University Press, Oxford 1999.

ders.: The General Principles of EU Law, Oxford University Press, Oxford 2006.

Tulkens, Françoise/*Callewaert*, Johan: La Cour de justice, la Cour européene des droits de l'homme et la protection des droits fondamentaux, in: Dony, Marianne/ Bribosia, Emanuelle (éds.), L'avenir du système juridictionnel de l'Union européenne, Brüssel 2002, pp. 177-205.

Turner, Catherine: Human Rights Protection in the European Community: Resolving Conflict and Overlap between the European Court of Justice and the European Court of Human Rights, EPL 1999, pp. 453-470.

Uerpmann-Wittzack, Robert: Doppelter Grundrechtsschutz für die zukünftige Europäische Union, DÖV 2005, S. 152-157.

Valticos, Nicolas: Article 11, in: Pettiti, Louis-Edmond/Decaux, Emmanuel/Imbert, Pierre-Henri (éds.), La Convention européenne des Droits de l'Homme: commentaire article par article, Paris 1995, p. 419 ff.

van den Berghe, Frederic: The EU and Issues of Human Rights Protection: Same Solutions to More Acute Problems?, ELJ 2010, pp. 112-157.

van Overbeek, Walter B. J.: The right to remain silent in competition investigations: the Funke Decision of the Court of Human Rights makes revision of the ECJ's case law necessary, ECLR 1994, pp. 127-133.

Vedder, Christoph: Die „verfassungsrechtliche Dimension" – die bisher unbekannte Dimension für Gemeinschaftshandeln?, Anmerkung zum Gutachten 2/94 des EuGH vom 23.03.1996, EuR 1996, S. 309-319.

Viellechner, Lars: Berücksichtigungspflicht als Kollisionsregel, EuGRZ 2011, S. 203-207.

Villinger, Mark E.: Handbuch der Europäischen Menschenrechtskonvention (EMRK), 2. Auflage, Zürich 1999.

Volkmann, Uwe: Veränderungen der Grundrechtsdogmatik, JZ 2005, S. 261-271.

von Arnauld, Andreas: UN-Sanktionen und gemeinschaftsrechtlicher Grundrechtsschutz – Die „Soweit-Rechtsprechung“ des Europäischen Gerichts Erster Instanz, AVR 2006, S. 201-216.

von Arnim, Dorothee: Der Standort der EU-Grundrechtecharta in der Grundrechtsarchitektur Europas, Frankfurt am Main u.a. 2006.

von Bogdandy, Armin: Grundrechtsgemeinschaft als Integrationsziel?, Grundrechte und das Wesen der Europäischen Union, JZ 2001, S. 157-171.

ders./Nettesheim, Martin: Die Verschmelzung der Europäischen Gemeinschaften in der Europäischen Union, NJW 1995, S. 2324-2328.

ders./von Bernstorff, Jochen: Die Europäische Agentur für Grundrechte in der europäischen Menschenrechtsarchitektur und ihre Fortentwicklung durch den Vertrag von Lissabon, EuR 2010, S. 141-165.

von Danwitz, Thomas/*Ladenburger*, Clemens: Tragweite und Auslegung der Rechte und Grundsätze, in: Tettinger, Peter J./Stern, Klaus (Hrsg.), Kölner Gemeinschaftskommentar zur Europäischen Grundrechte-Charta, München 2006, S. 774-815.

Vondung, Julie: Die Architektur des europäischen Grundrechtsschutzes nach dem Beitritt zur EMRK, Tübingen 2012.

Voßkuhle, Andreas: Der europäische Verfassungsgerichtsverbund, NVwZ 2010, S. 1-8.

Vranes, Erich: The Final Clauses of the Charter of Fundamental Rights – Stumbling Blocks for the First and Second Convention, EIoP 2003.

Wachsmann, Patrick: Droit de recours individuel et protection de la fonction jurisprudentielle de la Cour, RUDH 2002, p. 309.

ders.: Les droits civils et politiques, RUDH 2000, pp. 15-21.

Wägenbaur, Bertram: Stolpersteine des Vorabentscheidungsverfahrens, EuZW 2000, S. 37-42.

Walter, Christian: Bedeutung der Gerichts- und Verfahrensorganisation für den effektiven Rechtsschutz, Podiumsdiskussion aus Anlass der Tagung am 25./26.01.2008 an der Universität Münster, EuGRZ 2008, S. 390-393.

ders.: Geschichte und Entwicklung der Europäischen Grundrechte und Grundfreiheiten, in: Ehlers, Dirk (Hrsg.), Europäische Grundrechte und Grundfreiheiten, 2. Auflage, Berlin 2005, S. 1-23.

Ward, Angela: Judicial Review and the Right of Private Parties in the EC-Law, Oxford University Press, Oxford 2000.

Weber, Albrecht: Vom Verfassungsvertrag zum Vertrag von Lissabon, EuZW 2008, S. 7-14.

Wegener, Bernhard W.: Grundstrukturen und -prinzipien des Gemeinschaftsrechts (Art. 220 EGV), in: Calliess, Christian/Ruffert, Matthias (Hrsg.), EUV/EGV Kommentar, Das Verfassungsrecht der Europäischen Union mit Europäischer Grundrechtecharta, 3. Auflage, München 2007.

Wehlau, Andreas/*Lutzhöft*, Niels: Grundrechte-Charta und Grundrechts-Checkliste – eine dogmatische Selbstverpflichtung der EU-Organe, EuZW 2012, S. 45-51.

Weiler, Joseph H. H.: The Constitution of Europe: "Do the new clothes have an emperor?" and other essays on European integration, Cambridge University Press 1999.

Weiß, Wolfgang: Grundrechtsquellen im Verfassungsvertrag, ZEuS 2005, S. 323-353.

ders.: Grundrechtsschutz in der EU: Quo vadis?, EuZW 2012, S. 201-203.

Wendel, Mattias: Neue Akzente im europäischen Grundrechtsverbund. Die fachgerichtliche Vorlage an den EuGH als Prozessvoraussetzung der konkreten Normenkontrolle, EuZW 2012, S. 213-218.

Wiethoff, Jan Hendrik: Das konzeptionelle Verhältnis von EuGH und EGMR. Unter besonderer Berücksichtigung der aktuellen Verfassungsentwicklung der Europäischen Union, Baden-Baden 2008.

Wildhaber, Luzius: Europäischer Grundrechtsschutz aus der Sicht des Europäischen Gerichtshofs für Menschenrechte, EuGRZ 2005, S. 689-692.

ders.: The European Court of Human Rights, 1998-2006: History, Achievements, Reform, Kehl 2006.

Winkler, Sebastian: Der Beitritt der Europäischen Gemeinschaften zur Europäischen Menschenrechtskonvention, Baden-Baden 2000.

ders.: Die Vermutung des „äquivalenten" Grundrechtsschutzes im Gemeinschaftsrecht nach dem Bosphorus-Urteil des EGMR. Die konventionsrechtliche Verantwortung der EG/EU-Mitgliedstaaten für den Vollzug einer EG-Verordnung, EuGRZ 2007, S. 641-654.

Winter, Martin: Jean Paul Costa. Mutiger Präsident des Menschenrechtsgerichtshofs, SZ vom 19.01.2007, Nr. 15, S. 4.

Wolf, Manfred/*Hailbronner*, Kay/*Nettesheim*, Martin/*Krenzler*, Günter/*Herrmann*, Christoph: EUV Präambel (Nizza-Fassung), in: Grabitz, Eberhard/Hilf, Meinhard/Nettesheim, Martin (Hrsg.), Das Recht der Europäischen Union, 40. Auflage, München 2009.

Ziegenhorn, Gero: Der Einfluss der EMRK im Recht der EU-Grundrechtecharta. Genuin chartarechtlicher Grundrechtsschutz gemäß Art. 52 Abs. 3 GRCh, Berlin 2009.

Zoller, Elisabeth: Avantages et inconvénients du sytème américan du *writ of certiorari*, RUDH 2002, pp. 278-281.

Zuleeg, Manfred: Der Schutz der Menschenrechte im Gemeinschaftsrecht, DÖV 1992, S. 937-944.

ders.: Die Rolle der rechtsprechenden Gewalt in der europäischen Integration, JZ 1994, S. 1-8.

Rechtsprechungsverzeichnis

A. Urteile des Bundesverfassungsgerichts

- BVerfGE 6, 32 – *Elfes*
- BVerfGE 37, 271 – *Solange I*
- BVerfGE 73, 339 – *Solange II*
- BVerfGE 82, 159 – *Absatzfonds*
- BVerfGE 89, 155 – *Maastricht*
- BVerfGE 90, 22 – *Annahmegründe*
- BVerfGE 102, 147 – *Bananenmarkt*
- BVerfGE 111, 307 – *EGMR-Entscheidungen*
- BVerfGE 123, 267 – *Lissabon*

B. Urteile des EuGH

- EuGH, Urteil vom 05.02.1963, Rs. 26/62, Slg. 1963, 1 – *van Gend & Loos*
- EuGH, Urteil vom 15.07.1964, Rs. 6/64, Slg. 1964, 1253 (1270) – *Costa/E.N.E.L.*
- EuGH, Urteil vom 12.11.1969, Rs. 29/69, Slg. 1969, 419 – *Stauder*
- EuGH, Urteil vom 17.12.1970, Rs. 11/70, Rs. 11/70, Slg. 1970, 1125 – *Internationale Handelsgesellschaft*
- EuGH, Urteil vom 30.04.1974, Rs. 181/73, Slg. 1974, 449 – *Haegeman*
- EuGH, Urteil vom 14.05.1974, Rs. 4/73, Slg. 1974, 491 – *Nold*
- EuGH, Urteil vom 08.04.1976, Rs. C-43/75, Slg. 1976, 455 – *Defrenne II*
- EuGH, Urteil vom 20.02.1979, Rs. 120/78, Slg. 1979, 649 – *Cassis de Dijon*
- EuGH, Urteil vom 13.12.1979, Rs. 44/79, Slg. 1979, 3727 – *Liselotte Hauer/Land Rheinland Pfalz*
- EuGH, Urteil vom 06.10.1982, Rs. 283/81, Slg. 1982, 3415 – *Cilfit*
- EuGH, Urteil vom 26.10.1982, Rs. 104/81, Slg. 1982, 3641 – *Kupferberg*
- EuGH, Urteil vom 23.04.1986, Rs. 294/83, Slg. 1986, 1339 – *Les Verts*
- EuGH, Urteil vom 15.05.1986, Rs. 222/84, Slg. 1986, 1651 – *Johnston*
- EuGH, Urteil vom 30.09.1987, Rs. 12/86, Slg. 1987, 3719 – *Demirel*
- EuGH, Urteil vom 14.02.1989, Rs. 247/87, Slg. 1989, 291 – *Star Fruit/Kommission*
- EuGH, Urteil vom 13.07.1989, Rs. 5/88, Slg. 1989, 2609 – Wachauf/Bundesanstalt für Ernährung und Forstwissenschaft
- EuGH, Urteil vom 21.09.1989, verb. Rs. 46/87 und 227/88, Slg. 1989, 2859 – *Hoechst*
- EuGH, Urteil vom 17.10.1989, Rs. 85/87, Slg. 1989, 3137 – *Dow Benelux*

- EuGH, Urteil vom 18.10.1989, Rs. 374/87, Slg. 1989, 3283 – *Orkem*
- EuGH, Urteil vom 18.06.1991, Rs. C-260/89, Slg. 1991, I-2925 – *ERT*
- EuGH, Urteil vom 04.10.1991, Rs. C-159/90, Slg. 1991, I-4685 – Society for the Protection of Unborn Children Ireland Ltd./Stephen Grogan u.a.
- EuGH, Urteil vom 19.11.1991, Rs. C-6/90, Slg. 1991, I-5357 – *Francovich*
- EuGH, Urteil vom 30.07.1996, Rs. C-84/95, Slg. 1996, I-3953 – *Bosphorus*
- EuGH, Urteil vom 12.12.1996, verb. Rs. C-74/95 und C-129/95, Slg. 1996, I-6609 – *Telecom Italia*
- EuGH, Urteil vom 17.04.1997, Rs. C-15/95, Slg. 1997, I-1961 – *Earl de Kerlast*
- EuGH, Urteil vom 26.06.1997, Rs. C-368/95, Slg. 1997, I-3689 – *Familiapress*
- EuGH, Urteil vom 17.02.1998, Rs. C-249/96, Slg. 1998, I-621 – *Lisa Jacqueline Grant/South-West Trains Ltd.*
- EuGH, Urteil vom 28.04.1998, Rs. C-120/95, Slg. 1998, I-1831 – *Decker*
- EuGH, Urteil vom 05.05.1998, Rs. C-404/96 P, Slg. 1998, I-2435 – *Glencore*
- EuGH, Urteil vom 12.05.1998, Rs. C-85/96, Slg. 1998, I-2961 – *Sala*
- EuGH, Urteil vom 17.07.1998, Rs. C-422/97 P, Slg. 1998, I-4913 – *Sateba/Kommission*
- EuGH, Beschluss vom 04.02.2000, Rs. C-17/98, Slg. 2000, I-665 – *Emesa Sugar*
- EuGH, Urteil vom 13.04.2000, Rs. C-292/97, Slg. 2000, I-2737 – *Karlsson*
- EuGH, Urteil vom 20.09.2001, Rs. C-184/99, Slg. 2001, I-6193 – *Grzelczyk*
- EuGH, Urteil vom 25.07.2002, Rs. C-50/00 P, Slg. 2002, I-6677 – *Unión de Pequeños Agricultores*
- EuGH, Urteil vom 15.10.2002, verb. Rs. C-2238/99 P, C-244/99 P, C-245/99 P, C-247/99 P, C-250/99 P bis C-252/99 P und C-254/99 P, Slg. 2002, I-8375 – *Limburgse Vinyl Maatschappij*
- EuGH, Urteil vom 22.10.2002, Rs. C-94/00, Slg. 2002, I-9011 – *Roquette Frères*
- EuGH, Urteil vom 20.05.2003, verb. Rs. C-465/00, C-138/01 und C-139/01, Slg. 2003, I-4989 – *Rechnungshof/ORF u.a.*
- EuGH, Urteil vom 12.06.2003, Rs. C-112/00, Slg. 2003, I-05659 – *Schmidberger*
- EuGH, Urteil vom 01.04.2004, Rs. C-263/02 P, Slg. 2004, I-3425 – *Jégo-Quéré*
- EuGH, Urteil vom 14.10.2004, Rs. C-36/02, Slg. 2004, I-9609 – *Omega Spielhallen*
- EuGH, Urteil vom 27.06.2006, Rs. C-540/03, Slg. 2006, I-5769 – *Europäisches Parlament/Rat der Europäischen Union*
- EuGH, Urteil vom 29.06.2006, Rs. C-301/04 P, Slg. 2006, I-5915 – *Kommission/SGL Carbon AG*
- EuGH, Urteil vom 13.03.2007, Rs. C-432/05, Slg. 2007, I-2271 – *Unibet*
- EuGH, Urteil vom 11.12.2007, Rs. C-438/05, Slg. 2007, I-10779 – International Transport Workers´ Federation u.a./Viking Line ABP u.a.

- EuGH, Urteil vom 18.12.2007, Rs. C-341/05, Slg. 2007, I-11767 – *Laval un Partneri Ltd/Svenska Byggnadsarbetareförbundet*
- EuGH, Urteil vom 29.01.2008, Rs. C-275/06, Slg. 2008, I-271 – *Promusicae/Telefonica*
- EuGH, Urteil vom 14.02.2008, Rs. C-244/06, Slg. 2008, I-505 – *Dynamic/Avides*
- EuGH, Urteil vom 03.09.2008, Rs. C-402/05 P und C-415/05 P, Slg. 2008, I-6351 – *Kadi und Al Barakaat International Foundation/Rat und Kommission*
- EuGH, Urteil vom 17.02.2009, Rs. C-465/07, Slg. 2009, I-921 – *Elgafaji/Staatssecretaris van Justitie*
- EuGH, Urteil vom 09.11.2010, verb. Rs. C-92/09 und C-93/09, Slg. 2010, I-11063 – *Schecke und Eifert*
- EuGH, Urteil vom 21.12.2011, verb. Rs. C-411/10 und C-493/10, noch nicht in amtl. Slg. – N. S. gegen Secretary of State for the Home Department et M. E. und andere gegen Refugee Applications Commissioner und Minister for Justice, Equality and Law Reform

C. Schlussanträge der Generalanwälte des EuGH

- Schlussanträge des GAs *Jacobs* vom 30.04.1996 zu EuGH, C-84/95, Slg. 1996, I-3953 – *Bosphorus*
- Schlussanträge des GAs *Alber* vom 01.02.2001 zu EuGH, Rs. C-340/99, Slg. 2001, I-4109 – *TNT Traco*
- Schlussanträge des GAs *Tizzano* vom 08.02.2001 zu EuGH, Rs. C-173/99, Slg. 2001, I-4883 – *BECTU/Secretary of State*
- Schlussanträge des GAs *Mischo* vom 22.02.2001 zu EuGH, verb. Rs. C-122/99 P und C-125/99 P, Slg. 2001, I-4319 – *D/Rat*
- Schlussanträge des GAs *Jacobs* vom 22.03.2001 zu EuGH, Rs. C-270/99 P, Slg. 2001, I-9197 – *Z/Parlament*
- Schlussanträge der GAin *Stix-Hackl* vom 31.05.2001 zu EuGH, Rs. C-49/00, Slg. 2001, I-8575 – *Kommission/Italien*
- Schlussanträge des GAs *Jacobs* vom 14.06.2001 zu EuGH, Rs. C-377/98, Slg. 2001, I-7079 – *Niederlande/Parlament u. Rat*
- Schlussanträge des GAs *Geelhoed* vom 05.07.2001 zu EuGH, Rs. C-413/99, Slg. 2002, I-7091 – *Baumbast u. R.*
- Schlussanträge der GAin *Stix-Hackl* vom 12.07.2001 zu EuGH, Rs. C-131/00, Slg. 2001, I-10 165 – *Nilsson*
- Schlussanträge des GAs *Geelhoed* vom 12.07.2001 zu EuGH, Rs. C-313/99, Slg. 2002, I-5719 – *Mulligan u.a.*
- Schlussanträge des GAs *Jacobs* vom 21.03.2002 zu EuGH, Rs. C-50/00 P, Slg. 2002, I-6677 – *Unión Pequeños Agricultores/Rat*
- Schlussanträge des GAs *Léger* vom 08.04.2003 zu EuGH, Rs. C-224/01, Slg. 2003, I-10239 – *Köbler*

- Schlussanträge der GAin *Kokott* vom 14.10.2004 zu EuGH, verb. Rs. C-387/02, C-391/02 und C-403/02, Slg. 2005, I-3565 – *Berlusconi*
- Schlussanträge des GAs *Geelhoed* vom 19.01.2006 zu EuGH, Rs. C-301/04 P – *Kommission/SGL Carbon AG*
- Schlussanträge des GAs *Maduro* vom 23.05.2007 zu EuGH, Rs. C-438/05, Slg. 2007, I-10779 – *International Transport Workers' Federation u.a./Viking Line ABP u.a.*
- Schlussanträge des GAs *Maduro* vom 16.01.2008 zu EuGH, C-402/05 P, Slg. 2008, I-6351 – *Kadi*

D. Urteile und Beschlüsse des EuG

- EuG, Urteil vom 20.02.2001, Rs. T-112/98, Slg. 2001, II-729 – *Mannesmannröhren-Werke*
- EuG, Urteil vom 03.05.2002, Rs. T-177/01, Slg. 2002, II-2365 – *Jegó-Quéré & Cie SA*
- EuG, Urteil vom 27.09.2002, Rs. T-211/02, Slg. 2002, II-3781 – *Tideland/Kommission*
- EuG, Urteil vom 15.01.2003, verb. Rs. T-377/00, T-379/00, T-380/00, T-260/01, T-272/01, Slg. 2003, II-1 – *Philip Morris/Kommission*
- EuG, Urteil vom 05.08.2003, verb. Rs. T-116/01 und T-118/01, Slg. 2003, II-2957 – *European Ferries/Kommission*
- EuG, Urteil vom 13.01.2004, Rs. T-67-01, Slg. 2004, II-49 – *JCB Service/Kommission*
- EuG, Beschluss vom 14.01.2004, Rs. T-202/02, Slg. 2004, II-181 – *Makedoniko Metro u.a./Kommission*
- EuG, Beschluss vom 25.05.2005, Rs. T-443/03, Slg. 2005, II-1803 – *Retecal u.a./Kommission*
- EuG, Urteil vom 21.09.2005, Rs. T-306/01, Slg. 2005, II-3533 – *Yusuf*
- EuG, Urteil vom 21.09.2005, Rs. T-315/01, Slg. 2005, II-3649 – *Kadi*
- EuG, Urteil vom 30.09.2010, Rs. T-85/09, Slg. 2010, II-5177 – *Kadi/Kommission*

E. Urteile des EGMR

- EGMR, Urteil vom 10.03.1972, Serie A Nr. 14 – *De Wilde, Ooms, Versyp/Belgien*
- EGMR, Urteil vom 25.04.1978, Serie A 26 – *Tyrer* = EuGRZ 1979, 162 ff. bzw. NJW 1979, 1089
- EGMR, Urteil vom 13.06.1979 (Plenum), Nr. 6833/74, Série A no. 31 – *Marckx/Belgien* = EuGRZ 1979, 454
- EGMR, Urteil vom 09.10.1979, Nr. 6289/73, Serie A 32 – *Airey* = EuGRZ 1979, 626 ff.
- EGMR, Urteil vom 15.07.1982, Serie A Nr. 51 – *Eckle/Deutschland*

- EGMR, Urteil vom 12.04.1983, Series A no. 64 – *Pakelli/Deutschland* = EuGRZ 1983, 344
- EGMR, Urteil vom 21.02.1986, Nr. 8793/79, Series A no. 98 – *James u.a.* = EuGRZ 1988, 341
- EGMR, Urteil vom 30.03.1989, Serie A 152-A – *Chappell*
- EGMR, Urteil vom 29.10.1992, Nr. 14234/88, Serie A 246-A – *Open Door and Dublin Well Woman/Irland* = EuGRZ 1992, 484
- EGMR, Urteil vom 16.12.1992, Serie A 251-B – *Niemitz* = EuGRZ 1993, 65 ff.
- EGMR, Urteil vom 25.02.1993, Serie A 256-A – *Funke/Frankreich* = ÖJZ 1993, 532
- EGMR, Urteil vom 24.11.1993, Serie A 276 – *Informationsverein Lentia/Österreich* = EuGRZ 1994, 549
- EGMR, Urteil vom 23.03.1995, Nr. 15318/89, Series A no. 310 – *Loizidou./.Türkei (preliminary objections)* = HRLJ 1995, 15
- EGMR, Urteil vom 20.02.1996, Nr. 19075/91, Reports 1996-I, 206 – *Vermeulen*
- EGMR, Urteil vom 20.02.1996, Nr. 15764/89, Reports 1996-I – *Lobo Machado*
- EGMR, Urteil vom 15.11.1996, RJD 1996-V – *Cantoni* = EuGRZ 1999, 193
- EGMR, Urteil vom 17.12.1996 – *Saunders* = RJD 1996-VI, 2044
- EGMR, Urteil vom 18.02.1999, Nr. 26083/94 – *Waite and Kennedy/Deutschland* = EuGRZ 1999, 207 ff.
- EGMR, Urteil vom 18.02.1999, Nr. 24833/94 – *Matthews/Vereinigtes Königreich* = NJW 1999, 3107 bzw. EuGRZ 1999, 308
- EGMR, Urteil vom 28.10.1999, Nr. 28342/95 – *Brumarescu/Rumänien*
- EGMR, Urteil vom 07.06.2001 (Große Kammer), Nr. 39594/98, ECHR 2001-VI – *Kress*
- EGMR, Urteil vom 10.01.2002, Nr. 53574/99 – *Unison/Vereinigtes Königreich* = ÖJZ 2003, 276
- EGMR, Urteil vom 16.04.2002, Nr. 37971/97 – *Stés Colas Est*
- EGMR, Urteil vom 21.05.2002, RJD 2002-VI – *Jokela/Finnland*
- EGMR, Urteil vom 11.07.2002, Nr. 28957/95 – *Christine Goodwin/Vereinigtes Königreich* = NJW-RR 2004, 289 ff.
- EGMR, Urteil vom 11.07.2002, Nr. 25680/94 – *I. v. United Kingdom*
- EGMR, Urteil vom 26.07.2002, Nr. 32911/96, Nr. 35237/97 und 34595/97 – *Meftah and others/France*
- EGMR, Urteil vom 24.09.2002, Nr. 27824/95 – *Posti and Rahko/Finland*
- EGMR, Urteil vom 12.06.2003, Nr. 44672/98 – *Herz/Deutschland*
- EGMR, Urteil vom 12.06.2003, Nr. 35968/97 – *van Kück/Deutschland*
- EGMR, Urteil vom 10.03.2004 (Große Kammer), Nr. 56672/00 – *Senator Lines gegen 15 EU-Staaten* = EuGRZ 2004, 279 ff.
- EGMR, Urteil vom 22.06.2004, Nr. 31443/96 – *Broniowski gegen Polen* = EuGRZ 2004, 472

- EGMR, Urteil vom 13.01.2005, Nr. 62023/00 – *Emesa Sugar gegen Niederlande* = EuGRZ 2005, 234
- EGMR, Urteil vom 30.06.2005, Nr. 45036/98 – *Bosphorus/Irland* = NJW 2006, 197 bzw. EuGRZ 2007, 662
- EGMR, Urteil vom 10.11.2005, Nr. 44774/98 – *Leyla Şahin/Türkei*
- EGMR, Urteil vom 18.04.2006, Nr. 44362/04 – *Dickson/Vereinigtes Königreich*
- EGMR, Urteil vom 31.05.2007, Nr. 71412/01 und 78166/01 – Agim Behrami und Bekir Behrami/Frankreich und Ruzhdi Saramati/Frankreich, Deutschland und Norwegen
- EGMR, Urteil vom 05.07.2007, Nr. 6974/05 – *Kasumaj/Griechenland*
- EGMR, Urteil vom 28.08.2007, Nr. 31446/02 – *Gajić/Deutschland*
- EGMR, Urteil vom 16.10.2007, Nr. 366357/04, ECHR 2007-XII – *Berić/Bosnien und Herzegowina*
- EGMR, Urteil vom 22.01.2008, Nr. 43546/02 – *E.B./Frankreich*
- EGMR, Urteil vom 12.11.2008, Nr. 34503/97 – *Demir und Baykara/Türkei* = AuR 2009, 269
- EGMR, Urteil vom 11.12.2008, Nr. 45267/06 – Stephens/Zypern, Türkei und die Vereinten Nationen
- EGMR, Urteil vom 21.04.2009, Nr. 68959/01 – *Enerji Yapi-Yol Sen/Türkei* = AuR 2009, 274